習近平喪屍治國

Xi Jinping

余杰

Yu Jie

目錄

作者序

習近平：「喪屍列車」上的「夜王」

毛屍登場，廢國鬼蜮

討論中國議題，先要從韓國電影《屍速列車》和美國電視劇《冰與火之歌》說起，因為中國是一個比小說和神話還要離奇的國家，尤其是習近平時代的中國。

南韓災難電影《屍速列車》講的是韓國突然爆發一場喪屍病毒危機，所有被喪屍追咬的人，都會在瞬間變成喪屍。一輛列車上，喪屍病毒迅速蔓延，人人為求自保，使盡各式各樣的方法逃生，盡顯人性陰暗面。電影中，比病毒更可怕的是居然是政府：政府三番五次地透過電視廣播，要求民眾「別擔心，請相信政府」，向國民發放虛假消息，說這只是一場反政府的民眾叛變，市民一定要相信政府有能力駕馭疫情控制與發展。然而，事態愈來愈失控，喪屍很快控制了整個國家。

在美國電視劇《冰與火之歌》中，最邪惡的勢力是異鬼大軍。夜王率領異鬼，異鬼又驅趕屍鬼。異鬼如同夜王手下的將領，每個異鬼都領導一支小規模的屍鬼軍隊，而所有異鬼的力量都來源於夜王。夜王瀟灑振臂，千百屍鬼隨之復甦，死去的戰友瞬間倒戈為敵，人類的反抗愈激烈，異鬼軍團愈壯大。老奶媽告訴孩子：「在一片黑暗中，異鬼降臨人間，他們是冰冷與死亡的怪獸，痛恨鋼鐵、烈火和陽光以及所有流淌著溫熱血液的生命。他們騎著蒼白的死馬，率領死人組成的軍隊，橫掃農村、城市和王國，殺死成千上萬的英雄和士兵。人類的劍無法阻止他們前進，老幼婦孺也難逃魔掌。他們在結冰的森林裡追捕少女，用人類嬰兒的肉來飼養手下的死靈僕役。」

兩個故事宛如關於中國的預言。習近平是毛屍登場，習思想與毛主義一脈相承。即便沒有新型武漢肺炎肆虐，在習近平治下，中國亦已淪為廢國鬼蜮。小說家賈平凹寫過一本洛陽紙貴的「色情小說」《廢都》——如果說西安是中國的廢都，那麼中國就是世界的廢國；這一次新型武漢肺炎之災，武漢是中國的災區，中國則是世界的災區。當我說出這個真相時，有一位由夜王習近平驅使的中國五毛屍鬼跑到我的臉書上威脅我說：「要去挖你的祖墳。」五毛屍鬼不知道，我早已脫離了中國人「祖先崇拜」的「口腔期」，我早已「因真理，得自由」，難道會害怕這樣的恐嚇？

繼《中國教父習近平》和《走向帝制：習近平與他的中國夢》之後，我完成了「習近平三部曲」之終結篇《習近平：喪屍治國》。隨著習近平的統治愈發暴虐，我對習近平和習近平政權的批判愈發尖銳。這位中共開明派元老李銳所說的「小學生」，原本不值得我在八年間用三本書、一百萬字、一千五百頁篇幅來分析和解剖，但是我卻不得不在他身上耗費如此多的時間和精力，因為唯有如此，才能與中共耗費數百億美金的「大外宣」抗衡，才能一雪與習近平同處一個時代的恥辱。

習近平是「習面毛心」之夜王，我在書中對其畫皮畫骨。習近平是由馬克思、毛澤東、商鞅和希特勒四種「特殊材料」形塑而成的「四不像」，「習近平主義」則是由法西斯主義與中國大一統天朝史觀激盪而成的新極權主義。

此前，中國官方對習近平個人崇拜的行銷力度過猛，引發社會各階層的反彈。因此，當局的宣傳方式稍作調整。如同古代的皇帝常常做出親民言行後並大肆宣揚的行徑，習近平的「形象設計師們」也力圖將習塑造成「富有同情心的獨裁者」。官媒在一篇報導中描述，自六〇年代以來，習近平先後四次落淚。那篇文章要將習塑造成為一個對家人、朋友、普通人和模範官員都很有感情的人。此舉以「人性化」的方式刻劃習近平，卻依然是習建立個人崇拜廣泛努力的一部分。《紐約時報》評論說，這種努力超出毛澤東之後任何一位中國領導人受到的歌頌。

習近平的眼淚，是鱷魚的眼淚。我的文字卻要讓習近平像《國王的新衣》中的國王一樣，赤身裸體於大庭廣眾之中。義大利女記者法拉奇訪問過很多叱吒風雲的大人物——鄧小平、格達費、季辛吉等人，這些不可一世的大人物，他們後來都哀嘆說，法拉奇的文章發表之後，世人對其評價直線下降，他們想後悔已經來不及了。如今，我無法面對面訪問習近平，卻要仿效法拉奇直搗獨裁者邪惡本性的作法，讓《習近平：喪屍治國》一書成為習近平變本加厲造神運動的「解毒劑」。

不是反腐，乃是權鬥

在本書中，我從「反腐」、「集權」、「鎮壓」、「爭霸」四個面向切入，一步步逼進習近平政權的本質，並抽絲剝繭地發掘習近平的三大野心或目標。

首先，在中共統治階層內部，習近平以反腐為名掀起政治清洗，成功改寫了文革之後中共逐漸形成的政治局常委「寡頭統治」（中共御用學者胡鞍鋼所謂「集體總統制」）的模式，一步步回歸毛時代的個人獨裁、皇帝專制、朝綱獨斷、定於一尊。

習近平在王岐山輔佐下掀起的反腐運動，獲得不少憧憬明君的中國臣民大聲喝采，也讓西方某些霧裡看花的中國問題專家對其刮目相看。實際上，習近平的反腐只是整肅政敵的一種手段，在一黨獨裁的體制下，哪個高官能避免腐敗？誰又能清除如牛皮癬般四處滋生的腐敗？

為什麼說習近平的反腐是權鬥呢？原因有三。第一，迄今為止，習近平的反腐運動所打擊的對象，如周永康、令計劃、徐才厚、郭伯雄等人，全部是平民子弟出身的官僚，沒有一個是跟他背景相似的太子黨。唯一垮臺的太子黨成員薄熙來，是其得力助手王立軍與其決裂後，王為了保命而遁入美國駐成都領事館而成為全球媒體聚焦的大新聞，讓中共顏面盡失。在紙包不住火的情形下，胡、溫才將薄熙來拿下。習近平當然樂意看到這個結果，但他不會主動對其他太子黨下手——只要向其表忠心，如陳雲家族、李鵬家族、王震家族，無論如何富可敵國、如何臭名昭著，習近平仍給予庇護和優容。

第二，腐敗官僚落馬之後留下的空缺，立即由習近平嫡系人馬占據，特別是石油、煤炭、鐵道、電信等國民經濟命脈以及軍事、安全等強力部門。習的嫡系人馬，未必比落馬貪官擁有更高尚的人格和更清廉的品質，他們很快蛻變為吸骨吮髓的新貪官。習在福建和浙江任職期間結識的一幫下屬，政績和名聲並不佳，獲得提拔只是因為「一人得道，雞犬升天」。習本人及其家族亦不比被其清洗的敵對派系更乾淨。在「巴拿馬文件」事件中，習近平姐夫的名字赫然在列。習近平沒有大義滅親，反倒嚴密封鎖資訊，在中國的網路上連「姐夫」也成為禁止搜索的「超級敏感詞」。

第三，習式反腐運動並非遵循憲法和法律，而是讓中紀委這個現代「錦衣衛」，以「雙規」（「在規定時間、規定地點交代問題」）這一「家法」來執行。貪官不值得同情，但反貪過程中法治的敗壞卻讓人憂慮，習近平對法治的踐踏堪比毛澤東。比如，前中國國家能源局副局長許永盛，在法庭上當庭喊冤否認指控，並稱「其供訴和親筆供詞是遭到刑訊逼供，辦案人員以其妻子和兒子要脅，在沒有辦法的情況下，違心做出的。」又如，四川省省長魏宏「突然失聯」，連同僚都不知其下落。二十天之後，中紀委才在網站上宣布，魏宏因涉嫌嚴重違紀，正在「反省思過」。在民主國家，高級官員不可能如此人間蒸發。這種運動式反腐，不可能讓中國邁向法治和廉政。

官方的反腐宣傳，每一次都弄巧成拙。二〇二〇年一月，中國央視開播反腐電視專題片《國家監察》，安排落馬的「老虎們」現身說法。片中披露，貴州省省委常委、副省長王曉光家中有一間房子堆滿茅臺酒，數量高達四千多瓶，很多都是年份悠久的天價茅臺。落馬前，王曉光覺得家裡名酒太多不安全，他把年份茅臺酒分批倒入家裡的下水道。看到王曉光彎著腰在廁所裡倒這些酒，他的妻子感嘆：「扔也扔不掉，喝也喝不了，送也送不完，倒也倒不盡，早知如此，何必當初？」

就在專題片開播時，一個二十四歲的貴州貧困女大學生吳花燕去世了。她在因病去世時，體重僅有二十二公斤。為了照顧生病的弟弟，她生活十分節儉，從來不吃早飯，一天只花人民幣兩元，常常自帶糟辣椒拌白飯。長期吃不飽讓她營養不良，身體愈來愈差，頭髮狂掉，眉毛掉光。病重住院後，醫生說患了嚴重的心臟瓣膜損傷——號稱消滅貧困、實現小康的習近平政權對這樣的「低端人口」不聞不問，官方慈善機構居然吞掉吳花燕人民幣四十餘萬的民間救助捐款。杜甫說的「朱門酒肉臭，路有凍死骨」居然在習近平的社會主義新中國真實發生，真是「厲害了，你的國」。

冠狀病毒不可怕，只要大家聽黨話

習近平第二個野心或目標是在經濟上加速「國進民退」（實際上是「黨（太子黨）有經濟」）、在政治上加速「秦始皇加希特勒」的「文革化」、在社會控制上以維穩為核心，用傳統警察和數位天網來摧毀蓬勃發展的民間社會，締造出由「無所不能的國家」和「原子化的個體」二元結構的國家主義帝國——這是個「冠狀病毒不可怕，只要大家聽黨話」的「美麗新世界」。

習近平仇視人類文明、反對普世價值，要回頭走毛式原教旨主義之路。他選擇重點出擊的三大目標，即媒體、非政府組織（NGO）和宗教團體。

習近平政權對言論自由和新聞自由的打壓，達到文革之後的最高峰。即便是八〇年代的鄧小平主導的「清除精神汙染」和「反對資產階級自由化」運動，以及一九八九年鎮壓天安門學生運動之後的思想輿論控制，都沒有如此全面和徹底。習近平做到了美國前總統柯林頓認為任何人也做不到的事情——像把果凍釘在牆上那樣把互聯網「管起來」。一方面，習近平以笑面虎的形象，模仿毛澤東在反右運動前夕「引蛇出洞」的策略：習近平在北京網路安全和信息化工作座談上表示，領導幹部要常上網、瞭解民意，要對廣大網友多一些包容和耐心，對於網路上善意批評不僅要歡迎，而且要認真研究和吸取。另一方面，當局對異議言論的打壓卻絲毫不手軟。此次武漢肺炎防疫失控，轉折點即為警方傳喚恐嚇八位最早說出真相的民眾（其中多人是工作在一線的醫生）。有網友憤怒譴責說：「如果有言論自由、新聞自由，各種資訊就能充分流動，真偽就能在第一時間辨識，壞事、惡事就能被控於萌芽，整個社會就不會被中共草木皆兵、報喜不報憂的恐懼與維穩體制所綁架，武漢八先知就不會『被造謠』並關押，肺炎之害就不會鬧到今天不可收拾的地步。整個疫情與其說是天災，不如說是人禍！」

非政府組織也迎來了動輒得咎的嚴冬。中國全國人大批准《境外非政府組織境內活動管理法》，在嚴厲打壓中國國內NGO之後，又將一道緊箍咒強加於境外NGO頭上。根據此新法，在沒有任何犯罪指控的情況下，境外NGO人士隨時可能遭到警方約談、被勒令停止活動或被列入黑名單。境外NGO的資金來源和財政收支將受到嚴格審查。這是習近平向普丁學的權謀術——普丁看到NGO與民主化之關聯性，遂用嚴刑峻法消滅NGO，防止「顏色革命」。習近平也先下手為強，在各類NGO尚未對公民社會發揮更巨大影響力之前，讓NGO成為PNGO（即黨控NGO）。這種打壓公民社會、公共空間和民間組織的作法，固然讓習近平的「治理」變得更加容易，卻讓中國社會失去了自發性和自救能力，如經濟學家何清漣所說：「經濟和社會壟斷造成資源集中於政府手中，遇到大災難時，民間缺乏自助與互助機制。」此次，疫區的種種怪現狀都與這一國家政策有關。比如，因為要隔離一個被感染的父親，腦癱的孩子被留在家裡，無人照顧，幾天後慘死。對此，學者艾曉明評論說：「腦癱孩子之死就像一個隱喻，預示在這種極度的隔絕下會發生什麼樣的悲劇。如果我們對武漢、對武漢人的隔絕，到了某一個程度，我們每個人的結局都可能是這個腦癱孩子。」

習近平時代的宗教打壓和宗教改造，也是毛時代之後前所未有的。習近平有意識地扶持佛教、儒教、媽祖、關公等「建制宗教」和「民俗宗教」，打壓基督教、天主教、伊斯蘭教和藏傳佛教。習近平的嫡系官員夏寶龍在浙江拆毀教堂和十字架，儼然是一場新義和團運動。習近平在全國宗教工作會議上明確指出：「必須牢牢把握堅持黨的領導、鞏固黨的執政地位、強化黨的執政基礎這個根本，必須堅持政教分離，堅持宗教不得干預行政、司法、教育等國家職能實施，堅持政府依法對涉及國家利益和社會公共利益的宗教事務進行管理。」習近平抓捕王怡牧師，以「煽動顛覆國家政權罪」等判以九年重刑，以殺雞儆猴的方式向數千萬中國基督徒傳遞一個信息——你們只能信仰習近平之下的上帝，不能信仰習近平之上的上帝，否則王怡就是前車之鑒。香港學者、神學院教授邢福增指出，習近平的「法治化」，只不過是「姓黨」或「黨性」的工具。「政教分離」是「有中國特色的政教分離」，即是全面防範宗教組織及宗教進入社會公共領域，卻為黨國藉「依法對涉及國家利於和社會公共利益」為名來管理宗教事務及宗教關係，提供了強而有力的政治理據。

當媒體、非政府組織、宗教團體統統「姓黨」之後，公民社會退化為臣民社會，習近平就可黃袍加身、稱霸世界了。

千古一帝，全球洗腦

習近平的第三個夢想或目標，乃是重構中國與世界的關係——直接挑戰二戰之後、尤其是蘇聯解體之後由美國主導的國際政治經濟秩序，重建帝制時代以中國為中心的「天朝體制」。由此，他本人成為千古一帝，享受萬國來朝之輝煌。

中國自「改革開放」以來的經濟成就和社會發展，不是鄧小平具有點石成金的本領，也不是中國人有多麼「勤勞勇敢」，而是搭上了美國主導的全球化的順風車，用美國總統川普的話來說，乃是美國「重建」了中國。這個說法並不誇張，可中國死不承認這一事實。自二〇〇八年北京奧運會讓中共嘗到「萬國來朝」的榮耀之後，二〇一二年習近平登基，更是一飛沖天，試圖另起爐灶，另建鐵軌，一帶一路，取美代之。

習近平對美國和西方恩將仇報，其怨恨之深，與毛澤東不相上下。日前，中共喉舌《求是》雜誌發表了習近平在中央黨校的一篇演說：「國內外各種敵對勢力，總是企圖讓我們黨改旗易幟、改名換姓，其要害就是企圖讓我們丟掉對馬克思主義的信仰，丟掉對社會主義、共產主義的信念。而我們有些人甚至黨內有的同志卻沒有看清這裡面暗藏的玄機，認為西方普世價值經過了幾百年，為什麼不能認同？西方一些政治話語為什麼不能借用？接受了我們也不會有什麼大的損失，為什麼非要擰著來？有的人奉西方理論、西方話語為金科玉律，不知不覺成了西方資本主義意識形態的吹鼓手。」他偏偏忘記了，馬克思主義也是從西方而來的、極端現代主義的「舶來品」。

中國不惜巨資收買若干與之同質的獨裁國家，滲透並操控諸多國際組織，進而以「大外宣」進行史上規模最大的「全球洗腦」。二〇一六年，習近平指示中國政府「只要有讀者、只要有觀眾的地方，都是我們的宣傳必須觸及到的角落」。美國通過《香港民主與人權法案》之後，中國政府點名並制裁多個國際人權組織。其中之一的「自由之家」日前發表了一份題為〈北京的全球擴音器〉報告，列舉中國自二〇一七年以來，透過外交官、官媒、紅色資本、滲透等策略，強力重塑國際媒體對中國的敘事方式，藉此美化中國的形象。「自由之家」更指出，中國利用「大外宣」計畫，擴張全球影響力，在國際創造親中輿論環境，為中國共產黨牟取政治利益。其利用的手法，包括成立中資「假外媒」、以廣告方式在知名外媒刊登為中國讚聲的新聞內容、與海外新聞機構合作製作節目、直接免費提供中國官媒製作的影片、買下小型外媒等。若干久負盛名的國際級媒體的中文網站首先淪陷，如《BBC》中文網、《紐約時報》中文網、《金融時報》中文網、《德國之聲》中文網等，它們儼然就是《人民日報》、《環球時報》的英國版、美國版和德國版。中國似乎一夜之間成為「另類全球化」的領頭羊。

然而，黃袍加身卻穿不暖，金鑾寶座偏偏坐不穩，「機關算盡太聰明，反算了卿卿性命。」習近平橫衝直撞，讓西方民主國家意外地從蘇聯東歐變色之後「歷史的終結」的沉睡中驚醒。習近平強迫香港特區政府通過堪比「二十三條國安法」的《送中條例》，反倒激發出香港自開埠以來最大規模的、以「時代革命、光復香港」為旨歸的公民抗命運動，本土乃至獨立的思想如驚濤拍岸；習近平對臺灣磨刀霍霍，提出「一國兩制、臺灣方案」，反倒拖累其布置在國民黨的代理人韓國瑜的選情，讓蔡英文走出低谷、大獲全勝；習近平的航母計畫和「以太平洋之大，足以容納中美兩個大國」的豪言壯語，讓美國朝野兩黨、三大權力機構（行政、立法和司法）全都意識到一個比納粹德國、軍國主義日本和蘇俄更邪惡的敵人已站在門口，於是不僅限於貿易的中美貿易戰硝煙四起，「屠龍」成為美國外交政策的首要目標。

四面楚歌之下，中共正進入一個不可遏制的衰退期。美國華裔學者裴敏欣指出，中共的衰落將是一個漫長的過程，大概是十至十五年。「中共的衰落並非是周期性的，而是結構性的。它並非來自於經濟，而是政體。」親自駕駛「喪屍列車」奪路狂奔的習近平，即將迎來車毀人亡的那一刻。

第一章

「中國夢」裡沒有「法治國」

專制政體是既無法律又無規章，
由單獨一個人按照一己的意志與反覆無常的性情領導一切。

孟德斯鳩

川普總統在一場演講中特別引述了《伊索寓言》中「農夫和蛇」的故事——美國如同好心的農夫，中國則是狡詐的蛇。對於美國來說，中國確實是一個「致命」的國家。

川普總統的經濟顧問、經濟學家彼得·納瓦羅也指出，中美之間最大的問題是信任問題：當美國提出一長串結構性的問題時，中國予以否認，「如果他們連你的擔憂都不承認，你怎麼和他打交道？那是愛麗絲在漫遊奇境。」納瓦羅比較說：「我們和加拿大、墨西哥重新談判（達成新的協議），我們很信任他們遵守協議。我們正在和日本和歐洲談判。我們和世界上能信任的國家談判，但中國與眾不同。」中國加入世貿組織時的多項承諾，在十六年過渡期後卻都沒有實行。二〇一五年歐巴馬擔任總統時，一位中國高官在華盛頓向美國做出兩項承諾，一是南中國海人工島礁非軍事化，二是不會再對美國企業進行電腦駭客攻擊。結果，兩年後中國在南海島嶼上「武裝到牙齒」，由中國政府支持的對美國企業的電腦攻擊，只停了六個月。

納瓦羅展示了一張圖表，列出一份由美國多個部門共同研究得出的「中國產業趕超計畫」的七大策略和五十種具體方法，包括「不擇手段獲得先進的核心技術」。他指出：

中國是如何做到盈利的呢？答案是：他們進行偷竊。如果你能把世界各國的技術拿來，而不用花費別的企業每年要花費的百分之二十、三十的研發經費，你就有了成本上的優勢。區別就在這兒。

納瓦羅表示，全球自由貿易的基礎是公平和公開，當有些國家刻意採取不平等政策，並且還暗中進行各種侵害行動的時候，保護本國的利益，並非「貿易保護主義」，而是正當的政府行為，因為經濟的安全就是國家安全。

納瓦羅接受福克斯電視臺採訪時透露，中共正在試圖攪亂美國期貨市場並通過《華爾街日報》和《彭博》的左右輿論；過去兩年，中國四次誤判川普總統，使得川普總統先後四次提高中國出口到美國產品的關稅，「川普總統特愛關稅！協議簽與不簽，對美國都有利。」最後，納瓦羅用了一個比喻——中共就像油罐子裡的鱔魚一樣「滑」，滑不留手、難以掌控！

第一節 習近平能夠實現中國國家治理能力的現代化嗎？

二〇二〇年元旦，中共黨刊《求是》雜誌刊出不久前習近平在中共四中全會的演講，這篇演講題為「堅持和完善中國特色社會主義制度推進國家治理體系和治理能力現代化」，《新華社》報導時強調：「《求是》雜誌發表習近平總書記重要文章。」由此可見，這篇文章是習近平最新治國理論的呈現。

習近平的報告中，主要強調中國制度的「顯著優勢」，他認為中國特色社會主義制度「可以有效避免出現黨派紛爭、利益集團偏私、少數政治菁英操弄等現象，具有無可比擬的先進性」。習近平在此清楚地說明「國家治理體系和治理能力現代化」不能脫離中國特色社會主義體制，也就是共產黨一黨獨裁的體制。

香港親北京的網路媒體《香港01》評論說，對一些期盼中共將會在政治上走西方道路的人而言，這篇文章或許有「圖窮匕現」的感覺。《法廣》評論說，習近平準備向世界推行中國制度，這是一種不承認普世價值、黨在國之上、領袖更在全黨之上的被中共領導層認為效率奇高的獨裁制度。

拒絕西化和民主化的「第五個現代化」是南柯一夢

《香港01》的老闆于品海不僅是一位所謂的「親中商人」，更有人認為他跟「鳳凰衛視」老闆劉長樂一樣，是中共自己人。于品海旗下的《多維新聞網》早已落地北京（雖然中國國內無法打開其網頁，但主要編輯人員均在北京辦公），其言論風格宛如第二家《環球時報》。

此前，于品海擁有的南海控股企圖染指臺北雙子星投資案，被臺灣經濟部以「國家安全」為名擋下。臺北市長柯文哲為此替于品海叫屈，譴責民進黨政府不知招商引資。財經名人謝金河則反問柯文哲：「你了解于品海先生？」說南海是雞蛋水餃股，還有高負債，並不是績優的公司，而且大股東為中國國企。但柯要為此背書，謝也只能說：「要為臺北市民負責！祝福柯市長。」

後來，于品海在接受臺灣媒體訪問時聲稱，是民進黨政府刻意卡關臺北市長柯文哲，南海控股成為犧牲品：「我只知道，我是路過，現在有些火力打到我身上來」、「我們是外資，不去蹚政治渾水，也沒想到該做什麼，被政治搞得亂七八糟」——好像他是清純少女。

于品海又評論說：「大陸愈來愈國際化，臺灣愈來愈本土化，臺灣是不斷往裡面縮，大陸不斷在國際上擴張經濟影響力，影響力大到美國都必須跟它相互溝通。」此類言論顯然不是普通的商人的「個人觀點」，儼然就是中共大外宣發言人「奉旨發言」，不遺餘力地唱強中國、唱衰臺灣。

要了解一家媒體或一個人，當然要「觀其行，聽其言」。《香港01》在評論中對習近平「國家治理能力現代化」的講法大唱讚歌，並且辯解說，中國不走西方舊路，並不代表中共拒絕自我批判，更不代表它拒絕「自我革命」，革除自身在治理體系和治理能力上的諸多問題。該評論認為，中共的改革是按部就班的，其解決問題的意識亦非常強烈。例如針對中國在文革後一窮二白的情況，中共自一九七八年起「改革開放」，並且憑藉工業、農業、國防、科技的「四個現代化」，成功在物質層面實施現代化。在解決物質問題後，中共採取下一步，推進「國家治理體系和治理能力現代化」，這是牽涉更高層面、形而上的「第五個現代化」。無論是「國家治理體系和治理能力」，最終目的都是建立一套經得起實踐，使國家治理變得文明規範的準則。

另一方面，該評論又指出，西方模式已日薄西山，中國模式則日出東方：「過往二百年，基於西方在政治、經濟、軍事等領域的巨大優勢，不少人習慣了「西方」等同「現代化」。問題是，近年不論是英國脫歐、美國政黨政治兩極化，還是西方政治模式輸出中東後造成的危機，都說明西方版本的治理體系日益暴露出深層治理的困境。」所以，中國取代西方、輸出文明，已是指日可待的趨勢。

這種顛倒黑白的評論，只能欺騙牆內被中共長期洗腦的中國人（可惜這些中國人看不到牆外的網媒《香港01》），稍有民主素養的香港人和臺灣人都會對此不以為然。

首先，中共在毛澤東死後被迫放棄文革路線，走向「改革開放」，乃是因為中國的國民經濟已處於崩潰的邊緣，中共政權難以維繫。為了保住政權，鄧小平不得不放棄階級鬥爭路線，優先發展經濟，讓人民至少有飯吃。這並非中共本身具備敏銳的「問題意識」及改革決心，而是走投無路之下被迫向西方開放。

其次，西方的現代化道路已被晚近五百年的歷史證明是唯一的「正道」，迄今為止並沒有其他道路能取而代之。英國脫歐和美國政治兩極化，不是西方衰落的標誌，而是西方內部自我調適、自我成長中的必要過程。這恰恰表明西方模式的韌性和彈性，西方模式（英美秩序）經歷了一戰、二戰、冷戰和反恐戰爭之後，仍然生機勃勃。

第三，習近平既然拒絕走西方的民主化道路，如何能建立一套使國家治理變得文明規範的準則呢？所謂現代文明，有其舉世公認的基本要素。比如，民主政治、自由市場經濟、私有產權保障、基本人權保障、普選、司法獨立、新聞自由等，缺一不可。現代文明絕非「不同文明，不同表述」。以上要素，當今中國連一個都不具備，而且習近平對每一個都堅決反對和排斥。所以，今天中國的國家治理，說到底就是非現代的、不文明的和野蠻的。

法治崩壞的中國，如何實現治理能力現代化？

向習近平溜鬚拍馬的，不單單是于品海這樣唯利是圖的奸商，還有不少昔日傾向自由主義立場的知識分子——中國政法大學校長馬懷德在《人民日報》發表題為〈法治是國家治理體系和治理能力現代化的必由之路〉一文，無視習近平執政以來中國法治全然崩壞的事實，苦心積慮地將中國描述成正大步流星地走在法治國的路上。

馬懷德在文章中說到：「法律是最重要的制度形式，也是制度的最高形態。能否加快形成中國特色社會主義法治體系，把法律這套規則體系轉化成治理效能，將直接關係到國家治理體系和治理能力的現代化進程。」話說得振振有詞，但當習近平修憲稱帝之時，馬懷德有站出來捍衛憲法嗎？當習近平稱帝成功之後，馬懷德卻出面為習塗脂抹粉，這位中國政法大學的校長哪有一點知識人的尊嚴？

馬懷德從六個方面論述中國法治現代化的趨勢，每一個方面都是望梅止渴、自欺欺人。

一、是健全保證憲法全面實施的體制機制。馬懷德認為，要推進合憲性審查工作，特別要加強法律法規和規範性文件的備案審查制度，依法撤銷和糾正違憲違法的文件，使憲法全面實施具有堅實的體制機制保障。

然而，事實是，憲法在中國並不具備神聖性。中國的官員和民眾均不尊重憲法，視憲法為一紙空文。中國沒有憲法法院，也沒有高於黨權的最高法院，如何進行合憲性審查呢？比如，中國國家宗教事務局可以自行制定違背憲法中，公民有宗教信仰自由條款的《宗教事務條例》，卻沒有任何機構和個人可以審查和糾正之。

二、是完善立法體制機制。馬懷德指出，要堅持科學立法、民主立法、依法立法，完善黨委領導、人大主導、政府依託、各方參與的立法工作格局，立改廢釋並舉，不斷提高立法品質和效率，加強重要領域立法，以良法保障善治。

這種說法自相矛盾：既然在黨委領導下，人大又如何主導呢？如果足夠誠實，馬懷德就該承認：人大只是一個在黨委領導之下、對黨委（其實也就是黨魁習近平）言聽計從的橡皮圖章，而不是真正的最高立法機構。而且，人大代表並非由選民一人一票選出來的，人大自身即不具備合法性。如此，中國豈能有良法？無良法的中國，又豈能有善治？

三、是健全社會公平正義的法治保障制度。馬懷德強調，必須加強人權法治保障，保證人民依法享有廣泛的權利和自由、承擔應盡的義務。完善律師制度，加強對司法活動的監督，確保司法公正高效權威，努力讓人民群眾在每一個司法案件中感受到公平正義。

難道馬懷德忘記了，從二〇一五年「七零九」律師大抓捕案，一直到二〇一九年年末再度抓捕律師和維權人士以及重判家庭教會王怡牧師，習近平政權對人權的侵犯、打壓已經到了文革之後最嚴峻、最囂張的地步。在黨國鐵拳之下，人權律師群體已七零八落，諸多人權案件在沒有律師的情況下就秘密審判和逕自宣判了。

四、是加強對法律實施的監督。馬懷德指出，加強對法律實施的監督，就是要保證行政權、監察權、審判權、檢察權得到依法正確行使，保證公民、法人和其他組織合法權益得到切實保障，堅決排除對執法司法活動的干預。

在中國，沒有民選的議會，沒有獨立的新聞媒體，也沒有公民團體，那麼由誰來監督法律的實施呢？馬懷德不敢指出的真相是，共產黨是干預乃至主導執法司法活動的幕後黑手。法院和檢察院是共產黨政法委的下屬部門，法官在黨的書記面前宛如馬仔，正如最高法院院長周強在共產黨總書記習近平面前宛如畢恭畢敬的小學生。

五、是建設人民滿意的法治政府。馬懷德認為，要深刻把握建設法治政府的時代背景和現實要求，鞏固黨和國家機構改革成果，推進機構、職能、許可權、程式、責任法定化。

然而，在具有中國特色或者說習近平特色的權力結構之中，政府只是黨的隨附組織——國務院總理李克強的權力不是選民賦予的，而是習近平賞賜的。李克強必須像僕從一樣向黨的總書記習近平匯報工作。中國政府不能是法治政府，只能是共產黨實踐、貫徹其權力的工具之一。

六、是切實增強領導幹部的法治和制度意識。馬懷德指出，只有各級領導幹部這個「關鍵少數」以實際行動帶頭尊法學法守法用法，才能營造辦事依法、遇事找法、解決問題用法、化解矛盾靠法的良好法治氛圍，也才能在全社會形成崇尚法治的風氣。

習近平時代的社會現實偏偏與之背道而馳，最高領導人的習近平不僅破壞共產黨自身的慣例、黨章，更赤裸裸地踐踏憲法和法律，為了當終身主席，他可以隨意修改憲法，為了防民之口，他將批評他的異議人士送入精神病院。在國際上亦如此，中共政權宣稱《中英聯合聲明》是一份過時、不必遵守的文件，而海牙國際海事法庭的裁決則是毫無效力的一張廢紙。上行下效，在中國，誰還會崇尚法治呢？

領導層「有序」更替，最高領導人永遠在位

習近平曾談及「領導層有序更替」的敏感問題：「二〇一四年，我在慶祝全國人民代表大會成立六四週年年大會上也說過，評價一個國家政治制度是不是民主的、有效的，主要看國家領導層能否依法有序更替。」

《法廣》的評論指出，從邏輯上講，「國家領導層」應該包括習近平本人，但是自從把習近平思想寫入憲法，在所有的黨政會議上都要重申「兩個維護」，即維護黨的核心習近平本人以來，習近平已明顯地置於「國家領導層」之上。所以，習近平的「有序更替」的內涵再清楚不過了：所有的高官，包括總理和政治局常委都能「有序更替」，而習近平本人則不在其中，他要監督「國家領導層有序替換」，也就是說，他是永遠不退休的太上皇。

極權主義政權無法解決的難題、無法克服的「命門」就是領導人的和平更替——是領導人，而不是領導層。在一人獨裁的體制下，最高領導人這「一個人」才是至關重要的主角，其他領導人都是無足輕重、沒有個性的配角。即便其他領導人有明確的任期制，可以「依法有序更替」，但最高領導人沒有任期限制，無法實現「依法有序更替」的情況下，那麼這個政權依然是不穩定的。

在後毛澤東時代，中共逐漸探索出一套沒有寫入憲法和黨章的「潛規則」，包括對最高領導人的兩屆、十年的任期限制。但這套不成文的「約定」被習近平用修改憲法的這種「合法」方式廢除了。習近平的盟友王岐山因年齡限制，退出中國共產黨中央政治局常務委員會，但隨即成為有史以來權力最大的國家副主席，被稱為「第八個不是常委的常委」（八賢王），甚至是淩駕於國務院總理、人大常委會委員長和政協主席之上的第二號人物。

由此，習近平破壞了過去三十年來中共的黨內潛規則，讓領導人接班失去潛規則之約束，陷入蘇聯後期「老人治國」的困境——即便在帝制時代，都有長子繼位等種種「祖宗之法」，共產黨的制度建設甚至連帝制時代都不如。連最高領導人都無法實現有序更替，這套政治制度還能稱之為「現代國家治理模式」嗎？

習近平本人既不是繼承王位的國王，更不是民選的政府首腦，其權力來自於共產黨元老的密室協商，他執政後的所作所為破壞了江、胡時代的「集體總統制」，只能稱之為「僭主或暴君」——前者是指其地位是通過暴力或欺詐的手段得來的，後者是指其地位雖是通過合法的選舉或繼承得來的，卻沒有依據法律和公正進行統治，或忽視了那些在他即位之時就受其約束的契約和協議。《反暴君論》一書指出，暴君的每一項計畫都是為了盤剝其臣民的財產並據為己有，這樣人民長期為生計所困，無暇考慮如何奪回自由。暴君從廣大人民那裡大肆勒索錢財，並將其浪擲給幾個佞臣和不足掛齒的小人。對於暴君，西塞羅指出：「由於他的惡超乎想像，他是罪大惡極的；然而他又是如此狡詐，以至於他在撒彌天大謊時，其外表顯得最為真誠。」

習近平自己超乎於法律之外，這種權力運作方式不是作為「第五個現代化」的政治現代化。重新統一羅馬帝國的狄奧多西一世說：

> 承認自己必須服從法律，這與一位皇帝的威嚴十分相稱。我們的權力依靠法律的權威，使統治者聽命於法律，確乎比擔當統治更為重要。通過此項敕令之公布，我們希望曉諭世人：我們不允許自己做任何與此相悖之事，也不會將違逆之舉標榜為合法。

由此觀之，中國的政治文明還沒有達到古羅馬的水準。

第二節

殺人的不是武漢肺炎，而是習近平

習近平為何不出任「應對疫情工作領導小組」組長？

二〇二〇年一月二十五日，大年初一，中共中央政治局常務委員會破天荒召開會議，專門聽取武漢新型冠狀病毒感染的肺炎疫情防控工作彙報，由習近平主持會議。

會議決定，中央成立應對疫情工作領導小組，由李克強擔任組長，王滬寧擔任副組長。一月二十六日，頭上多了一頂「組長」帽子的國務院總理李克強，召開工作小組首次會議，會議要求做好春節假期後疫情防控安排，適當延長春節假期，調整學校開學時間。一月二十七日，李克強「受習近平總書記委託訪問武漢」。習近平繼續全無心肝地做壁上觀，連江澤民和胡錦濤那樣的親民秀都懶得做了。

此次事態，習近平遲至四十天後才公開表態，承認武漢新型冠狀病毒肺炎有「加快蔓延的嚴重形勢」，但其表態的焦點不是如何挽救民眾的生命，而是「必須加強黨中央集中統一領導」、「加強輿論引導工作」，以維護社會大局穩定。

數千萬民眾已被封城軟禁，若干醫院已宛如人間地獄，焚屍爐火光沖天，習近平卻滔滔不絕、不慌不忙地說那些形同嚼蠟的官話和套話——各級黨委和政府要增強「四個意識」、堅定「四個自信」、做到「兩個維護」。

習近平掌權以來，拚命抓權，破壞原有的官僚體系，設置無數個小組，親自擔任組長，以「小組治國」完成其新極權主義的「一盤大棋」。然而，他偏偏不敢親任應對疫情工作領導小組組長，不敢到武漢慰問患者和醫務人員。他將李克強放在炭火上烤——如果應對成功，則是他運籌帷幄、指揮有方；如果應對失敗，則是李克強的全責，李是「千古罪人」。這是傻瓜都看得出來的小算盤。在國家和國民危在旦夕之際，習近平的怯懦、自私、無能、陰暗的本性全盤曝露於天下。

中共御用媒體為「今上」分憂，挑出替罪羊為習近平解套且平息民怨。《人民日報》和《環球時報》大膽地把矛頭對準湖北和武漢地方官員，網路警察不再刪除微信上謾罵地方「父母官」的言論。《人民日報》和《環球時報》批評武漢當局「資訊披露不夠及時準確」，指其「大膽」，以至於引發恐慌，「大膽的背後是僥倖，是對傳染病防治規律的無知，是對自身和他人健康風險的漠視」——好一副「事後諸葛亮」聰明且正義的面孔。

地方官員亦非待宰羔羊。一月二十七日，武漢市長周先旺接受《央視》新聞直播專訪時坦承，各方對武漢資訊的披露是不滿意的，「披露的不及時，這一點大家要理解，因為它是傳染病，傳染病有傳染病防治法，它必須依法披露。作為地方政府，我獲得這個資訊以後，授權以後，我才能披露，所以這一點在當時有很多不理解。」這是中國官員說出的罕見的真話：之前地方政府沒有披露資訊，是因為沒有得到上級授權。那麼，上級是誰呢？上級的上級，最上級，當然是習近平。不讓地方政府披露資訊的，就是習近平；比病毒更毒的，就是習近平。

此前，武漢市有八位在網路上發出警告的網友（他們很多都是一線的醫生），遭到公安約談、恐嚇，從此網路上鴉雀無聲。當局成功壓制了民間就新型病毒風險進一步探討、持續發出警告的聲音，疫情失控就是必然的結果了。有網友說，抓了八個人，害了一座城。這個時候再看諾貝爾和平獎得主、被中共關押致死的劉曉波，在二〇〇八年十月一日接受《法廣》專訪時所說的一段話，別有滋味在心頭：

當公共衛生方面的重大新聞被封鎖時，這樣的封鎖所謀殺的，不僅是新聞本身，而是民眾的生命安全。

中共殺害了劉曉波這樣說真話的人，中共將中國變得萬馬齊喑，天災人禍就近在咫尺。

當世衛組織成為習近平的隨附組織

習近平在北京會見世界衛生組織WHO秘書長譚德塞，有兩個耐人尋味的細節。

習近平還是那一副萬國來朝、高高在上的派頭，而譚德塞則如同小狗見到主人般，嬌羞地迎上去撒嬌。這位世衛秘書長，來自得到中國大筆外援的非洲窮國衣索比亞，在該國衛生部長任上時早已臭名昭著，卻是「中國的老朋友」。他的工作能力讓人不敢恭維，拿過中國多少錢也是一筆糊塗帳，但他最精通的是天朝的禮儀，知道如何與習近平握手。只要具備了這點常識，當這個中國控制下的國際組織的首腦就綽綽有餘了。

第二個細節是，兩人在會談時，中間隔了三張桌子，這是中共的國事活動中前所未有的安排。兩人距離之遠，讓咫尺亦成天涯。可見，習近平膽小如鼠，生怕被傳染上武漢肺炎，即便不是從武漢疫區來的客人，也要離他遠遠的。此種自私自利、色厲內荏的懦夫，怎麼可能親自到武漢，現場表演「愛民如子」的行動劇呢？

習近平在談話中說：「這一次的疫情防控工作，我一直是親自指揮、親自部署，我相信只有我們堅定信心、同舟共濟，科學防治、精準施策，我們一定會戰勝這一次的疫情。」此刻，他突然將疫情防控工作的最高領導權奪了回來，視剛剛被冊封為中共中央應對武漢新型冠狀病毒感染肺炎疫情工作領導小組組長的李克強如無物。習近平不當組長，卻又自稱「親自指揮、親自部署」，那麼疫情失控，他又該當何罪？

習近平的談話，從頭到尾充滿戰爭術語。他說：「對中國人民來說我們現在正進行一場嚴肅的鬥爭」、「在中共領導下充分發展中國特色社會主義制度的優勢，精準施策，有信心、有能力打贏這場仗。」另外，中共中央印發〈關於加強黨的領導、為打贏疫情防控阻擊戰提供堅強政治保證的通知〉，要求「各級黨委激勵引導黨員、幹部在疫情防控鬥爭中挺身而出、英勇奮鬥，堅決打贏疫情防控阻擊戰」。

對這套戰爭術語可作多重解讀。其一，習近平根據其掌握的「內參」研判，疫情已相當嚴重，並非官媒報導的那樣微不足道，疫情讓中國瀕臨戰爭邊緣；其二，疫情引發中共黨內深層矛盾，雖然習近平尚未遭遇強有力的挑戰，但對其不滿的潛流已經在各派系之間湧動，習近平本人亦感到危機四伏；其三，中共雖掌權七十年，仍未完成從「革命黨」到「執政黨」的身分轉變，習近平和中共如驚弓之鳥般，無時不刻處於戰爭狀態——與西方帝國主義的戰爭和與本國人民的戰爭，從未停息。

愚鈍的譚德塞聽不懂習的弦外之音，以他的智商理解不了中文的複雜與曖昧。譚德塞宛如習近平的哈巴狗，世衛組織宛如中共的隨附組織。正因為對中國百般奉承，不敢惹得習近平龍顏大怒，使得世衛在武漢肺炎的風險評估上出現嚴重錯誤。拖延多日，世衛才承認，此次疫情的風險「非常高，在區域層級上高，在全球層級上也高」，繼而宣布其為國際公共衛生事件。此前報告中做出的「一般」評估，是「措辭有誤」——這是文過飾非，難道報告起草者是習近平那樣的文盲？就連習本人都視疫情為「戰爭」，世衛為什麼不引用習的「戰爭」這一具有中共特色的措辭呢？

武漢肺炎測試出習近平政權的無能與高效

武漢肺炎失控，中共絲毫沒有從十六年前的SARS風暴中學到一點教訓。香港評論人顏純鈎指出，「定於一尊」的荒謬制度，是武漢疫情擴散的根本原因。

顏純鈎認為，近年中共鼓吹習近平定於一尊，至高無上。中國每日萬千大小事，習近平即使有三頭六臂，都管不過來那麼多事。他的近身人員，誰敢將尚未成為大威脅的武漢疫情輕易報給他？武漢疫情被封鎖，習近平當然無從得知，即使知道了，因高高在上，分身不暇，也無法判斷其嚴重性，他也不可輕易出聲。如此造成惡性循環，下面在等上面指示，上面在等疫情擴散，上下袖手，果然疫情就擴散了——定於一尊，就是如此荒謬的制度設計。

這樣的場景，在托克維爾的《舊制度與大革命》中的法國屢見不鮮。輔助習近平的「八賢王」王岐山推薦中共官員讀《舊制度與大革命》，喜歡報書單的習近平，其書單中偏偏從未出現過這本書。或許，習近平既不喜歡「舊制度」這個詞語，更害怕「大革命」這個「敏感詞」——他就像當過和尚的朱元璋一樣，一聽到「光頭」、「禿子」就惱羞成怒。

武漢肺炎彰顯了中共政權極其無能的一面，比如連口罩供應都跟不上，高級官員在記者會上一問三不知；卻也在另一方面凸顯出中共政權「全能極權主義」的高效與鐵腕。中共動用黨政系統、警察和軍隊，輕易就能在一夜之間封鎖一座一千多萬人口的城市，當今世界確實沒有哪個國家可以做到，就連超級強國美國也做不到——美國政府可以一夜之間將整個紐約封城嗎？可見，中共的社會控制能力已超過納粹德國和蘇聯，達到空前（大概也絕後？）的地步。

在海外中文社群平臺上，有一些反共人士樂觀地認為，此次疫情擴散會成為壓倒駱駝的最後一根稻草。但我不認為疫情會終結共產黨的統治，我從來不會低估共產黨的殘暴，也從來不會低估中國民眾的奴性。我的看法恰恰相反：防疫為中共提供了一次鎮壓社會反抗的絕佳演習機會。在某個時刻，中共再來一場比天安門屠殺更殘暴的武力鎮壓，易如反掌。在不憚於殺人的方面，習近平並不比鄧小平有更多「婦人之仁」。

在中國的社群平臺上，歧視和咒罵武漢人的言論，遠遠多於質疑和批評黨國及習近平的言論。有人悍然建議解放軍對武漢屠城，獲得三萬人按讚。對此，有網友嘆息說：「這次疫情跟SARS是不同的。民眾變了，官也變了。不是變得更好，更科學理智，更文明——而是更黑暗。」與此同時，也有人說：「我們一步步的被驅逐、被撲殺、被放逐。我們，是那些守夜人、吹哨者、瞭望者。這些人被擠出稍微有點影響力的場域。這個國家將在民族復興的大旗下，陷入無盡的黑暗」。

還有網友悲觀地指出：「資訊控制，教育控制，用謊言虛報治國，用監禁虐打恐嚇，是社會全方位洗腦及獨裁的普遍現象。社會層層受權力操控壓迫，一兩代人之後，新生代習慣了，有錢就是萬能，良知埋沒，假騙搶偷，成為生活的日常狀態。民族國家麻醉人心，只有愛國，不懂公義。若非全民覺醒，少數人的反抗者、維權者及其家人，必慘遭暴政毒手。」

是的，殺人如草不聞聲。中共在社會治理的很多方面無能低效，在殺人方面上卻從不手軟。香港荃灣公立何傳耀紀念中學文藝創作班中六的學生譚碧華，在創作課上寫了一篇短篇小說：

我是一枚子彈。我已經待在左輪手槍二十二年了。十月一日，香港的街上異常冷清，沒有絲毫喜慶的氣氛。在沒有被通知的情況下，我從槍管發射了出去。在半秒不到的時間內，我好像進入了一位青年的內臟，也不知道是甚麼位置。皮膚血管被我衝破了口，真是脆弱得很。我穿過了無數條血管，粗的細的都不在話下，我走到了更深的地方，血影的阻力讓我慢慢停下，感受心臟的搏動。那青年一下子跌倒，發出聲音，即使在身體深處的我也感受到喉嚨的震動，可是血仍從身體抽出，已經過了數分鐘了。我在血泊中歌唱，那青年很奇怪，是因為太累了才睡下的嗎？

在香港，殺人的不是子彈，而是中共驅使的魔警。

在中國，殺人的也不是武漢肺炎，而是習近平。

習近平消滅了民間社會，大難臨頭中國人只能等死

習近平上臺之後，對權力階層做出的最大改變是以帝制取代「集體總統制」，一切「定於一尊」；對社會帶來最大的改變是打壓乃至消滅公民社會，民間團體、非政府組織、教會等遭遇文革之後最嚴酷的迫害，實施史上最嚴苛的管制非政府組織的新法律，關閉教會和拆毀教堂，使得晚近三十年來中國茁壯成長的公民社會和公共空間迅速凋零、萎縮。

欲加之罪，何患無辭。即便是被習近平的苛政逼出來的香港反送中運動，習近平也認為是西方敵對勢力——尤其是美國非政府組織幕後策劃和操縱的結果。在美國總統川普簽署《二〇一九年香港人權與民主法案》之後，中國宣布並對五個總部位於美國的非政府組織實施制裁。中國外交部發言人華春瑩表示，事實及證據顯示，這些非政府組織透過各種方式支持「反中亂港分子」，並教唆他們從事暴力犯罪行為。五個遭受制裁的非政府組織包含「美國國家民主基金會」、「自由之家」、「人權觀察」、「全國民主國際事務研究會」及「國際共和黨研究會」。

習近平將國內外各類非政府組織統統當作對其權力的威脅，即便只是反性騷擾的女權組織、致力於農民工教育的民辦學校，閉門、抓人，一個也不放過。中共早期領導人李大釗、

毛澤東曾開辦農民學校、工人學校，民國政府並不干涉，但若是他們生活在習近平時代，全都得淪為階下囚。習近平認為，孤立的、原子化的個體是最容易統治的，民眾一旦組織起來形成「小共同體」，每一個「小共同體」都有可能是共產黨潛在的競爭對手。所以，習近平瓦解公民社會和民間組織，讓民眾處於孤立無援狀態，共產黨和警察國家就能如臂使指地控制近十四億人民。

但是，這種沒有共同體意識的民眾，也不會真正信奉習近平的「中國夢」和「中華民族偉大復興」等口號。他們沒有共同體意識，剩下的只有絕對的自私自利。於是，當武漢肺炎疫情蔓延之際，居然出現如此怪現狀：各地民眾或將高速公路挖斷，或用巨石和樹木堵路，或在公路上堆砌高牆。也有在武漢工作的人回到家鄉被鄰居用木板釘死在屋內，任其自生自滅的事件發生。

網路上更流傳一段影片，是真實的事情，而不是小說家的想像（正如作家鍾祖康所說，中國本來就比小說更離奇）：一對夫妻帶著小孩，從重慶開車過橋，橋那邊就是貴州。老公是重慶人，老婆是貴州人。他們離開重慶，橋那邊的貴州不讓重慶人進去，他們只好開回來。過了橋，橋這邊的重慶不讓貴州人進去，結果他們夫妻和小孩，在橋上進退維谷。

這場「內戰」更蔓延至國外，大年初三（一月二十七日）早上，日本名古屋中部機場有一班前往上海的中國南方航空公司航班，在登機時發生上海人與武漢人的衝突。有上海乘客表示，「如果讓武漢人登機，我們堅決不登機！」武漢乘客則還擊「你不登機，我登機！」航班延誤五個小時後，客機最終載著十六名武漢遊客和其他乘客飛往上海。拒絕登機的七十多位上海遊客要求南航提供客機讓他們回家，驚動中國駐名古屋總領事館出面協調，調來另一架飛機。日本人看到「本是同根生，相煎何太急」的中國人的「內戰」，唯有搖頭。對中國人來說，唯一可貴的是生命，為了保命，什麼事情都可以做，在日本人面前丟面子也不顧了。有中國網友嘆息說：「當人性的惡被激發，便專挑弱者下狠手！這是一場文革式的沒有人性的瘟疫，比武漢肺炎更可怕。」

沒有公民團體和公民社會，就不可能養成公民美德和公民責任。托克維爾在《民主在美國》一書中談到，新英格蘭地區的城鎮會議是美國的民主制度的基石，因為它迫使每個人參與公共事務。美國人自發組成的公益協會也讓托克維爾讚賞，因為這類組織讓民眾可以團結起來主張或保護自己的利益，避免受到集權的損害。托克維爾寫道：

> 不管是政治的、工業的、商業的，或甚至是科學的、文學的協會，都是有想法、有影響力的公民代表，不讓自己的意志屈服或受到隱形勢力的壓迫，在對抗強權以捍衛自己權利的

同時，也保護了大眾的自由。

托克維爾認為，自由至少分為兩種，一種是讓人民免於受到政府限制的消極自由，一種是讓人民可以發揮自己的美德和天賦的積極自由。他指出：「這年頭的統治者只想要對人民做些偉大的事，但我寧願他們多花點心思怎麼讓人民變偉大。」他說的是法國的國王們，他說的也是習近平們。今天的中國人，已經被習近平剝奪了消極自由和積極自由，已經意識不到自己是「奴在心者」。

今天的中國，跟舊制度崩潰前夕的帝制法國何其相似，如托克維爾所說：「導致我們淪為現在處境的主因不是獨裁暴虐，而是父權主義。所有權力與援助皆由先前的凡爾賽宮及後來的巴黎向外流出。」當疫區的人們跪下來眼巴巴盼望北京的拯救與恩澤時，這個國家離民主自由遙不可及。

拯救疫情氾濫的中國的不是解放軍，而是真相

習近平刻意模仿毛澤東，但武漢這個毛澤東喜歡去的工業城市（無產階級當家做主的城

市），習近平偏偏不去，因為那裡有讓人談虎色變的武漢肺炎。

疫情氾濫，習近平心目中的救星是誰？不是醫生，更不是西方醫療專家——中國先後三次拒絕美國派醫療專家前往武漢。習近平害怕什麼呢？害怕美國人看到武漢有不可被「外人」知曉的真相？

習近平的救星是解放軍。中國官媒報導，習近平罕有地四度對解放軍下令，要求解放軍參與「救災」。習近平表示，湖北省武漢市等地區發生武漢新型冠狀病毒感染的肺炎疫情後，「解放軍堅決貫徹黨中央決策部署，迅速啟動聯防聯控工作機制，緊急抽組精兵強將奔赴疫情防控第一線」。習近平強調，「目前疫情防控形勢依然嚴峻複雜。全軍要在黨中央和中央軍委統一指揮下，牢記人民軍隊宗旨，聞令而動，勇挑重擔，敢打硬仗，積極支援地方疫情防控」。

這裡所謂的「中共中央和中央軍委」，其實就是「定於一尊」的習近平本人。換言之，習近平表面上命令解放軍救災，實際上是讓解放軍幫助其捍衛「鐵桶的江山」，開出坦克和戰車幫他封鎖城市，鎮壓那些膽敢「亂說亂動」的「暴民」。

華中科技大學同濟醫學院協和醫院是湖北實力最強的一家醫院，這家醫院在網路上告急說，「醫療物質即將全部用盡」，呼求「社會支援」——然而，「社會」早已被習近平摧殘殆盡，唯有黨國具備救援的能力和資源。早前，湖北地方官向前來視察的總理李克強做出了「沒困難」的保證。大小官員當然「沒困難」，在前線醫護人員都沒有口罩時，他們都戴上了最高級的口罩。口罩成了階級的標誌。

更有醫護人員披露，市政府提供了新一批防護用品，但他們拿來一看，發現全是劣質產品，「連口罩都是假的！」防護衣剛穿上就發現有一個洞，根本連塑料雨衣都不如。厲害了，你的國，有本事生產航空母艦，卻連合格的口罩和防護衣都生產不出來。

全世界開足馬力援助中國，但物資就是送不到醫院，結果一查，全被武漢紅十字會扣下，囤積在倉庫裏。有內部員工看不下去，在網路上發布讓人觸目驚心的影片，各種物資滿坑滿谷。有人仔細查考赫然發現：中國紅十字會，跟國際紅十字會和紅新月會沒有任何關係。中國紅十字會，是打著「紅十字」的名字，在國內「自搞自建」的。國際紅十字會在全球有一百四十八個成員國，中國是唯一沒有加入的「大國」。國際紅十字會有一個基本章則「帳務公開，操作透明，接受監督」，所以中國拒絕加入，因為中國的紅十字會「帳務不公開，操作不透明，不接受監督」。中國紅十字會是共產黨的隨附組織，共產黨所有的特點——坑蒙拐騙偷，它「麻雀雖小、五臟俱全」。

習近平要靠解放軍來拯救，但疫情失控的中國只能靠真相來拯救。歐威爾說，個人正直的淪喪、真相的扭曲，是極權主義崛起的序曲。歐威爾接受《BBC》廣播訪問時指出：「歐洲的整個現代文明都建立在知識分子的誠實之上，作家的首要標準就是不能說謊，而是喊出你真實的想法，道出你的切身感受。」不僅知識分子和作家如此，所有公民都應如此。要反抗極權，就必須先探尋真相。最令人心驚的是：「為達政治目的，就連同情心也可以像水龍頭一樣收放自如。權力掌握在一群偏執狂手中。」這何嘗不是對當下中國真實情況的描述，中國正沉溺在另一種戰爭型態之中。

歐威爾認為，「事實」與自由個體顯然是相連的，而自由個體正是極權統治蹂躪的對象——習近平動用軍隊來威嚇和消滅的，就是自由個體。如果中國人不能在災難中如鳳凰涅槃般鍛造出自由個體來，災難將用無休止，習近平的皮靴將永遠踩在中國人的臉上。

畜生蓄之與骨灰拌飯

武漢封城之後，習近平首次踏入武漢之際，武漢市官方安排發放食品，以安定民心。然而，青山區鋼都花園居民在領取所謂「愛心肉」時，發現運送肉的竟然是一輛滿是汙漬的垃圾車。

該社區業主表示：「這些平價肉是分批次送到社區的，我們有的人收到的瘦肉只有一層保鮮膜包裹，我是直接把肉放冰箱了，還沒吃，這個事情發生後，誰還敢吃啊，也不知道之前肉是不是垃圾車送的，甚至群裡還有人說垃圾車送完肉之後順便再把垃圾給拖走，也不知道是真是假！」

這種作法並非首例。有人綜合近日中國同類新聞說：「老實在家待著的武漢人做錯了什麼，要被這樣對待？垃圾車運菜運肉、垃圾桶裝魚裝菜、銹了的推車運肉、１２０急救車（救護車）運生豬肉。」

更有趣的是，有一家《中國養豬網》就此事發表了一篇題為〈人不如豬〉的報導。這個網站真的是一家養豬業專門的網站，一般只刊登如何養豬的文章，這次破天荒就「人」的問題發表評論。文章指出：「我們知道，非洲豬瘟背景下，養豬場運送飼料的卡車都是按照高規格，經過反反覆覆清洗消毒，養豬人一刻也不敢掉以輕心。退一步說，就算在疫情之前，我們也講究一個『清潔日糧』，使用的車輛也是分得清清楚，我們還一直被誤會髒亂差！但武漢卻用垃圾車運送豬肉給人吃，這年頭到底是人過得都不如豬了？還是有的人是連豬都不如了？」文章最後哀嘆說：「武漢肺炎特殊情況下，人們已經身心受創，正常人能夠這麼幹？大疫期間，醫院和垃圾站是風險最高的地方，這是連小孩都知道的道理，有的人是不知？還是裝作不知？」

這篇文章無意中說出了中國的一個真相：人不如豬。當年，毛澤東曾斥責御用文人郭沫若說，黨對你們這些高級知識分子，無非是「倡優蓄之」，你們還真敢拿著雞毛當令箭，向黨提意見！不過，高級知識分子畢竟還有「倡優」的身分，可以唱戲娛樂領袖，而庶民大眾就只能「牲畜蓄之」了，道路以目，謹言慎行，如此才不至於像李文亮那樣死於非命。

魯迅說，中國歷史上，中國人大多數時候「做人而不得，只能做奴隸，甚至常常連做奴隸也不得」，由此將中國歷史分為「想做奴隸而不得的時代」和「暫時坐穩了奴隸的時代」。魯迅缺乏想像力，正如歐威爾缺乏想像力一樣，習近平的中國早已超越了他們的想像力。習近平時代的中國，中國人想做牲畜，想做豬而不得，只能發出「人不如豬」的嘆息！

高壓與愚民打造成功出了一個「人不如豬」的世界。當局為了平息民怨，處罰了幾位當事的基層官員。所謂處罰，就是讓他們自己掏錢賠償這部分被汙染的豬肉的損失，這對早已家財萬貫的中共官員來說，豈非九牛一毫？而從武漢凱旋回京的習近平當然不會知道此類讓他不開心的事情。

今日中共之政局，宛如清末一般：「雖極之庸臣誤國，災害並至，而皇帝皆可不之知，既不之知，即無所施其挽回，而治術窮矣。不得已乃有懲一警百之說，以示威靈之不測。夫誤國者百，而被懲者乃止百分一，其餘九十九人，皆得幸逃法網，以害於而家，兇於而國，豈有不貽誤國是之理。」更重要的是，在一人獨裁之下，一切大小官員，唯以取悅皇帝自保，「但使不得罪皇帝，則雖剝削元氣，敗壞大局，皆與百姓無涉。」而百姓在此體制之下被治理得服服貼貼「非特不欲與聞國事，且並不知有國事。其於國家之利害安危，皆視為身外之事，極至國亡君死，率存一今日屬此，明日即屬彼之意。」於是，高壓愚民得到的結果，只能是「專制不與蒙蔽期而蒙蔽至，蒙蔽不與腐敗期而腐敗至，腐敗不與覆亡期而覆亡至。是則蒙蔽固專制之效果，而覆亡之原因也。」

比起滿清末年，今日之中國並無半點進步。一個「人不如豬」的國家，擁有再多航空母艦、阿里巴巴、微信抖音，也不能讓外人尊重和內人效忠。正如評論人維尼所說：今天，能為中國防控疫情唱讚歌的人，百分之九十九都是接受骨灰拌飯，熱衷喪事喜辦的反社會型人格障礙患者。獨裁國家的獨裁者們紛紛把後代和財產送去文明世界，卻透過奴化教育和資訊鉗制，把自己的祖國變成人種退化的畜牧場。

第三節 依法治國委員會就是「顛覆法律委員會」

二〇一八年八月二十四日，習近平新設立的機構「中央全面依法治國委員會」召開第一次會議。習近平首次以「中央全面依法治國委員會主任」（他的新職位多得數不清）身分發表演說，李克強、栗戰書、王滬寧以「中央全面依法治國委員會副主任」身分出席會議。

在當天《央視》播出的新聞中，習近平的心腹、中央政法委委員兼秘書長陳一新作為中央依法治國委員會辦公室副主任接受《央視》採訪。陳一新表示：「黨中央成立中央全面依法治國委員會，是以習近平同志為核心的黨中央高瞻遠矚、審時度勢做出的重大決策，是推進新時代全面依法治國的戰略舉措，在社會主義法治建設史上具有里程碑的意義。」所謂「里程碑的意義」包括三個方面：「一是有利於加強黨對全面依法治國的集中統一領導，促進法治中國建設邁入系統推進的新階段；二是有利於統籌推進各方力量資源解決當前立法、執法、司法、守法等方面存在的薄弱環節，促進社會主義法治邁向良法善治的新境界；三是有利於把法治思維和法治方式貫穿到治國理政全過程，為實現中華民族的偉大復興中國夢提供堅強法治保障。」

陳一新所說的成立「中央全面依法治國委員會」的三大意義或原因，振振有詞，天花亂墜，剝去其官話、套話的包裝，歸根到底只有一點，就是「集權」，集權於習一人。習近平上臺後的一系列折騰，撕破中共「依法治國」的面具，赤裸裸地以「刀把子」和「槍桿子」治國。

中共最害怕和最仇恨的「西方觀念」就是「三權分立」，一定要斷絕國人對「三權分立」不切實際的期待。此前，人大由政治局常委會的一名常委「分管」，雖然在黨的嚴密掌控之下，但讓外人看上去似乎有一點「分立」的模樣，尤其是在「九龍治水，各管一攤」的胡錦濤時代。如今，習近平不能容忍有另外「一攤」權力機關不在其掌控之下，炮製出親自主管的「中央全面依法治國委員會」這個全國人大的「太上機構」，鄭重其事地告訴全國人大委員長說：「我是你的太上皇。」

「中央全面依法治國委員會」將原本屬於全國人民代表大會的立法權奪走，讓人大連作為「橡皮圖章」的面子都蕩然無存，這種作法是對「依法治國」的顛覆和嘲弄。儘管中國的憲法和法律體系早已殘破不堪，但這個體系的存在，包括寫在紙面上的全國人大作為「最高立法機關」的身分定位，至少讓中國看上去「像是」文明國家和現代國家——人大畢竟以立法機關（即國會）的身分跟其他國家的國會「交流」。然而，在習近平的「大棋局」中，人大的大部分功能，包括務虛的立法功能，都要由新發於硎的「中央全面依法治國委員會」來承擔——人大可關門大吉了。

潑墨女孩「被精神病」，中國有誰是安全的？

二〇一八年七月四日，二十八歲的湖南女子董瑤瓊來到上海海航大廈前，用推特直播對中共當局的控訴，並向習近平畫像潑墨。隨後，她被警方逮捕。維權人士歐彪峰表示，董瑤瓊的「驚世一潑」展現了她對專制社會的厭惡和對抗權威的勇氣，具有劃時代的意義：「她能夠公開採取這種行動，是對中國的極權統治和最高元首的公然挑戰，打破了人們既有的恐懼感。」

上海和株洲的醫生鑒定董瑤瓊患了精神病。上海警方將其帶回湖南老家，送入株洲市第三醫院精神科接受治療，並受全天候監控，斷絕與家人及外界的聯繫，直到十六個月後才出院。董瑤瓊的父親董建彪說，當他見到女兒時，發現女兒判若兩人：「她的狀況和以前大不相同，現在基本不說話了，我覺得她好像有一點癡呆的症狀。我問她此前發生的事，她反正就是「一言不發」。「被精神病」是前蘇聯政權對付異議人士的慣常作法，在習近平統治的中國也逐漸變得普遍。

從「被失蹤」到更可怕的是「被精神病」、「被死亡」，中國已是殺人如草不聞聲。劉曉波的前車之鑒，讓反抗者陣營陷入到絕望之中——連諾貝爾和平獎的桂冠都不能保護劉曉波，習近平的心狠手辣超過希特勒。薄熙來的金主徐明在即將刑滿之際離奇死亡，習不讓知情人活著離開監獄。馬雲、馬化騰、劉強東等超級富豪惶惶不可終日，穿上紅軍服裝表示效忠，仍不得平安。

在習時代，除了習自己，誰都沒有安全保障。上海高級法院副院長潘福仁入獄後，連家人探望的權利都難以實現。律師周澤在南昌公安監管醫院見了潘，潘對他說，辦案人員多次威脅說：「你知道王林怎麼死的？徐明怎麼死的嗎？」潘要求公開審判，「最好庭審直播。」周澤實話實說：「公開審判最多允許三、五親屬旁聽，其他旁聽的席位都是官方安排的聽眾，不會有公眾。」於是，老潘嘆了一口氣說：「怎麼會這樣，這還是一個法制社會嗎？」周澤反問：「你幹過那麼多年法院院長，難道不知道嗎？」潘告訴周澤，他當初當院長，也搞過這樣的「形式審判」。劉士輝律師在網路上發文反問：「潘當院長期間，其本人操縱器治下，法官枉法裁判了多少冤案？構陷良心犯多少次？枉判訪民多少人？剝奪公民旁聽權多少次？吃完原告吃被告多少次？現在輪到他喊冤了，晚了！始作俑者，其無後乎。」這是請君入甕的故事當代版——在這臺從未停止運轉的絞肉機上，潘福仁不是第一個「螺絲釘」，也不是最後一個。

二〇一八年九月十二日，聯合國發表一份人權報告，將包括中國在內的三十八國，列為在人權領域表現「可恥」的國家，批評中國針對維權人士，採取諸如謀殺、酷刑、任意逮捕等報復及恐嚇行動。

破壞法治，比建立對法治的信念容易一百倍；重建對法治的信念，更難於上青天。習近平留給中國的政治遺產，如同毒藥一樣，深入中國之肺腑，此後數十年也難以完成排毒。

武警改制，黨衛成軍

二〇一八年一月十日，習近平以中共軍委主席的身分，在中央軍委八一大樓向武裝警察部隊授旗並致訓詞。

據《解放軍報》報導稱，習近平向武警部隊司令王寧、政委朱生嶺授旗。公開的照片顯示，武警部隊旗為「八一旗」加上三道軍綠色橫槓。這意味著，武警部隊與陸軍、海軍、空軍、火箭軍、戰略支援軍一樣，正式成為一個獨立軍種，即中國軍隊第六大軍種。

此前，武警部隊並沒有單獨的軍旗。如今，在其成立三十五年之後，武警部隊有了自己的旗幟。中國國防部新聞發言人吳謙表示，中央軍委決定授予武警部隊「中國人民武裝警察部隊旗」，是為了更好地激勵武警部隊官兵履行新時代使命任務，永遠做黨和人民的忠誠衛士。武警部隊旗的寓意是：武警部隊旗上半部保持八一軍旗樣式，寓意武警部隊誕生於人民軍隊的搖籃，傳承著紅色基因，表示武警部隊是黨領導的人民武裝力量的組成部分。下半部鑲嵌三個深橄欖綠條，代表武警部隊擔負維護國家政治安全和社會穩定、海上維權執法、防衛作戰三類主要任務及力量構成。

在武警的三大任務中，「維護國家政治安全和社會穩定」是首要任務——畢竟，對外作戰主要由傳統的海陸空軍承擔，武警乃是對內「維穩」的核心力量。在鎮壓反對運動和異議人士時，武警密切配合國安、國保，是最殘暴的「黑臉」角色。二〇一〇年，我被秘密綁架並酷刑折磨期間，負責審訊的是國保警察，如獄卒般負責監控的是武警士兵。國保警察大都其貌不揚，甚至相當猥瑣，很多人是地痞流氓；配合執行任務的武警士兵，全都精挑細選，是相貌堂堂、身強力壯、冷酷無情的農家子弟——他們日夜看守，沉默寡言，一旦我有一點動靜，必定厲聲斥責、出手毆打，毫無憐憫之心，彷彿是一群毫無獨立思考能力的、殺人不眨眼的機器人。

武警乃是名副其實的「黨軍」，類似於納粹德國權勢熏天的黨衛軍。黨衛軍是希特勒親自批准、由希姆萊於一九三三年成立的。有了希特勒授予的尚方寶劍，希姆萊將帝國所有警力——刑事警察、政治警察和秘密警察都控制在黨衛軍手中，再加上由他控制的蓋世太保，很快成為納粹高層最讓人聞風喪膽的人物。在戰爭激烈的時期，黨衛軍不僅負責在後方搜捕反對人士和猶太人，而且直接組建數十個師，開赴前線輔助國防軍作戰，承擔甄別和處決戰俘、建立死亡集中營等見不得人的任務。黨衛軍不必像國防軍那樣遵守《日內瓦公約》等國際公約，國防軍不願幹的髒活，黨衛軍照單全收。德國文學家鈞特·葛拉斯在青年時代是黨衛軍成員，他在最後一部回憶錄《剝洋蔥》中承認了黨衛軍從事的種種惡行。

中國武警部隊的前身為公安部下屬的「人民公安部隊」，規模很小、職能有限。一九八九年「六四」屠殺之後，鄧小平面對被國際社會千夫所指的處境，意識到直接動用野戰軍屠殺平民和學生，對中共統治合法性傷害甚大。如果再發生類似的群眾抗議活動，必須尋找更好的解決方式。殺人是必不可少的，但如何殺，可以更講究、更隱蔽、更有技術性和策略性？如果調動一支身分「曖昧」的武裝警察部隊殺人，對外可宣稱「警察鎮暴」，各國皆有警察維持秩序，天經地義；實際上，這支武裝力量乃是用警察的身分來掩護的軍隊——其裝備和訓練並不亞於正規軍。

「六四」屠殺之後三十年間，武警走在「維穩」最前線，每逢有群體性事件發生，武警迅速出動，先將當地封鎖，再執行清場任務，暴力毆打群眾毫不手軟，甚至常常傳出開槍殺人的消息。在武警的雷霆打擊下，從來沒有哪個地方的群體性事件長期堅持，並蔓延到一個省乃至幾個省的廣大區域。武警對中共的「政治安全和社會穩定」功不可沒。

不過，在武警的運作中，也出現若干讓最高層擔憂的問題。有中共軍方退役軍官表示，武警部隊雙重領導體制（既屬中央軍委領導，又屬國務院領導）存在重大弊端，會弱化中共絕對領導，甚至為「第二武裝」埋下不穩定隱患。有些地方人員長期濫用武警部隊，不僅用於維穩，也用於實現個人野心：薄熙來任職重慶時，王立軍夜奔成都美國領事館，薄熙來調動重慶武警開赴成都，團團包圍美國領事館——身為「政法王」的周永康，以政法委書記的身分控制武警，繞過中央軍委和國務院，調動武警對抗中紀委對周系高官的調查。

習近平集權，首要整肅和控制以軍警為核心的強力部門。他迅速撤換負責中南海安全的「八三四一部隊」主要將領，再清洗解放軍上層，接著對武警系統開刀。早在二〇一六年十二月二十九日，原中共中央軍委聯合參謀部副參謀長、前武警司令王建平上將即被軍紀委帶走調查，從此杳無音信。王建平是第一個落馬的現役上將。二〇一七年四月二十三日，網路上傳出王建平在北京沙河總政看守所，用一根筷子戳進頸動脈自殺的驚人消息，中國官方拒絕予以確認。在王建平前後，武警系統已有超過十名少將以上的高級將領遭到清洗，成為「腐敗」的重災區之一。

單單清洗個人是不夠的，習近平還要改變武警的體制。二〇一七年十二月二十八日，官方發布〈中共中央關於調整中國人民武裝警察部隊領導指揮體制的決定〉，武警部隊由中共中央、中央軍委集中統一領導，武警部隊歸中央軍委建制，不再列國務院序列。次年一月三日，中共中央軍委舉行開訓動員大會，這是中央軍委首次統一組織全軍開訓動員，武警部隊參加此次大會。

頗具象徵性的另一項變化是：一月一日後，武警天安門國旗護衛隊番號已被取消，原先的任務由解放軍三軍儀仗隊接替。

消息人士更透露，武警部隊已將擁有的十四個機動師番號裁撤，編入武警駐各省市自治區內衛總隊和新成立的二個機動總隊，並且所有部隊全部移防。

習近平在授旗儀式上的訓詞耐人尋味。習近平指出，黨中央決定，調整武警部隊領導指揮體制，黨中央和中央軍委對武警部隊實行集中統一領導，實行「中央軍委—武警部隊—部隊」領導指揮體制。習近平強調，武警部隊對維護政權安全、制度安全至關重要，要「堅決聽黨指揮」，強化「政治意識、大局意識、核心意識、看齊意識」。武警部隊要按照「多能一體、有效維穩」的戰略要求，融入全軍聯合作戰體系，構建軍地協調聯動格局。

武警授旗，是習帝集權的關鍵步驟之一。從其訓詞可看出，武警這個舊有名稱還存在，但其「軍」（武）的一面被凸顯，其「警」的一面則被淡化。武警是軍隊的一部分，而不是特殊警察，其身分定位更加明晰。習不再像江和胡那樣滿足於「偷偷摸摸地鎮壓」，而要明目張膽地鎮壓，他是鄧之後最有「自信」的黨魁。

就在習近平向武警授旗的前一天，武警果然大有作為，向中央軍委和習主席交出一份新年獻禮：山西臨汾數百名武警官兵包圍當地最大的家庭教會金燈堂，在教堂四圍地下埋下炸藥，將教堂主體建築及地下殿堂以及供緊急逃生的通道全部引爆毀壞。根據從一月一日起實施的武警部隊管理辦法，武警部隊直接受中央軍委及其主席習近平的統一領導和指揮。地方當局不再擁有調動武警的權限。如果沒有得到習近平的首肯和授權，武警不可能自發組織實施炸毀教堂的任務。從浙江以政府力量強行拆毀教堂及十字架到舉國聲討過聖誕節是「賣國」行為，再到直接動用武警炸毀一座耗資兩千萬修建的大型教堂，習近平作為「新時代反帝先鋒」的真面目暴露無遺。

制裁中國，從制裁習近平開始

日前，美國國防部印太事務助理部長薛瑞福在介紹有關中國二〇一九年軍事實力和安全形勢報告的記者會上透露：在新疆，中共動用安全部隊將三百萬維吾爾人關進集中營。「集中營」這個詞語在西方分量極重。當被問及為何使用「集中營」一詞時，薛瑞福表示，接近三百萬人被強制拘押的地方，集中營這一描述是恰當的。而且，消滅不同種族和信仰群體，就是中共政權所要達成的目標。

對此，華盛頓民間組織「美國維吾爾協會」主席伊利夏提·哈桑接受媒體訪問時表示，薛瑞福用「集中營」這個詞來描述新疆的監禁設施是非常恰當的，「這是美國政府一位高級官員第一次直接用集中營這個詞來稱呼中國在新疆所謂的『再教育營』、『職業培訓中心』，以及『寄宿學校』等名詞。集中營使我們立即想起二戰時候納粹德國大規模迫害猶太人的那些設施，以及史達林大清洗期間和之後肅反期間關押政治犯的古拉格集中營。使用這個詞，說明美國政府準備採取一些具體措施，也意味著聯合國以必須採取相應的行動。」習近平消滅少數族裔文化和宗教信仰的惡行，豈能用一場文明對話大會就能輕輕掩蓋過去？

當年，納粹屠殺猶太人時，全世界視若無睹；今天，中共大規模迫害維吾爾人時，全世界又在犯同樣的錯誤——那明明是「房間裡的大象」，卻比微小的螞蟻更難以被自由世界的人們看到。

聯合國淪陷了，幸虧還有美國。

二〇一七年十二月，美國宣布根據《全球馬格尼茨基人權問責法》制裁前北京市公安局朝陽分局局長高岩。美國政府的通告指出，人權活動家曹順利女士在高岩任內被拘禁至死，中國當局拒絕予以治療。高岩是受此法案制裁的第一個中國官員。

二〇一八年六月，美國宗教自由無任所大使薩姆·布朗巴克向國會議員表示，美國與中國進行貿易談判之際，是華盛頓向北京提出宗教迫害問題的機會。他建議美國政府對參與宗教迫害的中共高官進行制裁，凍結其境外銀行帳號和資產。他首先提到新疆領導人陳全國應受制裁。陳全國從二〇一六年開始擔任中共新疆黨委書記，此前他被認為是總理李克強的親信（李克強任河南省委書記期間，陳全國是其副手），但他以在新疆的超級鐵腕統治而贏得習的信任，在官場飛黃騰達並晉升為政治局委員。

美國國會對制裁陳全國的提議反應積極。聯邦參議員盧比歐在《華爾街日報》撰文嚴詞抨擊，要求對陳全國實施《全球馬格尼茨基人權問責法》予以制裁。盧比歐在文中引用一位作家的話說，今天的新疆是一個與朝鮮競爭的警察國家，跟當年的南非一樣遂行種族隔離主義。他質疑中國的「再教育營」讓人想起毛澤東的文革，而這種形式的鎮壓存在於習近平的中國。

二〇一八年十一月十四日，美國國會和行政當局中國委員會共同主席暨美國國會共和黨眾議員史密斯，向眾議院提交一份由多位兩黨議員聯署譴責及制裁新疆鎮壓少數民族穆斯林議案，譴責中國強制拘留多達一百萬新疆少數民族，呼籲停止武斷拘押、酷刑和逼迫放棄信仰等行為，並懲罰相關的中共官員。另外，擔任中國委員會主席的盧比歐參議員，則在參議院推出類似一份由多達十五位參議員聯署的議案。

史密斯議員發表的聲明中表示，中國強制拘留一百多萬維吾爾人和其他穆斯林，是令人驚愕的邪惡，國際社會應視之為反人類罪行。中國政府創建的這一龐大拘留體系只能被稱之為「集中營」，不能被二十一世紀所容忍。史密斯議員強調，該議案為行政當局提供手段，堅決反對北京試圖泯滅新疆維吾爾人和其他少數民族宗教認同、文化及語言的行為，應當懲罰那些對粗暴違反人權負有責任的中國官員，禁止美國公司幫助中國在新疆建立一個「高科技警察國家」。

僅僅懲罰低級官員和陳全國這樣的封疆大吏是不夠的。新疆發生堪比「納粹大屠殺」的人權災難，最高決策者不是陳全國，而是習近平。紐約大學法學院教授孔傑榮建議，必須實施《全球馬格尼茨基人權問責法》，對中國發生可怕事件的責任者實施嚴厲制裁。他追問說：「誰是真正的責任者呢？是習近平。他責無旁貸。」

那麼，懲罰習近平是否可行？孔傑榮指出：

可沒人敢考慮我們可以制裁他。我認為公開討論這個問題很有價值，因為他是老闆。如果要對陳全國實施制裁——陳是執行命令，那我們更應該考慮對「偉大領袖」實施制裁，是他告訴陳要做什麼的。

習近平理應受到美國國內法案及國際法的懲罰。習近平以「無法無天」的當代毛澤東自詡，心中還是害怕來自美國的懲罰。

對習近平及其直系親屬的處罰，符合國際法以及更高的「自然法」原則。孔傑榮認為，中國政府在新疆的作法違反了北京批准並承諾履行的很多聯合國國際公約，「不僅是《反酷刑公約》，還有《經濟社會和文化權利國際公約》，以及《反歧視公約》。」有一天，習近平應當像伊拉克獨裁者海珊和塞爾維亞獨裁者米洛塞維奇那樣，被送上法庭，在全世界面前接受公開審判。

第四節

習近平好話說盡，壞事做絕

習近平在一帶一路峰會上，向世界誓言「一諾千金」。但是，長期以來好話說盡、壞事做絕的中國還能贏得世界的信任嗎？

相信共產黨的人的下場不會比東郭先生更好：東郭先生被狼吃掉了，他的「好心好意」自然也就隨著肉體的消失而灰飛煙滅。當年，單純的藏人跟中共簽署《十七條和平協議》，但和平沒有維持幾年，並未追求獨立、只想保持宗教信仰自由和民族文化傳統的藏人就迎來了滅頂之災，青康藏高原的大屠殺並未像猶太大屠殺那樣讓全球矚目。當年，有著大憲章和普通法傳統的英國跟中共簽署關於香港問題的《中英聯合聲明》，墨跡未乾，中共就宣稱這份在聯合國備案的國際文件是過期的「歷史文件」，中方不必受其約束。

如果習近平和共產黨一諾千金，那麼鐵樹就會開花，太陽就會從西方升起，獅子和綿羊就會和睦同居，天堂裡才會發生的事情就會提前降臨到人間。習近平喜歡用成語顯示其有學問，我要用另兩句成語來反駁他「一諾千金」的說法，那就是：江山易改，本性難移。共產黨如果告別謊言和暴力，就不再是共產黨了。

中國是一個坑蒙拐騙偷、無惡不做的盜賊國家。美國聯邦調查局局長雷伊近日在一場公開演講中說：「中國率先動員全社會偷竊，通過各種各樣的公司、大學和組織，盡其所能地盜竊我們的創造，通過中國情報機構、國企、私企、研究生和學者，以及各種為中國工作的人。」

美國聯邦眾議院外交委員會亞太小組主席約霍在《外交學人》期刊撰文指出，習近平是當今之世最大的人權侵害者和國際秩序的破壞者。對內，剝奪全球百分之十八的人口之各項自由與權利、清除藏人與維吾爾人的文化傳承；對外，則在地球村扮演惡棍的角色，滿口彌天大謊。二〇一五年，習近平在白宮說不會在南海軍事化，卻在爭端海域興建人工島礁。二〇一七年，習近平在「世界經濟論壇」高唱中國是全球化與開放市場的冠軍，事實上中國是個封閉而且高度保護主義的市場。中國透過保護主義，強迫技術轉移，以及非法竊取等手段，大言不慚地想要成為技術大國。約霍的結論是：

習近平令人駭異的行徑，將使得中國被全世界視為異類，二十一世紀的中國史會是一個恥辱的歷史。

所以，相信中國、相信習近平，無異於自殺。

習近平真心保護知識產權嗎？

二〇一八年十一月五日，中國國際進口博覽會在上海開幕，習近平在開幕式演講中承諾，中國將降低關稅並加快開放國內市場。

在近四十分鐘（還好，不是十九大報告那樣長達三個半小時）的演講中，習近平重點提及中國將主動擴大進口、進一步降低關稅，並承諾中國將持續放寬市場準入、加快電信、教育、醫療、文化等領域開放，懲處侵犯外商合法權益——特別是侵犯知識產權行為。

習近平特意為中國經濟「穩定軍心」，將中國經濟比喻為不怕狂風驟雨的大海：「中國經濟是一片大海，而不是一個小池塘。狂風驟雨可以掀翻小池塘，但不能掀翻大海。經歷了無數次風狂驟雨，大海依舊在那兒。」

習近平過高估計他本人的影響力和中國經濟的「定力」。他講完之後，包括中國在內的亞洲各國股市繼續下跌：香港恆生指數下跌百分之二點六五，中國上證綜指和深證成指均下跌逾百分之一，東京股市下跌百分之一點三，新加坡下跌一點八。即便中國經濟是大海，也快要變成臭不可聞的「死海」了。

那麼，為什麼中國國內及國際市場對習近平信誓旦旦的承諾無動於衷，甚至給出截然相反的回應呢？因為，習近平過去說了太多謊話，信譽早已歸零。中國是山寨之國，習近平是山寨王國的國王，中國的「經濟奇蹟」一大半建立在坑矇拐騙上，所謂「中國模式」就是「山寨模式」，期望中國改邪歸正，比盼望太陽從西邊出來還難。

就在習近平宣稱中國要懲處那些侵犯知識產權行為並設立知識產權法庭之際，日本著名百貨品牌「無印良品」公司遭中國山寨公司起訴其商標侵權。主因此前海南南華實業貿易公司惡意註冊「無印良品」商標，並轉讓予棉田公司，後者成立「北京無印良品公司」。棉田及「北京無印」於二〇一五年控告「日本無印良品」侵權。賊喊捉賊還不奇怪，更拍案驚奇的是，法院支持山寨公司的訴求，裁定「正主兒無印良品」立即「停止侵權行為」，日本無印良品官方旗艦店必須在天貓購物網站發表為期三十天的道歉聲明，並向山寨公司賠償經濟損失。之後如果日本正版方要在中國境內使用「無印良品」商標，需付錢購買版權，否則只能使用MUJI英文商標。

日本良品計劃、上海無印良品不服判決，上訴至北京高院。北京高院駁回上訴，維持原判。日本無印良品今後不僅在紡織類商品上要刪除「無印良品」，還要在天貓「無印良品MUJI官方旗艦店」和中國內地的店鋪發布聲明，消除侵權影響，並賠償經濟損失五十萬元人民幣及「合理開支」十二點六萬餘元。目前在天貓「無印良品MUJI官方旗艦店」，日本無印良品已發出聲明，稱被其他公司搶註布、毛巾、牀套等產品的商標，「為消除影響」，已整改有關商品的商標標註。

對於恐龍法官做出以民族主義為旨歸的判決，連那些「常年愛國」和「常年反日」的中國網友也不禁感嘆：這一次，確實是「無良印品」輕鬆打敗「無印良品」。

中國的盜版、侵權無處不在。從飛機、高鐵到音樂、繪畫，全都明火執仗地全球掠奪。比如，日本現代藝術家草間彌生和村上隆在中國頻頻遭到侵權。打著兩位日本藝術家旗號的虛假展覽在各大城市巡迴展出，所展出的全是走樣的贗品，買票進入展場的觀眾照樣看得津津有味，真個是「假作真時真亦假」。八十九歲高齡的草間彌生聞訊痛斥說：「這是掠奪窮我一生的創作，以錯誤的形式被大家看到，此種情形實在令人無比遺憾。」草間彌生呼籲中國停止所有假展覽，希望眾人直接親眼觀賞其藝術的真正姿態。然而，山寨展覽的主辦方對此置若罔聞——他們知道，即便是藝術家本人親自到中國用法律手段處理此事，法院必定站在中國人一邊，對方只能空手而歸。

有日本作家斥中國「喪失民族品格」——日本人過於善良了，他們不知道，中國從未喪失其「民族品格」，中國的「民族品格」就是偷竊、毀壞、顛倒黑白、指鹿為馬，古已有之，於今為烈。

習近平簽署的徒有其名的特赦令

二〇一九年六月二十九日，習近平簽署發布特赦令，指示特赦九類正在服刑的罪犯，包括曾參加過抗日戰爭、「解放戰爭」和建國後歷次對外戰爭的，曾是國家級或省部級「勞模」或「先進工作者」的，因防衛過當或者避險過當而服刑的，年滿七十五歲、身體嚴重殘疾且生活不能自理的人。

特赦令又指出，凡是犯有危害國家安全罪的和拒不認罪的囚犯，不在特赦範圍之內。根據《中華人民共和國國家安全法》，危害國家安全這一類別之下，有分裂國家罪、煽動分裂國家罪、武裝叛亂罪、武裝暴亂罪、策動武裝叛亂罪、顛覆國家政權罪、煽動顛覆國家政權罪等罪名。所謂危害國家安全罪，就是昔日「反革命罪」的升級版，名稱換了，變得更「文明和法治」，但實質未改變。

備受外界關注的「良心犯」並不在特赦的範圍之內——中國政府從來不承認其監獄中關押有良心犯。

人權律師王全璋被秘密警察綁架四年後才開庭審判，審判為秘密審判，不准家人出庭旁聽。審判後，王全璋被移送監獄，獄方卻持續數月以會見室裝修為由不讓家屬探監。近期，家屬探監後驚訝地發現，王全璋已然判若兩人。王全璋的妻子李文足向海外媒體透露，一見面甚至認不出丈夫來，丈夫說話顛三倒四，毫無昔日在法庭上滔滔不絕的風采。可見，在被非法關押和監禁期間，王全璋受盡酷刑，身心皆受重創，至今尚未恢復。這位正直而勇敢的律師，顯然不在習近平的特赦範疇之內。

還有北京家庭教會長老、人權活動家胡石根，不僅不可能被特赦，甚至在健康狀況急劇惡化之際亦不能獲得保外就醫。在九〇年代初，胡石根參與制定了一項計畫，要在天安門屠殺三週年紀念日當天，在天安門廣場上空拋撒支持民主的傳單，他因領導「反革命集團」罪被捕，被判處二十年有期徒刑。他坐牢十六年才獲釋。胡石根後來告訴朋友，他在獄中遭到頻繁的毆打和虐待。獲釋之後，他作為一位基督徒，領導著多個地下教會組織，繼續從事民主活動，後於「七零九」案中被捕。當局指控胡石根利用「非法」教會組織「散佈顛覆國家政權思想」，將其判處七年半徒刑。據胡石根的親友介紹，胡石根在獄中冠心病反覆發作，每天晚上只能坐著睡覺才能稍減輕胸部的疼痛，躺下便會喘不上氣來。監獄醫院雖然為其做了檢查，但是目前還沒有具體病情的醫療報告。家人曾數度為其申請保外就醫卻都被拒絕，完全無視其健康權和生命權。

香港出版人姚文田已接近八十高齡，因計畫出版我寫的《中國教父習近平》一書，被設計誘騙到深圳，以「走私非法所得五萬元」的罪名判處十一年重刑。姚文田在獄中突發心臟病數次，家人多次申請其保外就醫，屢屢遭拒。姚文田一案，是當局將政治罪和言論罪「非政治化」為經濟罪，是對香港出版界的殺雞儆猴之舉，開啟了銅鑼灣書店系列綁架案和「送中條列」先聲。然而，在此次特赦中，姚文田又被歸入危害國家安全類別，照樣得不到特赦。

習近平信誓旦旦的特赦，完全是空穴來風、自欺欺人。僅以第一條的規定來看，「參加過抗日戰爭的囚犯」可獲得特赦，但細心的人掐指一算，參加過抗戰的官兵，大概有多大年齡？以在抗戰最後一年（一九四五年）來計算，若是十五歲在那一年參加抗戰的官兵，即為一九三〇年出生的人。在二〇一九年，此人已八十九歲。參與過抗戰的八十九歲高齡的官兵，存世者寥寥無幾，如此高齡且在監獄中坐牢的，大概數字為零。符合該條件可獲特赦人士的真實數字，很可能是零。

習近平的低劣騙術只能彰顯其虛偽和殘暴，其虛偽和殘暴超過歷史上任何一個暴君。很多暴君的特赦是真實的，唯有習近平連特赦都欺世盜名，他又怎麼可能贏得中國人民和國際世界的信任呢？

習近平能打贏芯片之戰嗎？

毛澤東前秘書、百歲老人李銳在病床上接受《美國之音》訪問時表示，習近平上臺以來，展現文化水準極其低劣。已經隨心所欲且敢於越矩的李銳老人直言：「我那個時候不曉得他文化程度那麼低，他只有小學程度。」他同時暗批習近平剛愎自用、聽不進忠告。

習近平儼然就是毛澤東的轉世靈童，自高自大，橫衝直撞。習近平取美國而代之的野心，讓美國逐漸展開對中國的貿易和技術制裁。當美國政府制裁中國排名第二的通訊企業中興國際、中國陷入無「芯」可用的窘境之際，習近平考察湖北，在武漢參觀一家科技企業時，再次提到研發核心技術要自立更生：「在這些核心技術、關鍵技術、國之重器必須立足於自己。過去我們不得不自立更生，但是那個時候我們勒緊褲腰帶，咬緊牙關，我們還創造了兩彈一星，因為我們發揮了另一個優勢，制度優勢，集中力量辦大事。社會主義一方有難、八方支援，下一步科技的攻關也要這樣，要摒棄幻想，靠我們自己。」

同時，《央視》推出習近平關於中國自主發展核心科技的演說專輯。在多個場合，習近平說過：「即便網路巨頭規模再大、市值再高，如果核心元器件嚴重依賴外國，供應鏈『命門』掌握在別人手裡，那麼就好比『在別人的牆基上砌房子』，經不起風雨，甚至不堪一擊。」習又說，西方發達國家有一種「教會了徒弟、餓死了師傅」的心理，所以要自主創新。《央視》諂媚說，這些話語「非常具有針對性和前瞻性。」

習近平看到問題所在，其解決方法卻是文革紅衛兵和清末義和團的路數。他不假思索地使用「勒緊褲腰帶，咬緊牙關」之類的文革語言，跟李敖「寧願沒有褲子穿，也要造核彈」的狂言有一拼。習近平沉湎於當年「兩彈一星」的輝煌，其實那根本不是中國本土科研人員的自力更生和自主研發，而是靠錢學森等留學生和海外華人學者從美國及西方竊取回來的先進技術。

如今，習近平仍寄希望於「集中力量辦大事」的毛時代的「制度優勢」。殊不知，這種「制度優勢」今天早已變成「制度劣勢」。包括芯片在內的信息時代的尖端科技，並不是靠「集中力量辦大事」就能獲得突破性進展，恰恰相反，它靠的是自由市場經濟，尊重智慧產權的法治和契約，以及「百花齊放，百家爭鳴」的鼓勵個人獨創性的價值取向。

按照習近平的思路，只要是大國，尤其是人多的大國、實行集體主義和極權主義的大國，必然能成為芯片大國。因為這樣的大國可以不計成本、以舉國之力來「攻堅」。然而，人多可以修長城，人多可以大閱兵和表演奧運會開幕式，卻無助於在芯片業創造奇蹟。

現時全球生產尖端芯片設備的公司只有一家，就是位於荷蘭的艾司摩爾公司，每年只能製成十二部生產芯片的光刻機（EUV），供應予英特爾、三星、台積電等芯片商。每部機皆在幾年前就被預訂，而且由「熟客」壟斷，中國廠商最多能買到幾代之前的舊款。

這些光刻機的技術、精細度和速度都令人難以想像。中國晶片科學家、上海微電子董事長賀榮明形容說：「相當於兩架大飛機從起飛到降落，始終齊頭並進。一架飛機上伸出一把刀，在另一架飛機的米粒上刻字，不可以出差錯。」正因如此精密，溫度、濕度和光線等都會影響產品的成敗，賀榮明坦言：「就算對方給我們全部圖紙，我們也造不出來。」習近平若知道此一真相，會不會勃然大怒，命令將這個長他人志氣、滅自己威風的漢奸「推出午門斬首」？

在習近平眼中，荷蘭是一個彈丸小國，沒有「集中力量辦大事」的本錢和資源。那麼，荷蘭為什麼能在芯片領域具有全球領先的地位呢？原來，荷蘭是近代歐洲最早走向自由市場經濟的國家，也是自由主義、個人主義等現代理念深入人心的國家，荷蘭集合了美國的科研理論、歐洲的技術積累和日本的精密零件，故而能成為「小而美」的科技強國。

習近平在演說中沒有提及中興事件，但用了「社會主義一方有難、八方支援」的說法。在他看來，中興不是因為違規犯法而被罰，不是罪有應得，而是「一方有難」，所以要「八方支援」，以體現「社會主義的優越性」。他搞不清楚基本狀況，既無視中國現實，又昧於世界大勢，比清末認為英國人膝蓋不能彎曲的王公貴族還要愚蠢，難怪李銳說他只有小學程度。

當初，美國買芯片給中興，中興承諾遵守法律。中興卻不守信用，把芯片轉賣給伊朗，嚴重危及美國的國家安全。當初，美國幫助中國入世，中國承諾開放市場、保護智慧產權。中國在做出各種承諾的那一刻起就沒有打算兌現承諾，造成美中貿易逆差居高不下，川普用「強姦」這個極端詞彙形容中國對美國的傷害。這場貿易戰，對美國，是要消除巨額貿易逆差；對中國，消除中美貿易順差，就等於經濟崩潰、大國衰落，習近平的全球戰略遭受重挫，中國被「打回原形」。

與習近平「以其昏昏，使人昭昭」的演說截然相反，國務院國有資產監督管理委員會研究中心發表了一篇題為〈中興通訊遭遇美國制裁事件的分析和反思〉報告，指中興的一系列應對「十分愚蠢和被動」，對公司本身以及其他央企帶來高危影響。報告指出，美國的制裁「差不多等於扼住了中興的咽喉」，中國很多企業都為中興的「短視和無誠信經營付出慘痛代價」，中國外交布局和國家形象，也不可避免地受到影響。報告呼籲冷靜思考，正視中國目前處於的歷史階段，認清中國與發達國家的巨大差距，又指要「堅持韜光養晦，切忌浮誇虛榮、急功近利、自欺欺人」。

中國有不少比習近平聰明一百倍的網友，對中國的現狀也做出觀察和評論：「造不出電腦晶片，卻能造出網路長城；造不出手機螢幕，卻能造出幾十秒掃描十四億百姓的人臉識別監控系統。這種人類逆進化或者說是反人類的奇葩現象，只能在中共的黨文化裡找到答案，一切的發明、創造只圍繞著：監控、矇騙、奴役天下蒼生，以確保其權力永遠騎在人民頭上！」

中國並不是沒有「集中力量辦大事」、砸下巨額金錢自主研發芯片。過去二十多年來，中國一直在做。中國早就設立「國家集成電路產業投資基金」，俗稱「大基金」，該基金第一期資金有超過二十家上市公司大筆投資，目前正為第二期募集近兩千億元人民幣。

儘管投入資金非常龐大，但實現芯片產業全球領先的願景並不容易達成。首先，由於中國制度性的腐敗無孔不入，高科技研究領域亦非一方淨土。大筆資金被浪費和貪汙，用於開會和出國考察（公費旅遊）的經費遠多於科研第一線支出。其次，由於政府強勢主導科研和生產，跟市場的實際需求脫節，致使中國在低階半導體上供過於求，部分國外產業分析師認為已出現產能過剩。

在整個社會急功近利、好大喜功的氛圍之下，中國出現了比俄國小說《欽差大臣》還要荒誕的「漢芯」醜聞。二〇〇三年，上海交大晶片與系統研究中心主任陳進宣布，他以一己之力研製出「漢芯一號」處理晶片。經多位院士和專家組對「漢芯一號」進行鑒定後得出結論：「漢芯一號」屬於國內首創，達到國際先進水準，是中國晶片發展史上一個里程碑。

三年後，清華大學BBS上，有人發帖揭露漢芯黑幕，引發媒體關注。隨著調查深入，事實浮出水面：陳進通過履歷造假進入上海交大，用通過關係下載的晶片源碼做出不能使用的「漢芯一號」。在發表會上，他偷樑換柱，用國外芯片完成演示。假冒的「漢芯一號」事先由一個給實驗室搞裝修的民工用砂紙磨掉摩托羅拉標誌，再打上自己的LOGO——這位不幸的民工被稱為「二十一世紀最具創新精神的民工」。

事發之後，中共為了遮醜，「大事化小，小事化了」，只是將陳進逐出上海交大，就草草結案。數年後，陳進又註冊兩家科技公司，捲土重來，在業內做得風生水起。那些拿了各種好處為其鑒定、「保駕護航」的院士及國家級科研機構，毫髮無損，照樣醇酒美人、夜夜笙歌。反正「大基金」有花不完的錢，即便是公然造假也能安然過關，誰還願意「頭懸樑、錐刺股」做研究呢？

這樣一個造假王國，靠一個文盲國王帶領，能夠在一夜之間成為領先全球的「芯片之國」嗎？

習近平是韓國瑜的主席，韓國瑜是習近平的黨員

在全球範圍內，信任乃至崇拜習近平的一個特殊人群，集中在被中國視為「叛亂省分」的臺灣。在二〇二〇年臺灣總統競選辯論會上，民進黨候選人蔡英文直呼習近平其名，斷然拒絕習近平提出的「一國兩制臺灣方案」；反之，國民黨候選人韓國瑜則帶著崇敬的口吻多次提及「習近平主席」，將「習近平主席說」當作一字千金的天朝上諭，彷彿習近平是他的主席，他是習近平的黨員。

蔡英文直呼習近平的名字，因為習近平不是民選的、合法的中國國家領導人，習近平不配稱為主席，如今這在西方民主國家已經成為共識；而韓國瑜卑躬屈膝地稱呼習近平為主席，這個主席當然比國民黨的吳主席更大——今天的中國國民黨，乾脆全黨上下一起加入

中國共產黨算了。二〇年代初，國民黨第二號人物胡漢民訪問蘇俄時，應邀出席共產國際大會，曾主動提出中國國民黨集體加入共產國際。

在韓國瑜眼中，習近平不是罪行累累的人權殺手，不是當今世界最殘暴的獨裁者，反倒是國民黨的救星和保護神。韓國瑜要當總統，靠的不是臺灣選民的選票，而是習近平「大撒幣」的支持。在辯論會上，韓國瑜號稱自己信仰關公、觀音和媽祖，其實他只信仰習近平。就關公而言，關公的信念是從一而終、不事二主，無論曹操對他多好，他始終要回到劉備陣營。韓國瑜的所作所為，哪裡有一點跟關公相似？身為國民黨人，他難道這麼快忘記了國民黨總裁蔣介石留下的「反共抗俄」的遺言嗎？

韓國瑜以為，開口「習近平主席」，閉口「習近平主席」，就能獲得習近平的青睞和信任，就能像林鄭月娥被欽點為香港特首一樣，順利榮任「臺灣特首」之職。但是，他的「匪情研究」已大大落伍於中國現狀——習近平早已不以「主席」為滿足，而戴上「人民領袖」這一頂新的皇冠。

就在臺灣總統競選辯論會的前兩天，中共中央政治局於十二月二十六至二十七日召開以「不忘初心、牢記使命」為主題的所謂「民主生活會」。官方會議通報指出，習近平「展現了共產黨人堅定的理想信念、人民領袖深切的為民情懷」，並讚美習近平「面對錯綜複雜的國內外風險挑戰」，「高瞻遠矚、統攬全局、運籌帷幄、指揮若定，做出一系列重大科學判斷」——一個字也不提正是習近平的諸多錯誤決策，讓中國陷入內憂外患之中。

《星島日報》評論說，二〇一七年十月，中共中央政治局首次稱呼習近平為「全黨擁護、人民愛戴、當之無愧的黨的領袖」。這次的不同是在「領袖」之前加上「人民」兩字。這是中共中央首次用「人民領袖」來稱呼習近平，而在中共歷史上只有毛澤東和華國鋒曾被官方稱為「領袖」，連鄧小平都不曾享有此種殊榮。

如果韓國瑜在辯論會上尊稱習近平為「人民領袖」，他一定能讓習近平心花怒放。「人民領袖」一旦龍顏大悅，大筆一揮就會有百億人民幣的贊助款輸入臺灣——連遙遠的委內瑞拉都能得到數百億美金的經濟援助，習近平對待比林鄭月娥還要忠心耿耿的韓國瑜，當然不會吝嗇。

第二章

黨魁變臉成皇帝

對於今天的人們來說，
曾經被一個笨蛋愚弄要比被一個罪犯愚弄痛苦得多。

沃格林

美國《外交評論》雜誌將中國和習近平政權形容為「Monster」（怪物），這是有史以來最嚴重的「辱華」術語。

這個形容詞呼應著二〇一八年一月三十日，美國總統川普在國會發表的國情諮文演講中，唯一一處對中國的評論：「在世界各地，我們面臨流氓政權、恐怖組織、中國與俄羅斯這樣的對手，他們挑戰我們的利益、我們的經濟和我們的價值觀。面對這些危險，我們知道，虛弱註定會引向衝突，無以倫比的力量是我們最保險的防禦。」中國被川普歸入流氓國家的行列。以美國為首的西方終於「睡獅猛醒」，這一覺睡了三十年，在對中國向全球擴張的極權模式保持太久的沉默之後，忍無可忍地「在沉默中爆發」。

在中國國內，受到習近平強力主導修憲、取消國家主席兩屆十年任期限制的刺激，很多自以為「坐穩了奴隸」的中國人也似乎醒了過來。一夜之間，中國最大的搜索引擎百度上關於「移民」的搜索增長了十倍，人們用「袁二」（袁世凱第二）憤怒而隱晦諷刺「今上」。也有光彩不再的改革派公共知識分子發起上書，反對此種「開歷史倒車」的行徑。

這些說法實際上都似是而非。首先，習近平豈能跟袁世凱相提並論？袁世凱晚年因稱帝而身敗名裂，但袁的歷史貢獻不容抹煞，袁在清末是新政的代表人物，也對清帝退位、南北和談做出舉足輕重的貢獻。習近平呢？他從來沒有任何政治改革方面的成就。

其次，習近平的所作所為並非「開歷史倒車」，共產黨的大方向七十年來始終未變。正如旅居德國的評論人長平所說：「習近平一直在往前瘋狂飆車。如果他真的能夠倒車，把歷史的大卡車開回到一九四九年以前，那就真的是英明領袖了。」

換言之，習近平並非橫空出世的政治怪胎，他是在毛澤東時代成長起來，在鄧小平時代經受歷練的中共官員。知青、紅二代、從基層幹起、血腥權鬥，這些都是典型的中共幹部特色。

在中共的歷史脈絡中，習近平不是「例外」，而是「典範」，習近平是中共極權體制必然的產物，他並沒有破壞遲疑體制，他的出現預示著此一體制的升級換代。中共歷史上有強勢黨魁，也有弱勢黨魁，他們的強弱之別並不意味著是善惡之分。如果認為中共黨史上只有毛澤東、習近平是Monster，鄧小平、江澤民、胡錦濤都是「正常人」，那是對中共的歷史和本質太過無知。習近平固然比江澤民、胡錦濤更壞，但他們仍是一丘之貉，其分別僅在於演技的優與劣、野心的大與小、殺人的多與少而已。

比起無望地阻止習近平「稱帝」，還有更多事情值得關心。二〇一八年二月十八日，江蘇常州金壇四十九歲的律師吳建生，被發現身中三十多刀死在家中。當地公安對現場進行勘察，認定死者為自殺。然而，即便剖腹自殺的日本武士也不會如此「壯烈」，誰能揮刀砍自己三十多刀？二月二十六日，同樣只有四十九歲的人權律師李柏光在南京解放軍八一醫院突然「被肝病死」，留下妻子與年僅八歲的兒子，引發人們對其死因的追問。此前，李柏光從未有肝病歷史，兩個星期前還赴美出席美國總統早餐禱告會。用卑劣且慘烈的方式殺害異議人士，已成為中國的「新常態」。

將習近平描述成Monster，是一種智力上的欠缺和道德上的懶惰。習近平不是獨一無二的Monster，他是漢娜·鄂蘭所謂「平庸之惡」的代表，十有八九的中共官僚都是「習近平」。雖然習近平不是Monster，但中國卻已加速邁進「殺人如此不聞聲」的黑暗地獄。

第一節 已經稱帝的習近平會「緩稱王」嗎？

當習近平遇到中美貿易戰這個他執政以來最大的危機之際，親習近平的《多維新聞網》發表一篇饒有意味的文章《汲取朱元璋智慧，學者呼籲中國「緩稱王」》。文章指出，以中美貿易戰為自我反省的契機，中國「朝野」上下開始思索這多年來也許過於激切的大國心態。

文章引用中國人民大學國際關係學院副教授李巍在「第十一屆政治學與國際關係學術共同體年會世界政治的分化與重組」中的發言：「當前形勢如同元末朱元璋所在的各地農民起義蜂起場景，如果要成長壯大便需學習其智慧，實施『高築牆、廣積糧及緩稱王』這三大戰略」。這則報導跟此前北京借助已被馬雲購買並控制的香港《南華早報》的報導〈習近平從未放棄韜光養晦的外交政策〉遙相呼應，試圖讓習近平在這場必敗的貿易戰中脫身。

習近平會放棄跟美國爭霸的企圖嗎？

所謂「高築牆」，李巍指出，這是「防禦性的軍事戰略，畫地為牢」。中國的軍事戰略仍然應該是保持防禦性的軍事戰略，維護自身的核心利益，清晰的界定自己的利益範圍，讓各方都知道中國清晰的防禦性戰略。積極發展軍事力量，維護已有的戰略範圍，而不是擴張戰略範圍。

所謂「廣積糧」，李巍指出，「中國仍應以經濟建設為中心」。目前中國人均GDP低，社會運行效率低下。強大的中等收入階層，才是進行國際戰略競爭的力量之源，對於長期的國際戰略競爭至關重要。「廣積糧」的另外一個意義，是要為科技型企業的發展提供有利的條件，包括融資、智慧財產權、基礎設施及稅收條件等等。李巍認為，今天中國和美國競爭的能力還不如當年的蘇聯。

所謂「緩稱王」，李巍指出，轉化成現在的術語就是「不與美國爭奪國際領導權」。對於大國來說，國際領導權是極具誘惑力的。中國曾參與國際領導權之爭，就是一九五七年十一月的莫斯科會議。這次會議被認為是中蘇關係的重要轉捩點，中國提前拉開與蘇聯的領導權之爭是重大戰略失誤，帶來嚴重後果，中蘇環境的惡化直接導致六〇年代中國外交整體環境的惡化。

李巍總結，中國目前只有堅持「高築牆、廣積糧、緩稱王」這三大戰略，才有可能在日益險惡的國際環境當中度過「未來黑暗的十年」。

當然，李巍並非反對民族主義和一黨獨裁的自由派知識分子，他提出的建議只是為習近平和黨國「分憂」。他指出，中國不是永不充當世界領導者，而是先努力具備「稱王」所必須的條件：第一，經濟總量要趕上美國，最好超過美國的百分之一百五十。第二，在若干關鍵領域成為技術的領導者，包括航空航太、軟體系統、通信、晶片等當今國際戰略競爭的核心，若關鍵技術上無法成為領導者，則很難在政治上成為領導者。第三，人民幣必須成為主要的國際貨幣，上海必須成為國際金融中心，使中國可以塑造甚至控制國際資金的流動系統，增加在國際戰略博弈當中的地位。第四，必須建立一種可以持續性的政治和經濟體制，從而確保自身內部的穩定性。

李巍提出的四個條件非常重要。但他身在體制中，在現有輿論環境下，許多話只能點到為止、欲說還休。其實，第四點是前面三點的前提條件，所謂「可持續性的政治和經濟體制」，就是民主和法治的政治模式以及自由市場經濟，唯有此種普世性的政治和經濟體制才能將中國帶入文明社會。然而，在此種普世性的政治與經濟體制中，是沒有共產黨的位置的，兩者是格格不入的。

那麼，已經「稱帝」（取消憲法中最高領導人任期限制）的習近平會謙虛地接受「緩稱王」的建議嗎？已經當上皇帝的人，卻連國王的稱號也要放棄，習近平會選擇此種「戰略性退卻」嗎？我的推測是否定的，原因有三：

中共內部缺乏糾錯機制，習近平若脫韁野馬

首先，若在獨裁者正式稱帝之前，「緩稱王」的建議或許有可能被其接納；一旦獨裁者稱帝成功，「緩稱王」就成了一個落伍的、不切實際的建議。

梳理中國漫長的歷史，大概只有袁世凱在內外交困中自動取消帝號。一九一六年三月二十二日，袁世凱召秘書張一麟起草文告，宣布取消君主立憲國體，退回各省區推戴書，所有籌備事宜停止，中華帝國隨之流產。

張一麟如此憶述當時情形：「那天，項城把我叫去說：『我糊塗，沒能聽你的話，以至於此。』他意思是直接命令取消，並將擁戴書焚毀。我說：『這件事你是被小人蒙蔽了』。袁回答說：『這件事是我自己不好，不能怪罪別人。』袁還說，有國士在前，而不能聽從其

諫勸，吾甚恥之。總之，我歷事時多，讀書時少，咎由自取，不必怨人。」袁尚有知恥之心，很快為稱帝失敗憂憤而死。習近平恐怕連袁世凱的這點自知之明和懺悔之心都沒有，他不可能將憲法修改回去。

在中共體制中，最高領導人是「全知全能」的，永遠不犯錯誤，也不能認錯。毛澤東至死也不承認文革錯了，挑選願意捍衛文革遺產的華國鋒作為接班人。鄧小平至死也不承認「六四」開槍殺人錯了，堅信「只有殺人才能換來穩定」的「硬道理」。中共領導人一旦認錯，就會成為眾矢之的，威信掃地，乖乖下臺，備受羞辱。華國鋒和胡耀邦都是如此。若習近平接受「緩稱王」的建議，就意味著公開承認此前的「暴走」錯了。一旦認錯，就要為錯誤承擔責任，甚至為此讓出部分權力。若此「多米諾骨牌效應」啟動，習近平過去好不容易集中的權力，就會像手掌中的流沙一樣失去，以後能不能繼續過「富家翁」的生活都很難說。在中國歷史上的亡國之君中，除了「樂不思蜀」的蜀漢後主劉禪之外，極少有人能保全性命。

其次，以習近平蠻橫自負的個性，他遇到危機的本能反應，不是審時度勢、調整策略，而是一意孤行、「不到黃河心不死」。在全國組織工作會議上，習近平稱中共中央是大腦和中樞，必須有「定於一尊、一錘定音」的權威。在全國人大常委會黨組會議上，中國第三號人物、全國人大常委會委員長栗戰書重申習近平的這八字表態，強調「黨中央」的概念不是抽象的，而是「以習近平同志為核心的黨中央」。栗戰書當年是習近平任職的正定縣的鄰縣無極縣的縣委書記，是平庸的地方官，完全靠跟習近平的舊交情才一飛沖天，自然是習近平的吹鼓手。

所謂「定於一尊」，就是「稱帝到底」，就是「緩稱王」的反面。「定於一尊」的典故出於《史記‧秦始皇本紀》：丞相李斯向秦始皇進言，「今皇帝並有天下，別黑白而定一尊。」然而，這個詞語在中國歷史和現實中都具有相當負面的涵義。中共宣傳機構以及習近平本人在此前都是在負面的意義上使用它。二〇一七年，中國地方黨報《山西日報》在評論文章中寫道，「定於一尊」意指「主獨制於天下而無所制也」，並稱「歷史上正是這種『定於一尊』的專制統治，加速了秦王朝的覆亡。」習近平在紀念馬克思誕辰兩百週年活動上也指出，社會主義並沒有定於一尊、一成不變的套路。中共十九大上，習近平曾表示，世界上沒有完全相同的政治制度，政治制度「不能定於一尊，不能生搬硬套外國政治制度模式」。最早在二〇一四年，習近平在文藝工作座談會上強調，「優秀作品並不拘於一格、不形於一態、不定於一尊」。

如今，習近平否定自己的講話，要加速集權，可見其在嚴峻的危機面前，方寸已亂。他

已經稱帝的習近平會「緩稱王」嗎？

不是要「緩稱王」，而是要拚命確立秦始皇般「定於一尊」的地位。然而，「定於一尊」的結果必然是「毀於一旦」——眾人眼睜睜地看著習近平作為船長，駕駛著中國這艘巨輪撞向冰山，所有人都沉默是金，否則就是「妄議中央」。

第三，即便習近平想「緩稱王」也來不及了，美國和西方世界已看清了習近平的真面目，不再相信他是「無害」的。

美國聯邦調查局局長雷伊在阿斯本安全論壇上表示，雖然俄羅斯需要「積極」應對，但中國才是美國最廣泛、最具挑戰性、最嚴重的威脅：

> 中國傾舉國之力，在美國從事以商業間諜以及傳統間諜活動。ＦＢＩ在美國所有五十州的每個州，都有可追溯到中國的經濟間諜案調查。美國不能低估中國間諜案的數量、普遍性以及重大性。

雷伊指出，中國正努力使自己成為「世界上唯一主導的超級大國和唯一主導的經濟強國」。中國正試圖取代美國的角色，中國的威脅是長期的，集中於幾乎所有行業和美國社會的所有角落。他表示，美國的不同政府部門和國會已有共識，開始醒來，睜開睡眼。「美國正處在轉過身來，更認真對待中國威脅的時刻。」他表達的不是個人看法，而是美國朝野兩黨、三個權力分支所達成的共識——「中國威脅論」不再是「狼來了」的喊聲，而是觸手可及的現實。

川普政府不僅推出「全政府對華戰略」，還試圖與其他國家一起建立「統一戰線」，從情報分享到經濟「封堵」，甚至擴大外國援助來阻止中國謀求全球經濟和政治主導地位。由美國、英國、澳洲、加拿大和紐西蘭的情報機構組成的「五眼聯盟」，正在加強與德國和日本的合作，交換有關中國在全球擴張的情報。

在經濟上，在美加墨三國簽署的新協議中，美國也加入「封堵」中國貿易的戰略考量。這項新協議中阻止簽約國與非市場經濟體達成貿易協議的「毒丸」條款就是用來孤立中國的。而且，這個條款有可能在未來美國與日本和歐盟等其他國家達成的貿易協定中被複製。

李巍給習近平的建議整整遲到了六年。時勢今非昔比，晚到的建議變成惡意的嘲諷。李巍不太可能憑藉此一「忠告」得到習近平的賞識，早已把底牌全部亮出的習近平不可能使用「緩稱王」的招數暗度陳倉。

「粉身碎骨」是習近平對西藏人、香港人和臺灣人的恐嚇嗎？

習近平訪問帝國邊陲的小國尼泊爾，承諾將努力「提高尼泊爾人民生活水準」——他忘記了，尼泊爾的貧窮落後，很大程度上是尼泊爾共產黨（毛派）長期從事恐怖主義活動的結果，是毛澤東「輸出革命」結出的惡之花。

習近平訪問尼泊爾期間，中尼兩國簽署了十五項合作協定。中國將幫助尼泊爾修建一條鐵路，建造一條連接兩國的隧道。習近平還答應將為尼泊爾提供三十五億人民幣的援助。這筆援助並未經過中國納稅人的同意，中國納稅人無權否決習近平的「大撒幣」。

習近平雄心勃勃地宣布：「我們將開發一個多用途的環繞喜馬拉雅山區的交通網路，幫助尼泊爾實現一個夢想——群山包圍但向世界開放。」習近平的「中國夢」是南柯一夢，卻要幫助尼泊爾實現夢想，他究竟是中國的領導人，還是尼泊爾的國家元首？

尼泊爾各界交口稱頌習主席的慷慨，但並未同意跟中國簽署「送中條約」——具有諷刺意味的是，在議會中最堅決反對簽署此一條約的，是放棄暴力革命、改走議會道路的尼泊爾共產黨。

若尼泊爾簽署此一條約，流亡尼泊爾的數萬名藏人命運堪憂。尼泊爾雖然渴望得到中國的經濟援助，卻不能在國家主權上放任中國侵門踏戶——連被中國再殖民的香港民眾都誓死反對《送中條例》，尼泊爾怎能配合中國迫害同樣信奉佛教的藏人？

習近平沒有達成政治目標，在加德滿都的講話頓時拋棄基本禮儀，充滿殺氣騰騰的戾氣。他嚴厲警告說：「任何人企圖在中國任何地區搞分裂，結果只能是粉身碎骨。」此外，他還警告說：「任何支持分裂中國的外部勢力只能被中國人民視為癡心妄想！」

中國領導人在出訪之際，通常會裝扮出笑面佛的模樣，以塑造仁慈的天下帝國面貌，而極少發布這種強硬肅殺的措辭。尼泊爾當地媒體對習近平這番言談的反響極差。誰都知道，習近平的這些話是在含沙射影地威脅藏民和所有支持西藏難民的人，警告尼泊爾不要成為流亡藏人從事分裂活動的「基地」。這種警告跟當年希特勒恐嚇捷克、奧地利、波蘭等處於弱勢地位的鄰居很相似。

《BBC》評論文章認為，習近平也是在威脅不願接受「一國兩制」的臺灣政府和民眾。雖然「一國兩制」在香港明顯失敗了，中國仍要霸王硬上弓強迫臺灣接受香港模式。如果臺灣選民不願投票給中國代理人，臺灣不僅會「地動山搖」，更會「粉身碎骨」。

「粉身碎骨」絕不僅僅是習近平口頭上的警告，而是香港正在發生的血淋淋的事實：逆權運動（反送中運動）以來，已有上百名反抗暴政的香港人「粉身碎骨」。香港警察或者由中國公安、武警假扮的香港警察，對平民下手比納粹蓋世太保更兇殘狠毒。他們以酷刑折磨被捕的年輕人，很多抗爭者的手足被打成粉碎性骨折，有些人留下終身殘疾。多位女性遭遇性侵，被強暴，甚至被先姦後殺。十五歲的香港女孩陳彥霖，生前最後的影片流出，顯示她是一位陽光而開朗的好孩子，毫無自殺的跡象。然而，共產黨毀了她，把她變成海裡一具赤裸冰冷的浮屍。香港政府和親北京媒體安排一位假冒陳媽媽的女士接受採訪說，自己的女兒確實是自殺，外界不要妄加評論。此舉真是欲蓋彌彰：眼尖的網友經過比對，一下子就發現「此母親」非「彼母親」也。

習近平不僅對外發表「粉身碎骨」的恐嚇言論，也對內發表一系列黨內鬥爭加劇的信號——在中央黨校的演講中，習近平說：「中華民族偉大復興，絕不是輕輕鬆鬆、敲鑼打鼓就能實現，實現夢想就必須進行偉大鬥爭。」習近平對「鬥爭」的喜好，僅次於毛澤東。毛澤東掀起文革，讓黨國機器被摧殘得七零八落。習近平會掀起「二次文革」，會讓黨國再度傷筋動骨嗎？

「總統」與「總書記」的差別，是文明與野蠻的差別

少年時讀《西遊記》，最讓我念念不忘的是唐僧師徒四人到了蓮花山蓮花洞、遇到山大王金角、銀角的章節。這兩個妖怪來頭不小，他們從太上老君那裡偷來五樣寶貝：紫金葫蘆、羊脂玉淨瓶、煉魔劍、晃金繩、芭蕉扇，個個法力無邊。譬如紫金葫蘆本是裝仙丹之用的，結果變成裝人的，能裝一千多人。這個法寶的用法是，把葫蘆塞子拔開，口朝下，底朝天，想裝誰，叫一聲對方的稱呼，只要對方答應，「嗖」地一聲就收進葫蘆裡。最可怕的是，蓋上葫蘆蓋子，莫想再逃出來，連七十二般變化、神通廣大的孫悟空都撞不出來。殺個人就是蒸煮吃了，還會剩點毛髮，但這葫蘆一時三刻便把收進的人化為膿水，卻連一點痕跡證據都不留。我那時就想，如果我有這個寶葫蘆就好了，可以將壞人都裝進去。

紫金葫蘆的用法，印證了孔子的名言：名不正，言不順。可見名字對一個人有多麼重要。二〇一九年十一月十四日，美國國會委任的「美中經濟與安全審查委員會」在發布的年度報告說，應該以習近平的黨魁頭銜來稱呼他，才更準確地描繪他的政治角色。「總統」則暗示習近平是通過普選民主投票選舉產生的，從這個稱呼中看不出他是中共內部權力鬥爭的獲勝者。

美中經濟與安全審查委員會表示：「中國不是一個民主國家，其公民無權投票、集會或自由發言。賦予習近平總書記這樣一個他不配的『總統』頭銜，就是給中共的專制統治貼上了一層民主合法性的假象。」

習近平最重要的三個頭銜是共產黨總書記、中央軍事委員會負責人和國家主席，沒有一個頭銜是總統。中共官方媒體在中文中稱習為「總書記」或「國家主席」，甚至有同時報出習近平多個職位的時候。但是在英語經常稱習為「總統」（最早始於中共自己刻意模糊的翻譯），很多西方國家也就圖個方便，稱其為「總統」。這樣做，就中了中國的詭計。

《華爾街日報》評論說，毛時代之後，中共官媒近幾十年來都是這樣做的，在海外對其他中國領導人也自稱「總統」。這是中共企圖淡化「黨」的角色，避免西方社會把中共黨魁與臭名昭著的毛澤東進行比較。不僅對最高領袖的稱呼暗度陳倉，其他級別的官員也紛紛仿效。中央電視臺播出習近平首次國事訪美的新聞時，電視臺找到了一張習近平三十年前第一次出訪美國所用的名片，名片很快就在網路上瘋傳。名片顯示，習近平的頭銜是「河北省石家莊地區食品協會主席」，而不是「河北省正定縣縣委書記」——那時候，習近平及其上級就知道，縣委書記這個頭銜在美國並不吃香，所以要刻意隱瞞這個身分。

中國各大學的黨委書記，出面參加外事活動時，從不使用黨委書記這一高於校長的頭銜，而使用「校務委員會主任」這個看上去跟校長差不多的職稱。如此，他們跟哈佛、耶魯、牛津、劍橋的校長們談笑風生，才不顯得尷尬。

中共想要隱瞞的真相，西方一定要讓其大白於天下。實施上，在美中經濟與安全審查委員會發布報告之前，一些美國的政治家已經開始對習近平的稱呼進行了調整。

二〇一九年十月三十日，美國國務卿蓬佩奧在曼哈頓哈德遜學院晚會上的演講提到「習近平總書記」。眾議員加拉格也稱中共領導人為「總書記」。

美國前眾議院議長金瑞契在公開演講中說，從鄧小平起，四十年來，中共在宣傳中一直把自己描述成一個正常的、讓國際社會可以接受的國家，但這只是「真實中國的欺騙性外表」。金瑞契說，中國領導人習近平首先是中國共產黨的總書記，然後是中央軍委主席，最後才是中華人民共和國的國家主席。習近平的權力基礎是中國共產黨，而不是中國人民。

金瑞契表示，如果美國的媒體和政府一直將習近平稱為「總書記」而不是總統，美國人會很快理解美中不同的體制和價值觀。把習近平稱為總統是扭曲了真相，容易讓人誤認為中國的權力架構與美國一樣，這樣會讓美國處於危險之中。

更有幽默感的川普總統有次曾經當面稱呼習近平為「國王」（King）。後來，川普在出席共和黨的一次活動、發表演講時，特別憶述二〇一七年訪問中國時的這一幕：

我叫他國王，他說：「但我不是國王，我是主席」，我說：「不，你是終身主席，所以是國王」，他喜歡我叫他國王。

川普說出了一個所有中國人不敢說出的真相，終身主席就是國王，而且是權力不受憲法制約的絕對君主。國王沒有穿衣服，全世界都看到了。

第二節 習近平能跟康熙皇帝相提並論嗎？

習近平是漢武帝還是雍正帝？

習近平自我加冕的皇帝心態，呼應了民間對「好皇帝」的憧憬。新左派代表人物、大學教授韓德強為習近平的「皇帝夢」大聲叫好：「如果是嚴格按照法律或者說黨紀來反腐，肯定是亡黨。但反腐可以有選擇性、階段性，漸進性，可以逐漸減輕力度，只要有一個好的領袖，就不會亡黨亡國。這就是法制與德制的區別。西方自由派不認同，但這就是中國的國情，如果有一個好皇帝，天下太平。習近平已經做到了像一個皇帝，而且恰巧是個好皇帝。」讀到這樣的言論，怎能不讓人感嘆：不知今昔是何年，辛亥革命好像從未成功。

毛推崇的帝王是秦始皇和明太祖，習推崇的帝王是漢武帝和雍正皇帝。漢武帝和雍正皇帝都一心加強中央集權的專制體制，也善於利用酷吏來整肅官場、收斂民心，成為習近平效仿的榜樣。

臺灣媒體首先將習近平比喻為「奪權獨裁、萬邦來朝、野心旺盛」的漢武帝。《商業週刊》引述一位在中國深耕二十餘年的指標臺商的話：「我等了十年，猜測什麼時候會出一個漢武帝。習近平在想什麼我不知道，但是從他的行為看起來的話，已經是漢武帝，他不再是文景之治了，文景之治累積國力的結果，就是漢武帝。」在氣勢上，習近平就是「二十一世紀漢武帝」。文章描述習近平在亞太經合會議上的華麗演出：這場會議達成許多經濟協定，對多數中國人而言，「萬邦來朝」才是共同的記憶。習在臺前右方站定不動，等待著美國總統歐巴馬、俄羅斯總統普丁、日本首相安倍晉三等各國領袖，從左方依序上前與之握手，此情此景彷彿是當年皇帝接見藩邦首領。

雍正皇帝的比喻來自於中國官媒。在人大會議上，通俗歷史小說家二月河公開將習近平比擬為雍正皇帝，明顯投習所好。如果習近平及其辦公室不認同此一類比，中宣部不會對這樣的報導放行。作家二月河的很多歌頌帝王的小說被改編成電視連續劇，成為當代中國人的一種「集體無意識」，更深受共產黨官員喜愛。

二〇一五年二月，署名「習驊」的官媒評論員在中紀委網站上發表題為〈雍正鐵腕治吏的啟示〉的文章，直接將習近平比擬雍正，奉旨發話，更加權威。

外交舞臺上的表演暫且不論，更重要的是黨內整肅中，習近平像皇帝戲弄軍機大臣一樣對待政治局的下屬（再沒有任何人是其同僚，他只有下屬）。二〇一五年十二月二十九日，習下令召開連續兩天中央政治局「專題民主生活會」，要求政治局委員「不能有地位上、權力上的優越感」，政治局成員責任重大，其「一言一行、一舉一動都不只是個人的事，而是黨和國家的事、人民的事、全局的事」，需要成為「三嚴三實」（嚴以修身、嚴以用權、嚴以律己、謀事要實、創業要實、做人要實）表率，「經常主動向黨中央看齊，向黨的理論和路線方針政策看齊。」在會上，「中央政治局同志逐個發言，按照黨中央要求進行對照檢查」——唯有習近平本人免於自我批評和被他人批評。

此種「民主生活會」，是對有限的黨內民主的破壞，鄧小平曾用「民主生活會」的方式非法罷黜總書記胡耀邦；習近平再次玩弄此種權術，公開羞辱和警戒政治局成員，將自己與他們拉開距離，讓黨內同僚成為替皇帝服務和辦事的「軍機大臣」——政治局成員，包括政治局常委，從此必須向總書記本人而不是中央委員會「彙報工作」。

黨內獨大之後，民間個人崇拜風氣日盛。在貴州貧困山區，一批小學生在老師帶領下，學唱歌曲「中國出了個習大大」。該小學校舍既沒有課桌，窗戶也沒有玻璃，校舍天花板殘缺不齊，搖搖欲墜。唱歌的數十位學生，面無笑容，只是公式化的高唱歌曲。提供這段影片的朱女士說，「造神」是極權國家的一大特點：「中共的造神到了登峰造極的地步，無處不在。」

習近平的「帝王夢」愈來愈迫近現實。中國歷史上每當有改朝換代的動向，民間立刻出現勸進聲浪。這一次勸進的聲音由南而北、由外而內傳來。

首先是香港《南華早報》發表香港智庫天大研究院研究員伍俊飛撰寫的題為〈中興領袖習近平〉的文章，以「領袖」之名掩飾「君王」之實，蔑視江、胡而獻媚習近平之意溢然紙上。

這篇文章指出：「自上任以來，習近平厲行新政，銳意進取，開共和國中興氣象。他重視吏治，落實反腐，不再重蹈當年蔣經國上海打虎覆轍，避免反腐虎頭蛇尾，草草收場。周永康一案揭盅，天下震動，公眾拍手稱快。撥亂反正，扭轉乾坤，習近平民望直追毛鄧二公。」這篇文章又說：「多黨代議制不合國情，中共掌權是國家大一統的必然選擇。中國政改的前途是一黨民主化，即在加強黨權的同時，擴大民權，塑造黨權與民權雙強的模式，而司法獨立和基層民主乃此模式成功的基石。習治國理政的實踐暗合這一思路。」這位留學英美的政治學者不惜赤膊上陣、公開勸進，讓人聯想起袁世凱稱帝前夕，「籌安會」發起人楊度的種種表演。中國的歷史，常常如同「鬼打牆」一般，走了許久，卻一步也沒有往前邁進。

習近平不及康熙之萬一

也許覺得漢武帝和雍正帝不夠威風，更有馬屁精擡出康熙皇帝。中國社會科學院旗下的「國家文化安全與意識形態建設研究中心」，刊載署名國家廣播電視總局發展研究中心黨委副書記崔承浩的文章「領導人長期執政對國家保持長期穩定發展的重要意義」，宣稱「強大的領導人」必須有相當長的任期時間，才能保證其建立豐功偉業。

這篇馬屁文章稱：「適當延長領導人任期，有利於一張藍圖繪到底，有利於確保發展規劃的長期性、政策執行的穩定性和幹部隊伍的純潔性。」這篇文章直接為習近平稱帝營造輿論氣氛，認為中國是「按形勢發展延長任期」，「絕不是搞終身制」，修憲是「黨心所向，民心所向，是對歷史使命的勇敢擔當，也是最大的實事求是」。

這篇文章中最耐人尋味之處，直接用康熙皇帝「長期執政功績卓著」的歷史經驗為習近平修憲提供「前車之鑒」，比起袁世凱稱帝之前猶抱琵琶半遮面地營造「君主立憲適合中國國情」的輿論，可謂摘去遮羞布、裸身來登場。文章作者表面上是共產黨員，骨子裡卻以習近平的家奴自居。

那麼，習近平跟康熙皇帝之間真有可比性嗎？美國歷史學家羅威廉在《中國最後的帝國：大清王朝》一書中指出，康熙皇帝普遍被認為是中國歷史上最偉大的皇帝之一。康熙在十六歲時，設計剪除了權臣鰲拜，拿回大權。那麼，習近平剛剛掌權就對前朝「政法沙皇」周永康痛下殺手，不也是同樣的戲碼嗎？

羅威廉指出，康熙是成功的軍事統帥，除了親率大軍平定三藩之亂、征服內亞，以及擊敗沙俄的侵略，與之簽署一份平等的《尼布楚條約》。而喜歡炫耀武力的習近平從未領導過一場勝利的戰爭，對俄國威權領袖普丁低眉順首，不僅不敢追討被俄國侵占的百萬平方公里領土，而且對受到俄國以種族歧視政策迫害中國僑民的暴行不聞不問。

康熙擁有廣博好學之心及縝密心思，熱衷於聽講各思想學派（包括西方傳教士）的演說與辯論。他公開演證科學與數學原理，喜歡炫燿自己掌握要領、熟記細節的程度。藉由耶穌會傳教士，他涉獵西方藥學和解剖學。康熙贊助出版《全唐詩》和其他大部頭文選，主導修纂《康熙字典》，作為中國語文學的權威辭書。

習近平的學養無法望康熙之項背——與從小接受由第一流學者主持的皇家教育的康熙相反，習近平的青年時代是無書可讀、一片荒蕪的毛澤東時代。後來，習近平擁有清華大學的假博士頭銜，喜歡每到一地就附庸風雅地「背書單」，卻時常唸白字、出洋相，無法掩飾其半文盲的本質。

御用文人將習近平與康熙作對比，原因之一大概是康熙擊敗占據臺灣數十年的鄭式集團，將臺灣納入到清帝國版圖之中。習近平對征服臺灣念茲在茲，視之為其執政生涯中將要摘取的一枚最亮的明珠。然而，民主臺灣與獨裁中國漸行漸遠，臺灣年輕人走向「天然獨」的趨勢不可逆轉，二〇二〇年臺灣大選民進黨取得空前勝利。美國川普總統執政以來，與臺灣的關係明顯升溫。內外環境都讓習近平吞併臺灣、統一天下的迷夢愈來愈渺茫。

習近平超越西方、稱霸世界的野心，或許勝出康熙一籌。康熙的自我期許是打造亞洲第一帝國，他對中華「朝貢體系」之外的世界不感興趣。一七一七年，康熙對旅外的清帝國子民可能參與顛覆活動疑心重重，下詔嚴令商人及其家人居留海外不得超過三年，逾期不歸者此後禁止歸國。康熙並不希望其子民播遷全球。習近平雖號稱不再「輸出革命」，卻將數千萬海外華人都視為如假包換的「中國人」，乃至被他利用來顛覆他國政府的「第五縱隊」。他下令扣押多名到中國旅行和探親的、擁有他國公民身分的海外華人——他對「中國人」身分的認識，停留在靠膚色和人種來判斷的帝國時代，遠未有「進化」到「現代民族國家」的階段。

什麼是「非常時期，非常之舉，非常之功」？

伍俊飛發表在《南華早報》的文章中，列舉出若干具備「非常時期，非常之舉，非常之功」特質的政治人物為習近平背書——如俄羅斯彼得大帝、俄羅斯總統普丁、美國前總統小羅斯福以及南韓前總統朴正熙等幾位長期連任的領袖。文章強調，「在國家命運的重要轉折關頭，更能看出這些領導人長期執政的重要性和必要性」。然而，將這些人物與習近平仔細相對照，立即顯得驢唇不對馬嘴，表明作者知識貧乏、思想僵化，以及為了媚上而不惜顛倒黑白。

以俄羅斯彼得大帝而論，彼得大帝意識到俄羅斯非得走向西化和現代化不可，開啟了俄羅斯融入歐洲文明的重大改革。為了實現這一改革，年輕的彼得一世喬裝打扮，到荷蘭的造船廠當普通工人，以「偷師學藝」。然而，正如美國學者拉伊夫在《獨裁下的嬗變與危機：俄羅斯帝國兩百年的剖析》一書中指出的那樣，彼得一世的改革成果有限，「全面看來，國家有關服役貴族和知識菁英的目標是達到了，但就平民而言，則直至十八世紀中葉為止，可說是徹底失敗。」拉伊夫更指出，缺乏自治的代議組織，再加上獨裁政治和知識分子都不能擔起領導責任，這一切導致了俄國政治體制逐步癱瘓，出現真空，最後導致帝國統治的崩潰。直到今天的普丁時代，俄國仍然深陷在此「現代化的陷阱」中不能自拔。彼得大帝和普丁提供的不是卓越的榜樣，而是失敗的教訓，習近平學習彼得大帝和普丁，必將走向山窮水盡。

以二戰前後四度連任美國總統的小羅斯福而論，其四次當選在美國憲政史上並非值得稱道的例子。正是其四度當選並擁有過大的權力，才讓美國民眾警醒以免出現獨裁者，並著手修訂憲法，規定總統任期限制為兩屆八年，任何人不能違背。小羅斯福的若干社會主義色彩的「新政」政策，在當時已受到質疑和抵制，美國最高法院判決《國家工業康復法案》和《農業調整法案》等違憲。由此，小羅斯福攻擊最高法院「九個老傢伙」對憲法的解釋「只適合於騎馬生臭蟲的舊時代」。小羅斯福企圖跨越三權分立之界限，連其支持者都不敢苟同。小羅斯福在其第四個任期剛開始就驟然去世，由杜魯門接任總統。美國雖然失去小羅斯福這位巨人，但作為「新手」的杜魯門仍繼續領導美國作戰，因為有良好的制度保障，並沒有因最高領袖換人而對戰局產生負面影響。小羅斯福的例子不能說明領導人無任期是好制度，反倒驗證了對權力嚴加約束乃是民主政治之真諦。

伍俊飛最後例舉韓國獨裁者朴正熙，更顯不倫不類。難道作者是詛咒習近平像朴正熙那樣被刺殺身亡嗎？朴正熙通過政變上臺，企圖成為比韓國國王還要專權的「終身總統」，先是命令執政的共和黨議員不顧新民黨議員的靜坐示威，僅用六分鐘以記名投票方式強行通過憲法修定案。之後，韓國就「三選連任」修憲舉行全民公決，修憲案獲得百分之六十五的支持率獲通過——韓國雖然搞獨裁，其方式亦比中國民主。朴正熙推行自由經濟政策帶來韓國經濟騰飛，卻因為對反對派和民主運動殘酷鎮壓，使民眾和很多實權派人物與之離心離德。本來為政權捍衛者的情報部門，率先發難，由中央情報部部長金載圭在宴會上對其開槍射擊，朴正熙落得死於非命的結局。伍俊飛是否故意用曲筆告訴讀者：昨天朴正熙的下場，就是明天習近平的終局？

民主選舉是政治分贓嗎？

伍俊飛的馬屁文章，在結尾處公然批評「西方國家所謂的選舉制、政黨定期輪換，實質是一種政治分贓」，進而不點名的嘲諷美國現任總統川普「對內無暇顧及國家發展長期規畫，對外『今日退群，明天毀約』，嚴重敗壞國家聲譽、擾亂國際秩序」。

伍認為民主選舉是「坐地分贓」，一黨專制才是為「人民服務」。此一見解，宛如坐井觀天的井底之蛙，一輩子沒有跳出過深井，自然得出井底世界比「小小的天空」更美麗的結論。

川普當選總統後，一改歐巴馬時代軟弱無力的對外政策，一切以美國價值和美國利益優先，像雷根總統那樣讓美國重振雄風。美國經濟強勁增長，國防軍事獲得更多資源，美國的國家聲譽很快提振。就連左派的《紐約時報》也承認川普傲人的政績以及一路升高的支持率。美國民眾對民選領導人和政府的實際感受，跟中共御用文人的隔洋遠眺如同冰火兩重天。

擾亂國際秩序的，不是美國，而是中國。戰後的國際秩序是美國締造和主導的，美國豈會自己破壞此一成果？正是中國在過去數十年裡，包藏禍心地加入聯合國、世貿組織等美國創設的國際機構，並且苦心積慮地顛覆、擾亂之。中共在南海無度擴張，對臺灣武力恐嚇，在香港鎮壓本土運動，用「一帶一路」將「中國式病毒」散播全球，已成為讓民主國家側目的「害群之馬」。根據美國國家民主基金會發布的報告指出，以中國為首的獨裁政權正在使用「銳實力」影響其他國家的自由和法治，獨裁政權想要控制資訊並傷害民主，西方國家不可縱容姑息。

僅以臺灣而論，臺灣的民主化成就讓中國尷尬且羞辱。臺灣前總統李登輝向中國喊話說：「臺灣不會是你的敵人，現在不是，以後也不是。你最大的敵人，是『真民主』、『真自由』。臺灣正是真民主，真自由的代名詞而已。」臺灣現任總統蔡英文在臺灣民主基金會成立十五週年慶典上引用諺語「自由的代價是恆久的警惕」，並指出：「現在尤其是如此，只有大家一起採取行動，才能確保民主能繼續形塑未來的世界，歷史的進程不總是確保民主的前進，不過在臺灣，走回頭路不是一個選擇。」中共如何接招呢？

逆時代潮流的是中國。今天，御用文人不再使用江澤民、胡錦濤時代的敘事策略：民主固然是個「好東西」，但中國民眾素質尚待提升，民主只好緩行；反之，為了迎合習近平粗魯蠻橫的個性，他們赤裸裸地否定民主，並宣布中國「永遠不搞西方的那一套」，因為那一套「不是好東西」。

可是，執政之前的中國共產黨，在四〇年代中期卻在黨報上譴責國民黨「一黨獨裁，遍地是災」，並熱情歌頌美國的民主制度。

一九四五年八月，日本戰敗投降，毛澤東八月底即赴重慶和蔣介石談判。當時，《路透社》記者甘貝爾向毛提出問題：中共對「自由民主的中國」的概念及界說為何？

毛回答說：「自由民主的中國的各級政府直至中央政府都由普遍、平等、無記名的選舉所產生，並向選舉它的人民負責。它將實現孫中山的三民主義，林肯的民有、民治、民享的原則與羅斯福的四大自由（言論和表達的自由、信仰上帝的自由、免於匱乏的自由、免於恐懼的自由）。它將保證國家的獨立、團結、統一及與各民主強國的合作。

對照毛澤東及聲稱「以美為師」的《新華日報》言論，崔承浩及其幕後老闆習近平能不臉紅心跳嗎？他們恐怕連這點自知之明都沒有。他們宛如笑話中的主角：一位女士看新聞，說有個人在高速公路上逆向行駛，便打電話給回家路上的老公，告訴他這個新聞。老公說：「今天是什麼日子？因為我看到的『所有人』都在逆向行駛。」原來，這位先生正是高速公路上逆向行駛的人，只不過，他本人並未察覺。

第三節
從「我將無我」到「我已成聖」

習近平在訪問義大利時，義大利眾議院議長菲科問到習「當選」國家主席時的心情。

這是一個非常小兒科的問題。當年胡錦濤訪問日本時，到橫濱的一所中文學校探望師生，有一位八歲小男孩松田浩季天真地問：「胡爺爺，您為什麼想當主席？」他的問題讓教室響起了笑聲，胡回答說：「我告訴你，我本人沒有想當主席，是全國人民選了我，讓我當主席，所以我不應該辜負全國人民的期望。」接著另一名小朋友符祥瀚好奇地問：「我也想當國家主席，怎麼樣才能當國家主席？」胡回答說：「不管你長大以後想幹什麼，從小都要好好學習，培養自己良好的品德，鍛鍊一個健康的體魄，這樣將來不管幹什麼你都一定能成功。」話如其人，胡錦濤被民間諷刺為「面癱帝」，可見其言語無味、面目可憎到何種地步。胡這番回答連「心靈雞湯」的滋味都沒有。

胡錦濤是貨真價實的清華畢業生，習近平是弄虛作假的清華冒牌博士。儘管如此，只有小學生文化水準的習近平常常引經據典，炫耀學識，顯得比胡更博學，在義大利這次也不例外。習如此回應說：「這麼大一個國家，責任非常重、工作非常艱鉅。我將無我，不負人民。我願意做到一個無我的狀態，為中國的發展奉獻自己。」

習的回答，看上去比胡更顯文質彬彬，卻仍然是滿口荒唐言。中國不需要獨裁者的奉獻和服務，若中國沒有共產黨、沒有其黨魁胡錦濤和習近平，中國人民早就有了真自由和真幸福。共產黨黨魁和大小官員以撒謊為本能，但撒謊的方式各不相同。習比胡更高明的是，他用「我將無我，不負人民」這兩個極具「習近平特色」的詞彙來招搖過市。一夜之間，「我將無我，不負人民」這八個字鋪天蓋地出現在中共大小媒體上，成為「習近平語錄」的新篇章。

一邊口口聲聲說「無我」，一邊大張旗鼓地掀起毛澤東死掉之後中國最瘋狂、最劇烈的個人崇拜風潮，這兩者同時粉墨登場，堪稱地獄中國的「怪現狀」。早已被馴服的「中國人民」對此並無「違和感」，乖乖接受習近平對他們的不由分說的「代表」。

「我將無我，不負人民」這八個字的「夫子自道」，赤裸裸地揭示出習近平與墨索里尼、希特勒等法西斯魁首的「精神同構性」。在西方，若將中共與義大利法西斯和德國納粹相提並論，是一種「政治不正確」，大眾媒體和學術刊物不會刊登這樣的文字——西方人認為，法西斯主義是歐洲獨有的「特例」。但我認為，共產主義與法西斯主義同樣是人類的「精神癌變」，習近平時代中共的主流意識形態就是升級版的法西斯主義。習近平並不比墨索里尼和希特勒更好，反而更壞。

習近平「我將無我，不負人民」的人生哲學與法西斯主義的精神脈絡之相似性，可以從三個方向來分析。

獨裁者與國家、民族、人民等「大詞」融為一體

首先，極權主義認為，「我」（公民個體）必須依託於國家、民族這些宏大敘事，才有其存在價值。否則，個體的自由、權利和尊嚴沒有意義和價值，也不受法律的保障。如此，共產主義和法西斯主義就突破了近代以來的普世人權價值。法西斯主義對自由主義是一種徹底顛覆，習近平的「中國夢」也是如此。

一九二二年，墨索里尼發動「進軍羅馬」的政變，僅靠三萬烏合之眾就獲得成功。其秘訣在於，墨索里尼打造了復興羅馬帝國的「義大利帝國夢」。他宣稱，法西斯主義能為國家帶來秩序、效率和民族自豪感。他堅持，民族必須是被創造出來的，而且唯一創造它的力量

是國家；國家必然是一個精神概念，是更高級的、倫理的、普遍的現實：

法西斯主義國家——人格的最高和最有力的形式——是一種力量，而且是精神的力量，它控制了人的道德和知識生活的所有形式。

墨索里尼和法西斯黨強調，他們所做的一切都是為了人民，在某種程度上確實如此——除了為中下層人民創造就業機會以外，也做了很多重大的管理和教育工作：試圖培養義大利年輕一代的法西斯主義精神、通過「業餘俱樂部」這個複雜的部門機構指導工人的業餘生活和社會活動，用各種額外的利益補償工人工資的下降，還通過舉行集會、運動賽事和其他宣傳活動，製造出了一種獨特的、擁戴領袖的「社會風氣」。

比墨索里尼更能幹的希特勒，在短短數年間將名不見經傳的納粹黨打造成德國第一大黨，並在選舉中勝出，其秘訣是為德國民眾勾勒出「千年不朽的德意志第三帝國」的願景。在一戰失敗後德國社會普遍失望、焦慮乃至絕望的社會氛圍中，希特勒的橫空出世是必然的。德國歷史學家哈夫納指出，德意志民族的大部分人在期待著「那唯一的人」，不僅僅為了找到失去的皇帝的替代，而且出於另一個原因：既出於對戰敗的不滿以及被感受為侮辱的、強加和約的無助與憤慨。在希特勒所承諾的那個觸手可及的帝國中，如詩人斯特凡·喬治所說：「他砸毀鎖鏈，讓偉大再次成為偉大，讓主人再次成為主人，讓規矩又是規矩。」那麼，誰不願投票給希特勒呢？政治哲學家沃格林指出：「這樣一個壞蛋居然擁有選票，乃是德國人民永遠的恥辱。」

習近平更是如此，國家主義和民族主義是其趕屍的「魔笛」。習近平順利顛覆了中共在後毛時代形成的「集體總統制」，進而成為「無限任期」的「核心」，其秘訣是高舉「實現中華民族偉大復興」這面閃閃發光的旗幟。「六四」屠殺之後，這套國家主義和民族主義結合的敘事，按部就班地運行，到了習近平時代達致頂峰。習近平對新疆和西藏實施接近種族或文化滅絕政策，對香港《基本法》和《中英聯合聲明》悍然撕毀與踐踏，對臺灣進行霸王硬上弓式的統戰及恐嚇，這些在中國都是大得人心的政策，他出手愈狠愈得人心——切切不能低估習近平在中國民眾中得到的支持和擁戴，如果中國立即開放全國大選，習近平必定是勝選者。

獨裁者是真理的化身和最高的信仰

其次，習近平所謂的「無我」，乃是極權主義個人偶像崇拜的宣傳術之一部分。「無我」的實質是將「我」（以及每一個鮮活的生命個體）抽象化、象徵化。當獨裁者這個獨一無二的「我」成了絕對真理、成了最高信仰的時候，獨裁者即可超越肉身，無所不在、無所不能乃至如同「全知全能」的上帝一般地「臨在」。

墨索里尼和希特勒都是從底層社會崛起，即席演講口若懸河、蠱惑人心。習近平是靠太子黨的身分被密室政治選中，講話照本宣科、乏味至極。他缺乏墨索里尼和希特勒的「個人魅力」，但造神運動的本質就是用泥巴塑造出菩薩。在中共宣傳機器不遺餘力的打造下，短短數年間，土氣的習近平很快麻雀變鳳凰，成了大力士、大文豪、博士和榮譽教授（以哈薩克獨裁者納扎爾巴耶夫之名命名的納扎爾巴耶夫大學授予習近平名譽教授稱號）。

習近平的「非我化」和偶像化，可以用一個例子來證明：在人大會議開幕當天，西藏代表集體亮相時全都佩戴兩枚胸章，非常引人注目。這兩枚胸章，一枚是毛、鄧、江、胡、習這五代領導人在一起的，習近平被放在顯要位置；另一枚胸章是習近平單獨出現，是其接見藏族漂亮女代表的場景（不知彭麗媛看到會不會吃醋？）——這枚胸章讓人讓想到文革初期幾億中國人都戴的「毛胸章」。「藏奸」之卑賤絲毫不亞於漢人——拉薩市人大常委會主任洛桑旦巴解釋說：「一來是表達感情，表示感謝，感謝領袖們，感謝歷屆中央領導對我們的關心、支持，使得西藏人民和經濟社會各個方面，發生了翻天覆地的變化。這是一種表達感情的一種形式，也是這個民族自己的傳統或者說習慣。」他對本民族的自我羞辱正應驗了「自願為奴」的典故，這才是現代農奴制。西藏是中國的殖民地，西藏的藏族共產黨官員更要以稍顯「出格」的方式向主人宣誓效忠。

獨裁者擁有無限的權力

第三，習近平所謂的「無我」，卻又是一個超級「大我」。作為最高領袖，其權力無限，不受任何人和機構的監督和制約，也不對任何人和機構負責，讓古代的皇帝亦望塵莫及。墨索里尼、希特勒等獨裁者也是如此。

習近平的權力運作汲取了墨索里尼和希特勒的經驗，就是凌駕於原有的國家權力機構之上，並讓不同機構的負責人勾心鬥角、彼此爭寵。習身兼超過二十個職務：中共中央總書記、中央軍委軍委主席、國家主席、國家安全委員會主席、軍委聯合指揮部總指揮、全面深化改革領導小組組長、深化國防和軍隊改革領導小組組長、網路安全和資訊化小組組長、外事國家安全工作領導小組組長、對臺工作領導小組組長、財經領導小組組長、軍民融合發展委員會主任等等。他是中共建政以來擁有最多職位的黨魁。這既體現了他的權力貪慾，又說明他深陷於失去權力的恐懼之中，只有不斷地「自我賦權」才能暫時「免於恐懼」。

另一方面，習近平善於使用法家的策略，運用灰色的權力，將中國古代的法家和西方現代的法西斯主義完成拼貼或嫁接。比如，習近平將髒活交給手下的酷吏處理，從不下達具體指令。主政新疆的陳全國是其心腹，將百萬維吾爾人關進堪比納粹集中營的「再教育營」，遭致全球輿論譴責，美國啟動《全球馬格尼茨基人權問責法》並通過《維吾爾人權政策法案》對陳全國等酷吏實施制裁。陳全國是得到習近平的授意才敢如此做，習近平卻從未在此問題上公開表態，彷彿他的手是乾乾淨淨的。

當獨裁者宣布「我將無我，不負人民」的時候，人民的厄運就降臨了。

第四節
誰是習近平的老祖宗？

習近平在北京會見美國國防部長馬提斯。習近平向馬提斯說，在涉及主權和領土完整問題上，中國的態度堅定明確，「老祖宗留下來的領土，一寸也不能丟，別人的東西我們一分一毫也不要。」

有趣的是，習近平口中所說的「老祖宗」是誰呢？對於共產黨人來說，他們的老祖宗難道不是馬克思嗎？他們不是死了也要去見馬克思嗎？然而，作為德國人的馬克思可沒有給習近平留下一寸領土啊。

習近平口中的「老祖宗」既非馬克思，也不是習家祖墳裡埋葬的漢人，而是建立大清帝國的滿人——大清帝國的領土非常廣袤，中華民國和中華人民共和國繼承的家業，確實來自於清帝國。

清帝國的疆域，在中共政權手上，丟失了多少呢？

習近平強詞奪理地以清帝國繼承人自居，即便這種說法勉強成立，那麼共產黨中國並未保住清帝國的遺產。一六八九年（康熙二十八年）清帝國與俄國訂立平等條約《尼布楚條約》，劃定中俄南北分界線，從黑龍江支流格爾必齊河到外興安嶺直至北海。這條長達四千公里界線的中方領土，包括後來獨立的外蒙、黑龍江東及烏蘇里江東、庫頁島。除外蒙外，面積至少一百五十萬平方公里（比四十個臺灣還大）。國民黨和共產黨將如此廣大的疆域割讓給蘇俄。

一九九九年，江澤民執政期間，與俄羅斯方面簽訂《中俄東部邊界最後議定書》，正式放棄這一百五十萬平方公里土地。這份秘密條約從未在中國名義上的最高權力機構「全國人民代表大會」審議，更未公諸於眾。香港評論人金鐘在〈中國怎樣失去一百五十萬平方公里領土？〉一文中批評：「中共處理中俄邊界積案，對於中國人而言，最不能容忍的是，整個決策過程的高度保密及黑箱作業。不僅不准媒體報導或評論，就連全國人大這樣的權力機構也不見一點審議的程序。如此重大的涉及國家領土的決策，只有極少數人參與，恐怕連人大常委、政治局委員都鮮有知情權和發言權，完全是毛時代獨裁統治的延續——這當然是中共拒絕政治改革的一大表徵。」

與中共政權的處理方式形成鮮明對比的是，雖然俄羅斯的民主轉型並未成功、威權模式根深蒂固，但俄國將條約公布，民眾可以自由討論，議會也投票表決。俄國方面對兩國九〇年代以來的勘界，一直有許多公眾討論和爭議，國家杜馬（下議院）二〇〇五年通過東段邊界補充協定時，是三〇七票比八十票（八十名投反對票的議員也沒有「被消失」）。連小國吉爾吉斯人得知本國政府以七比三的比例與中國劃分爭議土地時，也感到不滿意，舉行抗議示威。

金鐘更指出，中共對那些對中國政府其簽署的對外條約表示異議的國人，往往施以嚴厲的懲罰。程翔案即是一例：資深香港記者程翔被中共以「間諜」罪名逮捕，判刑五年，真正的原因是他在報章上發表文章（署名鍾國仁），質疑江澤民一九九九年十二月和俄國簽訂密約，將「導致被沙皇掠奪的國土永遠丟失」，「卻從來沒有向中國人民解釋交代。」程翔批評說，中共這種作法比國民黨不如，江澤民也比共產黨其他領導人不如，談判過程和簽約都沒有公開過。

程翔的批評，代表了大多數中國人的看法，如金鐘所說：「中共領導人獨斷獨行，一手遮天是近六十年一貫作風，不僅顯示他們沒有自信，而且也必有不可告人的私心與禍心。這些秘密外交已在自由的網路上，飽受痛斥，但真相大白，還有待於民主中國實現的一天。」

習近平不是割讓領土的始作俑者，他是俄國獨裁者普丁的狂熱崇拜者，他煞有介事地向普丁頒發亮晶晶的「友誼勳章」——普丁是第一個獲得此勳章的外國元首。普丁究竟有何德何能，獲得此高級勳章？普丁給予習近平的「友誼」，無非是聯合起來抵抗歐美民主自由價值的空洞承諾。普丁執政期間，對境內的中國僑民施行種族歧視政策，自詡為中國民族利益捍衛者的習近平不吭一聲。習近平諂媚普丁之行為，難道不是賣國嗎？

習近平聽不進德國防長的逆耳箴言

據德國《明鏡》周刊報導，德國女國防部長馮德萊恩訪華，在國防大學面對六十位嘉賓發表演說。

針對中國在南中國海不斷擴建軍事基地、加強軍備的行動，馮德萊恩直率地批評說，「不要把海路變成權力項目的對象」。一旦出現衝突，「各方都應尋求共同解決方案，並有妥協意願。」這裡「不應是強者至上，而是法權至上。」馮德萊恩以德國當年走向軍國主義、發動兩次世界大戰的慘痛歷史為例勸誡：「德國經常太大太強，對權力的追求導致了衝突。」

將今天的中國與當年的納粹德國相提並論，馮德萊恩並非是第一位。曾任白宮顧問的班農早就說過：「現在的中國就是一九三〇年的德國，它正處在一個拐點上，可以走這條路也可以走那條路。中國的年輕一代如此愛國，幾乎是極端民族主義者了。」習近平已然帶領中國走向那條最危險的道路——軍國主義道路。中國將南海視為自己的內海，將亞太地區視為自己的勢力範圍，對外殖民擴張、重建天朝帝國的步伐宛如納粹黨衛軍踢正步，哪裡聽得進馮德萊恩的逆耳箴言呢？

其實，更可怕的是中國內部政治的納粹化趨勢。中共將上百萬維吾爾人關進「再教育營」，新疆自治區人大甚至專門為此正式修改法律，將這種營地稱為「職教中心」，予以合法化。作為新疆「二把手」的自治區主席雪克來提·扎克爾公開表示，這是「免費辦學」，學員「既學習又實踐還增收」。他引述職教中心一學員的表態：「政府積極挽救幫助我，讓我免費吃住、免費學習，我現在各方面都有了很大進步，一定珍惜這個機會，以後做一個對國家、社會有用的人。」所謂「免費」，納粹集中營不也是免費食宿嗎？

習近平掀起反腐敗運動，跟納粹德國的反腐敗運動不謀而合。德國歷史學家弗蘭克·巴約爾在《納粹德國的腐敗與反腐》一書中指出：腐敗是極權機器的生存策略，反腐是極權危機的公關方式；在極權統治之下，腐敗不僅是被默許的、甚至是被提倡的，因為腐敗是極權體制的組織原則之一。第三帝國期間，愈是高層腐敗被揭露出來，希特勒的形象就愈在民眾心中顯現得英明偉大，因為腐敗分子是希特勒親自揪出來的。這與今天中國的民間輿論何其相似：每當出現數額碩大的貪腐案件，民眾只對腐敗官員口誅筆伐，並不質疑體制本身，更不認為這是體制的必然結果。每一次反腐都讓當局重新收穫一次民心，百姓對「打虎英雄」習近平更加愛戴。

在很多德國人及西方人眼中，目前的中共政權是最像昔日納粹的「新納粹」。比如中共在東突厥斯坦（俗稱新疆）設置類似於集中營的「再教育營」，數十萬維族民眾未經逮捕和審判便被關押在其中，生活條件極為惡劣，且長期遭受酷刑折磨，女性甚至被電擊乳房。二〇一八年五月十七日，「世界維吾爾代表大會」主席多裡坤·艾沙的母親艾罕·梅梅特在阿克蘇地區的一個「再教育營」被折磨致死——她不是第一個死者，也不會是最後一個。世界不應對此保持沉默，屠夫習近平應當被譴責。

習近平不僅自己吸食毒品，也向全民灌輸毒素。然而，任何一種興奮劑都會帶來巨大的副作用。等待大夢驚醒，才發現不僅一無所有，而且身體衰竭，死路一條。

習近平是「龍的傳人」，還是「馬列傳人」？

習近平的老祖宗太多了，歷代帝王是其老祖宗，馬克思和毛澤東是其老祖宗，習仲勳也是其老祖宗。還有一個老祖宗，就是「龍」，因為習近平跟其他中國人一樣都自認為是「龍的傳人」。當美國總統川普首次訪問中國時，習近平安排在紫禁城以最高規格款待，比起在瀛臺與歐巴馬夜宴，檔次大大提升。習近平果然是看人下菜，欺軟怕硬。習近平帶川普參觀紫禁城時，以「龍的傳人」向客人自我介紹，儼然是「數風流人物，還看今朝」的皇帝派頭。

「龍的傳人」一說，來自於一首八〇年代從港臺傳入中國的流行歌曲，並不見於任何官方正典的記載。在帝制時代，唯有皇帝才能以「龍的傳人」自居，龍椅、龍袍只能由皇帝獨享，普通人若使用龍的圖案，就是危險的僭越行為，會立即被抓去砍頭，甚至誅九族。即便是一代權臣李鴻章，也曾因為未經皇家允許，跑到「龍陵」遊覽一番，而被彈劾丟官。

在美國魔幻小說《冰與火之歌》中，倒是有一位號稱「龍之母」的金髮小龍女，孵出三條噴火巨龍，為之南征北戰，好不威風。而習近平並非皇族，也沒有張牙舞爪的飛龍可供驅使，卻也敢以「龍的傳人」自詡，真是如同賣草鞋的劉備，也敢自稱皇叔。習近平為了討好川普，特別款待川普觀賞京劇。其中，有一齣是美猴王的故事。川普大概看不懂充滿東方魔幻現實主義色彩的「猴王造反」，不知道孫悟空的名言乃是「皇帝輪流做，今日到我家」——當年，毛驕傲地以「潑猴」自居，而身為「毛的傳人」的習，也是猴氣十足，與其說他是「龍的傳人」，不如說他是未能「進化」成人的猴子，在全世界面前表演「猴子的新裝」的好戲。

巧合的是，習近平喜笑顏開地迎接「萬惡的美帝國主義」魁首的那一天，正是蘇俄十月革命百年之際。俄國總統普丁雖是威權強人，卻也在紀念集會中承認十月革命給俄國帶來巨大災難，聲稱無論如何都不能讓此悲劇在俄國重演。

習近平以「龍的傳人」的民族主義話語掩飾他和中共作為「馬列傳人」的共產原教旨主義本質。中共在十九大上通過的新黨章中，雖加入「習近平思想」，卻不曾刪去「馬列主義毛澤東思想」之根基。習近平在「龍的傳人」和「馬列傳人」之間左支右絀、彷徨無地，他能調製出一杯怎樣的雞尾酒來呢？即便由王滬寧這樣的御用學者為之打造新理論，習近平也無法完成一套前後自洽的、重塑共產黨合法性的學說。

前後兩個三十年不矛盾，從毛澤東到習近平，都是竊國大盜，都是掌握絕對權力的君王。

第三章

厲害了，腐的國

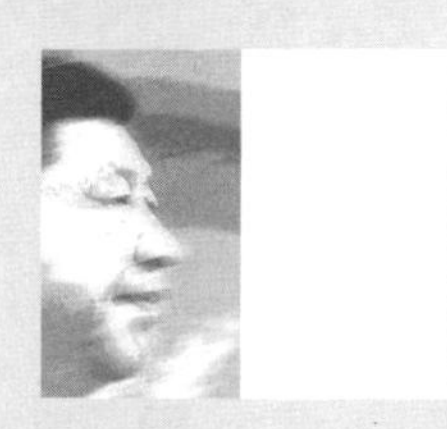

誰擁有了權力，一般就會為所欲為，尤其會強化自己的權力，這樣就幾乎達到了無極限的、無限制的權力。

波普爾

羅馬帝國的滅亡是人類文明史上的一件大事。為什麼盛極一時的羅馬帝國，在短短一百年時間內，不可遏制地走向衰敗？有史學家認為，淫風盛行、道德敗壞、腐敗滲透社會各階層，是羅馬帝國崩潰的重要原因之一。

土耳其人有一句諺語：「腐魚發臭從頭起。」這句話被土耳其詩人烏韋伊西寫入他生動有力的教誨詩篇中。這位詩人對奧斯曼土耳其帝國末期統治集團的內部腐化給予猛烈抨擊。當時，蘇丹在深宮中花天酒地，對民生疾苦不聞不問。上行下效，一些不學無術的流氓無賴出錢買下官位，僱傭替身幫助處理政務，自己在家中收取賄賂。於是，帝國的國勢江河日下。

這句古老的土耳其諺語正好契合今日中國的現實。今天的中國正在重蹈昔日羅馬帝國和奧斯曼土耳其帝國的覆轍。官僚階層的腐敗深入骨髓，不可救藥；民眾一邊痛罵，一邊羨慕地說：「如果我哪天坐到這個位置上，也可以跟那個傢伙一樣。」習近平掀起反腐運動，一開始有聲有色，獲得「苦秦久矣」的民眾滿堂喝采。習進入第二個任期之後，「打虎運動」繼續推進，不斷有「大老虎」被揪出示眾——胡錦濤時代的中央軍委，除了主席胡錦濤之外，幾乎所有成員都是腐敗分子，將星閃爍獄中見。然而，民眾早已陷入「審美疲勞」，打不起精神來鼓掌。民眾並未享受到反腐成果，主持反腐運動的「打虎將」卻被揭露出才是「大老虎」。

繼郭文貴高調在美國「幫助中共反腐」之後，「郭文貴第二」的港商、流亡美國的香港《成報》董事局主席谷卓恒又閃亮登場。在推特上貼文揭露，習近平家族貪腐嚴重，超過江、朱、李、胡、溫、曾等幾大家族，他會慢慢揭示習家的貪腐情況，包括習家在廣東和香港的資產。

據谷卓恒透露，從香港被抓回的中國超級富豪肖建華的資產，被一間名為秦川大地的公司接管，涉及資金規模有萬億美元。秦川大地公司的股東是習近平的姐夫鄧家貴，鄧家貴所控制的資金規模，遠遠超過中國富豪排行榜上的名人。鄧家貴是名副其實的中國首富。習近平不可能對姐姐、姐夫的財產狀況一無所知。

谷卓恒在推特上說，自從揭露習近平家族的腐敗真相後，自己在香港受到跟蹤和電話威脅，甚至有過被綁架的經歷，但絕不會妥協，並且「有信心把那把破鐮刀和那把破斧頭扔進歷史的垃圾堆」。據說，他到美國之後已得到FBI的保護。

與郭文貴一樣，谷卓恒的背景複雜而神秘。由中國政府控制的香港《大公報》曾公開指控谷卓恒是經濟犯，並稱他已在國際刑警紅色通緝令的名單中。也有媒體報導說，谷卓恒的另一個身分是中國總參情報二部特工，曾手持高級軍官的證件出入香港。

谷卓恒或許真是中國情報部門的「內部人士」，也正是因為這種特殊身分，讓他像郭文貴一樣知曉不少中共內部機密情報，包括習近平家族的財產情況——他的爆料，寧可信其有，不可信其無。這一事實說明，腐敗之於中共，是無法克服的制度問題。英國思想家阿克頓有言，「權力導致腐敗，絕對權力導致絕對腐敗。」掌握了絕對權力的習近平，必然是絕對腐敗的典型。

在這種情形之下，習近平如何可能根除腐敗？習式反腐，只是權力鬥爭的一部分；習式反腐，結局只能是「愈反愈腐」。

第一節

中共黨員真的擁戴習近平嗎？

一九二一年，毛澤東和一小群中國最早的共產主義小組成員在浙江嘉興南湖中央的一艘船上結束了中共第一次代表大會。這次會議原本是在嘉興以東約一百公里的上海召開的，被上海的警察打斷後，代表們來到嘉興。

雖然當年的那艘木船早已不復存在，但中共奪取政權之後，很快複製了一艘「紅船」作為愛國主義教育基地。在中國，這艘「紅船」家喻戶曉，在中共的黨史中也占據重要的地位。習近平更是特意凸顯這一章節，嘉興南湖革命紀念館就是在他擔任浙江省委書記期間開始建設的，館內展出的是對中共黨史的選擇性敘述。

二〇一七年，習近平和政治局其他六名常委共同瞻仰了南湖「紅船」等幾處革命遺址，習近平還帶領常委們在一面巨大的黨旗前面背誦入黨誓詞。他們表情肅穆地用同樣的姿態舉起拳頭——紀念館中，這張照片下的解說詞寫道，「舉拳頭的動作與共產主義事業聯繫在一起，表達了一種韌性和勇氣。」習近平以此顯示他將繼續帶領中國作為一個超級大國崛起於世界。習近平對「革命歷史的重視」激發了新一波旅遊熱潮，每天都有數千人來嘉興南湖參觀革命紀念館。二〇一九年，嘉興南湖的遊客人數超過一百萬，顯示出習近平領導下的中國民族主義日益高漲。

因此，《紐約時報》駐北京記者赫海威撰寫了一篇題為〈在「神聖」的南湖，中國人向黨和習近平表達熱愛〉的報導。該報導指出，在習近平的鐵腕時代，嘉興南湖獲得了新的名聲，成為大批愛國遊客——包括學生、醫護人員，以及科技界的企業家，對黨和習近平表達熱愛的地方。然而，這位從二〇〇八年起即常駐北京的美國記者，卻未能讀懂中國隱秘幽微的人心，他以為習近平真的贏得了共產黨人的擁戴，復興了共產主義的信仰。但實際情況真的如此嗎？

習近平能將南湖「紅船」打造成中國的「五月花號」嗎？

在美國馬薩諸塞州的普利茅斯，停泊著一艘複製的木船，那就是開啟美國歷史的五月花號。四百年前的那艘船早已在倫敦的碼頭被解體，但這艘複製的五月花號仍然讓遊客追憶最早一批「天路客」來到新大陸創建「上帝之城」的榮耀歷史。那麼，習近平能將南湖的「紅船」打造成中國版本的「五月花號」嗎？

赫海威在上述報導中提到，在中國努力解決與美國持續的貿易緊張關係以及經濟放緩之際，許多人到嘉興南湖尋找鼓舞。他們高唱愛國歌曲，背誦習近平關於「中國夢」的口號，緬懷革命英雄。參觀的高潮是參觀者站在繪有鐮刀鎚子的黨旗、長達四十九米的一道牆前宣誓，他們高舉拳頭，背誦對黨忠誠的誓詞。還說，紀念館的最高層是專門為習近平設置的華麗展示區，裡面不斷播放著習近平的演講，牆上用大字塗寫著他的宣傳口號，包括「實現中華民族偉大復興」。習近平自二〇一二年上臺以來，重新喚起了人們對黨史的興趣，並恢復了黨的一些傳統作法，包括宣誓——這是他將中共的支配地位擴大到中國日常生活中去努力的一部分。

單純的美國人不知道，中國人口頭上說的話跟心中的想法「有很多時候是截然對立的」。赫海威在現場訪問了許多參觀者——這些人絕大多數都是共產黨員，他們不會告訴金髮碧眼的洋人他們真實的想法。想在此時此刻問出對共產黨和習近平的批評性和否定性意見，無異緣木求魚。但是，如果對赫海威的報導中的諸多細節稍加分析，就能發現其中的矛盾、裂隙和荒謬：

首先，到南湖來瞻仰「革命聖地」的黨員們，大都並非自費旅遊，而是享受共產黨、共青團組織或紅色工會出錢的「紅色旅遊」計畫。這段旅行不會侵占黨員們的其他公共假日，而是從工作時間中特別規劃出來的。既然不用自己出錢，又可以在工作時間旅行，對於大部分人來說，何樂而不為呢？

在《紐約時報》報導中說到，有一位二十二歲的李姓鐵路職工，他和一小群穿著同樣的白襯衫、胸前別著黨旗徽章的同事，在宣誓牆前將一面紅旗展開，進行宣誓。他如背書一樣對外國記者說：「紅船使人充滿力量。」他當然不會冒著失去工作的風險告訴外國記者「國企的腐敗和黨的腐敗」真相。他們都是魯迅所說的「會做戲的虛無黨」。此種場景，還可以在延安、井岡山、西柏坡等紅色旅遊景點看到，更可以在北韓的任何地方看到，不足為奇。

其次，確實有一些被共產黨成功洗腦的年輕人真心擁戴習近平及共產黨政權。有一位名叫劉運來的年輕大學生，他帶著兩個朋友一起去參觀紀念館和宣誓牆，他們停下來試了試虛擬實境的眼鏡，透過這個眼鏡，他們能看到一九二一年中共一大期間使用的船隻內部。這是劉運來幾週內第二次來此參觀，他說，他想重走習近平走過的路線，「自從習大大上臺以來，中國出現了翻天覆地的變化，我受共產主義精神的吸引，這就像一種信仰，別人信佛，信道，我們信共產主義。」他的表述漏洞百出——習近平並非南湖會議的參與者，這個地方跟習近平並無太深的淵源，這也不是習近平走過的路線。不過，這位大學生說的也許是真心話，他正在試圖信仰共產主義。

對這一現象，需要更深入分析，正如中國網友陳小梨提出的問題：為什麼中國新生代有那麼多「小粉紅」，嘴臉愈發猙獰，和紅衛兵一脈相承？原因很簡單：這部分人大多是既得利益者的後代，他們生長在完全是真相過濾的網路維穩時代，以及速食攀比和消解一切、不敬畏一切的思維模式，加上歷史教科書依然是假的，紅色教育從未停止植入下一代的腦中，從四、五歲就開始洗腦，而長輩們崇奉功利至上，他們長大後能不又紅又刁嗎？一朝喝狼奶，中毒之深自身都無法察覺。他們已不稀罕真善美的普世價值觀，自由光明正義在他們聽來是笑話，他們只信奉強權暴政、唯經濟論。常常聽他們對著民主派知識分子叫囂道：「你們別幼稚啦！怎麼政府沒把你們弄死啊？我們就要專制，你們當漢奸去啊！」看到風燭殘年的老人為民生奔走，一些義人因為守護家鄉被抓捕入獄，他們往往丟下一句：「傻逼。」他們是如此強硬冷血的「聰明」，靈魂空蕩蕩的，和共產黨一樣。

這種喪屍般的青年，並不真正崇拜習近平，也不是願意為捍衛習近平而死的「男兒」。他們只崇拜強權和金錢。如果習近平在與薄熙來的權力鬥爭中失敗，勝利一方是薄熙來，他們照樣對薄熙來山呼萬歲。哪一天習近平倒臺了，這群人會走上街頭聲嘶力竭地歡呼——習近平不要高興得太早了。

走投無路的中共正進入前蘇聯式的「解體階段」

今日，美國學者林蔚表示，一位與習近平關係密切的中共高層幕僚曾坦率對他說：「我們已經走投無路了，每個人都清楚這個體制已經完了，我們進了死胡同。我們不知道下一步該怎麼走，走錯一步就是萬丈深淵、粉身碎骨。」

林蔚認為，中共正進入前蘇聯式的「解體階段」：

> 中共正在解體的階段，只是你不會馬上看出來。中共政權現在相當衝動，並且功能極度失調，不知道地方上到底在發生什麼事情，也不知道怎麼解決，也不知如何切合實際地分析問題。這個政權唯一知道的是，它處於危險之中。

中共政權會不會如此迅速地崩潰，當然還可以深入討論，但我至少同意林蔚的觀察：中共已失去重建意識形態的能力，習近平不可能用「紅船」和拳頭等象徵符號重新煽動起共產黨員乃至國民的熱情和信念。

昔日蘇聯的「解體階段」跟今天的中國非常相似。這個階段從布里茲涅夫統治中後期就開始了，而且這個過程是不可逆的。美國記者赫德里克·史密斯清楚講述在布里茲涅夫時代瀰漫於蘇聯社會的犬儒主義。那時的蘇聯，很少有人相信意識形態，蘇共領導人自己就不再相信。史密斯引用一位莫斯科科學家的話指出：「意識形態可以起兩種作用——或者是作為一種象徵，或者是作為一種理論，兩者不可得兼。我們的領導人把它用來作為一種象徵，作為斷定其它人是否忠誠的一種方法，但它並不是這些人身體力行的一種理論。它不是活的理論。」

在蘇聯存在的最後那些年，沒有人相信官媒的報導，但大家都習慣了謊言。史密斯總結道：「個人只要服從聽話，不公開向意識形態挑戰，不管信也好、不信也好，都不是關鍵問題。」一位黨媒高級編輯指出，當政的蘇共領導人是沒有信仰的人，「是一些對一切都無所謂的人。他們所要的是權力，純粹是權力。」雖然上上下下的人都不再相信官方意識形態，而且對各種事情都有不同看法，但一到了正式場合，卻照舊舉手拍掌、重複著官方的陳詞濫調。人們明知這一切是毫無意義的，卻逢場作戲，因為「你必須參與遊戲。」在南湖接受美國記者訪問的中共黨員，十有八九都是如此，這種虛偽的表態能獲得黨的信任。

少數勇敢的、持不同政見者依然發出他們的聲音。在起初一段時期，他們贏得廣泛的尊敬，雖然敢於公開表示這種尊敬的人不多。然而，令人驚異的是，到後來，當局對異議人士潑汙水，在一部分人中間竟然得到某種回應。史密斯對此大惑不解。但是瓦連京·圖爾欽這位異議人士解釋說：「人群中有一種難以相信的犬儒主義。誠實的人使沉默的人有負罪感。他們無法瞭解別人怎麼會有勇氣去幹他們本人所不能幹的事。他們感到，不得不攻擊別人，以安慰自己的良心。其次，根據他們的經驗，他們覺得每一個地方的每一個人，都在欺騙自身之外的所有人。蘇聯人認為沒有真正的誠實，沒有人支持真理。如果有人說他是公正的，是在講真理，那麼他就是在說謊騙人。這種犬儒主義給當局幫了大忙：使知識分子就範，把不聽話的異議人士排斥於社會之外。」

由此，布里茲涅夫時代被歷史學家形容為「殭屍主義的復活劇」。所謂殭屍主義，主要由三個層面構成：其一是拒絕改革的政經體制。其二是思維方式的保守與專制。在政治和文化思考上，在意識形態的控制上，在社會輿論的導引上，只能容許一種聲音出現，任何其餘的聲響都被列入雜音，以破壞穩定為罪名，統統給予棒殺。其三是權貴階層的不斷擴張。維護穩定的價格就是給國家機器的維護人群以特殊的待遇——權勢名利。

今天，在中國南湖「紅船」上演的也正是同樣一幕「殭屍主義的復活劇」。中國人對燈紅酒綠的上海外灘的熱愛，大大超過簡陋的、複製的「紅船」。

最害怕革命的是中國共產黨

習近平在南湖「紅船」用拳頭宣誓，還在北京主持政治局學習會議，重溫《共產黨宣言》。《共產黨宣言》是國際共產主義運動的主要文獻之一，其最後一段寫到：「共產黨人不屑於隱瞞自己的觀點和意圖，他們的目的只有用暴力推翻全部現存的社會制度才能達到，讓統治階級在共產主義革命面前發抖，無產者在這個革命中失去的只是鎖鏈，他們獲得的將是整個世界。」中共從未放棄馬克思主義的核心部分：暴力革命和國際恐怖主義。這個政權不可能與西方和平共處。

然而，馬列主義意識形態，早已無法掩蓋中共統治合法性的危機。中共的統治靠謊言和暴力維持，暴力的使用已超過謊言，說明謊言破產，必須靠暴力「打補丁」。對於共產黨宣言和馬克思主義，連習近平自己都不相信，「緊密團結」在他周圍的政治局常委和委員們不相信，兩百多名中央委員不相信，九千萬黨員同樣不相信。但大家都假裝相信，即便知道同僚都清楚知道自己並不相信，但還是要演戲。

中共統治集團已蛻變為腰纏萬貫、殘民以逞的「新階級」，卻將馬列教條倒背如流。習近平跟金正恩在國宴上暢飲價值百萬的茅臺酒時，貴州山區的孩子們在學校沒飯吃只能餓肚子。如果寫《共產黨宣言》的馬克思來到「朱門酒肉臭，路有凍死骨」的中國，會作何感想？他會帶領「低端人口」發動暴力革命嗎？

據北京大學發表的一份《中國民生發展報告》指出，中國的收入和財產分配不公等現象正日趨嚴重。處於頂端的百分之一的家庭擁有全國約三分之一的財富，處於底端的百分之二十五的家庭所擁有的財產僅為財產總量的百分之一。美國國家科學院院士、密西根大學教授謝宇在浙江大學演講時表示，他對人民大學、北京大學、西南財大以及國家統計局的資料加以研究後認為，中國真實的基尼係數應在〇點五二左右，貧富差距已經是在世界上最嚴重，基尼係數正接近「社會動亂」的底線。

如今，最害怕革命的不是「西方腐朽沒落的資本主義國家」，而是中共。中共不再堅持「革命黨」的身分，蛻變為「反革命黨」。在這個冰火兩重天的國家，一方面是「一帶一路」的偉大征程，是新的「鄭和下西洋」的宏偉史詩；另一方面是愈來愈多對人權的粗暴侵犯和對人類政治文明準則的公然漠視。過去十年間，中國成為地球上監控攝影增長最快的國家，共裝有數億個監控攝影機，由公安系統直接掌握的有數千萬個，而且是二十四小時即時監控。中國影片監控市場價值超過百億美元，並以百分之十二的年增長率持續增長。相比之下，美國的年增加率不足百分之一。這讓人不由得想到梁啟超的一聲嘆息：

> 我國萬事不進步，而獨防民之術過於先進，此真可痛哭也。

習近平的嗜好跟布里茲涅夫驚人的相似——恢復終身制，大搞個人崇拜，另一方面這是任由腐敗氾濫、任由官僚系統停擺的原因。布里茲涅夫本人享受帝王般的待遇，也縱容家族和親信腐敗。有一則笑話說，布里茲涅夫當上蘇共總書記之後，把鄉下的老母親接到莫斯科來。老母親去了以後，布里茲涅夫得意洋洋地展示豪華別墅、高級汽車、名貴家具，問老母親說：「這一切如何？」有點像劉邦當上皇帝以後在老爹面前炫耀的心態。結果，老糊塗了的布母憂心忡忡地說：「兒子啊，這一切都很好，但是，如果共產黨來了，你怎麼辦？」

這個笑話的主角可以由布里茲涅夫換成習近平。習最害怕的，不正是成千上萬要求「共產」的「低端人口」嗎？如果「低端人口」都變成革命者，駕駛「紅船」起義和北伐，習近平該怎麼辦呢？是像突尼西亞獨裁者本·阿里那樣逃之夭夭，還是像利比亞獨裁者格達費那樣死於非命？

為什麼習近平的六次批示無人執行？

習近平執政以來，只用了第一個任期五年時間，就將自己煉成中共歷史上僅次於毛澤東的第二個強人，其身兼職務數量遠多於毛澤東。習儼然天縱英明，彷彿是一位百科全書式的天才，不僅天生神力，而且一目十行、過目不忘。事無鉅細他都要親筆批示，像皇帝那樣硃批「朕知道了」。連改造公共廁所及私人廁所這樣的「小事」，他都事必躬親、親自「掛帥」。如果中國設立「廁所改造小組」，習必定親任組長——如此重要的工作，豈能讓其他人分擔？

儘管習近平表面上具有秦始皇「千古一帝」的威嚴，但中共的權力運作已經無法做到從上到下如臂使指、雷厲風行的程度。早在胡、溫時代，北京便有「政令不出中南海」之說。習認為胡、溫生性怯懦，企圖改變此一弱勢中央的態勢。於是，新君登基三把火，以反腐肅貪為名整頓黨政機關，卻發現無論如何依然是風過無痕、濤聲依舊。習近平聞雞起舞、鞠躬盡瘁，無奈「言者諄諄，聽者藐藐」，大小官吏鼾聲如雷，個個消極怠工，等著看上級倒霉、垮臺的好戲，甚至取而代之。上下級之間宛如仇讎，統治陷入重大危機。習近平即便是千手觀音，亦無力回天。

據上海《澎湃新聞網》報導，二〇一八年七月三十日，秦嶺北麓「違規建別墅問題」專項整治工作動員部署大會在西安召開。中央派駐專項整治工作組組長、中央紀委副書記徐令義強調，違規建別墅問題，反映的是貫徹總書記習近平重要批示指示不堅決、不紮實、不到位的嚴重問題。耐人尋味的是，地方性的違章建築治理，地方黨政首腦就可以處理，為什麼要由中紀委副書記出馬督辦？

原因很簡單，這是一塊連習近平也啃不下的「硬骨頭」。據《陝西日報》報導，被歷代帝王尊為華夏文明龍脈的秦嶺，其北麓西安境內違規建別墅、破壞生態環境等問題嚴重。近年來，習近平先後六次對秦嶺北麓西安境內違規建別墅、嚴重破壞生態環境問題做出批示，卻始終不見成效。但此次，高規格的工作組除了徐令義之外，還包括任中央派駐專項整治工作組副組長中央紀委八室主任陳章永。似乎只有欽差大臣攜帶尚方寶劍，才能威懾地方——強龍能敵地頭蛇嗎？

但官媒爆出習近平六次「硃批」成一紙空文，讓人不禁若有所思。照理說，以習獨斷朝綱之地位，其金口玉言、硃筆批文，誰敢不令行禁止、切實奉行？然而，為什麼習近平的話到了基層卻如風過耳、波瀾不驚？

可見，修建違章別墅的，不是升斗小民，而是有權有勢的官僚。如果中央下令鎮壓維權的民眾、強拆市民的房子、侵占農民的土地，官僚們必定如猛虎下山，保證圓滿完成任務。但是，清理違建別墅，傷害到官僚階層的切身利益，他們縱然不敢挺身反抗，至少用打太極拳的方式消極拖延，使之「大事化小，小事化了」。

習近平親自出手，尚且整治不了秦嶺亂修別墅這個芝麻大的問題，說明中共體制已衰朽不堪。習近平當然要尋找替罪羊，那就是陝西省委原書記趙正雲。在落馬一年將近後，被指陽奉陰違中南海、違逆習近平指示的趙正雲，被宣布開除中共黨籍、取消待遇、立案審查。這意味著趙正永案正式進入司法程式。官方用「可恥的政治兩面人、兩面派」給其定性，可見其問題的嚴重性。輿論認為，陝西別墅案，是趙正永對中南海陽奉陰違、違逆習近平指示的典型代表。早在二〇一四年，時任陝西省委書記趙正永在接到習近平的批示後，卻沒有在省委常委會上傳達，也沒有進行專題研究。與之相比，趙的腐敗問題則在其次。《財經》披露趙干預一些經濟發達區縣的人事，要想在這些區縣當「一把手」，「沒有三千萬元人民幣想也別想」。而且，趙正永案呈現家族式腐敗，其妻子、女兒、弟弟和遠房親戚都涉案，趙正永的妻子孫建輝是趙氏家族貪腐的重要角色。

趙的落馬並不能改變體制性的腐敗與失能。在此種體制之下，最高領袖是否具備崇高道德、慈悲心腸、聰明頭腦，並不重要，因為整個體制如同鏽跡斑斑的發動機，已無法高速運轉，這才是關鍵所在。官僚集團「集體不作為」比腐敗更可怕，他們喪失了責任感、榮譽感乃至職業倫理。獨裁者認為可以靠疊床架屋般的紀律監察機構推動官僚集團起死回生，不料其著力對象乃是「無物之陣」，對方毫無反應。激活公務員階層、喚起民間社會的唯一希望，乃是推動全面而徹底的政治變革，變一黨獨裁為多黨競爭，實現新聞自由與新聞監督，維護三權分立和法律至上。但是，這樣做無疑是讓習近平親手挖掉自己的腳踏之地。

獨裁者與官僚集團的對峙，是獨裁政權病入膏肓的「新常態」。此種情形，如同鴉片戰爭期間，道光皇帝的御旨到了前線成為一張廢紙、無人執行；也如同抗日戰爭期間，蔣介石的手令被官僚和將領們嗤之以鼻、視為天方夜譚。道光皇帝不可謂不勤政，廢寢忘食地下御旨，但每一道御旨都與千里外前線的情況背道而馳，他得到的奏摺、捷報全都是騙他的假話。蔣介石更是刻苦己身、韋編三絕，其手令冠冕堂皇、義正詞嚴，但偏偏都是紙上談兵、南轅北轍，官員和將領們只好挖空心思欺哄領袖，蔣亦信以為真。於是，上下之間隔絕，整個體制進入「安樂死」狀態。

第二節

習近平與貪官的共生關係

習近平時代落馬的「大老虎」，普遍獲刑不輕。被判處死刑或死刑緩期執行（中國獨一無二的刑罰）有：內蒙古自治區政協原副主席趙黎平以故意殺人、受賄、非法持有槍枝、彈藥、非法儲存爆炸物等罪判處死刑。曾任雲南省委書記、全國人大環境與資源保護委員會副主任委員的白恩培，以及廣東省政協原主席朱明國判處死緩。被判處無期徒刑者則有九人，包括正國級的周永康和副國級的郭伯雄、令計畫等人。

在「大老虎」中，至少有五人受賄金額過億。受賄金額創紀錄的是白恩培，受賄金額折合人民幣近二點五億元。朱明國居亞軍，受賄金額折合人民幣一點四億元。排在朱明國之後的是周永康，受賄金額達一點二九億元。作為官位最高的原政治局常委、政法委書記，周永康對「探花」的地位大概會心有不甘，這個公布的受賄金額恐怕不到實際數字的十分之一。

這些大大縮水的數字，在新的紀錄面前很快就黯然失色。二〇一九年五月三十一日，海南省政法委官方通報，海南省高級人民法院副院長張家慧，涉嫌嚴重違紀違法接受省紀委監委審查調查，其前夫海南迪納斯投資有限公司實際控制人劉遠生則涉嫌違法犯罪，接受公安機關偵查。被稱為「中國史上最富有法官」的張家慧，被舉報坐擁兩百億元人民幣身家價值。一個「中老虎」居然擁有兩百億不義之財，古今中外的貪官們只能甘拜下風了。

誰是習近平眼中的野心家？

中共黨報《人民日報》刊登習近平在中紀委的演講全文。習近平指出，黨內存在「野心家」、「陰謀家」，對於這兩個名詞，我的分析如下：

「野心家」、「陰謀家」之說，在中共黨內殘酷的政治鬥爭中曾頻繁使用。毛澤東親自挑選的兩位接班人劉少奇和林彪都曾「獲此殊榮」，一個被凌虐致死，一個被拋屍漠北。文革結束之後，鄧小平在一九八一年主持通過「關於建國以來黨的若干歷史問題的決議」，將江青、康生稱為野心家。而中共建政之初即遭到整肅的高官高崗、饒漱石也被稱為野心家。習近平上臺之後，有鑒於習父習仲勳與高崗都出身西北、關係親密，官方對高崗的評價出現鬆動，相對公允的高崗傳記得以出版。

此後，中共高層不再使用「野心家」和「陰謀家」這類過於「鹹濕」的政治術語來指稱政治鬥爭中的失敗者。胡耀邦和趙紫陽這兩任被鄧小平罷黜的總書記，都無緣此冠冕，最多只是被指責為「犯了政治錯誤」；江澤民時代被鬥垮的北京市委書記陳希同和胡錦濤時代被鬥垮的上海市委書記陳良宇，其罪孽也未達到「野心家」的層面，只是普通的腐敗分子。

闊別三十五年後，習近平再度使用「野心家」這個辭彙，顯然不是無的放矢。弔詭的是，這篇演說並非即時發表，整整延宕三個多月。習近平警告一眾高級官員要收斂「活要進中南海，死要入八寶山」的野心，表明黨內權力鬥爭白熱化。

那麼，習近平眼中的「野心家」是誰呢？不是已經鋃鐺入獄的「死老虎」薄熙來、周永康、令計劃、郭伯雄等人，而是仍然在臺上與習近平角力的人。

現今第二號人物、國務院總理李克強或許是習眼中的野心家？在二〇一七年「兩會」上，李克強在做政府工作報告時，習端坐不動，既不為李鼓掌，也不起立與之握手致意，直接將「君相不和」的真相曝光在全球媒體面前。李克強原本是團派選中的接班人，如今成了連經濟大權都被剝奪的小媳婦。共青團屢次遭習近平嚴厲批評，其人才培育基地青年政治學院被勒令停止招收本科生。

太子黨的龍頭老大、「造王者」曾慶紅說不定也是習近平眼中的野心家？曾慶紅被譽為

「造王者」，他既然可以造王，也儼然可以廢王，習近平不會對其感恩戴德，反倒對其嚴加防範。官媒曾以「鐵帽子王」和「慶親王」的說法對曾慶紅旁敲側擊，顯示「王」與「造王者」之間已劍拔弩張。習若要動曾，不就意味著跟江澤民正式宣戰？習大概會等候江澤民自然死亡，於是親習的香港媒體多次「錯誤」爆出江死亡的消息。

團派接班人胡春華、孫政才兩位地方大員也是習近平眼中的野心家。溫家寶的心腹、重慶市委書記孫政才被拿下，判處無期徒刑，其罪名之多，雖非絕後，也算空前，只能終身在秦城監獄跟薄熙來做鄰居。胡春華在十九大上未能進入常委會，接班的希望碎成一地雞毛，出現在媒體前面時戰戰兢兢。胡錦濤連自己的大內總管令計劃都不能保全，又如何能為團派大員護航呢？

其實，如果沒有多黨競爭、投票選舉的民主制度，哪一個政客不是「野心家」？毛澤東是野心家，習近平何嘗又不是野心家？

重用軍工系能走出無人可用的困境嗎？

一八一五年是乙亥年，一八一六年是丙子年，二十五歲的龔自珍曾以考史、論經、寓言形式寫出《乙丙之際箸議》二十多篇，內容涉及政治、經濟、學術、個性解放等私下議論的收錄。龔自珍提出「衰世」這個概念，把三世重新分為「治世」、「亂世」、「衰世」。所謂「衰世」就是：「左無才相，右無才史，閫無才將，庠序無才士，隴無才民，廛無才工，衢無才商，巷無才偷，市無才駔，藪澤無才盜，則非但鮮君子也，抑小人甚鮮。」

龔自珍放眼望去，典章制度儼然，等級秩序嚴密，禮儀規範分明，一切都像模像樣，官方統計的數字處處讓人感到繁榮昌盛，一切都像是盛世。然而，人的廉恥心、上進心、作為心都被束縛、被剝奪，整個社會在骨子裡失去生機和活力。不要說找不到真君子，連真小人也變得稀罕。龔自珍分明已感受到「亂亦竟不遠矣」。

這段描述放在今日，竟然驚人地相似。比如，政府已經無法吸納到真正的人才，或者說專制體制下已不可能培養出真正的人才來。

親北京的《多維網》發表了一篇題為〈「軍工系」異軍突起，習近平注入新血〉的報導，點出習近平的用人之道：習近平本人不是「根正苗紅」的清華畢業生（文革時期的「工農兵學員」），卻對以清華、哈軍工（全名是中國人民解放軍軍事工程學院，因為校址在哈爾濱，所以簡稱「哈軍工」）為代表的理工院校培養的「紅色工程師」情有獨鍾，軍工系成為其看重的後備人才基地，近年來紛紛被委以重任。

在中共十八大中一共有四位軍工企業掌門同時步入中央委員行列，這些人多被以「軍工少帥」相稱，很快成為習近平親自選拔的封疆大吏。比如，馬興瑞先出任廣東省委副書記、政法委書記，後又兼任深圳市委書記，執掌這個經濟地位僅次於北京、上海、廣州的第四大城市，而且以中央委員身分任深圳市委書記，地位高於以往歷屆的深圳市最高領導人。

報導指出：「軍工系官員跳出技術領域進入官場且擔當重任漸成新趨勢。這一類官員具有抗壓力和執行力強，沒有過多官場聯繫的特點，中共對其重用將有助於打破地方山頭和派系。」以航空航天系統而論，近年來貢獻出馬興瑞、許達哲、林左鳴、袁家軍和張慶偉五位現任省部級高官，儼然有取代遭受重創的石油系統的跡象。航空航天業突飛猛進，神舟系列屢屢成功，天宮巡遊太空，登月工程順利推進，使執政者備受鼓舞。以兵器工業而論，出身兵工系統、擔任重慶市委副書記的張國清前途看好。張國清長期擔任兵器工業集團公司領導人，在其任職期間，該單位發展成為中國最大的武器裝備製造集團。

習近平和王岐山掀起的反腐運動沉重打擊上海幫和團派兩個「管家集團」，官僚系統陷入消極怠工狀態。作為「八旗子弟」的太子黨大都是遊手好閒之輩，難堪重用。習近平在地方任職期間結識的同僚和下級，其範圍和人數有限，難以形成覆蓋全國、如臂使指的「習家軍」。如何突破無人可用之窘境？軍工系崛起再現了「習式用人思路」，「執行能力強，善於在高壓下突破創新，具有強烈的忠誠度和榮譽感，而且基本沒有官場現實利益的牽扯，這些都是現時中共領導人十分看重的珍貴品質。讓這一類人取代官場官員進行換血甚或主持一方政局，是一種很自然的選擇。」不過，作者也承認：「眾所周知，包括航空在內的軍事工業是一個集中龐大國家資源，位居一國技術和智慧頂端的高精尖領域。但總體而言，中國軍事工業依然存在著效率不高、資源浪費、閉門造車、科技成果難以轉化為生產力的問題。」

那麼，這群「紅色工程師」能否從整體上提升中共的執政水準、幫助習近平鞏固個人獨裁？實際情形是：習近平以軍工系為藥方，宛如抱薪救火、揚湯止沸，軍工系技術官僚的個人局限以及中共的權力結構，使他們不可能幫助習近平打造無與倫比的「中華大帝國」。

首先，相對於中國社會的整體性腐敗，軍工系不是一片淨土。在今天的中國，連醫生和教師這兩種原本受人尊敬的身分，都普遍拋棄了基本的職業道德：幼稚園老師靠觀察家長駕駛的車級品牌來決定如何對待孩子；醫生如果不拿紅包就不願好好給病人動手術。軍隊和軍工系統掌握巨大的特權、預算和資源，其腐敗更勝其他領域。

中國軍火買賣總量僅次於美、俄而位居世界第三，軍火買賣中的「回扣」亦堪稱天文數字，軍工領域腐敗尤其嚴重。《世界日報》社論指出：「習近平上任後霹靂手段整治軍隊，全面掌握軍權，但對腐化深入骨髓、人人重利的軍隊，朝夕之間或能改頭換面，卻不能脫胎換骨。裝備上，軍工企業同樣貪腐蔓延，誇大造假成風。有評論指橫行多年的腐敗之風，已把中國武裝部隊和軍工企業變成經不起風雨的『紙老虎』。」

早在二〇一七年七月七日遼寧艦首次訪問香港時，艦身水線下面紅色的防銹漆部份有明顯的落漆、生鏽，可見遼寧艦保養失當；二〇一八年五月十八日，國產航母完成首次海試，有媒體認為《央視》當天發布的海試短片顯示航母駕駛室出現多根「白色柱子」，但該處不應有柱子，以此判定「國產航母結構強度不足，需多加柱子支撐。」

中國軍工系統近年來曝光的腐敗人物和事件層出不窮。二〇一八年六月十六日晚，中紀委網站公布說，負責監造中國國產航母的船舶重工集團的黨組副書記、總經理孫波涉嫌嚴重違紀違法被調查。外界質疑作為特大型國企、十大軍工集團之一老總的孫波突然落馬，有可能與國產航母有關。遼寧艦改造和首艘國產航母設計建造均經孫波之手，但兩航母均發現品質存在著重大的問題。二〇一六年十一月，孫波的「老同事」，原中船重工黨組成員、紀檢組組長劉長虹落馬受查；負責生產海軍軍備的滬東中華造船公司，原董事長顧逖泉落馬受查；生產製造高端航空軍備的中航重機，原副總經理吳浩均落馬受查。

八〇年代在解放軍總參謀部負責軍火買賣業務的高級軍官羅宇，為軍頭羅瑞卿之子，在回憶錄中披露該領域無法無天的重重黑幕。三十多年後，軍工領域的腐敗程度升級換代，執掌這些部門的「少帥」們不可能置身事外。如果用同樣的標準審查軍工系，軍工系未必比石油系更為清廉，習近平重用的軍工系大老無人可倖免於腐敗的毒素。習近平任用軍工系，在選拔「清官」這個層面乃是換湯不換藥。不過，習近平打擊石油系、拉攏軍工系自有其原因所在：他對石油系發起無情清洗，是因為石油系是周永康家族的禁臠，他要奪取過來分配給自己人；而他重用軍工系，則是因為軍工系背後多是跟他同樣出身的太子黨，他們之間長期以來彼此信賴。

其次，軍工系頭目多是「技術專家」，表面上擁有博士、教授乃至「博導」的學歷、職稱，但普遍缺乏民主思想、人文素質和法治精神。他們長期服務於軍工這個半軍事化、近親繁殖的領域，形成僵化、自滿、計劃經濟的思維方式。當他們將這些作風帶到地方上、尤其是沿海城市時，其施政方式必然跟地方政治模式產生不適甚至爆發衝突。

美國學者安舟在《紅色工程師的崛起》一書中指出：「正是黨對公有部門官員任命的控制，繼續賦予中國這個國家以專家治國的性質。黨從根本上信奉專家治國的原則，而且它運用著人事制度，該制度通過嚴格的選拔選取和培訓著具有專家治國所需的資格及價值觀的官員。」以後毛時代三十年為歷史斷代來觀察，習近平重用軍工系是中共倚重「專家治國」的結果。江澤民和胡錦濤都是「紅色工程師」出身，習近平後來「棄工從文」，仍可勉強歸入此類人物。

第三，「紅色工程師治國」衍伸更嚴重的危險是：在共產黨一黨獨裁國家，軍隊和軍工系統是最保守、最反西方的既得利益集團，蘇俄、中國、北韓、越南等均是如此。其鷹派立場，既出於意識形態，又以部門利益為驅動。以冷戰時代的蘇俄而論，企圖推翻戈巴契夫、發動「八一九」政變的中堅力量，多半來自軍隊、情治和軍工系統。蘇俄改革派領袖雅科夫列夫反思說：「由於全面軍國主義化，國家墜入深淵。武器已經堆成了山，用於更換的新一代武器卻層出不窮。社會、整個生活方式和思維方式都逐漸地軍事化了。蘇聯的官方預算中，軍事開支的實際數目從來不提。軍事計劃由為數很少的上層統治集團來審議和拍板。」換言之，部門或團體的利益，凌駕於國家利益和全民利益之上，黨國被其綁架，乃至「與汝偕亡」。

近年來中國日漸升溫的、歇斯底里的民族主義、反西方思潮，背後的推動力來自軍隊和軍工系統。在江澤民時代中期，軍方和軍工集團在政治局中的「話事權」呈現萎縮趨勢，文官政治的格局有所推進；習近平執政以來，為得到軍隊和軍工集團的效忠和支持，先是迅速清洗敵對派系在軍方和軍工集團的實力，再提高軍工系統在黨和政府中的地位，默許他們在某種程度上影響外交政策和社會思潮——這正是中國大步走向法西斯化的一個特徵。

軍工系不是習近平的救命稻草，而是其追魂迷藥。

習近平的「刀刃向內」與表弟落馬

中共愈是長期執政，愈不能忘記中共的初心使命，愈不能喪失「自我革命」精神，這是中共「必須解決好的一個根本性問題」。二〇一九年八月一日，中共機關刊物《求是》雜誌刊登了一篇署名習近平的、題為「牢記初心使命、推進自我革命」的文章。

習近平宣稱，中共的自我革命「任重而道遠」，絕不能有「停一停、歇一歇」的想法。做到不忘初心、牢記使命，必須有「強烈的自我革命精神」，要在「自我淨化、自我完善、自我革新、自我提高」上下功夫，關鍵是要有「正視問題的自覺和刀刃向內的勇氣」。

習近平的署名文章和講話，比江澤民和胡錦濤更殺氣騰騰，堪比毛澤東天馬行空、無法無天的狂野風格。習近平此前多次提及「槍桿子」和「刀把子」，表明其對暴力手段的迷戀；首次使用的「刀刃向內」，顯示他又有可能拿下一批隸屬「不服從派系」的高官顯貴——「習式反腐」不是真正的反腐，而是以反腐為名義去清除政敵、拓展權力。

習近平揚言「刀刃向內」，可是他敢於對此前在巴拿馬文件等資料中富可敵國的姐姐齊橋橋和姐夫鄧家貴，以及表弟齊明「揮刀」嗎？

外媒報導，習近平的表弟、現年六十一歲的澳洲公民齊明涉嫌有組織犯罪、洗錢和兜售中國影響力活動，遭到澳洲警方和情報部門調查。澳洲總檢察長波特表示，他已下令對皇冠度假酒店集團展開調查，調查對該公司部分商業夥伴與有組織犯罪之間存在的聯繫，以及移民官員在為中國富豪賭徒發放簽證方面給予的優待。

澳洲執法與情報機構也在調查齊明在其中的角色。二〇一七年，齊明涉嫌使用一家洗錢公司，該公司曾幫助賭客和嫌疑犯將資金轉入和轉出澳洲。調查機構還試圖查明齊明在墨爾本皇冠度假酒店賭場內高額投注區下注的資金來源，並調查齊明與各種商業夥伴之間的聯繫。

齊明不是被中國的執法部門查處的，而是被遙遠的澳洲執法部門查處的，明明是中國骯髒的「家務事」，偏偏要等到汙染澳洲之後，當事人才被澳洲政府拿下。古語說：「一屋不掃，何以掃天下？」習近平連家人都管不好，連家人都放棄中國籍而選擇外國籍，他哪有能力管理國家？哪有資格奢言發起「刀刃向內」的反腐運動？

更具諷刺意味的是，在中國外交部例行記者會上，發言人華春瑩否定了齊明被澳洲政府調查的報導：「我不知道這些個別的媒體從哪裡去挖掘的小道消息，根據一些毫無事實依據、捕風捉影的一些說法，來企圖抹黑中國。我覺得這樣作法是非常卑劣的。」澳洲政府調查澳洲公民，怎麼就成了抹黑中國呢？華發言人實在應該補一補邏輯課。

最卑劣的，不是那些挖掘「小道消息」的「個別媒體」，而是華春瑩及其「服侍」的中共政權。華春瑩曾被西方媒體揭露在美國有多處房產，其子女在歐美留學和生活，她從來不敢反駁，因為這些資料美國政府掌握得清清楚楚。對她來說，罵美國是工作，羨慕美國是本能。

華春瑩話音剛落，《華爾街日報》就刊登了一篇關於齊明案的長篇報導。訓練有素的調查記者順藤摸瓜，爆出滿坑滿谷的真材實料。華春瑩敢對文章中的證據一一加以否定和反駁嗎？除了睜開眼睛說瞎話之外，她還能做些什麼呢？

報導中首先探討了齊明與習近平的關係。內容引述一本中國官方出版、由軍事歷史作家得到當局授權、為齊明的父親齊銳新寫的傳記資料。齊銳新是習近平母親的弟弟，是革命時期入黨的老黨員，曾在國有企業工作，毛時代因習仲勳案受牽連和迫害，後來在武警部隊擔任高級職務。齊明子承父業，年輕時曾在武裝警察部隊服役。傳記中提到習近平時曾說，一九八七年去世的齊銳新與侄兒習近平的感情很深，習仲勳長期被關押，舅舅齊銳新從某種程度上充當其父親的角色。因此，習近平跟表弟齊明的關係十分密切，如同親兄弟一般。

齊明在九〇年代中期移居澳洲。一九九六年，齊明首次出現在澳洲的公司註冊資訊中。根據房地產紀錄，兩年後，他和妻子在墨爾本北部工薪階層聚居的邊緣地帶買了一間價值僅十多萬澳幣的三居室（三房一廳）房子。當時習近平只是福建省中階官員，對表弟的幫助有限。

隨著習近平步步高升，在中共「一人得道，雞犬升天」的體制下，「棄戎投商」的齊明，生意愈做愈大，很快就「腰纏億萬貫，騎鶴下澳洲」。齊明在中國、香港和澳洲等地開展數量驚人的商業投資，幾乎一夜暴富。房地產紀錄顯示，二〇一一年，齊明的妻子花了近三百八十萬美元在墨爾本一個高檔郊區買了一棟大房子。齊明在公司備案文件中把這棟房子登記為自己的住址。

熟悉齊明商業往來的人士稱，齊明對其「家庭關係」毫不掩飾，高調宣揚。當習近平進入中共核心層之後，齊明宛如一名「得志便猖狂」的「衙內」。一位與齊明合作過的生意夥伴稱，二〇〇九年前後，齊明曾提議在北京的人民大會堂召開一次新聞發表會以促進生意發展，還提說要帶他去參觀戒備森嚴的中南海。當時，習近平任已擔任國家副主席，成為唯一的王儲。這位前商業夥伴表示，齊明「喜歡夜生活」，在上海與友人一起喝酒時，一晚花掉人民幣幾十萬元。

喜歡紙醉金迷、寶馬香車是小事，一旦迷上賭博，那才是花錢如流水。《華爾街日報》調查了澳洲皇冠度假酒店的文件，發現在二〇一二年至二〇一三年間的十八個月裡，齊明在賭場共下注約三千九百萬美元。二〇一五年，他是該酒店投注排名前五十的老主顧，賭資高達四千一百萬美元。這些錢是從哪裡來的呢？習近平對嗜賭如命的表弟的所作所為難道一無所知嗎？

二〇〇九年，齊明出任深圳中興科揚節能環保股份有限公司董事長。該公司用「中興」之名，受到中國電信設備巨頭中興通訊股份有限公司創始人的同意和支持。根據官方媒體的報導和公司新聞稿，齊明曾陪同中興通訊創始人侯為貴在河南省會見政府高級官員，還以中興通訊「首席高級顧問」身分在博鰲亞洲論壇發表演講。中興與其他企業巨頭一樣，深知在中國做生意的秘訣：必須找一個過硬的靠山。有誰的背景能比習近平的表弟更硬呢？靠上齊明，等於靠上習近平家族。偌大的中國，誰還敢刁難中興呢？難怪，中興遭到美國斷貨制裁時，中國不惜以舉國之力對其支持。打狗要看主人面，中興的主人不就是習近平嗎？

齊明並非第一次遭到澳洲警方調查。澳洲官員表示，二〇一六年聯邦特工搜查了乘坐澳洲黃金海岸某機場一架包機的六位乘客，齊明正是其中之一。該官員稱，那次搜查源於這些人中有警方正調查的一名賭場掮客。

《華爾街日報》對習近平表弟齊明的報導觸及了中國最高領導人財富狀況這個敏感話題。任何關於不義之財的暗示，都可能有損習近平塑造的人民公僕和對貪腐零容忍的形象。

習近平迅速做出的反應，根據《華爾街日報》母公司道瓊集團發言人在一封郵件聲明中表示：中國當局拒絕為該報記者王春翰的記者證延期。現年三十三歲的王春翰是新加坡籍，因此不得不離開北京。自二〇一四年來，他一直駐北京，為《華爾街日報》做中國政治的報導。道瓊集團內部人士認為，導致王春翰遭到驅逐的原因是關於齊明在澳洲活動的報導。駐華外國記者會表示，他們「以最強烈的措辭譴責」王春翰遭驅逐一事，「如此對待外國記者的作法完全與中國聲稱支持公開、包容的說法相悖」。

此種作法反倒讓全球媒體更加關注習氏家族的腐敗問題。習近平高調宣布要「刀刃向內」，不等他「揮刀自宮」，澳洲警方就幫他「清君側」了。無論如何，齊明是澳洲公民，澳洲政府在司法上對其擁有管轄權，即便他是習近平的表弟，習近平亦鞭長莫及。

習近平學毛澤東，彭麗媛學江青？

習近平是中共歷史上職位最多的黨魁，而習家又不單單只有習近平一個人是主席：在中國文聯第十次全國代表大會上，習近平的妻子彭麗媛「當選」為全國文聯副主席。

「國母」彭麗媛是一名女高音歌手、國家一級演員，此前出任解放軍總政治部歌舞團團長，現任解放軍藝術學院院長，軍隊文職專業技術二級幹部（相當於少將軍銜），並擁有教授頭銜。

然而，這一切職務和職稱，似乎不能滿足習近平和彭麗媛的野心，這一次彭麗媛又增添了文聯副主席的頭銜，此後可以在文藝領域為老公衝鋒陷陣了。作為官方色彩濃厚的「偽民間團體」，文聯不僅僅多了一位無足輕重、可有可無的副主席，彭麗媛的權力在名義上的文聯主席鐵凝之上。彭麗媛的「高升」釋放了一個十分不祥的信號：習近平將通過彭麗媛之手，開啟在文藝界大肆殺伐的序篇，一場新的文革，山雨欲來風滿樓。

習要學毛。毛的兒子，一個死在朝鮮戰場，一個是精神分裂症患者，毛沒有可以傳位的皇太子，將希望寄託到妻子江青和侄兒毛遠新身上。其他那些接班人，如劉少奇、林彪、王洪文、華國鋒等人，都是其特意安排來掩人耳目的「過渡人物」。習也沒有兒子，只有一個寶貝女兒，他不僅要突破後鄧時代中共形成的「最高領導人十年任期制」，成為終身領袖，更要打破「傳男不傳女」的中國傳統，扶植妻子和女兒分享其權力。所以，彭成為「江青第二」，不是沒有可能。

東京日本大學國際關係教授日吉秀松在其論文〈毛澤東文革的目的探析〉指出，毛澤東發動文革的目的是為妻子江青步上權力巔峰，清除障礙。他認為，毛澤東整治劉少奇是清洗黨務系統、整肅林彪是清洗軍隊系統、「二月逆流」是打擊老幹部群體，敲打周恩來是壓制政務系統，所有這些都是一個目的——讓江青掌握最高權力，讓親屬占據權力中心。

延安時期，毛澤東要迎娶江青，遭到同僚的反對。經過毛的力爭，中共中央政治局同意毛澤東與江青結婚，但中共中央認為有必要對江青「約法三章」，以便明確其在黨內的地位。黨對江青的約束如下：第一，毛、賀的夫妻關係尚在而沒有正式解除時，江青不能以毛澤東夫人自居。第二，江青負責照料毛澤東的起居與健康，今後誰也無權向黨中央提出類似的要求。第三，江青只管毛澤東的私人生活與事務，二十年內禁止在黨內擔任任何職務，並不得干預、過問黨內人事及參加政治生活。這個「約法三章」來自王若飛的筆記本。因國民黨軍隊一九四七年進入延安時查獲後公開。王當時是中共中央秘書長，他記下的這個會議紀錄是可信的。

中共建政之後，江青一步步暗度陳倉，先擔任中央宣傳部電影處處長、文化部電影事業指導委員會委員，在文藝界扶植個人勢力，並以文藝界為突破口展開政治鬥爭。文革前夕，毛澤東命令江青到上海聯絡張春橋、姚文元，秘密編寫《評新編歷史劇海瑞罷官》，此文成為文革導火線。此後，江青出任中央文革小組第一副組長、解放軍文革小組顧問，權傾一時。一九六九年，中共九大上，江青進入政治局，儼然是毛的代言人。毛去世後，江青等

「四人幫」在政變中落馬，被送上法庭審判。江青拒不認罪，叫囂說：「我就是毛主席的一條狗，毛主席叫我咬誰我就咬誰。」

習近平是毛澤東之後地位最高的黨魁，彭麗媛是江青之後地位最高的黨魁夫人。彭麗媛是伴夫出國進行國事訪問次數最多的黨魁夫人，中方對外宣傳推介彭時使用一些新稱謂，除了「國家主席夫人」，還加上「教授」、「世界衛生組織抗愛滋親善大使」等頭銜，這絕不是隨意加上去的。

據《新華社》在二〇一八年九月十四日報導：「習近平在人民大會堂東門外廣場為委內瑞拉總統馬杜洛舉行歡迎儀式。彭麗媛、楊潔篪、陳竺、王毅、何立峰、鄭建邦等參加。」彭麗媛排名在楊潔篪和王毅之前。楊潔篪是政治局委員、中央外事工作委員會辦公室主任，王毅是國務委員兼外交部長。二〇一八年六月十九日，習近平在北京歡迎金正恩，《央視》《新聞聯播》在報導「其餘歡迎者」名單時，以「習近平總書記夫人彭麗媛」開頭，彭麗媛排在政治局常委王滬寧和中央辦公廳主任丁薛祥前面。

更有外媒報導說，彭麗媛已經成為習近平身邊的工作人員，專門負責習近平個人的外交和社交公關，並在中南海有專門辦公室，設在中央辦公廳之下，簡稱「彭辦」。習和彭的獨生女兒習明澤，也在「彭辦」幫忙工作。

與隱藏在深宮中以「寡人」自居的皇帝相比，毛和習都更熱衷於親自操縱媒體，習缺乏毛的個人魅力，其手法卻更加精緻、細密——彭麗媛很張揚，但習明澤被完全密封起來。在全球所有的媒體和網站上，居然找不到習明澤任何一張成年後的照片，這個事實本身就讓人毛骨悚然——英國的凱特王妃與習明澤之差異，就是民主國家和極權國家之差異。習近平要使用多大的資源和多麼可怕的手段，才能讓「習公主」成為隱形人？這個問題只有習近平本人能回答。

第三節

習近平是最大的腐敗分子

習近平的峰會與賈敬龍、楊改蘭有何關係？

習近平為了自己的面子，耗資兩千億人民幣打造杭州G20首腦峰會。中國人民從沒機會參與此類天文數字般預算的投票、審批。在清帝國時代，慈禧太后希望修建美輪美奐的頤和園，也會有大臣直言反對，但今天習近平一擲千金，朝廷上下鴉雀無聲，唯有一個杭州的基層公務員發了幾句牢騷，立即被開除公職。

官媒得意洋洋地描述國宴所在地的絕世美景：「G20峰會歡迎晚宴廳名曰『漪園』，源於乾隆南巡時的御賜額題。漪園分為序廳、宴會廳、會見廳、貴賓廳、遊船碼頭五個部分，其建築與園林、與西湖山水渾然一體，室外園林移步易景，室內觀賞一窗一景，建築的內部裝飾選用東陽木雕、青田石雕、安吉竹藝、銅雕等非物質文化遺產的浙江傳統手工技藝，為世界呈現一派杭州元素，江南韻味的獨特建築風格。」

乾隆下江南時用過的園子，為習近平獨享，習無皇帝之名而有皇帝之實。桌上的菜品舉世無雙：「桌面如卷軸畫卷般鋪開，展現了一副自然秀美的西湖畫卷，將雷峰夕照、斷橋殘雪、三潭印月、寶石流霞、平湖秋月等西湖絕美景點搬上了餐桌，將中式園林造景手法和現代設計理念相結合，融入以東陽木雕國家非遺工藝製作的雷峰塔、集賢亭、九曲橋、西湖遊船，以龍泉青瓷製作的三潭印月、斷橋殘雪，結合竹編、果蔬雕等浙江傳統技藝元素，全景展現西湖美景。」用柏楊的話來說，中國文化停留在「口腔期」，將聰明智慧用在吃上。

就在習近平舉辦讓帝王也羨慕的峰會時，自家房子遭強拆而一無所有、不惜鋌而走險殺死地方官僚的河北石家莊平民賈敬龍的死刑判決出來了。此前，賈敬龍因拒絕不合理拆遷，家人被打傷，天天被流氓騷擾，打過電話報警，卻無人理會。他上網揭露真相，派出所送來傳票以「涉嫌傳播虛假信息」的罪名要拘留他。最後，賈敬龍的婚房被強拆，所有的家具、嫁妝都埋在塵土裡。籌劃中的婚禮泡湯，未婚妻離開並改嫁。

當今中國，法律站在當權者一邊。善良溫和的賈敬龍走完所有的申訴和維權管道，一無所獲，由此陷入絕望之中：「我從一個正常人生軌跡拋離出來，我一度跑到村北綠化帶裡嚎啕大哭，身邊石太高速上汽車飛馳而過，我切實體會到什麼是叫天天不靈，叫地地不應，我無力回天啊。」

於是，賈樟柯電影《天注定》中的第一個故事再度在現實生活中上演了：二〇一五年二月十九日，農曆大年初一，賈敬龍手持改裝的打釘槍，將曾領導組織強拆其婚房的村黨支書何建華射殺在該村團拜會現場。然後，他投案自首。一年多以後，迎來了死刑判決。中共可以迅速處決賈氏，卻不能阻止更多「民間敢死隊」做出「時日曷喪，予及汝皆亡」的抉擇。習近平知道賈氏的案例嗎？賈敬龍從未奢望得到習近平「聖恩眷顧」，他所求的只是自己的房子不要被橫征暴斂，他卻必須用生命捍衛家園。

賈敬龍被處死，死不瞑目，而甘肅省一位極度貧窮的農婦毒殺四個孩子然後自殺，節省了官府的子彈：在臨夏回族自治州康樂縣景古鎮愛姑村，二十八歲的楊改蘭毒殺最小三歲、最大八歲的四個子女後，企圖喝農藥自殺，被人發現後，仍有呼吸的她和大女兒被送醫，都因搶救無效而身亡。據村民透露，八歲的大女兒因為拒絕喝農藥，遭楊改蘭用斧頭襲擊，身上多處受傷，後腦也裂開。楊改蘭的丈夫李克英為孩子料理完後事即離家出走。兩天後被村民發現他在離家不遠的樹林裡服毒自殺。一家六口，全部死亡。

這一家人死於貧困，死於絕望，死於猛於虎的苛政。長期以來，楊改蘭一家處於極度貧困之中。她生前和孩子們住的房子裡，一個破舊的櫃子是最奢華的家具。房子是五十八年前修的危房，孩子們連可保暖的衣服都沒有，夏天不穿衣服跑來跑去。床上的被子早已破敗不堪，還得幾人一起合蓋一床被子。即便如此貧困的家庭，當地政府卻在三年前取消了他們的最低生活保障費用。

商紂王有酒林肉池，隋煬帝有運河龍船，慶豐帝則是「直把杭州當天堂」。晉惠帝聽說有臣民食不果腹，就反問說，他們為什麼不吃肉糜呢？若晉惠帝微服私訪時吃過慶豐包子，大概會對楊改蘭一家尋死迷惑不解：沒有飯吃，為什麼不吃慶豐包子呢？

習近平的鼎

一尊高達十一公尺七公分、重三萬一千公斤的「中華蘇維埃紀念鼎」在江西瑞金揭幕，這尊鼎被譽為「中國第一高鼎」。

中共瑞金市委書記鐘炳明在紀念鼎揭幕儀式上稱，中華蘇維埃紀念鼎寓意一九三一年十一月七日中華蘇維埃政府成立。鼎背鑲嵌五百多字的鼎銘，基座平臺五百零八平方公尺，寓意中華蘇維埃政府在江西瑞金的五年八個月時間。

紀念鼎旁邊，習近平概括的「蘇區精神」二十八字「堅定信念、求真務實、一心為民、清正廉潔、艱苦奮鬥、爭創一流、無私奉獻」被鐫刻在一面巨牆上。這二十八個字，每字二點四公尺，比真人還大。材料採用黃銅板製作，並以氟碳塗層做防腐蝕處理，確保二十年不變色——不變色的時間保證似乎太短，還沒有鄧小平許諾香港「五十年不變」長。既然資本主義制度都能「五十年不變」，蘇維埃精神又怎能僅僅維持「二十年不變」呢？製作者應當被下到詔獄。

用豎立紀念鼎的方式弘揚「蘇維埃精神」，乃是對「蘇維埃精神」的嘲諷和顛覆。「蘇維埃」是來自蘇俄的馬列主義、唯物主義和無神論意識形態及政治模式，其核心並非習近平概括的二十八個大而無當、空洞無物的字眼，而是暴力革命、階級鬥爭、一黨獨裁、極權主義、掃盪傳統、殺人如麻。在當年作為割據政權的蘇維埃統治區，如果發現有「鼎」這種代表封建迷信、帝王崇拜的東西，共產黨一定將其搗毀成碎片。那些發動群眾焚毀祠堂、族譜、文物和典籍的「革命先烈」們，若地下有知，看到在他們戰鬥過的地方居然出現「鼎」這種封建玩意，一定氣得七竅生煙，恨不得掌給習近平幾個大嘴巴。

鼎在中國傳統文化中代表皇權。習近平對鼎的熱愛，使得其手下的大小官員爭先恐後地用鼎來討好他。鼎是中國青銅文化的代表，在古代被視為立國重器，是國家和權力的象徵。直到現在，中國人仍有「鼎崇拜」意識，「鼎」字被賦予「顯赫」、「尊貴」、「盛大」等引申意義，如：一言九鼎、大名鼎鼎、鼎盛時期、鼎力相助等。

鼎又是旌功記績的禮器。周代國君或王公大臣在重大慶典或接受賞賜時都要鑄鼎，以旌表功績，記載盛況。傳說古代夏禹鑄造九鼎，代表九州。夏、商、周三代以九鼎為傳國重器，為得天下者所據有。「問鼎」的意思就是企圖奪取天下。「問鼎」一詞出至《左傳》，大意是楚莊王為討伐外族入侵者來到洛陽，在周天子境內檢閱軍隊。周定王派大夫王孫滿去慰勞，楚莊王藉機詢問周鼎的大小輕重。忠於周天子的王孫滿回答說：「政德清明，鼎小也重，國君無道，鼎大也輕。」

喜歡引用古書的習近平，偏偏沒有讀過王孫滿的這句話。無論中共鑄造多麼高、多麼重、多麼大的鼎，並不能改變中共政權是空前絕後的暴政的事實，並不能重新確立中共統治的合法性，並不能讓習近平穩穩當當地坐在「終身主席」的龍椅上。

習近平的魚與毛澤東的米

二〇一八年九月下旬，習近平帶領屬下浩浩蕩蕩地「北巡」，到東北鼓勵農業生產，應對中美貿易戰造成糧食進口減少的危機。

中國官媒報導，習近平來到吉林松原市查干湖了解當地生態保育情況。查干湖在蒙古語中被稱為「白色的湖」或「聖潔的湖」，是東北平原最大的淡水湖，水產豐富，也是候鳥的主要棲息地。《央視》發布當日的新聞片段，畫面中查干湖的漁民收獲豐厚，條條魚都相當肥大。

習近平見狀大喜，眉開眼笑，站在岸邊對水中捕魚的漁民發表「重要指示」，他一連說了兩個成語「年年有餘（魚）」、「吉慶有餘（魚）」，以顯示其學識何其淵博。

然而，有網友在推特上踢爆，這一段畫面是假象，「昨天到松原查干湖，全城封路，警察站崗好幾天，查干湖現買的魚撒湖裡，而且彩排了好幾天。」

原來，習近平看到的活蹦亂跳的魚，並非當地生長的魚，而是來自「五湖四海」的魚。連魚都可以自由遷移、實行「民主集中制」——厲害了，你的黨；厲害了，你的國！

中共從未告別毛時代的浮誇風、造假術。習近平在毛時代長大，知道毛時代最大的特徵是欺上瞞下。他樂於充當被欺騙者，把自己當成毛澤東，享受被欺騙的快感。他深知，地方官員欺騙他，乃是害怕他，正表明他是說一不二的領袖。而美國總統川普視察颶風災區時，沒有地方官員和民眾營造其樂融融的場面來取悅他，他看到災害過後的淒慘景象，親自分發便當給災區民眾，還遭遇災區民眾舉牌抗議，如此「沒有面子」的川普，哪能跟八面威風的習近平相比？

習近平出巡的細節，宛如毛澤東出巡的重演。五〇年代末，大躍進期間，中國各地官員拚命上報畝產上萬斤的紀錄以討毛之歡心。一九五八年八月，毛在河北省徐水縣視察時看到「高產田」，對陪同的河北省委書記解學恭說：「過去幾千年都是畝產一、二百斤，你看，如今一下子就是幾千上萬！」毛頗為得意地問：「怎麼吃得完那麼多糧食啊？你們糧食多了怎麼辦？」當地官員回答說：「也要考慮怎麼吃糧食哩。」毛建議說：「一天吃五頓也行嘛！糧食多了，以後就少種一些。一天做半天的活兒，另外半天搞文化，學科學，鬧文化娛樂，辦大學、中學。」

同年十月，毛澤東在湖北省視察時，湖北省委第一書記王任重帶毛觀看，在畝產萬斤的良田上，長出的稻子密密麻麻一棵挨著一棵，人上去都踩不倒。事後，隨行的毛澤東私人醫生李志綏得知，那是把十幾畝地的水稻插在一畝地裡，專門讓毛一個人看的。

習近平的魚與毛澤東的米如出一轍，半個多世紀過去了，中國看上去資本主義化了，高樓林立、車水馬龍、超英趕美、不在話下，但中共的極權主義本質並無改變。

推特曾流傳美國媒體人、戰略家班農與《經濟學人》總編明頓貝多斯激辯的一段影片。明頓貝多斯堅持自由貿易和全球化，這和北京的主張相合，她表示，為推動《經濟學人》經濟主張的實現，北京「將扮演非常重要的角色」。班農反駁說，中國的問題不僅僅是「市場有點不自由」，「中共政權的每個毛孔都是邪惡的，這是本質，就跟三〇年代日本法西斯政權一樣。」所以，「怎麼可能跟一個邪惡極權國家談自由貿易？」班農說，中共之所以是目前的樣子，「是因為你們的存在，你們被中共玩於股掌之上。」看到習近平「年年有餘」、「吉慶有餘」的新聞，西方左派們是否能睡獅夢醒呢？

習近平的名錶與天價茅臺

首先揭露「習近平博士論文是抄襲」的作家鍾祖康，在臉書上曬出習近平公開照片上的一個小細節：「習近平的手腕上戴著一個售價兩萬多人民幣的歐米茄星座系列腕錶。」鍾祖康追問說：「月薪只約有人民幣一萬一千五百元的習近平，有沒有『收入與官職不相稱』的嫌疑呢？」

其實，更關鍵的問題在於：中國領導人為什麼不戴國產手錶？按照共產黨的邏輯：迷信瑞士名錶，難道不是崇洋媚外的賣國行徑嗎？

二〇一八年九月二十五日，習近平現身黑龍江三江平原，考察該省農墾糧食生產和收穫情況。有關單位特別為習近平開出一條路讓他走進麥田拍攝宣傳照，將他塑造成指點江山、激揚文字的「麥田守望者」。在《央視》仰拍的畫面上，宛如天神下凡般偉大、光榮、正確的習近平端著一隻碗稱：「中國飯碗中要裝中國糧食」，他鼓勵國人從飯碗、米麵到一切生活用品都要「中國製造」，以抵制美國發起的貿易戰。

在東北之行期間，習近平通過毛式風格照片提升其形象地位，也使用毛式語言「自力更生」回擊美國，激勵民眾的民族主義情緒。習近平說：「自力更生沒有什麼不好。」那麼，習近平為什麼不帶頭將手上「來自萬惡資本主義國家」的手錶扔進茅坑，以表示中國從此自力更生、閉關鎖國呢？

習近平及中共政權最大的特徵是言行脫節、精神分裂。心中明明崇拜西方，口中卻偏偏說愛國；身體貪圖資本主義的享受，卻大言不慚地教導國人「自力更生」。習近平剛上臺時，在二〇一二年十二月四日召開的中央政治局會議上提出「八項規定」，其中第八條明確規定：「要厲行勤儉節約，嚴格遵守廉潔從政有關規定，嚴格執行住房、車輛配備等有關工作和生活待遇的規定。」幾年下來，有超過二十萬名大小官員因為觸犯這些規定而落馬或遭到處分。包括落馬的政治局委員級別的高官孫政才，其長長的罪名中也有這一條——用此規定打擊政敵，無往而不利。

在「具有中國特色的法治」之下，這八項規定對頒令者並不具約束力──它們是用來約束別人的。如果那支瑞士手錶戴在其他官員手腕上，必定是一則大醜聞──近年來，有多位中共官員的官方照片，被網友發現其手上戴著昂貴的瑞士名錶，從而被順藤摸瓜地追究出腐敗背景，進而丟官、坐牢。此類官員被人們戲稱為「錶哥」、「錶叔」，但誰敢對習近平手腕上的名錶說三道四？

習近平手上的名錶，比起其杯中的天價茅臺，又不值一提了。習近平在人民大會堂為到訪的金正恩設宴，兩個獨裁者相見歡。習、金背後站立的服務員手中握住的，是兩瓶「醬瓶矮嘴茅臺」，這種茅臺市面罕見，屬特供酒，在《京東網》一家專賣店，標價高達一百二十八萬元人民幣一瓶。僅侍者手上所持這兩瓶茅臺酒，已逾兩百五十六萬。習窮奢極慾，揮霍無度，漠視自己訂下的八項規定，引起民眾的憤怒。普通百姓看不起病，上不起學，但領導人宴客，花納稅人的錢卻如此奢侈，簡直是「滴血的茅臺」。

「滴血的茅臺」，習近平偏偏喝得津津有味。護主心切的中共黨媒《環球時報》總編輯胡錫進，辛苦翻牆到推特上發文抨擊「小心眼」的、「不顧大局」的網友，指習近平招待金正恩兩瓶茅臺，不過是兩百五十萬人民幣，「瞧這些民主派一驚一乍的，真沒見過世面。」他接著還酸說：「幸虧中國沒讓他們掌權，國家要是交給他們就完了。」胡總編當然是見過世面的人，不是小氣吝嗇的人，他曾利用開會的機會，以公費到歐洲各國遊山玩水，並遭到其上級主管單位《人民日報》通報批評——公款當然是要大肆揮霍的，你們何必大驚小怪呢？

用胡氏這個御用文人的邏輯來推演就是：習近平日理萬機，愛國愛民，帶領中國成為世界第一強國，喝一點茅臺難道不是理所應當嗎？中朝兩國友誼「血濃於水」，正好用「滴血的茅臺」來彰顯。習一口茅臺就喝出「厲害了，我的國」的八面威風——此前，美國以禁賣芯片給中國的中興國際這一招來制裁中國，就有人在網路上反駁說：我們製造不出你們的芯片，你們卻釀不出我們的茅臺，我們茅臺集團的股票市值，比你們那些高科技企業更高！

茅臺可永遠喝下去，它是國酒。但瑞士手錶可能「政治不太正確」：此前，瑞士有一家電視臺播出中國大媽凌虐黑天鵝的畫面，引發中國民族主義者對此「辱華」宣傳的抗議——中國向全球四面出擊，打一場名譽保衛戰，到處逼「辱華」的西方媒體和人士道歉。下一步，愛國者如果呼籲將抵制瑞士產品作為中國的基本國策之一，習近平會不會率先摘下手腕上的瑞士手錶呢？

習近平在葡萄牙的行宮

習近平的皇帝派頭，不僅在國內彰顯，還要到世界各地展示。習近平到訪歐洲小國葡萄牙兩天，下榻里斯本歷史悠久的麗絲四季酒店。據葡萄牙媒體《觀察者》報導，習近平豪擲兩百萬歐元，租下總統套房，還包下酒店所有房間，並拓寬酒店車庫大門，以便習近平的紅旗防彈車出入。

該媒體指出，中方拒絕葡萄牙政府提供的車輛，要使用習近平專機帶來的三輛防彈豪車。由於這種車比一般車輛寬很多，麗絲四季酒店的車庫大門需要加寬。中國政府不僅出錢擴大麗絲四季酒店的車庫大門，也擴寬習近平出入里斯本機場的緊急通道大門——雖然僅僅使用兩天，但反正中國有的是錢。

此外，習近平要求麗絲四季酒店在他下榻的兩天期間，取消該酒店著名的傳統燉菜和海鮮燴料理，改為供應中餐——習近平的兩架專機，裝滿貼身僕人，包括廚師。

里斯本的麗絲四季酒店世界聞名，在習近平下榻之前，從未因為一位顧客而向其他公眾關閉過。當年美國總統柯林頓也下榻麗絲四季酒店，美方曾提出包下酒店的建議但遭到拒絕。這一次，中方給出美方付不起的大價錢，終於如願以償，除了習近平及其隨行人員之外，再無外人出入，與之相比，美國總統的派頭和陣勢黯然失色。

更有甚者，在中國的壓力之下，葡萄牙警方對附近幾個街區實行非正式戒嚴措施，嚴查週邊居民出入情況，居民家中有訪客必須向當局報備。在中國國內，習近平每次出行，所到之處，「千山鳥飛絕，萬徑人蹤滅」，比皇帝出巡還要威風八面。這可苦了當地民眾，凡是習近平車隊所經過的街道，警察入駐臨街的每一戶住宅，居民不准開門、開窗。這一次，作為歐洲老牌殖民帝國的葡萄牙，如同「瘦死的駱駝，比不上爆肥的豬」般對中共畢恭畢敬、予取予求，儼然成了中國的一處「海外殖民地」。那麼，中國在「一帶一路」計劃中，會賞賜葡萄牙一點殘羹冷炙嗎？

一晚耗費百萬歐元住宿費，花的不是習近平的私房錢，亦非共產黨的黨費，而是民脂民膏。這不是腐敗，什麼才是腐敗？按照《環球時報》胡總編的邏輯，不應當節約這點「小錢」，中國可以買下整座酒店作為習近平在葡萄牙的行宮，這不單單是習近平個人的光榮，更是中國強大的象徵。

這一事件背後的真相是：習近平不願跟別人分享麗絲四季酒店，他有一種獨霸式的權力慾望，以及極度的不安全感，他害怕刺客跟隨他來到酒店混充成後勤部隊——習近平每日的生活，宛如驚弓之鳥，凡其下榻之處，必定擠滿保護蝦兵蟹將，否則，他無法安心入睡。

訪歐歸來，習近平在北京召集政治局會議，談及廉政反腐工作，承認反腐敗鬥爭形勢「依然嚴峻複雜」，全面從嚴治黨「依然任重道遠」，必須將「嚴」字長期堅持下去，持之以恆落實「中央八項規定」精神，緊盯「不敬畏、不在乎、喊口號、裝樣子」的問題。百密一疏，「八項規定」中沒有約束習近平這個最高領袖的條款，習可以在八項規定之外為所欲為。對於其他官僚來說是腐敗的行為，對於習近平來說則是司空見慣的日常生活。習近平才是獨一無二的腐敗分子。

第四節 是萬曆十五年，還是崇禎十七年？

二〇一七年二月二十三日，來自中國各地退伍老兵再度聚集北京示威請願。據《博聞社》報導，多達兩萬名老兵組織嚴密，次序井然，保密到家，繼包圍中央軍委大樓之後，再度包圍中紀委大樓。事件震驚中南海。

我不像某些過於樂觀的評論人士，認為退伍軍人會成為中共的掘墓人——他們只是中共的護院家丁，或許參與過侵略越南的不義戰爭，或許一九八九年在北京屠殺過手無寸鐵的市民和學生，他們也不曾因著良心的緣故將槍口擡高一公分。如今，他們聚集起來包圍共產黨中樞機構，並非「反黨」，僅僅是他們認為「分帳不均」、要求追加報酬。如果中共給他們足夠的補償，讓他們再次拿槍殺人，他們不會有絲毫猶豫。我對退伍軍人的「討薪」行為並無同情與支持。

然而，這一「群體性事件」自有其象徵意涵。自江澤民時代法輪功包圍中南海之後，在二〇一六年年底至二〇一七年年初，短短數月之間，退伍軍人兩度包圍中央軍委及中紀委，已然顯示出中國社會處於劇變之前夜。

首先，數萬名退伍軍人在北京發起示威活動，表明中共對中國社會的控制並非固若金湯。中國每年耗費高達近萬億維穩費用，國安、國保、網警人數不斷膨脹，卻只能暫時延緩大崩潰的來臨，不能扭轉中國走向崩潰的大趨勢。

中國社會宛如一道愈築愈高的大壩，大壩本身已千瘡百孔，難以抵禦一波又一波洪水的侵襲。中共不敢對大壩動大手術，唯一的補救方法，是不斷地往破口處丟擲沙包。但中共手中的沙包不可再生，只能愈丟愈少，到沙包用盡那一天，就是其滅頂之災那一天。

其次，習近平執政之後，內外樹敵，拳打八方，導致內憂外患蜂擁而至。原本為中共政權基石的官僚集團、公務員系統及軍警人員（包括退休軍警），突然發現自己成為派系鬥爭的犧牲品及社會不公的受害者，對政權的忠誠度直線下降，消極怠工成為普遍現象。

在血腥的「六四」屠殺之後，中共喪失意識形態的合法性，只能通過「利益均霑」方式籠絡既得利益群體。當既得利益群體不滿足於分到的殘羹冷炙（跟富可敵國的太子黨相比，他們哪能不眼紅？）之時，習近平最為恐懼的「竟無一人是男兒」的時刻就降臨了。

明朝末年，誰是保護皇上的「男兒」？

中國的現狀與「大明王朝」後期的窮途末路極為相似：朝廷政治紊亂、官場腐敗肆虐、士大夫寡廉鮮恥、民間縱慾狂歡。尤其是文官貪財，武官怕死，作為統治階層的支柱朽壞不堪，皇帝愈折騰，朝廷覆亡得愈快。於是，明王朝在農民起義和滿清入侵雙重夾擊下迅速覆滅。

一六四四年三月，李自成的農民軍攻占北京，明朝大小官員爭先恐後到大順朝屋簷下報名應聘，以致在午門發生擁擠踩踏事故。守衛午門的農民軍士兵，用棍子驅趕這些「衣冠禽獸」。一個月之後，李自成敗退，滿清入主北京。明朝的官員，或已是大順朝的官員，又站在清帝國的廟堂上。今天為中共政權服務的官僚、公務員和軍警們，會不會也如此這般迅速「變臉」呢？

共產黨只呵護自己的子弟，對其他階層人士，如同衛生紙一般，用完就扔掉。解放軍基層退伍軍人的境遇向來都很淒慘，現役軍人前去鎮壓退伍軍人時，不會一點都沒有「物傷其類、觸景生情」的感受。今天的解放軍官兵，早已不是長征、國共戰爭及韓戰時代的官兵，無條件地「忠於革命、忠於黨」，黨若不能給高薪，才不會為黨賣命。

為應對中國的挑戰，川普新政府展開二戰之後最大規模的擴軍計劃。美國海軍兩大艦隊聚集太平洋，遏制習近平將南海當作內海的野心。中國何以為戰？極端民族主義小報《環球時報》發表了一篇題為〈假設中美開戰，別把美國的疼痛想少了〉的社評，給自己打氣。文章說：「一旦打起來，我們打到底的決心大概會遠遠高於美國，我們承受戰爭損失的能力也會高於美國。」又說：「如果美軍對中國國土實施空襲，美國國土必進入中國的軍事打擊範圍。美國人知道，中國有這樣的能力，華盛頓和全美社會也須清楚，中國人同樣不缺這樣的決心和意志。」

《環球時報》不敢提及的真相是：如果共產黨的統治出現危機，比如與美國或其他國家發生戰爭，有多少解放軍現役或退役官兵會突然之間調轉槍口？中國最大的敵人，不是「亡我之心不死」的西方帝國主義，而是以習近平為首的、殘民以逞的太子黨集團。

中國官媒故意發布軍方鷹派人士金一南在川普當選之日的一段演講。曾任中央政治局講師的解放軍少將、國防大學教授金一南，在海南向一批黨政軍官員演講時，赤裸裸地指出，「美國是中國的敵人，認識到這點對中國來說是好事。」金一南表示，自一九九七年開始，他多次到美國訪問，親身感受到「美國已是一個衰老的帝國」。他鼓勵大家不要怕美國，毛主席說過，「帝國主義是紙老虎」。他認為，二戰之後，美國在亞洲的兩場大規模戰爭——

韓戰和越戰——都慘遭失敗，都是被中國打敗。金一南又說，川普當選令不少人大跌眼鏡。川普只是一個商人，不會發起戰爭，雖對中國採取強硬態度，但目的只是要敲詐中國。他呼籲中國一定要「硬著頭皮頂住」。

金一南所講的史事和邏輯漏洞百出。以韓戰而論，中國當然出力甚大，但戰局至多是平手，美國算不上失敗。以越戰而論，美國固然敗了，但跟中國關係不大——中國派出軍事顧問和給了越方大量援助，但不是戰爭勝負的決定性因素。越共的善戰和美國國內反戰運動的高漲，是美國政府決定撤離越南的更重要原因。以今日美國的實力而論，金氏在美國看到的只是表象而已，美國絕非毛所謂的「紙老虎」，美軍仍然是世界上最強大的軍隊。而以川普總統而論，金氏貶斥川普是見錢眼開的商人，沒有想到川普執政以來對華政策的重大轉向，讓中國窮於應付、節節敗退。

儘管如此，金一南的狂妄言論仍然得到民間的喝采，也得到習近平的欣賞。習近平掌權之後，鷹派人士的此類「鐵血言論」得到更多縱容和鼓勵，他們說出了習近平的心裡話。看衰美國、甚至產生「吾可取而代之」的想法，是習近平及其身邊的高官、智囊們的「共識」——既然美國不願當頭，就由我們來當頭吧。

中國已有了一艘從烏克蘭買回來加以裝修的報廢航母「遼寧號」（能否作戰，另當別論），又模仿此過時航母自行建造了第二艘航母，似乎要恢復到明朝初年國勢如日中天的光景。那時，鄭和率領艦隊浩浩盪盪地下西洋，其規模和技術遠非哥倫布、麥哲倫所能比擬。鄭和的艦隊一路宣示國威，冊封諸王，好不威風。昔日永樂大帝做過的事情，今天的習近平也躍躍欲試。

近代以來，明史一直是熱門話題。毛澤東籌劃文革，即以文痞姚文元為開路先鋒，從批判吳晗的新編歷史劇《海瑞罷官》開始。近年來的明史熱，從在知識界膾炙人口的黃仁宇《萬曆十五年》到暢銷五百萬冊的網路寫手「當年明月」的《明朝的那些事兒》，再到電視連續劇《萬曆首輔張居正》、《大明王朝》，以及香港導演徐克以明朝為背景的系列武俠電影，中國人對明朝的歷史細節家喻戶曉，但有多少人從明朝敗亡的歷史中汲取教訓呢？

習近平是毛澤東之後最愛炫燿武力的中國領導人。習有沒有想過，一旦對美開戰，他的「大明王朝」能撐多久？英國《獨立報》形容，中美開戰有如耙地的農夫和希臘勇士阿基里斯統帥的神兵天將對抗。軍事科學專家羅伯茨稱：「雖然這會造成美國成千上萬人喪生，但中國將被徹底打垮。美國將盡其所有戰力，戰爭的暴力和規模都將是空前的。」美國不僅在技術上「占據優勢」，而且「陸海空、外加海軍陸戰隊四大兵種協同作戰能力強」，是「勝利的保障」。中國軍隊普遍「各自為政」，「沒有實戰經驗」，「打過仗的軍隊和沒打過仗的軍隊就是不一樣」。倫敦大學中國問題專家布朗指出，若中美發生戰爭，美國必將獲勝，「被戰敗的中國將出現權力真空，後果不堪設想。」

習近平不願傾聽逆耳之言，不願接受殘酷的事實，沉浸在五彩斑斕的「中國夢」無法自拔。

習近平的「灰犀牛」和「黑天鵝」

萬曆十五年不是一個尋常年份，是「灰犀牛」和「黑天鵝」出現的時刻。「灰犀牛」和「黑天鵝」也出現在習近平面前，只是習近平閉目塞聽，不聞不問。

「灰犀牛」源自學者米歇爾．渥克的《灰犀牛：危機就在眼前，為何我們選擇視而不見？》一書，比喻影響巨大的潛在危機——也就是人們原本能夠清清楚楚看到的東西，但是由於人性的軟弱，往往心存僥倖、自欺欺人，認為它不會衝過來，選擇刻意去忽視，結果釀成大禍。

「黑天鵝」則比喻機率小而影響巨大的事件。作家納希姆．塔雷伯提出「黑天鵝效應」的說法：過去，歐洲人以為天鵝一定是白的，直到來到澳洲，才發現原來天鵝也有黑色的。

人們對國家風險的預測經常出現錯誤，如同人們從沒看到的黑天鵝會突然出現。所謂「黑天鵝」，就是已經存在，但是很少被看到的物體。

今天的中國，「灰犀牛」在地上橫衝直撞，「黑天鵝」在天上翩翩起舞。那麼，習近平的「灰犀牛」和「黑天鵝」是什麼呢？

前中國國務院總理朱熔基之子朱雲來，在北京舉行的「二〇一九影響力峰會——預見未來」論壇上表示，中國在建工程達一百七十五萬億元人民幣，相當於二〇一六年中國ＧＤＰ的二點三倍；一年的固定資產投資超過六十萬億，是全國老百姓一年收入的兩倍，投資規模過大，可能成為經濟的「灰犀牛」。中國高速ＧＤＰ增長的背後，忽視了資產和債務情況。中國經濟需要更多關注在如何搭建一個良好的結構，進一步追求高品質的發展上。朱雲來曾是中國國際金融股份有限公司前總裁兼首席執行官，又有前總理朱熔基之子的身分，他的演講特別受外界關注。

從某種意義上說，朱雲來是代表其父親闡釋對中國經濟現狀的批評性看法，因此頗具震撼性。習近平不願聽取逆耳之言，朱雲來講話的文字稿和影片很快在中國國內網站上消失得無影無蹤。看來，即便是太子黨，如果不願照本宣科、溜鬚拍馬，也沒有言論自由。

無獨有偶，中國人民大學教授、中國農業銀行首席經濟學家向松祚在上海也發出類似呼籲。向松祚直言，中共領導人在「中國經濟下行」、「中美貿易戰」、「民營企業遭重創」等三方面，做出嚴重誤判。他引述一個重要機構研究小組的內部報告指出，中國二〇一八年的GDP增長數據實際為百分之一點六七、甚至為負，中共國家統計局的數據仍說是百分之六點五。

在談到「中美貿易戰」時，向松祚批評說：「到目前為止，對中美貿易摩擦、對中美貿易戰的形勢判斷仍然是有很大的誤區，值得深刻反思。」向松祚認為，中美的貿易摩擦已不是貿易戰，不是經濟戰，而是中美兩國之間價值觀的嚴重衝突，至今看不到有解決衝突的辦法。

向松祚在演講中提出「灰犀牛」與「黑天鵝」兩個概念，暗諷習近平對日益惡化的中國經濟現狀和國際形勢採取掩耳盜鈴、刻舟求劍的作法。其演講影片曝光後，隔日被官網刪除，百度等中國本土搜索引擎完全查不到。

英雄所見略同，曾獲中國經濟學界最高獎「孫治方經濟科學獎」的經濟學家許小年，在一次演講中指出，很多人認為二〇一九年充滿不確定性，但他認為，「二〇一九年沒有什麼不確定的。巨大的灰犀牛就蹲在那裡，時刻都有可能衝過來」。他透過研究得出結論：「中國的經濟和中國的企業正面臨四十年以來最艱鉅的挑戰，沒有之一。」

許小年認為，中國面臨的「灰犀牛」有三頭：第一是工業化的紅利已經耗盡，新的增長動能卻尚未出現。用官方的語言來講，就是新舊動能交接的時候出現一段空檔，這個空檔宏觀上表現為經濟增長速度放慢，微觀上表現為企業經營愈來愈困難。第二頭「灰犀牛」是從二〇〇八年以來，由於政府採用擴張性的財政和貨幣政策，人為維持經濟增長，使得中國在貨幣政策與財政政策方面空間愈來愈小。由於長期的使用貨幣刺激，中國經濟內部的負債率也愈來愈高。但負債是借來的錢，借來的錢不是創造的財富，借來的錢是要還的，拖得愈久利息愈重。中國負債風險高到一個駭人聽聞的程度，根據國際清算銀行的數據，二〇〇八年，中國非金融機構的負債，對GDP的比率是百分之一百四十，到了二〇一七年，同樣的統計指標，中國宏觀經濟的負債率已上升到百分之兩百六十，遠高於國際公認的警戒線。第三頭「灰犀牛」就是中美間的貿易戰。

許小年指出，在這三頭「灰犀牛」中，「內憂遠遠大於外患」。

朱雲來、向松祚、許小年這三人，身分迥異，論述各有側重，都不約而同地指出中國經濟乃至整個社會面臨的巨大危機，希望當政者正視「灰犀牛」和「黑天鵝」，以開放和創新態度來應對。

以習近平的知識儲備和從政經驗而論，他是經濟領域的外行人，從未像美國總統川普那樣在自由市場經濟的大風大浪中搏擊過，甚至沒有透過自己的努力掙到過一分錢。即便有被外界認為懂經濟的副總理劉鶴的輔佐和加持，習近平處理經濟問題也比江澤民和胡錦濤更笨拙、更愚蠢。

面對「灰犀牛」和「黑天鵝」的夾攻，習近平最多只能「頭痛醫頭，腳痛醫腳」，用紙包火，揚湯止沸，勉強延緩危機的來臨，而不能消除危機。

習近平的愚政進行曲

美國歷史學家芭芭拉·塔克曼在《愚政進行曲》一書中探討了權力與愚蠢的關係。歷史上有很多統治者做出了後來看來愚不可及的決策，如特洛伊人搬進要將他們屠城的木馬、文藝復興時代的教宗催生了宗教改革、英國失去了美洲殖民地、美國捲入了越戰。

然而，正如杜牧在〈阿房宮賦〉中所說：「秦人不暇自哀，而後人哀之；後人哀之，而不鑒之，亦使後人而復哀後人也」，愚政進行曲從來沒有曲終人散。習近平在武漢肺炎肆虐期間的表現和決策，又為愚政進行曲提供了一個新的案例。

習近平神隱多日後，在北京安貞社區露面，新聞中的畫面處處是穿幫的細節：習近平的口罩戴錯了，沒有人敢糾正；護士只敢用溫度計測習近平的手腕，而不敢觸及他的「龍頭」。習近平聲稱，這是一場大戰，也是一場大考，但他交出的卻是零分答卷。習近平罷免了湖北和武漢的地方官，但誰來罷免他呢？中國既已逼近萬曆十五年，離崇禎十七年也就不遠了。中國網友將習近平比喻成明朝末代皇帝崇禎，表示「崇禎為什麼亡國？當危機來臨的時候，所有人都在等著他的指示」。武漢肺炎並不可怕，可怕的是中共的極權主義制度。崇禎臨死前埋怨說，君非亡國之君，臣是亡國之臣，卻從不反躬自省——「能幹事的大臣差不多就被他殺完了，留下的都是不說話，不做事，皇帝說什麼他就怎麼做的那種聽話的人，耽誤了大臣，也耽誤了明朝的江山。」習近平宛如崇禎的孿生兄弟。

習近平派到湖北的欽差大臣都是曾手握「刀把子」的「之江新軍」。從上海市長調任湖北省委書記的應勇，曾在司法部門和權力巨大的公安部門擔任不同職務，包括禁毒部門和反恐部門負責人。應勇在上海的政績和名聲並不好，聽到他離開上海的消息，很多上海網友在社群平臺上歡送，並希望他再也不要回上海。新任武漢市委書記是從山東濟南調去的王忠林，王忠林在山東公安部門工作過十五年，後來在黨內得到晉升。代表中央和習近平坐鎮武漢的是此前曾在武漢任職的中央政法委秘書長陳一新。此人抵達武漢後發出「打好武漢保衛戰要發起總攻」的命令，要求每天開一次「碰頭會」，每次會議要把學習貫徹習近平講話和指示精神作為第一議題。陳一新用六個「深刻領會」，重述了習近平的講話內容，並學著習的語氣，喊出「武漢勝則湖北勝，湖北勝則全國勝」的口號，活脫脫就是一個馬屁精。

習近平自己不敢去武漢，派出陳、應、王等沒有公共衛生背景而有強力部門背景的官員到武漢，明顯是認為政治穩定高於防止疫情蔓延，這三個虎狼之吏至少可以幫助他鎮壓民眾的抗議。就好像一九八九年鄧小平的神隱是為了調兵遣將、鎮壓學生運動，習近平的神隱則是「磨刀霍霍向牛羊」，讓「刀把子」幫他「決勝千里之外」。

於是，黨國的宣傳機器全力開動起來，將災難當作展現黨國魄力和魅力的契機，試圖扭轉因醫生李文亮之死而引發民眾排山倒海的批評。中國官方先後打造「火神山」、「雷神山」來收治肺炎患者，但在確診病例不斷新增的情況下，也緊急徵用學校、體育館等可容納多人的大型建築物就地建設「方艙醫院」。但「方艙醫院」內部防疫設備簡陋，又缺乏醫療機能，人力也不足，讓外界質疑恐將造成交叉感染，根本是「集中營」。當局接連反駁外界質疑，除了發放病人和醫護人員跳舞打太極的片段，最新發布的是方艙醫院病人的入黨宣誓儀式。影片片段中，病人在醫護人員帶領下，戴著口罩向著黨旗慷慨激昂地宣誓入黨，承諾「保守黨的秘密、對黨忠誠」。

報導稱，武漢已有多個方艙醫院，成立了臨時黨支部。同時，當局高調公布「方艙醫院」首批患者出院的畫面，還掛出紅看板慶賀「出艙了」，又曝光一名女病患的「住院心得」——該名女病患受訪表示，裡面設備完善、三餐的菜色很豐盛，「有點擔心自己會變胖」，甚至還說「住進來之後住得還不想走了」。然而，有臺灣網友發現，這位所謂的治癒出院的患者，是當局安排的演員扮演的，這位演員此前還扮演了堅守崗位的護士角色。

習近平生活在他想像的世界裡，沒有哀鴻遍野，只有鶯歌燕舞，用芭芭拉·塔克曼的話來說，他有一顆「不開竅的榆木腦」——「不開竅的榆木腦袋」造成的自我欺騙，在政府管理中起著尤為重要的作用。它主要表現在以先入為主的固定觀念對形勢做出評估，而忽視或拒絕任何相反的跡象。它總是根據意願行事，而不讓自己根據事實調整方向。一位歷史學家對西班牙的腓力二世這位所有主權國家中，思想最頑固的首腦的評價概括了這種特質：「他始終堅信自己超凡卓越，即便他的政策失敗了無數次，也難以動搖。」這一評價，套用在習近平頭上，恰如其分。

第四章

從毛主義到習思想：痞子是怎樣煉成的？

他使空氣令人窒息地旋舞；
他能殺我，卻毋須接觸。

霍夫曼斯塔爾

一九七六年毛澤東死後，中國人以為文革永遠結束了。其實，文革並未真正劃上句號。薄熙來在重慶掀起的「唱紅打黑」運動宛如小型文革，讓很多人驚恐於文革重現。薄熙來落馬、入獄後，人們以為避免了一場文革擴展到全國的危機。然而，人們來不及為之慶幸，習近平的一系列政策清楚地顯示他「以毛為師」，他的文革比薄熙來的版本更高。

人們對習近平的幻想很快破滅，習近平宛如一頭吞噬一切的怪獸，無人能抵抗。有法國媒體評論說：

習近平是貨真價實的碾壓機，壓倒一切。所有質疑他對中共和中國政府控制權的人都被橫掃。這種事情到處發生，隨時發生。每天晚上國營電視臺新聞的節目、每天的所有報紙都展示了這一點。書店裡擺著他的官方傳記。當然，在大城市的街道上，到處都可以看到他的巨幅畫像。

這裡使用的「碾壓機」這一比喻，類似於另一個更讓人生畏的意象「坦克」，它們無情地碾壓過任何阻擋其前進的東西。以殘暴、強橫、卑劣、虛榮而論，若要在歷史上找到與之相似的人物，一個是希特勒，另一個是毛澤東——中國民間有人給習近平取了「習特勒」和「習澤東」的綽號。

極權主義的統治秘訣之一，是用一套新的語言來對民眾洗腦。在一戰之後德國的亂局中，希特勒為何能帶領名不見經傳的小黨納粹黨迅速崛起、顛覆威瑪共和國？原因很多。致力於分析納粹語言與權力之關係的德國學者維多·克蘭普勒發現，納粹用一套特殊的語言來灌輸種族主義意識形態，對全民洗腦，是其奪取權力的關鍵。政治哲學家沃格林亦發現，德國遭到毀壞是希特勒崛起的前提條件，「我們生活在一個語言腐敗的時代，因此精神失序的特徵沒有被這個民族普遍認識或理解。」

納粹的語言跟此前德國的政治語言截然不同。克蘭普勒指出：「納粹主義是透過那一句句的話語、那些常用語、那些句型潛入眾人的肉體與血液的，它通過成千上萬次的重複，將這些用語和句型強加給了大眾，令人機械地和不知不覺地接受下來。言語有如微小劑量的砷，它們不知不覺地被吞食了，似乎顯示不出任何作用，而一段時間以後這種毒性就會體現出來。」納粹的語言比德國軍隊和蓋世太保更可怕——德國軍隊和蓋世太保也是這一套語言和意識形態的犧牲品，他們心甘情願地為第三帝國「拋頭顱、灑熱血」，是因為他們真心相信納粹的語言、意識形態及對未來的應許。

語言被獨裁者當作殺人不見血的武器使用，納粹不是第一次，也不是最後一次——在歐威爾的名作《一九八四》中，專門為極權制度的語言學總結出一套「新語」，它是一種足以改變人們生存方式的語言。克蘭普勒呼籲人們千萬不要忽視語言在締造極權體制中的作用：「納粹語言改變了詞語的價值和使用率，將從前屬於個人或者一個極小的團體的東西變成了公眾性的語彙，將從前一般的大眾語彙收繳為黨話，並讓所有這些詞語、詞組和句型浸染毒素，讓這個語言服務於他們可怕的體制，令其成為他們最強大的、最公開的、也是最祕密的宣傳蠱惑的手段。」

如果從同樣角度分析中共的統治術和權力模式，許多難題可迎刃而解。中共無與倫比的語言大師，無疑是毛澤東。在收音機和電視機普及的二十世紀，無論專制國家的獨裁者還是民主國家的政治人物，如希特勒、邱吉爾、羅斯福、羅馬尼亞的希奧塞古、古巴的卡斯楚、委內瑞拉的查維茲，都喜歡對民眾發表廣播演講。毛澤東操一口難懂的湖南湘潭土話，在公眾場合演講的能力和效果遠遠趕不上希特勒。毛澤東極少發表廣播談話，也很少在公共集會中發表長篇大論，崇拜毛澤東的民眾很少有機會親耳聽到毛本人的聲音（文革期間，毛在天安門廣場接見紅衛兵，只是揮手並發表簡短致辭）。但是，毛的書寫的能力優於希特勒，毛的文集、語錄比希特勒的自傳《我的奮鬥》擁有更多讀者（即便按照讀者所占總人口之比例來衡量）。如果說希特勒是靠廣播演講征服德國的人心，那麼毛澤東則是靠《毛選》和《毛主席語錄》（紅寶書）征服中國的人心。

文革時代，毛式語言和毛式思維方式在中國人的日常生活中無孔不入。在毛漫長的造反和獨裁生涯中，文革並非一次「偶然而短暫的變異」，而是毛主義的「最高升級版」或「高度濃縮版」。所以，文革研究不能單單研究作為政治運動的文革正式上演的十年，而應當「放寬歷史的視界」，將其「前因」追溯至中共建黨之初，將其「後果」延伸至正在預演「二次文革」的習近平時代。文革之前的時代，可稱之為「前文革時代」；文革之後的時代，可以稱之為「後文革時代」——今天的中國並未走出毛和文革的陰影。

第一節

「我是痞子我怕誰」：中國政治語言現象分析

習近平是毛澤東時代之後引用最多毛語錄的最高領導人，其政治鬥爭手腕和世界觀都直接從毛沿襲而來。習近平並非孤立的個案——那些在網路上被稱為「小粉紅」的年輕人，那些到日本駐華使館門口喊口號、丟磚頭的民眾，那些到臺灣總統蔡英文臉書上謾罵的中國人（他們掌握了互聯網「翻牆」技術，相當一部分是九〇年代之後出生的人），都是毛精神上的後代。與成長於文革時代的習近平不同，他們並未在文革時代生活過，卻不由自主地成為文革毒素的受害者，然後如同殭屍一樣去尋找下一個吞噬的人。

習近平脫口而出的是毛語錄

歷史學者潘佐夫、梁思文在《毛澤東：真實的故事》一書中指出，如果只用一句話概括毛，毛「通過欺騙和暴力，把極權的社會主義強加在苦難已久的中國人民身上，逼迫他們墜入血腥的社會實驗深淵。數億人因此吃盡苦頭，數千萬人更因饑荒和鎮壓而死於非命。整個世代在孤絕於世界文化的狀態下成長。」習近平是一個「在孤絕於世界文化的狀態下」長大的人，其所作所為、所思所想，必須放在毛時代的背景下才能理解。

毛的肉身已死，精神卻還活著。「毛澤東在文革期間發動的清洗運動、狂熱和群眾衝突，在他之後繼任的每一位中國領導人身上都留下了永久的印記。」鄧小平、江澤民、胡錦濤都在不同程度上染有難以根治的「毛毒」。比起與毛共事多年的鄧小平以及不曾與毛接觸過的江澤民和胡錦濤，在中南海大院生活過的習近平，孩童時代有機會近距離仰望毛，對毛有第一手的「質感」。毛與習之間的血緣連結，是特徵明顯的毛式語言和思維方式——多位北京黨內外人士認為，習近平熱衷於長串外國書單，但「除了正式文件外，他所有的即席談話，都是毛時代的一套言論」。

據《人民日報》旗下微信公眾號「學習小組」報導，習近平在「紀念毛澤東誕辰一百二十週年座談會」上引用若干毛的經典名句，例如「前途是光明的，道路是曲折的」、「中國的命運已經操在人民自己的手裡，中國就將如太陽升起在東方那樣，以自己的輝煌的光焰普照大地」、「我們共產黨人好比種子，人民好比土地。我們到了一個地方，就要同那裡的人民結合起來，在人民中間生根、開花」等，習不假思索、信手拈來、津津樂道。官媒讚美習「理論功底深厚」，其實這就是當年紅衛兵的基本功。

在其他公開場合，習引用毛原話的次數數不勝數，如「手中有糧，心裡不慌。」、「共產黨是為民族，為人民謀利益的政黨，它本身決無私利可圖。」、「什麼叫工作，工作就是鬥爭」等。習對毛語言的引用，很多時候出於本能，比如在我的孩童時代，小夥伴發誓都會說：「向毛主席保證！」毛的語言、文體和思想，已內化到習的血液和骨髓中，毛就像進入其體內有生命力的寄生蟲，習心甘情願地成為其「宿主」。

毛澤東通過控制中國人的語言，進而控制中國人的靈魂。作家查建英指出，毛文體這種「粗鄙蠻橫的口號式語言汙損了優雅精緻的文人白話，無產階級專政的語言充滿了牛皮、大言與謊言，毛對此負有責任。在中共統治幾十年後，毛文體就像一種蔓延開來的語言毒素，已經嚴重地汙染了中文寫作。」文革在名義上早已成為一段逝去的歷史，但毛的語言方式仍生機勃勃地存在於華人社群之中，就連香港和臺灣的政治辯論中，政治人物也常常批評對立方是「紅衛兵」，使用「大批判的文革語言」——雖然他們實際上並不知道什麼是「紅衛兵」和「大批判的文革語言」。

習對毛語言有一種出自本能的熱愛，這一喜好使他的文膽模仿毛的語言風格為之起草文稿。先後服侍三代總書記的「文膽」王滬寧，給江澤民寫稿時模仿江澤民的口吻，給胡錦濤寫稿時模仿胡錦濤的口吻，給習近平寫稿時模仿習近平的口吻。即便成為政治局常委會的一員，王滬寧並沒有屬於自己風格的語言。不是習近平「文膽」的文風影響習近平的語言方式，而是習近平的「文膽」為之撰稿時竭力揣摩習近平本人的語言方式。習近平的講話、文稿以及官媒對習近平的吹捧方式是研究「被文革汙染的文體」之範本。

上有所好，下必甚焉。受文革語言毒害的不僅是習近平、王滬寧這一小群人。在一黨專制的權力格局之下，最高領導人的語言風格迅速被大小官媒複製和傳播。長期研究中共政治語象的資深媒體人錢鋼指出，作為列寧主義政黨，中國共產黨重視宣傳、迷戀口號、習慣動員，政治表述是政治發展的風向標，通過觀察這些「關鍵」詞彙的誕生、消長與衰亡，可以從中讀出中共政治的發展方向。

中共政治詞彙可以用深藍、淺藍、淺紅、深紅分類，深藍是被中共批判的強烈自由化詞彙（如：多黨制、輪流執政），淺藍是官方不倡不禁的溫和自由化詞彙（如：公民社會、公民權利），淺紅是官方的門面修飾用語（如：三個代表、科學發展觀），深紅則是露骨的毛時代用詞（如：刀把子、階級鬥爭、無產階級專政）。這四類語彙的使用頻率，可顯示中共宣傳政策的嚴厲或鬆懈。

錢鋼以三組淺紅詞語（黨內民主、民主政治、政治文明），三組淺藍詞語（憲政、公民社會、公民權利）做觀察，經過統計得出結論：二〇一四年以來，前面三組原本為官方所用的淺紅色詞語，在習近平時代被打入淺藍，官方基本不再提及。後面三組原本可以出現在市場化媒體中的淺藍色詞彙，在習近平時代則直接被打入深藍禁區，媒體不得再使用。而深紅詞語，如「刀把子」、「階級鬥爭」等毛時代的粗鄙詞彙，在習近平時代則一個接一個復活。

什麼樣的人，說什麼樣的話。習近平的語言方式和思維方式基本停滯在毛時代，他不願用中共在「後毛時代」口頭上接受的「普世價值」當作面具或遮羞布，他的「自信」乃是恢復毛主義的自信，研究中共黨史的學者程映紅指出，習近平的思維和表達方式是：「蠻不講理，強詞奪理，雲遮霧罩中拋下的高端政治語言愈來愈像碼頭上的切口、江湖上的行話甚至按摩院裡的風月豔詞，一點身分的忌憚都沒有。」習近平的語言具有典型的反邏輯和反法治之特徵，是一種典型的「黑幫語言」，共產黨至今仍是一個超級黑幫。

習毛本同根：習近平「對毛澤東的敬仰之情發自肺腑」

習近平信奉毛主義，也使用毛語言。

例證之一：美國總統川普宣布對中國產品加徵關稅之後，中國官方媒體不知所措、沉默數天，繼而展開新一輪的宣傳戰。

《央視》播音員康輝使用北韓播音員般極端亢奮的語氣，宣稱中美貿易戰不過是中國五千年歷史進程中的一道坎兒，中國將「迎難而上」，直至「鬥出一片新天地」。《人民日報》反駁美國的「中國出爾反爾論」是顛倒黑白，指出美國才是經常出爾反爾，評論文章措辭之激烈是中美建交四十年以來所未見的，令中國民眾和西方觀察家想起毛澤東時代充滿火藥味的「跟美帝國主義作鬥爭」的口吻。《新華社》評論文章直接引用毛澤東詩詞「亂雲飛渡仍從容」為標題，指應對美國有必勝的信心。中國中宣部下令《央視》及其他電視臺在黃金時段播放兩部老電影《英雄兒女》、《上甘嶺》，這兩部老電影都是講述中國在「抗美援朝」戰爭中擊敗美國的故事，中共當局以此宣誓中國有「不惜一戰」的決心和勇氣。

中國的網路上更是鋪天蓋地出現謾罵美國的言論。一張照片在中國的社群平臺上廣為流傳：一條橫幅布條掛在一家餐館門口告知眾人，若美國人用餐須加收百分之二十五的關稅，

「若有不便，請諮詢美國大使館！」可是，這種「低端餐館」大概從來不會有美國人前去用餐，而美國使館門口仍然擠滿排隊辦理赴美簽證的人潮。

中國網路上的反美言論，是被中國官方操縱的。中共一向是「要你反美，你就反美；不要你反美，你就閉嘴」。《紐約時報》評論說：「中國政府之所以允許大量的批評，部分是因為它可以將大家的注意力從中方對貿易談判的處理上移開。」雖然這是一種「被允許的憤怒」，但很多中國人感到心滿意足，認為這就是「百分之百的言論自由」。

習近平沒有閒著。據瑞士《新蘇黎世日報》報導，習近平在一篇內部講談中要求高級幹部，學習毛澤東著作，以應對同美國的貿易談判。

既然習近平發話，御用文人立即行動起來。井岡山幹部學院副院長汪建新在《中國共產黨新聞網》發表文章，倡導廣大黨員幹部向習近平學習，「妙用」毛澤東詩詞：「習近平總書記先後二十多次引用毛澤東詩詞名句來闡述治國理政的新思想，生動形象昇華了毛澤東詩詞的意境，充滿吸引力，說服力和感染力。」汪氏指出，習近平引用毛澤東名句，是因為對毛無限敬仰：「習近平自幼沐浴著毛澤東思想的雨露陽光，對毛澤東的敬仰之情發自肺腑，日久年深。習近平頻繁引用毛澤東詩詞，是他對毛澤東充滿敬仰之心，崇敬之情的一種自然流露。」他又說，習和毛心靈相通：「習近平頻繁引用毛澤東詩詞，不是抒發詩詞鑒賞的心得體會，而是作為黨和國家領導人，闡述治國理政的新思維，新思想，新戰略。習近平的談話內涵豐富，思想深刻，氣勢恢宏，既彰顯政治智慧，更體現使命擔當，這與意境高遠的毛澤東詩詞遙相呼應，心有靈犀一點通。」

雖然是一篇令人作嘔的馬屁文章，卻也說出一個人們長久以來不願承認的真相，那就是我在習近平剛上臺時就提出的「習毛同體論」。別看習周遊列國時「背書單」，其實那些西方著述他基本上沒有讀過，他不是讀書人，他唯一認真讀過的，恐怕只有毛選。習熱衷於從毛選中汲取政治權謀術，他跟毛之間的精神聯繫遠遠超過他青少年時代十年沒有見面的父親習仲勳。毛讓習家家破人亡，但習卻像楊康那樣「認賊作父」，原因很簡單：只有跟著毛主席走才能吃香喝辣、飛黃騰達；若是跟著老爸走，恐怕要重蹈老爸之覆轍——被單獨關押多年而精神失常。

「習毛同體」乃是時代背景使然，也是習近平在知青時代「身不由己」的人生選擇，習近平以毛澤東為精神之父是一個不必拍案驚奇的選擇。

寫這篇馬屁文章的御用文人汪建新，是受過「六四」洗禮的一代人。汪氏一九六四年生，一九八六年江西師範大學英語系畢業，一九八九年南開大學哲學系美學碩士研究生畢業——他跟劉曉波一樣，學的是那個時代熱門的「美學」專業。劉曉波在博士論文中揭示了

「美即自由」的真理，劉曉波的美學論著在八〇年代末期風靡一時，在大學裡面人手一冊，汪氏大概也是如饑似渴地閱讀劉曉波著作的大學生之一。

三十年後，劉曉波以身殉道，汪建新賣身投靠。井岡山幹部學院成立於胡錦濤時代，是中央組織部管理的幹部培訓學校之一。該學院官網介紹說，汪氏「長期從事黨的幹部教育事業，十多年來，又特別專注於毛澤東詩詞的教學與研究，視角獨特，屢有心得，頗受好評。」汪氏的「重要論文」包括〈從毛澤東詩詞感悟中國共產黨人的初心〉、〈從詩詞感悟毛澤東崇高的人生〉等。汪氏不惜「以今日之我反對昨日之我」，從一介書生躋身為黨校教授，靠的是不遺餘力地溜鬚拍馬。

習近平樂意看到將自己與毛澤東相提並論的文章。習近平這樣的太子黨，看不起作為「管家」的江澤民和胡錦濤，也對作為「修正主義者」的鄧小平不感冒，他在黨內唯一崇拜的對象就是毛澤東，並儼然以「毛二世」自居。

何為「習近平治國理政的思想」？

毛主義是中共意識形態的核心部分。毛之後以鄧小平為代表的中共最高領導人，否定文革等政治運動，卻將毛主義思想列為神聖不可觸犯的「四項基本原則」之一，不僅寫入黨章，而且成為憲法序言之一部分。兩屆黨魁胡耀邦和趙紫陽都因為未能堅持「四項基本原則」而被元老非法罷黜。如果剝離官方對毛主義的修辭潤飾，毛主義大致可解讀為：以暴力革命奪取政權，以階級鬥爭維持政權，政治上為一黨壟斷權力，經濟上為公有制的計劃經濟，外交上輸出革命，將中國視為世界革命的中心，而所謂無產階級專政其實就是領袖或一群寡頭的獨裁統治。

毛死後，再沒有哪個中共最高領導人用自己的姓名命名某種「主義」，鄧小平提出「不管白貓黑貓，只要抓著耗子就是好貓」的「貓論」和「摸著石頭過河」的「摸論」等「鄧小平理論」；江澤民的「三個代表」和胡錦濤的「科學發展觀」，都還離「主義」有一步之遙；習近平執政以後，官媒提出「習近平治國理政思想」之概念，比毛的「主義」低一級，卻比鄧的「理論」高一級。

有主義的黨魁跟沒有主義的黨魁，區別實在是太大了：沒有主義的黨魁，如江澤民和胡錦濤，只是太子黨暫時找來看家護院的管家和維持會會長；有主義的黨魁，如習近平，才是「坐江山」的自己人。習近平是太子黨的代表，必然要打破毛之後歷屆黨魁缺乏個人之「主義」的局面。

中國官方尚未提出「習近平主義」，但北美中文報紙《世界日報》率先刊出一篇署名「文揚」（作者為在香港的智庫「中國力研究中心」副主任）的文章〈習近平主義早晚亮相成必然〉，似有投石問路、出口轉內銷之意。內容提到：

官方文件中避免直接提「習近平主義」，但人們實際上完全可按照「習近平主義」來簡化理解「中共十八大以來一系列治國理政新理念新思想新戰略」這個冗長表述。如果哪天「習近平主義」在中國官媒上正式亮相，人們也不必大驚小怪。當「以人民為主體的發展主義」成為一個時代潮流，「習近平主義」也就成為了一個應運而生的必然事物。

作者進而指出，能被稱為「科學理論指導和行動指南」的一系列治國理政新理念新思想新戰略，不可能還是別的東西，也就是可和馬克思主義、毛澤東主義並列的「習近平主義」。

這篇文章有意打破中共論資排輩的傳統，刻意抹煞鄧、江、胡的理論，直接將習與馬克思和毛澤東並列。如果說這只代表作者個人想法，背後沒有特別力量運作，沒有人相信。作者指出：「中國是當今世界大國唯一的前第三世界人民共和國，以及前第三世界人民共和國集團中唯一的世界大國，這樣一個特殊國家的特殊道路，正是『習近平主義』所代表的。」這裡顯示出習對外話語和思想擴張的野心：當年，毛輸出革命，讓第三世界國家的革命運動風起雲湧，讓美蘇兩強防不勝防、疲於奔命；今天，習輸出「中國模式」，拓展天下秩序，並伴隨著轉移中國過剩產能的經濟目標，使中國在非洲、中亞和南美等欠發達區域成為咄咄逼人的「新殖民主義者」。

文揚是首先提出「習近平主義」的「先知」，《世界日報》是首先發表「習主義」的媒體。耐人尋味的是，首次提出「習主義」的學者，不是中央黨校、中央政策研究室等要害部門的文膽，而是一位在學界籍籍無名的作者。首先發表「習主義」的媒體不是中央級的《人民日報》、《求是》等黨媒，而是具有臺灣統派背景的《世界日報》。習近平上臺後，處理港臺問題的強硬手段激起兩地民眾中引起強烈反彈。他偏偏以港臺背景的作者和媒體發布「習近平主義」，是否顯示他要讓港臺在思想和語言上也臣服呢？

那麼，什麼是「人民」？什麼是「以人民為主體的發展主義」？所謂「以人民為主體的發展主義」，從未得到「人民」認同與授權。「人民」是一個近代出現的左翼概念，如美國學者杜贊奇所論，「作為民族主權的基礎，人民必須經過創造而成為人民。」毛一生最熱衷的事情，就是以「人民之父」的名義改造和規訓人民。同樣，在習看來，人民是想怎麼捏就怎麼捏的橡皮泥，順我者昌、逆我者亡，不是順民、便是暴民。習不想順應民心，而要征服民心。

如果真的存在「習近平治國理政的思想」，我將其概括為三個要點：首先，以反腐為名在共產黨內部掀起政治清洗，改寫文革之後三十年來「寡頭集體統治」之模式，回歸毛式個人獨裁。在全國上下、全黨內外，重燃個人崇拜風潮，將凡夫俗子推到高不可攀的神壇之上，強調全民、全黨、全軍對「領袖」個人表達效忠，而不僅僅是對抽象的「黨」和「國」效忠。

其次，以納粹德國蓋世太保式的維穩政策和全面鎮壓，徹底摧毀蓬勃發展的民間社會和公共空間，締造出一個由「無所不能的國家」和「原子化的個體」二元組成的國家主義權力模式。以「我是流氓我怕誰」、「混不吝」（北京方言，什麼都不在乎）的姿態，回應來自國內和國際的各種質疑和挑戰，讓「動物兇猛」的文革文化成為官方文化的最大特質。

第三，習近平「中國夢」的核心不是馬列主義，而是中華帝國主義和民族主義。習企圖復活帝制時代的「天朝體制」和「天下觀念」，先在東亞地區成為第一霸權；繼而宣布西方民主模式已經衰落、死亡，挺身挑戰二戰之後、尤其是蘇聯解體之後由美國主導的國際政治經濟秩序，並以此重構中國與世界的關係——讓中國成為名副其實的「世界中心」。

「習近平思想」的三個層面，與文革中基本定型的毛式語言和思想模式的三個層面遙相呼應：「兩千年皆秦制」的帝王個人專制模式，使民眾期盼明君超過追求民主制度；痞子、流氓和遊民的「小傳統」（中國傳統文化中最幽暗和最劣質的部分），使「痞子治國」主導中國的「權力遊戲」；「五四」以來引入中國的社會達爾文主義史觀、狹隘民族主義思想和激進理想主義，奠定了中國人「物競天擇，適者生存」的世界觀，從弱者的悲情到強者的霸權，一夜之間完成變臉。

第二節
數風流人物，還看今朝

二〇一四年十一月，習近平藉著當亞太經濟合作會議東道主的機會，舉行國宴時選用特製「帝王黃」的六十八件琺琅彩瓷，其造型模仿中國古代宮廷御膳餐具。

習近平訪問英國時，提出要享受皇室待遇。英國人對習內心深處的念頭洞若觀火，特意安排習近平夫婦在英國女王夫婦陪同下，乘坐皇家金馬車到白金漢宮。據稱，英國的皇家金馬車是世界上最豪華的馬車，從喬治四世至今，所有英國國王都是乘坐這駕馬車參加加冕儀式。《環球時報》對此大加渲染：「這是皇家最高禮遇，乘坐最高級別的皇家金馬車。」共產黨領袖享受皇家待遇，頗具諷刺意味。習近平的榮耀被放大為所有中國人的榮耀，這是何等精妙的「法西斯群眾心理學」。

習近平微服私訪吃包子時使用過的北京慶豐包子店的座椅，立即被送到慶豐公司總部大堂，放在玻璃罩中當作一件寶貴的文物，加以陳設和展覽。原本普通的椅子，因為被習皇帝用過而身價百倍。這種「沒有皇帝活不了」的心態仍然主宰著中國人的精神世界。

習近平改名「習一尊」？

「毛政」的核心是帝王個人專制、唯我獨尊，這正是習近平追求的目標——不僅壟斷對現實的闡釋權，也壟斷對歷史的敘述權。在閱兵典禮上，習近平的巨幅畫像被高高舉起，光天化日之下，宛如送葬隊伍。此前，這種詭異的場景唯有在北韓首都平壤的大型群眾集會上才可能出現。英國牛津大學中國中心研究員喬治·馬格努斯在一篇評論文章中指出：「在中國，週年紀念活動的唯一目的是記錄中共當局的成功，並鞏固共產黨的合法性，而諸如大躍進帶來的造成數千萬人死亡的大饑荒，毛澤東造成的文革，或在一九八九年天安門廣場對抗議活動的屠殺，這些悲劇，都被掩蓋掉了。」荷蘭裔中國問題專家馮客也指出：「在中國，沒有人鼓勵他們面對自己的歷史，去正視過去。中國是一個強迫人失憶的國家，數千萬共產主義的受害者沒有紀念碑，沒有博物館，也沒有紀念日。」這是習近平在閱兵式上贏得無數民眾愛戴和歡呼的根本原因。

習近平剛剛進入第二個任期，「定於一尊」就成為其執政最大的特色，這一詞彙也成為中共高級官員的口頭禪。

在「六四」屠殺三十週年紀念日前後，中國網路流傳一篇題為〈全國最大的小學生，該下課了〉的文章，諷刺習近平這位「小學畢業生」，需為中國現今的內外交困處境負責，該有「下課了」的自知之明。

這篇文章的作者署名為「解濱」，它最早於「六四」三十週年前夕出現在海外華人圈。六月四日過後，開始在中國網路流傳，被不少網友在微信上轉發，更有人截圖後在微博公開張貼，但都難逃被刪除的命運。

從頭到尾，這篇文章都沒有提到「習近平」三字，而以「一尊」二字代替，因為習近平的馬屁精們紛紛用「定於一尊」來諂媚「今上」。文章指出，中國今天的處境可用「內外交困」形容，那麼，「這些都是誰的責任？」中國「有個人」也說過他將對此負責，現在到了該他負責的時候了，「他人呢」？他「躲都躲不掉」——這個人名叫「一尊」。

文章提到，中國加入世界貿易組織做出的「莊嚴承諾」，在中國商務部官網上都可查到。然而「捫心自問，那些承諾今天究竟兌現了幾條」？如果兌現了，中美還會發生貿易戰嗎？而那些承諾，「到底對中國有啥不好」？

文章直指，需對上述情況負全責的，就是「一尊」。所有中國人都知道的公開秘密是，今天中國的「一尊」就是個小學生，「中國最大的小學生」。他小學畢業後，沒再接受過任何正規教育。「一尊」打破規矩，把任期改為永久賴著不走。到了二十一世紀，有哪些國家還實行領導人終身制？那些搞終身制的國家，有幾個不是流氓國家？

習近平不會知恥後勇、鞠躬下臺。習近平以為，閱兵式上那些看似威力無窮的洲際導彈、坦克飛機，可以保障他終身掌握最高權力，正如喬治·馬格努斯所說：「共產黨從始至終都是依靠暴力將這個國家攏在一起。」但是，「未來的十年，將帶來的經濟和政治風暴，多少枚導彈也招架不了。」伊拉克獨裁者海珊、羅馬尼亞獨裁者希奧塞古和利比亞獨裁者格達費，都是在萬民擁戴、槍炮雲集的集會之後就如泥足巨人般倒下。

習近平「從人到神」只有一步之遙？

隨著習近平完成對黨內敵對派系的清洗，樹立黨內「核心」乃至「領袖」地位，在全國範圍內，個人崇拜、造神運動也轟轟烈烈地展開。這場運動的規模、深度及危害性均超過此前薄熙來在重慶實行的「唱紅打黑」。當年，薄熙來只是一名區區政治局委員，其轄區是偏遠的西南城市重慶，其「唱紅打黑」只能直接影響重慶的兩千多萬人口。胡、溫中央意識到薄熙來「挾主義以問鼎中樞」之野心，刻意與之保持距離。等到王立軍夜奔美領館釀成世界級的醜聞，胡、溫才順勢將飛揚跋扈的薄熙來拿下，也為習近平順利接班掃除了最大的威脅。如今，習近平已是無人挑戰的最高領導人，既然其好大喜功、顧盼自雄，各地封疆大吏遂投其所好，爭先恐後地向其效忠，展開一場造神運動競賽。這場「新造神運動」迅速波及中國每一個省市、每一個領域。

「新造神運動」無孔不入，就連「凱撒的歸凱撒，上帝的歸上帝」的宗教領域也無法置身事外。新疆以及其他省分的許多穆斯林民眾家中、清真寺中被強制要求懸掛習近平的畫像，在禱文中必須加上稱頌習近平的段落；若干佛教界的和尚和尼姑聯袂演唱歌頌習近平的歌曲，在金碧輝煌的劇院中，他們的光頭與燈光相映生輝；天主教和基督教的「三自會」控制下的「官方教會」也不甘落後，以紅歌取代讚美詩，歌聲響徹教堂的穹頂。

二〇一八年八月十二日，江西省餘甘縣黃金埠鎮微信公號發布消息，當地政府向貧困的信教群眾宣傳黨的惠農惠民和脫貧幫扶政策，當地的基督教社群在被「溫情感化心中的堅冰」後，信仰由「信教向信黨轉變」，且「自願清除宗教字畫、對聯六百二十四處，張貼習主席畫像四百五十三份」。然而，一位劉姓居民向海外媒體表示，這些作法是官方強迫的結果，「最近一些家庭把福音對聯和十字架都拆了，他們有自己的信仰，也不想拆這些擺飾。

但是他們不這樣做，就得不到扶貧基金」。這也算是某種「精準扶貧」。

當習近平掀起個人崇拜之時，知識分子大搖其頭說：現在已是全球化、網路化時代，人們不會像毛時代那樣閉目塞聽，不會隨其「魔笛」翩翩起舞；何況習缺乏毛「打天下」的本領和魅力，外表並不俊朗，講話時亦言語乏味，這場造神運動不可能成功。然而，造神運動是否成功，關鍵並不在於「偽神」本人有多少豐功偉業和個人魅力，而在於專制制度下權力模式、宣傳方式——在本質上，今天的中國與毛時代一模一樣：國家掌握百分之百的媒體，民間並無獨立發聲的媒體。

習近平利用中共掌控的全球無與倫比的宣傳機器，模仿毛當年的造神運動，來了一場升級版的「新造神運動」，使高估改革開放三十年來的社會進步的人士為之目瞪口呆——中共中央黨校刊物《學習時報》發表的吹捧習近平的文章，肉麻程度超過文革時代：「近平同志的貴族氣質，是骨子裡透出來的。他講話沉穩而有哲理，語言平實，卻能深入人心；他走在大堂上，有一種氣定神閒、不言自威的風采。無論是和英國女王乘坐皇家馬車，還是和美國總統歐巴馬、川普在一起會談，他的氣場都足以鎮得住場、壓得住陣。他這種貴族氣質，又不是『拒人千里之外』的高傲，而是源於他的平民情懷，以他豐富的執政經歷和強大的自信為前提，是長期積累和沉澱的自然外化。平民情懷和貴族氣質，就像一枚硬幣的兩面，和諧地統一在近平同志身上。」

毛時代，毛主要運用文字媒體（如報紙和書籍）掀起造神運動；習時代，習比江、胡都更為巧妙地運用電視和網路（包括新興的社群平臺）為自己塑造神光圈。習成功地吸納了崇拜毛的人群，並邁向強勢領袖的位置。習近平將自己打造成毛之後最具個人魅力的領袖，一代天驕，唯他與毛。英國學者凱利·布朗如此評論說：

> 習近平領導方式的一個要點，就是非常明確地使用他的個人敘事和人生經歷，來證明他目前領導地位的合理性。這是一個非常引人矚目的變化。中國政治正在變得日益個人化，我們看到了「魅力式領導力」的回歸，這再次讓人想起毛澤東時代。

歌曲、動漫等其他最高領導人未曾嘗試過的個人崇拜方式次第登場，據說習近平的女兒習明澤是操盤手之一。習沉浸其中，無比享受。中共的宣傳方式向文革回潮，甚至出現基層黨員在洞房花燭夜手抄黨章的新聞報導，真是讓人「夢回毛朝」。

習近平的「新造神運動」能走多遠？新聞自由、教育獨立、公民社會成熟等因素，是打破造神運動的重要力量。習近平對這些因素恨之入骨，在多次公開談話中批判和否定之，將新聞自由和公民社會等詞彙納入「不能講」的禁區。中國的民主化，只有在新聞自由、教育獨立和公民社會成熟等方面有了突破，才有可能開啟。那時，個人崇拜和造神運動在中國將再無立錐之地。

習近平「天生神力」的神話是如何出籠的？

中國官媒對習近平的報導，愈來愈接近當年對毛澤東的報導，其目的是為了造神。比如，中央電視臺《初心》節目報導，習近平在文革期間當知青時，「扛著二百斤麥子走十里山路不換肩。」官媒更是吹捧說：「習近平的知青經歷是他吃得苦中苦的過程，練就了他的堅強心理，是對『鋼鐵是怎樣煉成』的最好詮釋和最佳答案。是他在命運痛擊和人生逆轉雙重扼制中不畏艱險，百折不撓，頭破血流不回頭，絕處求生的真實寫照。」顧炎武說，士之無恥，乃是國恥。若顧炎武看到今日中國媒體、學界及官場及之卑賤、之無恥，必定會覺得明末是一個知恥的美好時代。

習近平扛麥子的佳話，可以跟毛澤東游長江的傳奇相媲美。一九六六年七月十六日，七十三歲的毛澤東最後一次游泳渡長江。《人民日報》報導說，毛在長江中游十五公里，只用了一小時五分鐘。後人仔細分析這一數據，發現毛澤東游長江的速度比當今世界游泳冠軍孫楊快近一倍。縱然有長江水流之助力，作為一個七十三歲的人，毛游泳的速度也不可能比世界冠軍更快。在文革潮起、毛的威望如日中天之時，誰敢質疑這個數據呢？

習近平將「習近平治國理政思想」和「新時代有中國特色的社會主義思想」寫入黨章。有了「思想」，就足以跟毛並列。思想上要跟毛等高，體力上也要與毛爭鋒。這就是習近平扛麥子的「舊聞」新鮮出籠的背景。

能與天生神力的習近平相媲美的大力士，在東西方歷史上寥寥無幾。據《舊約》中記載，有一位名叫參孫的猶太人「士師」（即領袖），生於西元前十一世紀。他憑藉上帝所賜的力氣，徒手擊殺雄獅，並隻身與以色列的外敵非利士人爭戰。後來，他受美色誘惑，中計被擒。等到頭髮長出來、力氣恢復，在敵人的神廟中抱住兩根支柱，身體盡力前傾，讓柱子及房子倒塌，壓死廟中所有敵人，自己也犧牲了。

中國古典小說《說唐全傳》中，有一位叫作雄闊海的人物，為「隋唐十八條好漢」之一，排名第四，別稱「紫面天王」。小說裡面說到他「身長一丈，腰大數圍，鐵面鬍鬚，虎頭環眼，聲如巨雷，使兩柄板斧，重一百六十斤，一條熟銅棍，使得神出鬼沒。兩臂有萬斤氣力。」隋煬帝施毒計，召集天下英雄到揚州比武，在演武場埋下炸藥，要將眾人一舉殲滅。雄闊海獨力撐起千斤閘門放走眾人，卻因先前趕了一日一夜的路，體力不支倒下，被閘門壓死。

習近平是「中國的參孫」，還是「當代的雄闊海」？《央視》的編導不敢私自編造扛兩百斤麥子走十里山路不換肩的細節，他們引用的是習近平自我神話的原話。歷史學者章立凡以此寫成一副對聯，上聯是「讀書眼覽五千載」，說的是習近平出訪列國時報書單的故事；下聯就是「插隊肩扛二百斤」，說的就是習近平扛麥子的超凡神力。章立凡在臉書上徵求橫批，我回應的橫批是「神仙下凡」，或「文武雙全」。

中共官場溜鬚拍馬、見風使舵的風氣，讓清末的《官場現形記》等小說相形見絀。十九大前夕，習家班新貴、天津市委書記李鴻忠在新一輪造神運動中一馬當先：他在天津官場發表談話時指出，確立習核心是基於「時代呼喚、歷史選擇、人民意願、實踐締造」的必然結果，是「黨和人民、國家和民族的根本利益所在。」

而新任武警司令王寧上將在中央黨校《學習時報》上發表文章，大談軍委主席負責制的歷史意義，號召「要對習主席真正做到唯一的、徹底的、無條件的、不摻任何雜質的、沒有任何水分的絕對忠誠」。有評論指出，此文堪稱「本次黨大會前最赤裸裸、最具進攻性的一次動員，頗有對參會代表的威脅意味」，讓人聯想起文革爆發時毛通過《解放軍報》親自動員的歷史。王寧的文章發出明確信號：軍隊代表將首先以最狂熱的、林彪式的個人崇拜姿態率先山呼萬歲，擁戴習的各項建議，樹立習在黨內的絕對權威。

習近平剛執政，我就對其持全盤否定態度。那時，大部分中國政治評論者都不同意我的觀點，他們對習近平充滿樂觀期待。隨著時間推移，愈來愈多人認同我的「先見之明」——這不是什麼先見之明，而是根據常識和常理做出的簡單判斷。

既然習近平以毛澤東為其精神之父，從語言習慣到思維方式上，他從毛那裡學到什麼呢？習思想與毛主義之間究竟有哪些草蛇灰線的聯繫？若梳理從毛主義到習思想的中國極權統治模式及語言方式之嬗變，就會發現文革十年是毛與習在語言與精神上的最大交集。文革是毛主義的黃金時代，文革也是習近平的「蒙昧時代」。沒有文革、沒有毛澤東，就沒有今天的習近平。這是打開習近平的精神世界和言行模式的一把鑰匙。

第三節
痞子、流氓和遊民的「小傳統」

研究中國當代政治，不懂毛，就不懂習，因為「無毛不成習」。澳洲中國問題專家白傑明在澳洲國立大學的中華全球研究中心出版的二〇一四年鑑中，提出「要讀懂習大大，得先理解毛爺爺」的論點。白傑明指出，毛是解讀習的鑰匙，若不了解毛，就無法解釋習「打破黨規」動作背後的意圖。僅僅認為毛和習想當皇帝不足以解釋中國全部的政治現實，反之，「這會產生一種舒適的隱喻氛圍」。

毛的身上始終存在某種底層文化特質，他從未像農民那樣辛勤躬耕，但農業社會的地下文化構成其「英雄本色」——這種文化的承載者是痞子和遊民（即流氓無產者）而非農民，這種文化是由演義小說、民間戲劇等構成的、與官方「大傳統」（即儒家文化）有所區隔的「小傳統」。習身上的痞子氣質與毛非常合拍，可惜毛生前沒有發現習的這一特質，否則會收他為義子。

當年，習近平也是「低端人口」

在與「痞子階層」語言和精神的同構性上，習超越鄧、江、胡，與毛並列。習十六歲到延安郊區極度貧瘠的農村當「知青」，茹毛飲血的形容並不為過（習回憶說他曾生吃豬肉）。

北京驅逐「低端人口」，有些人莫名驚詫、怒髮衝冠，似乎這是中共第一次幹壞事。其實，此種「階級清洗」，共產黨一直在幹，樂此不疲，花樣翻新。從八〇年代流行的「盲流」這個詞彙，到春節聯歡晚會上諧星趙本山和宋丹丹在小品中竭盡嘲諷之能事的《超生遊擊隊》（大家看得都很開心），再一直追溯到毛澤東時代的「四類分子」、「黑五類」、「黑九類」，相比之下，「低端人口」的說法顯示中共與時俱進，已經變得「文明」多了——大家還有什麼怨言呢？

中共標榜「平等」，然而中共最拿手的就是「階級分析」和「階級鬥爭」。學者李若建在〈中國賤民階層：四類分子〉一文中，梳理了中共人為製造「賤民階層」的歷史脈絡：中共建政初期，在一些地區，最初只有「三類分子」的稱呼（地主、富農、反革命），後來加上「壞分子」成為「四類分子」；一九五七年反右運動之後，「四類分子」中增加「右派痞子、流氓和遊民的「小傳統」

分子」，成了「五類分子」，即後來民間口耳相傳的「黑五類」。文革中，「五類分子」之後又增加了「走資本主義道路的當權派、反動學術權威、叛徒、特務」四類，變成了「黑九類」。

這些不屬於「人民」的「賤民」，數十年來受盡歧視、羞辱和迫害。在農村，很多地主和富農被「從肉體上消滅」，其「原罪」延及第二代、第三代。居住於大城市的「賤民」，在一次比一次猛烈、殘酷的政治運動中被像垃圾一樣清理出去。中共是一個農民黨，缺乏管理現代城市的經驗，奪取政權後向蘇俄「取經」，蘇俄控制城市的作法是：將城市居民按不同階級加以劃分，無人例外。然後，將敵對階級驅逐出政治、經濟和文化中心，趕到偏遠地帶、不毛之地，或在集中營裡集體勞動，或任其自生自滅。如此，城市安全、整潔、井然有序，用史達林的說法是「像玻璃一樣乾淨」。

在平時常規的人口控制之外，每次政治運動都會伴隨著對特定人群強制性的遷移政策。比如，一九五八年秋，為建設「紅彤彤的大上海」，上海將數以萬計「地富反壞右」及其家屬趕出城區，造成若干妻離子散、家破人亡的慘劇。一九五八年十月，汕頭市一批「四類分子」共一千七百八十九人，被遷居於廣東北部山區。一九六三年，新疆也將「五類分子」和逃蘇未遂人員內遷。

文革期間，當局將「四類分子」驅逐出城市、強迫遷往農村。文革初期，北京市有八萬五千萬多人被扣上「地富反壞右」的帽子，驅趕出北京。天津全市則有四萬兩千人被遣送到農村。估計，當時中國全國從城市裡驅逐的「四類分子」及其家屬超過百萬人。

習近平就是那時被趕出北京的「黑九類」之一。習仲勳被毛澤東欽定為「利用小說反黨」的「反革命」，之後又被戴上「叛徒」、「特務」等「帽子」，有其父必有其子，習近平當然「五毒俱全」，北京之大，沒有他的容身之處。習仲勳是中共建政後最早一批垮臺的高級幹部，被打倒十六年，單獨關押多年，一度精神失常，耳朵被打聾。習近平在十歲時就成了人人喊打的「黑崽子」。

一次意外的相見，成為母親齊心一生的痛。一天夜裡下大雨，趁看守不注意，習近平跳窗戶跑回家，齊心嚇壞了，問他怎麼回來了？「媽媽，我餓。」習近平哆哆嗦嗦地說，想讓媽媽給弄點吃的，然後進房間換衣服。然而，習近平萬萬沒有想到，媽媽不但沒有給他做飯吃，反而在他不知情的情況下，冒著大雨向領導報告去了。

習近平知道，不是媽媽心狠，而是被迫無奈——如果不去報告，就是「包庇現行反革命」，自己也會被抓走。那樣，遠平和安安怎麼辦？他倆還是小孩子啊！饑腸轆轆的習近平，當著姊姊安安和弟弟遠平的面絕望地哭了，又絕望地跑進雨夜。

頤和園一個看工地的老頭兒收留了習近平，讓這個可憐的孩子在一張連椅上熬過一夜。第二天，習近平就被聞訊趕來的警察被抓進「少管所」，參加專門為「黑幫」子弟設置的學習班，並接受勞動改造。這是其「一進宮」。

一九六八年十二月，毛澤東發出號召：「知識青年到農村去，接受貧下中農再教育。」這是毛澤東拋棄紅衛兵的開端。在關押中的習近平主動要求「上山下鄉」，說是「響應毛主席號召，到延安去」。造反派一看，去延安基本上屬於流放，就讓他去了。

剛去延安梁家河村的習近平，在村裡人緣不好，與同去的知青也不合群。中國官方媒體承認，「一個孩子離開北京，來到極度落後、嚴重貧困、人地生疏的農村，那種震撼和悲涼是刻骨銘心的」。據習近平回憶：「上山下鄉時，我年齡小，又是被形勢所迫下去的，沒有長期觀念，也就沒有注意團結問題。別人下去天天上山幹活，我卻很隨意，老百姓對我印象很不好。」

五個月後，無法適應農村原始落後生活的習近平逃回京，不願再回延安。但是，他在北京的家不復存在，戶籍被註銷，只能東躲西藏，過一天算一天。天網恢恢、疏而不漏，他又被當成非法「盲流」，關進「學習班」，半年後才被放出來。這是其「二進宮」。

今天北京的「低端人口」所遭遇的一切，少年習近平統統遭遇過，他們被同一雙看不見的巨手驅離北京。習近平偏偏對遭到驅逐的「低端人口」毫無憐憫之心。對「低端人口」發起的雷霆打擊，若無到習近平之首肯，剛上任不久的北京市委書記蔡奇豈敢輕舉妄動？習近平儼然是冷酷無情的毛澤東第二，那些被暴力清理的「低端人口」，對他來說只是「內參」中的一小串數字——「低端人口」愈少，中南海就愈安全。

知青生活讓習近平的精神世界黑惡化

那段知青生涯讓習近平與底層社會的「暗黑小傳統」水乳交融。

中國農村的「黑惡化」，從共產黨割據時期的江西瑞安、陝西延安等地就已經開始了，經過全國範圍的土改，「惡人當道」便成為常態。在文革時代，習近平在延安的鄉村當知青，不可能遇到晴耕雨讀的、有文化薰陶的傳統鄉紳——這個階層在土改運動中被消滅殆盡；也不可能享受古道熱腸、守望相助的傳統鄉村習俗和倫理——這些由宗族體制維持的民間傳統經歷歷次政治運動之後蕩然無存。習近平能學到的，唯有弱肉強食的生存術和厚黑學，以及痞子和刁民的那一套話語方式。長期以來，馬列理論和毛主義，將農民、窮人賦予眩目的道德光環，而刻意抹殺底層社會的「黑惡化」，很少有人分析延安鄉村的底層生涯對習近平及其同代人的人格形態產生的負面影響。

習近平這一代人掌權，可以稱之為「知青治國」。中國官媒吹捧說：「以習近平為總書記的第五代中央領導集體，有著一個鮮明的時代特徵，就是：相當一部分人具有知青經歷和有此產生的知青情結。這段經歷在磨礪他們性格的同時，也鍛造了他們的平民情懷和務實風格，凸顯親民平實。這種政治素養將深刻影響他們的執政方式和政策導向。他們的執政理念使他們更堅定了改革開放的信念。這是區別於任何一屆的中央決策群體。」據統計，現任中國政治局七常委中有四人曾是知青，占比百分之五十七點一；二十五位政治局委員中，有七位是知青，占比百分之二十八；兩百零五位中央委員中有六十五人是知青，占百分之三十一點七。中國官方的權威分析認為：有知青經歷的一代人全面進入決策層，無疑將會影響中國的政治生態和未來走向。「跡象顯示，有知青經歷的一代領導人，在治國理政方面會更靈活，兼具務實與開明兩種特質。」

習近平掌權之後，「知青」這一名詞鹹魚翻身，具有了充沛的「正能量」。中國官媒評論說：「我們堅信：以習近平為首的黨中央定能領導我們實現中國夢。知青經歷、知青文化、知青精神，不僅影響著知青本身，更影響著全國的農村、邊疆、城市。宣傳知青文化、弘揚知青精神，為社會提供正能量，將對當今社會具有特殊的現實意義。知青們應學習、認知、感悟總書記的知青情結和崇高境界。我們應摒棄那些單一認為『我們是吃虧、失落、蹉跎一代』的負面思想，提高對知青、知青文化、知青精神的認識，昇華、挖掘、啟動更多的正能量和營造正能量環境。」

學者馬勇分析了底層生活對這一代領導人的負面影響：

這一代人離開了深宮大院，特別是像習近平這樣的家庭，又因為家長被打倒的原因下去，底層社會的負面，讓這一代人一覽無遺，使他們知道中國社會不易，也知道了中國社會的「潛規則」。因而這代領導人在個人修為上並非不可挑剔，這也是他們相互之間制衡傷害的一個弱項，他們沒有辦法像中國傳統政治家那樣「內聖外王」，更不可能像歷代帝王那樣既是政治領導者，又是道德楷模。

桃花源式的充滿美善人情的鄉村，不可能存在於共產黨統治下的中國。社會學家孫立平指出，底層淪陷、鄉村淪陷是當今中國普遍存在的社會現象，窮人並不能與善良劃等號。孫立平認為，慘絕人寰當黑磚窯奴工事件，「實際上是一個窮人欺凌窮人，弱者殘害弱者的事件，而這種現象之所以發生，是以下層生存生態的惡化為背景的」。

這一社會學的分析，同樣適用於毛時代習近平生活在梁家河——那裡絕非陶淵明筆下「土地平曠，屋舍儼然。有良田美池桑竹之屬，阡陌交通，雞犬相聞。其中往來種作，男女衣著，悉如外人；黃髮垂髫，並怡然自樂」的世外桃源，而是經過「人民公社」運動和大饑荒之後全面黑惡化的「極惡之地」。習近平在那裡學不到什麼是善良、仁慈和寬容。

從語言風格上可以看出這種「幽暗青春」對習近平的影響何其深廣。習近平的語言接上了中國的「地氣」，比裝腔作勢的江澤民和照本宣科的胡錦濤更受群眾歡迎。比如，二〇〇九年春天，習近平以「尚待觀察的接班人」的身分赴南美訪問，在中國駐墨西哥使館接見華僑和留學生時突然情緒失控地咆哮說：「有些吃飽了沒事幹的外國人對我們的事情指手畫腳。中國一不輸出革命，二不輸出飢餓和貧困，三不去折騰你們，還有甚麼好說的？」

詭異的是，二〇一二年十二月一日，習近平正式接班後不久，《新華網》以「二〇〇九年習近平斥責別有用心的西方勢力：吃飽了沒事幹」為題，重發習近平三年前「吃飽飯沒事幹」之言論，許多網站紛紛轉載。更為詭異的是，編輯為這則消息配發一幅習近平自稱「延安派」的老照片，並加說明文字：二〇〇八年全國「兩會」期間，習近平與出席十一屆全國人大一次會議的陝西代表團一起審議政府工作報告和人大常委會工作報告。聽完代表的發言後，習近平激動地說：「我是在延安入的黨，是延安養育了我！」

底層生涯讓習近平言談舉止不受文明規則約束，頗有毛無法無天的「潑猴氣」。習的類似言論可隨手拈來：習近平在新加坡與馬英九會面時說，「我們是打斷骨頭連著筋的同胞兄弟」，雖生動形象，卻充滿血腥味道。中紀委十八屆六次全會在公報中首次提出監督執紀的「四種形態」：「讓咬耳朵、扯袖子，紅紅臉、出出汗成為常態。」雖未標明是習近平的版權，但一看就具有習鮮明的語言風格。鄧、江、胡時代的中紀委公報一般都有板有眼，不會用如此「生動形象」的語言。

與習近平語言的粗鄙化同步，《環球時報》的言論也日漸粗鄙化。不是《環球時報》膽敢「假傳聖旨」，乃至在意識形態上「綁架」習近平——《環球時報》沒有那樣的膽量和能耐，而是習近平放任《環球時報》充當看門狗，「黨叫咬誰就咬誰」。有政治觀察者指出：「大量以政治化的方式處理行政、法治的問題：『黨的領導』在各個領域被強調，被視為一個解決疑難雜症的妙藥；『規矩』等含糊詞彙被登上頂層話語的重要位置；吃飯砸鍋、妄議中央等本難以自圓其說的提法寫入文件並得到官方的拚命維護。」習時代中共政治術語和行為模式「黑幫化」，《環球時報》如潑婦罵街——辱罵美國「搬起石頭砸自己的腳」、「賊喊捉賊」、「誰怕誰」等。

中共高級官員爭先恐後地學習習近平粗鄙的語言風格。二〇一六年六月一日，中國外長王毅在渥太華與加拿大外長迪翁舉行聯合記者會。女記者康納利向迪翁提出香港書商失蹤等問題，王毅搶過話頭怒斥其「傲慢，有偏見」、「沒有資格提問」。王毅聲色俱厲怒斥記者，完全不顧國家形象大發脾氣，實在罕見。有國際媒體分析說，王毅發脾氣恐怕是為再上層樓所做的姿態。主子如此，奴才便如何，王毅希望通過公開場合的狠話，洗脫「鴿派」形象，向習近平靠攏。王毅是因「個人利益」的難言之隱，放棄了外長一言一行涉及國家形象的考量。

什麼樣的語言，投射的就是什麼樣的思想。在中共上上下下的公共語言迅速粗鄙化的背後，是民粹主義、民族主義乃至法西斯主義暗潮湧動、亂石穿空。美國學者白潔曦致力於研究中國的草根民族主義以及民粹主義與「黨天下」的相互作用，她在專著《強大的愛國者：中國外交關係中的民族主義》中強調，「自毛澤東以來的所有領導人都試圖在一定程度上利用草根民族主義」，習與毛在試圖利用草根民族主義方面具有相似之處，而「國家支持民族主義，只不過是為國內的不滿情緒提供一個方便的出氣口而已。」

如今，中國的經濟正在迅猛下滑，由經濟發展帶來的統治的合法性也正在流失。經典的馬列主義既有悖於國際潮流，也與中國的現實格格不入——若要號召革命，共產黨權貴階層包括習近平家族才是「被革命」的對象。

因此，習近平手上可供選擇的牌不多，用痞子語言包裝的法西斯主義，對那些憤憤不平的底層民眾頗具吸引力，或許真是其最後一根救命稻草。

作為「小地方」的梁家河和作為「大學問」的「梁家河學」

二〇一八年是中共「改革開放」四十週年，陝西省歌舞劇院歌劇團在西安人民劇院上演大型交響合唱頌歌會《夢開始的地方：梁家河》，並冠為慶祝改革開放四十週年主題，曲目包括《延安窯洞住上北京娃》、《情繫梁家河》、《淚別梁家河》等。

據悉，歌舞劇院歌劇團為了這場演唱會，當局專門組織去梁家河「采風、體驗生活」。這是陝西官方團體以「梁家河」為習歌功頌德——把西北停滯落後的小村莊梁家河吹成是中國改革開放起步之地，讓很多人感到匪夷所思。

另外，據中國官媒報導，為慶祝中共建黨九十七週年，中共官媒播出平臺推出十二集大型廣播紀實文學《梁家河》。這部作品是在同名紀實文學和有關紀錄片基礎上改編製作的，講述習近平在梁家河的知青生活，以及那裡幾十年發生的變化。該片每集二十五分鐘，與此同時，五種少數民族語言版和四十多個外語版也在籌畫中。

梁家河的故事不僅成了報導文學、紀錄片、廣播劇，而且也成為學者們申請國家級學術基金的研究課題——習近平在梁家河的經歷，被陝西省社科聯合會以「梁家河大學問」為主題進行研究，即將出版洋洋灑灑的專題報告。未來，「梁家河學」將成為中國的顯學。

隨著習近平自我造神運動的愈演愈烈，梁家河這個小地方，短短數年間變得比井岡山、韶山沖、延安、西柏坡等傳統的「紅色尋根之地」更光芒四射，儼然成了最新一處「革命聖地」。這個只有一千多人的小村莊剛剛在上海設立了聯絡處，出產的農副產品也作為「精準扶貧」的項目進入了上海的超市。同時，它還成了微博上的敏感詞，不少關於它的新聞都禁止評論。

香港大學新聞和傳媒中心中國媒體項目共同主任戴維·班杜爾斯基評論說，就「梁家河」這個案例，外界可進一步看到，「對習近平的膜拜氣氛如何在深刻影響中國的文宣與學術研究」。至少在文宣、教育和意識形態等領域，中國已經在重蹈「微觀文革」之覆轍。

習近平說過：「我人生第一步所學到的都是在梁家河。不要小看梁家河，這是有大學問的地方。」在梁家河的那段賤民生活的經歷，偏偏讓習近平在走向暴君的路上昂首挺胸。是的，那裡確實有「大學問」——習近平信誓旦旦地告訴英國女王，他在梁家河當知青時，早就熟讀莎士比亞劇作。然而，那個年代，梁家河的居民個個都食不果腹、衣不蔽體、家徒四壁，不可能藏有莎士比亞的譯本。週邊的知青也不敢攜帶這種犯禁的書籍。

那麼，習近平必定是在一家秘密圖書館中找到包括莎士比亞著作在內的「封建主義、資本主義和修正主義」的「毒草」。那一定是世界上最大的圖書館，比美國的國會圖書館和哈佛大學圖書館藏書還多。否則，習近平怎麼可能「讀書破萬卷、出國報書單」呢？因此，有網友戲稱，世界上最神奇的圖書館是「梁家河圖書館」。

梁家河的「小地方」與「大學問」的對比，倒是讓人想起另一本書——伊朗女作家阿颯兒·納菲西的《在德黑蘭讀羅莉塔》。該書的背景是伊朗原教旨主義革命初期，哈米尼剛掌權，街頭抗議遊行不斷，大學校園裡，宗教狂熱的學生為掌控課程內容，將唱反調的教授趕出校園。無法面對激進革命與對女性的壓迫，作者離開校園後，邀請過去教過的七位女學生，到家裡開秘密的晨間讀書會。

德黑蘭讀書會的場景宛如一場冒險遊戲：每個星期四早晨，八位女性褪去黑色罩袍，開起秘密讀書會。窗外的德黑蘭，政治氣氛肅殺；房間裡，私密的想像空間緩緩開展。師生藉由閱讀、討論被伊斯蘭政權視為禁書的西方文學經典，尋求心靈的自由和自我價值的確立。她們閱讀的書包括：納博科夫的《羅莉塔》、費茲傑羅的《大亨小傳》、詹姆士的《黛西·米勒》、珍·奧斯汀的《傲慢與偏見》等。多年以後，離開伊朗的阿颯兒·納菲西回憶說：

「今天我之所以會寫納博科夫，是為了慶祝我們即使在德黑蘭的逆境中，依然讀了納博科夫。」

假如習近平在梁家河讀的是《羅莉塔》呢？或者讀的是《古拉格群島》、《動物農莊》、《美麗新世界》呢？那麼，他會不會變成不一樣的人，熱愛自由的人，懂得寬容的人，浪漫且富有同情心的人？當然不能如此樂觀，在殘酷的現實面前，書籍的力量有限，中國是一個「成王敗寇」、「屁股決定腦袋」的鱷魚潭，比伊斯蘭原教旨主義的伊朗更加幽暗。中共獨裁制度是一臺絞肉機，如果還存有尚未泯滅的人性，習近平不可能攀登上權力最高峰。我看過太多曾經的同行者轉身離去——包括大學宿舍裡「睡在我上鋪的兄弟」，如今成了鐵面無情、謊話連篇的官僚。

習近平的書單中不會包括「少兒不宜」的《羅莉塔》，習近平書單中的，是其文膽反覆斟酌的、中宣部仔細審查的、「健康」的勵志作品。他是否讀過並不重要，向世界顯示有「大學問」才重要。

第四節

習近平重演毛澤東的「天下大亂，天下大治」

《新華社》等中國官媒報導，二〇二〇年二月二十三日，統籌推進武漢新冠肺炎疫情防控和經濟社會發展工作部署會議在北京召開。習近平出席會議並發表「重要講話」（習近平的講話，從來就沒有不「重要」的）。習近平的長篇演說，可圈可點之處甚多，堪稱剖析習近平政權本質的一個難得範本。

會場情形相當詭異，坐在主席臺上的習近平等政治局七常委全都沒有戴口罩，坐在下面畢恭畢敬地傾聽和做筆記的數百位高級官員個個都戴口罩。誰戴口罩，誰不戴口罩，不是隨意而為，而是精心安排的政治秀，且以黨內權力秩序來確立戴與不戴的標準——不戴口罩是常委的特權，戴口罩是常委之外的官員的義務。

除了三次會議和一次社區露面之外，習近平在哪裡？

據中國官媒報導，這次會議召集了全國十七萬官員以電視電話的形式同步參與。這是當年毛澤東召集「七千人大會」之後的「創舉」，是中共有史以來參與人數最多的一次大會。與會的大小官員親眼看到習近平的畫面，親耳聽到習近平的聲音，避免逐級傳達「會議精神」可能出現的偏差和走樣，他們何其幸福。

習近平在演講中承認，「這次武漢新冠肺炎疫情，是新中國成立以來在我國發生的傳播速度最快、感染範圍最廣、防控難度最大的一次重大突發公共衛生事件。對我們來說，這是一次危機，也是一次大考。」對武漢肺炎疫情的定位，這是唯一的一句真話。

習近平聲稱：「中國人民在疫情防控中展現的中國力量、中國精神、中國效率，展現的負責任大國形象，得到國際社會高度讚譽。」那些期待習近平認錯、道歉的「好心人」大概要失望了，習近平怎麼會有羞恥感呢？他連古代遇到自然災害就下「罪己詔」的皇帝都不如。

習近平的談話中，詳述了他如何成竹在胸、指揮若定：「一月七日，我主持召開中央政治局常委會會議時，就對做好疫情防控工作提出了要求。一月二十日，我專門就疫情防控工作做出指示。大年初一，我主持召開中央政治局常委會會議。二月十日，我到北京市調研指導疫情防控工作，影片連線湖北和武漢抗疫前線。」

習近平羅列出四個重要的時間點，包括三次會議和一次社區露面，似乎要顯示自己「堅守崗位」——「為人民服務」卻讓人產生更多懷疑和追問：習近平確實是「運籌帷幄之中，決勝千里之外」——北京與武漢的距離遠不止一千里，而是一千兩百公里。當時武漢及湖北出現疫情已兩個多月，武漢和湖北多個城市封城已一個多月，數千萬民眾在死亡的陰影下哀哭切齒，焚屍爐的煙霧遮天蔽日，若干人一家三代死絕，作為國家元首的習近平卻從未劍履及踏上武漢和湖北一步，他跟湖北和武漢抗疫前線的唯一聯繫就是「影片連線」。這個時候，武漢和湖北似乎成了遙遠的外邦，成了化外之地，不再是「一寸也不能少」的、「神聖不可侵犯」的中國領土。

習近平在演說中勉勵共產黨員：「關鍵時刻衝得上去、危難關頭豁得出來，才是真正的共產黨人」，他念念不忘炫耀自己熟悉古典詩詞，引經據典地說，「要以『咬定青山不放鬆』的韌勁、『不破樓蘭終不還』的拚勁，沉下心來、撲下身子——這兩個多月時間。」但是，作為共產黨的黨魁，他自己在哪裡呢？他躲得很遠、很遠。過去幾年，官媒上每天都是關於以習近平為主角的鋪天蓋地的報導，微服出訪吃一頓包子也成了石破天驚的大事，然而，在疫情肆虐的日子裡，習近平卻消失得無影無蹤，二月十日之後，習近平從未深入街道和社區，他的去向大概只有軍營，控制了軍權、安定了軍心，外面死人再多也不怕——就好像一九八九年天安門民主運動期間，千夫所指的鄧小平早就離開北京，到武漢的解放軍軍營中調兵遣將、磨刀霍霍一樣。

習近平學習毛澤東挑動群眾與官僚之內鬥，自己漁翁得利

疫情肆虐期間，中國亂象叢生。今年二月二十三日上午，武漢疫情防控指揮部發布第十七號通告，因特殊原因必須出城的人員以及滯留在漢外地人員，可以申請出城。但三個多小時後，同一機構又發出十八號通告，全盤推翻前一個通告。十八號通告說，十七號通告是指揮部轄下的交通防控組「未經指揮部研究和主要領導同志同意發布的」，宣布無效。這樣的低級謊言當然不能服眾，就連《環球時報》總編輯胡錫進都埋怨這個謊撒得太低級了，居然沒有徵詢他的意見。

因此，很多海外觀察家指出，中共政權已經失控，上層政治鬥爭加劇，習近平手腳無措，中共覆滅在即。這些看法實在是對中共的權力結構缺乏基本的認識。疫情並未讓習近平

失去權力或在黨內受到根本性的挑戰，正如評論人長平所說：「你所看見的基層社會失控，正是權力頂層嚴控社會的結果。如果當權者真的失控了，恐怕社會反而有機會恢復人倫道德和生活秩序。」

習近平放任基層官員胡作非為，甚至授權給數百萬如同文革紅衛兵、造反派的「紅袖章」肆意侵犯公民的基本人權，如衝入私人家中打砸搶、將所謂的違法者遊街示眾等，不是其黔驢技窮，而是其處心積慮地學習毛澤東的高招。

習近平未必讀過他出訪列國時羅列的書單上的經典名著，但他在知青時代確實熟讀了毛澤東的著述。毛澤東如何抓權，習近平有樣學樣。一九六六年七月，身在武漢的毛澤東寫信給江青，提及對文革的戰略設想：「天下大亂，達到天下大治。現在的任務是要在全黨全國基本上（不可能全部）打倒右派，而且在七八年以後還要有一次橫掃牛鬼蛇神的運動，爾後還要有多次掃除。這次文化大革命，就是一次認真的演習。」毛認為要下定決心，「用非常的手段，把群眾充分發動起來，形成巨大的衝擊力量，甚至不惜以打亂黨和國家正常秩序為代價，才能摧毀中國出修正主義的社會基礎，建立起一種新的秩序。」毛相信，縱然「大亂」造成種種損失，但整體而言為了達到「大治」，付出如此代價也值得。「我考慮發動群眾。我把批判的武器交給群眾，讓群眾在運動中受到教育，鍛鍊他們的本領，讓他們知道甚麼道路可以走，甚麼道路是不能走的。我想用這個辦法試一試。我也準備它失敗。現在看來群眾是發動起來了。」

一九六六年八月，中共第八屆十一中全會通過了《中共中央委員會關於無產階級文化大革命的決定》，提出：「要信任群眾，依靠群眾，尊重群眾的首創精神。要去掉怕字。不要怕出亂子。毛主席經常告訴我們，革命不能那樣雅致，那樣文質彬彬，那樣溫良恭儉讓。要讓群眾在這個大革命運動中，自己教育自己，去識別哪些是對的，哪些是錯的，哪些作法是正確的，哪些作法是不正確的。要充分運用大字報、大辯論這些形式，進行大鳴大放，以便群眾闡明正確的觀點，批判錯誤的意見，揭露一切牛鬼蛇神。」所謂「大鳴大放」，毛其實自始至終都收放自如，一聲令下，數千萬紅衛兵就被當成知青「上山下鄉」，虛耗青春；又一聲令下，軍隊出馬接管黨政機關，學校工廠，「造反派」淪為被整肅的對象。

如果讀過毛時代的這段歷史，對於中國當下的「失控」和「嚴控」就明白了。習近平縱容基層「痞子」執法，就是轉移矛盾焦點，製造恐怖氣氛，如果民怨過大，他就出面糾正，從而被民眾感恩戴德，成為曠代聖君。

另一方面，作為專政機器的公安機關，在疫區抓人一點都不慢。公安部治安管理局局長李京生說：「公安機關針對不配合疫情防控的人員進行打擊，共行政拘留兩萬五千萬人，刑事犯罪三千六百四十四人，批評教育四點六萬人。」其中，「批評教育」的對象當然包括那八位說出真相的醫生——殺死李文亮的不是病毒，而是暴政。

錦衣衛治國：中央政法委取代中宣部

習近平在當天的演講中說：「我們改進和加強對外宣傳，運用多種形式在國際輿論場及時發聲，講好中國抗疫故事，及時揭露一些別有用心的人汙蔑抹黑、造謠生事的言行，為疫情防控營造了良好輿論氛圍。」習近平講完話之後那半天的時間，官方發布的疫情實時追蹤顯示，新確診人數和新死亡人數都歸零了——真是厲害了，習皇帝和習大聖！中共公布的疫情數字，不能用統計學來判斷，只能用政治學來測度。

在習近平發表談話前五天的二月十八日，中央政法委下達了一份名為〈關於加強對政法系統依法防控疫情、維護安全穩定先進典型宣傳工作的通知〉的文件，要求所有媒體遵循習近平的指示，「加大先進典型的宣傳力度，進一步弘揚正氣、激勵鬥志、激發社會正能量」。通知中詳細寫道，「要深入挖掘動人事蹟和鮮活事例，推出更多有溫度、有淚點、有人情味的暖新聞」，要讓一線執法者「忠誠無畏、無私奉獻、可歌可泣的形象更加鮮明」。

通知還特別提到善用新媒體平臺微博、微信、抖音、快手的重要性。

通知下達之後，真實反應民情的報導立即全都被「和諧」。一位前線記者感受到了肅殺的氣氛：「二〇〇九年新疆發生七五事件的時候，我也遇過類似的狀況，但沒有像現在這麼嚴。」

耐人尋味的是，對媒體下達「死命令」的，不是中宣部，而是中央政法委，顯示中宣部已經不再擁有宣傳口的決策權，而由中央政法委取而代之。這是一場中共權力機構內部靜悄悄的權力轉移，乃至「軟性政變」。這個權勢轉移表明，習近平連宣傳部都不信任，只信任中央政法委，也就是他自己所說的「刀把子」。他派遣到湖北和武漢撲滅疫情的官員都是政法系統的「習家軍」，疫情沒有撲滅，先撲滅真相。

早在有「政法沙皇」之稱的周永康垮臺之際，有不少中國知識分子和民眾歡呼雀躍，似乎奸臣落馬，從此天下太平——我是差點被周永康的走卒毆打致死的受害者，我卻沒有絲毫樂觀的想法。周永康雖然倒掉了，只要政法委的體制不變，政法委統轄公安、法院和檢察院，將「三權合一」，中國的法律就是「非法之法」，中國的執法就是「知法犯法」。果然，習近平迅速提出血淋淋的「刀把子」之說，政法系統更成為一個只聽黨魁指揮的、「針插不進，水潑不進」的獨立王國，對公民社會和異議人士的打壓更加殘暴。

政法委發話，各種「暖新聞」便熱氣騰騰地出爐：媽媽是護士，上「前線」救護病人去了，剛出生二十天的雙胞胎開口問父親：「媽媽到哪裡去了？」共產中國的嬰孩真是個個天賦異稟，比哪吒三太子還冰雪聰明，出生二十天就能開口說話。一張當警察的丈夫與當醫生的太太隔著玻璃伸手相對、彼此鼓勵的「催淚」照片風靡天下，細心的讀者卻發現那個太太原來是漢子裝扮的，口罩沒有掩住全部的鬍鬚。甘肅給前往武漢支援的女醫護人員剃光頭，上海則給前往武漢支援的女醫護人員注射黃體酮以推遲生理週期——而且全都是「自願」的。這樣的報導，豈不是驚天地、泣鬼神？

然而，我沒有被中國的「暖新聞」所感動，我偏偏被這則小小的資訊所感動：一位朋友上網求買口罩，見一羅馬尼亞商人聲明口罩只賣與香港人、不賣給中國人，好奇心起，特致函問原因，並獲回覆。覆函原文是英文，謹翻譯如下：「僕嘗生活於共產制度之下，商店貨架空空如也現象，如在目前，亦深知望貨架興歎之苦。猶記當年見辱於一群低能統治者，聽其指揮，聽其命令，所感所受固不足為外人道。無數往事不堪回首，與其稱為『回憶』，不如說是慘痛經歷。當然，時代今已不同，唯僕仍深佩港人之為自由奮鬥，故口罩只賣予港人。」不是過來人，說不出這樣的話。我雖不是港人，我也為之淚下。那些被香港黑警殺害的數百位手足的生命，重如泰山；那些高唱「沒有共產黨，就沒有新中國」而在武漢肺炎中死去的中國人的生命，輕如鴻毛。

習近平打造「武漢肺炎共同體」：不僅治中國，而且治天下

毛澤東所說的「天下大亂，天下大治」，天下只是指他統治的中國。而習近平的天下，早已溢出中國的範疇，儼然要席捲世界。

習近平又說：「一百七十多個國家領導人和四十多個國際和地區組織負責人以電話、信函、聲明等方式對我國表示慰問和支持。國際社會普遍認為，中國努力防止疫情在世界蔓延，不僅是在對中國人民生命安全和身體健康負責，也是在為世界公共衛生事業做出貢獻。國際社會普遍認為中國採取的堅決有力的防控措施，展現的出色的領導能力、應對能力、組織動員能力、貫徹執行能力，是其他國家做不到的，為世界防疫樹立了典範。」習近平不以武漢肺炎為恥、反以武漢肺炎為榮，彷彿中國不是禍害世界的根源，而是拯救世界的先鋒、彷彿自己不是玩火自焚的暴君，而是力挽狂瀾的超級英雄「中國隊長」。

與鄧、江、胡等前任相比，習近平不願放棄創造新意識形態、將中國打造成世界霸主的嘗試。七〇年代末，代表極左派的江青等「四人幫」被清洗、文革慘澹收場之後，具有強烈

宗教性的毛主義暫時偃旗息鼓。鄧小平、江澤民和胡錦濤放棄征服人心和輸出革命之企圖，也放棄重塑官方意識形態的雄心壯志。鄧小平的「貓論」和「摸論」，是其實用主義的體現，可安慰文革後殘破的人心，卻不足以征服和撩撥人心；江澤民的「三個代表」，企圖解決馬列原教旨主義與中國現狀之間明明可見的矛盾，卻自相矛盾，在民間淪為笑柄；胡錦濤的「科學發展觀」，符合技術官僚按部就班的個性，更顯枯燥乏味。相比之下，習近平的「夢論」跟毛澤東「超英趕美」、「中國是世界革命的中心」的豪言壯語、開天闢地的想像有更多相似之處。

習近平號稱要打造「世界命運共同體」，也就是說，中國模式是唯一的康莊大道，唯一的「王道」。「全球命運共同體」的實現遙遙無期，「武漢肺炎共同體」卻率先實現了——在中國之外疫情最嚴重的國家，依次排名為：韓國、義大利、日本、新加坡，還有泰國、柬埔寨等唯中國馬首是瞻、縱容中國警察入境綁架流亡人士的中國的東南亞「準殖民地」。這些國家受武漢肺炎之害最烈，不是沒有原因的，它們要麼是精神和文化上「脫華」不足，要麼是貪戀中國遊客的消費和中國政府的投資，要麼是「一帶一路」的積極參與者，它們都被中國這個無邊無際的黑洞吸入其中，成為「武漢肺炎共同體」之一部分，真是貪心不足，自取滅亡。

不僅國家如此，國際組織更是紛紛呈現「中國化」趨勢。《新美國》雜誌發文披露，中共將其長臂伸到聯合國各機構及其它國際組織內，並要求所有在國際組織任職的中共官員絕對服從黨的命令，這與國際組織的「超越國家利益的職務要求」相衝突。中共更已將其代理人安插在整個聯合國和「全球治理」機構中，如國際貨幣基金組織、世界銀行等——原來西方獨大的機構亦逐漸淪陷。

二〇一七年七月，中共外交部副部長劉振民於出任聯合國副祕書長後，獲得了主管聯合國經濟和社會事務部（DESA）的權力。《外交政策》報導，劉振民領導的DESA正在幫助中共向發展中國家兜售「一帶一路」。該機構在劉的帶領下，已經成為一塊「準中國（中共）領地」，支持北京在全球發展領導地位的主張。

習近平癡迷於「全球治理」，北京外國語大學遂奉旨設立「全球治理學院」，培訓大批中共代理人，滲入所謂的「新世界秩序」機構。

此次武漢肺炎疫情失控，習近平政權首當其衝要承擔第一責任，與習近平政權沆瀣一氣的世界衛生組織則要承擔第二責任。世衛組織儼然是中國共產黨的海外分部，世衛組織秘書長譚德塞儼然是習近平如臂使指的黨棍。有中國網友哀嘆說，中國人從五四時代開始追求德先生和賽先生，求之不得，結果來了「譚德賽」先生這個禍害。

習近平擔任盟主的「武漢肺炎共同體」堪稱人類有史以來最強大的國際機構，還有哪些國家和國際組織願意加入其中、與之同享榮華富貴呢？

第五章

論習近平的文學修養：博士帽下半文盲

獨裁者史達林之所以對文學和戲劇有興趣，主要是因為它們是不可忽視的意識形態工具，也是操縱社會、集體洗腦的手段。

奧列格·賀列夫紐克

俄國歷史學家奧列格·賀列夫紐克在《史達林：從革命者到獨裁者》一書中研究了史達林的讀書生涯後指出：「根據某些人的回憶，史達林宣稱，他的每日標準閱讀量大約是四百到五百頁。我們很難想像，史達林如何能維持每日四百到五百頁的閱讀量。」

讀過神學院的史達林擁有四百多本藏書（數量遠遜於他的對手希特勒），常常做出批註。在其藏書中，除了列寧文集等必讀書之外，有不少文學藝術作品。史達林時常閱讀蘇聯作家的作品，不時針對舞臺劇、電影劇本等發表意見，也頒發文藝獎項。文藝界既有他的「寵兒」，也有「眼中釘」。在「史達林管理學」中，就算是「創作者」也得認清在政權控制下如何脆弱和缺乏主體性。史達林有能力判定文學作品「高下」——這些作品必須先通過他的政治考驗。

在今天的中國，一個半文盲、一個假博士，可以成為天才、偉人和聖賢。中國官媒將習近平若干涉及文學藝術的演說綜合整理成萬字長文《習近平自述：我的文學情緣》以發表。「學習（此「習」亦為習近平之「習」）小組」加上編者按：「在文藝工作座談會上，總書記鮮明提出堅持以人民為中心的創作導向，創作更多無愧於時代的優秀作品，吹響了推動文藝創作繁榮發展的集結號。重溫總書記講述過的他熟讀文學經典、心繫文藝工作的動人往事，愈加感受到總書記重要講話的思想力量，體會到總書記那份深深的文學情緣。」

這段編者按語，沿襲文革時代對革命領袖的諂媚，如果真如外界傳說那樣，在這場「新造神運動」中扮演重要角色的「學習小組」由習明澤主導，獨立於宣傳部門之外，那麼，這個在哈佛大學受過現代民主教育的年輕女性，為何滿腦子都是她未經歷過的文革的醬缸文化？她難道一點不知道她的父親就是赤身裸體的國王嗎？

在共產黨的宣傳模式中，人民是一個抽象的、缺席的概念，領袖才是永遠偉大、光榮、正確的「人民的代表」。蘇俄改革派領袖雅科夫列夫在他的回憶錄中說，「代領袖立言的寫作生涯難度很大，難就難在尋找某些新的話語，而且要漂亮話，樂觀主義的話語，然而，又要圍繞著人人都煩透了的那些思想和論點跳舞。體制本身斷然排斥一切新事物，竭盡全力鞏固極權主義的權力機制，卻要寫諸如社會主義民主繁榮、人民物質福利的不斷提高、人民對黨的無比擁護、對黨的熱愛之類無聊的廢話。無論費多大的力氣，荒謬還是荒謬。

連前蘇聯總書記布里茲涅夫都情不自禁地抱怨說：「我好不容易才擺脫了，我恨死了這無聊玩意兒，不喜歡成天沒完沒了地絮叨。」

可是，體制照樣要將總書記打造成光芒四射的「文學巨星」，總書記亦樂在其中。如今，習近平離布里茲涅夫僅有一步之遙：他沒有讓槍手幫助完成「文學巨著」，卻有資格去指導作家和藝術家創作——諾貝爾文學獎得主莫言聲稱，他奉習為「導師」。莫言表示，習「的確是一個了不起的人，一個博覽群書的人，一個具有很高的藝術鑒賞力的人，是一個內行」。習近平是藝文工作者的讀者和朋友，「當然也是我們思想的指引者」。

習近平不僅是莫言的導師，更是中國所有文學藝術家的導師。諾貝爾文學獎的冠冕，並不能將奴才變成勇士，莫言心悅誠服地將習當作導師，以此換取專制體制下的一杯羹。

這則莫言諂媚習近平的新聞在網路上廣為轉發，評論大多是負面——「自從獲獎後，馬屁拍得溜」、「戴了烏紗帽，得了軟骨病」，或是諷刺說「不愧為諾貝爾文學獎得主啊」、「確實讓人渾身起雞皮疙瘩」。香港作家廖偉棠加上一句評論：「中國從來不缺郭沫若。」莫言之於習近平，正如郭沫若至於毛澤東。獨裁者好為人師，奴才們要配合演出。

對於莫言及其作品的特質，旅美文學評論家高爾泰在美國國會圖書館的演講中指出，莫言作品的特色，一言以蔽之，「是商用酷刑欣賞，加黨版愛國主義」，他說：「莫言的小說，是民俗、獵奇的盛大排擋，豐乳肥臀，熱氣騰騰。要說這是揭露醜惡，卻又處處摻雜著愛國主義。那些王八蛋們在打家劫舍的同時，都不忘精忠報國。如所周知，八〇年代以來，專制政權的文宣主題，已經由階級鬥爭轉向了把黨和國家混為一體。」是故，習近平怎麼會不欣賞莫言，莫言怎麼會不膜拜習近平的思維方式和語言方式？從山東高密到陝西富平，不需要乘坐高鐵，只有一步之遙。

當今中國學界和文化界的墮落，從一份〈二〇一七年國家社會科學基金年度專案立項名單〉中可看得一清二楚：僅以「習近平總書記」打頭的就有一百項，遍及人文社會科學所有領域。試舉幾例為證：〈習近平總書記關於意識形態工作思想的總體性研究〉、〈習近平總書記關於文化自信思想的理論內涵和文化使命研究〉、〈習近平總書記的科技創新思想與世界科技強國戰略研究〉、〈習近平總書記關於中國道路思想研究〉、〈習近平總書記關於依規治黨思想研究〉、〈習近平總書記關於家風建設的重要論述研究〉，甚至還有研究題目為〈國外關於習近平總書記治國理政思想研究評析〉，作者從哪裡找到國外研究習近平思想的「原始材料」？

毛時代，確有第三世界的「難兄難弟」以及西方國家極左派推崇毛主義。習時代，就連唯一的「小弟」金正恩都不願學習「習思想」，習近平通過「一帶一路」、「大撒幣」，也沒有哪個窮國願意移植中國模式。有網友評論說：「不知道說的是哪一個國外，是孔子學院還是大使館出錢辦的中國文化中心？」

在今日中國，只要習氏父女傾情合作，就能化腐朽為神奇。作為流氓的毛澤東可成為偉大領袖，為什麼作為小丑的習近平不能成為偉大領袖？文革從未離開中國，只是在鄧小平時代成為潛流，在習近平時代再度破土而出。

對於《習近平自述：我的文學情緣》這份活色生香的文本，有進一步評述和剖析的必要。破解中共的宣傳術，此文是典型案例。我仿效柏楊點評《資治通鑑》的方式，用「余杰曰」逐段評論，希望「立此存照」，讓當世人及後世人明白，習近平盤踞龍椅的時代，究竟是一個怎樣的時代。

第一節 習近平讀過多少中國古典名著？

「精忠報國」是習近平一生追求的目標嗎？

習近平：記得我很小的時候，估計也就是五、六歲，母親帶我去買書。當時有兩個版本，一個是《岳飛傳》，一套有很多本，裡面有一本是《岳母刺字》，還有一個版本是專門講精忠報國這個故事的，母親都給我買了。買回來之後，她就給我講精忠報國、岳母刺字的故事。我說，把字刺上去，多疼啊！我母親說，是疼，但心裡銘記住了。

余杰曰：正宗的共產黨，應當以共產主義和國際主義為主流意識形態。然而，「六四」屠殺之後，「馬恩列斯毛」這些「老祖宗」落花流水春去也，對民眾再無蠱惑力。中共只好改旗易幟，以愛國主義和民族主義重塑其統治合法性。

習近平擡出岳飛為新偶像，號稱以「精忠報國」為「一生追求的目標」，就是要讓中國民眾愚忠於皇上，培養以「忠孝」為核心的臣民人格，如此共產黨的統治就能千秋萬載、穩如磐石。

然而，岳飛並不是現代公民應當效仿的榜樣。學者王飛凌指出，岳飛將軍的傳奇始於他被處死二十年後、南宋帝國予以「平反昭雪」之時，並逐漸成為一個擁有其專門的寺廟供人崇拜的半人半神。實際上，岳飛不是民族英雄，而是一個軍閥，而且還是種族主義者和食人族，所謂「壯志飢餐胡虜肉，笑談渴飲匈奴血」，不是種族滅絕又是什麼呢？另一方面，岳飛也是如假包換的「分裂主義者」，破壞「祖國統一」的千古罪人——既然中共的官方史觀肯定元帝國和清帝國「開拓疆土」的功勞，那麼岳飛參與的那場無望的抗金戰鬥，不就是站在歷史潮流的對立面嗎？

中共官方在歷史敘事的混亂和自相矛盾，已無法支撐起一套完整的歷史敘事，無法將故事「說圓」——比如，長期以來，中共為宣揚忠孝意識，將占據臺灣的鄭成功政權無限美化，鄭成功成為從荷蘭殖民者手上收復國土的民族英雄；反之，鄭家之叛將、幫助清帝國擊潰明鄭政權的施琅則是滿人之走狗、漢族之千古罪人。但是，當反對臺灣獨立變得愈來愈重要之際，中共又用一套顛倒的史觀來描述這段歷史：鄭家成了分裂祖國的壞人，施琅搖身一變成了統一祖國的英雄。

習近平用童年的閱讀經驗號召國人「學習岳飛好榜樣」，難怪今天中國會出現形形色色的「愛國賊」，有愛國怪人將國旗紋在臉上，也有愛國怪人到美國去升中國國旗。超級五毛司馬南公開宣稱：「反美是工作，留美是生活。」超級毛粉孔慶東則在紐約世貿遺址稱讚恐怖分子是「大俠」。而在香港，西環地下政府甚至推動立法，懲罰那些在升國旗、唱國歌時打屁的「不愛國者」。

當時能找到的文學經典，習近平都看了嗎？

習近平：修身、齊家、治國、平天下，我們這代人自小就受這種思想的影響。上山下鄉的時候，我十五歲。「一物不知，深以為恥」，我給自己提出了這樣一個要求。我們插隊那時候，也是書籍的大交流。那時，我居然在鄉村教師那兒也發現很多好書，像《紅與黑》《戰爭與和平》，還有一些古時候的課本，比如清代課本、明代課本等。

余杰曰：習近平少年時代喜歡讀那些被標識為「封建主義」的中國古書、被標識為「修正主義」的蘇俄著作以及被標識為「帝國主義」的西方著作。「封資修」的「毒草」人人愛——老毛的書房裡，沒有一本馬列著作，全都是講厚黑學和權謀術的線裝書。

習近平號稱「當時能找到的文學經典」他都讀過，如果真讀過一批文學經典，他就不會是「白字先生」了：在G20峰會的開幕演講中，習近平引用《國語》中「輕關易道，通商寬農」的成語，闡明中國支持全球化，卻將「寬農」唸成了「寬衣」。

為什麼將「寬農」唸成「寬衣」呢？「為伊消得人憔悴，衣帶漸寬終不悔」，或許精瘦的歐巴馬擔當得起這句宋詞，但習上臺之後，雖日理萬機，卻肥胖如安祿山，衣帶漸緊，肚中可裝下胎兒，減肥、「寬衣」或許是其最大的願望，一不小心脫口而出。

包子露餡，都怪漢字簡化。直把寬農當寬衣，都是「殘體」惹的禍。若是繁體「農」，再傻再呆，也必不致「農」和「衣」不分；因為「農」被胡亂簡化成「农」，才導致「農」、「衣」不分，釀成國際笑話。包子帝喜歡秀「經典書單」，我不妨投其所好，推薦他讀一讀流沙河的《正體字回家：細說簡化字失據》這本書。

流沙河有一篇文章專門談正體字「農」的來歷：農從辰從曲，意指農作。辰象海蜃之形，是一種大蚌蛤，三角形。甲骨文辰，蛤肉伸出殼外，正在爬行。辰即蜃，蟲是後人添加的。先民捕海蜃，取其堅硬厚實的殼，磨製蜃鐮，割禾用之。農字從辰亦即從蜃，以此。流沙河批評說：「農簡成农，致使文字之豐富內涵被模糊，被遺忘，被陰消。」

如今，將正體字變成殘體字的共產黨作繭自縛，致使包子帝貽笑大方。

包子帝唸白字之後的一系列後續事件，比小說《美麗新世界》還要荒謬。

若在民主國家，民選的國家領導人知道自己不是全知全能的上帝，即便精通演講術、口若懸河，仍然可能出現口誤。他們會因口誤向民眾道歉，並自嘲一番。

犯錯並不可怕，可怕的是掩飾錯誤，乃至以錯為美、以錯為榮，封殺指出「領導有錯」的聲音。

在極權中國，領袖唸白字是一件了不得的大事。宣傳部立即行動起來，在網路上將「通商寬農」刪得一乾二淨。兩天之內下達兩道緊急命令：「一，微博、微信公號、博客、論壇、貼吧等互動平臺，請立即對『通商寬農』以及相關事件內容遮罩，攔截，嚴格刪除有關評論，圖片，影片和相關資訊。二、各網，請全面二十四小時監控並手動清理領導人Ｇ２０峰會講話『通商寬農』口誤相關內容，每兩小時向上級回饋一次最新的情況彙報。」

如此重要的講稿，包子帝必定預演過。但以包子帝直追毛太祖的神威，預演時下屬聽出讀音錯誤，也未必敢「冒死諫言」。唯我獨尊的包子帝該跟中共外交第一人、禮賢下士的周恩來好好學習。

周恩來在毛澤東面前俯首貼耳，一生助紂為虐，不是什麼好人。但周畢竟受過民國教育，表面上文質彬彬、不恥下問。周每次重要場合的發言稿定稿後，總要當著幕僚念一遍。一次他把「滲透」念成「參透」，身邊恰好有一名敢言幕僚，就是當過張聞天秘書的何方。別人或許不敢為總理糾錯，何方卻大膽地說：「總理，這個字恐怕得念『滲』透吧？周當面不願認錯，說他一直都是念『參』透。第二天，周在正式場合還是改念成「滲」透。

包子帝身邊要是有何方這樣的人，何至於出醜？何方是《炎黃春秋》的編委和作者，是要被包子帝打倒的「資產階級自由化分子」，就連其追悼會都在嚴密監控下舉行，習近平哪能讓這樣的「定時炸彈」在自己身邊工作？

一字之差並不可怕，可怕的是包子露餡之後，包子並不知道。不會有一個智囊敢把這個錯誤告訴主子，包子帝永遠心滿意足。高喊「皇帝沒有穿衣服」的那個孩子，要麼在監獄沉默，要麼流亡異國他鄉。

習近平常常說白字，引用古文更漏洞百出。二〇一四年，習近平與太平洋島國領導人會面時，引用詩句「春種一粒粟，秋收萬顆子」，殊不知，這兩句詩出自唐代詩人李紳的《憫農》，後兩句詩文為「四海無閒田，農夫猶餓死」，詩人批判政府田稅過高，農民豐收仍餓死，習近平難道藉此自我批評？

二〇一九年一月一日，習近平發表新年賀詞，引經據典指「歲月不居，時節如流」，但這兩句名言還有後話——「海內知識，零落殆盡」。這是東漢孔融寫給曹操的《論盛孝章書》中的話，原文中「知識」指「知交」。識者嘲諷說，習近平在新年賀詞引述「歲月不居，時節如流」，但無視下文「海內知識，零落殆盡」，反映他文化水準不高。

習近平的閱讀書單、博士學位早已成為全球笑柄。江澤民常常引用中國古籍，只是為了標榜博覽群書，滿足個人虛榮心，但習近平則有用儒家文化取代西方普世價值的野心。僅僅用笑話來看待習近平「唸白字」，不足以透視其「雄才大略」。如果說臺北市長柯文哲聲稱「推廣儒家有助於改善社會」，只是因為醫生出身的他知識有限、思想落伍，那麼習近平朝拜孔廟、炫耀四書五經，則是將孔子、毛澤東、鄧小平的遺產打包後提出的一整套稱霸全球的「天朝觀念」。

儒家文化不是習近平的救命稻草。韓國延世大學國學研究院趙慶蘭教授致力於研究中國近現代思想和知識的動向，在其著作《國家、儒學、知識分子》一書中，對現在領導中國的兩大理念——文化保守主義和中華民族主義——做了集中分析。她指出，習近平政權「不支持中國國民的人權和自由，卻向其他國家提示體制方案的想法是可笑的。」

習近平一再渲染知青時代在鄉下讀書之難，為什麼無書可讀呢？不正是因為毛澤東掀起反文化、焚書坑儒的愚民運動嗎？毛時代的中國被阻隔於人類文明主潮之外，造就幾代人精神的荒蕪。「己所不欲，勿施於人」是古代聖賢的教導，既然習近平知道無書可讀的痛苦，當他掌權之後為什麼還要鉗制文化、掃盪出版、壓制思想和言論自由呢？

例證之一，教育部和宣傳部聯合下文，命令全國大學的人文和社會科學系科不准使用西方教材。

二〇一七年九月十九日，華東師範大學法學院教授田雷在其主持的微信學術公眾號「雅理讀書」上披露：原華東政法大學校長何勤華在「全國外國法制史研究會」第三十屆年會上發言，批評一些大學限制外國法制史教學和研究，讓中國大學孤絕於世界大潮之外。

有些大學校方壓縮教學課時、縮減教學課程，甚至一些大學的圖書館以清理審核為由，對凡是帶有「西方」字樣的書和雜誌，全部停止讓學生借閱，還有部門突擊抽查外國法制史教學，以防止老師在講課中「過分讚賞、宣揚西方古典民主制度」。

有分析指出，這是習近平以「七不講」和「十六條」管控教師思想的體現，也是中國法學院「自我閹割」的第一步。習近平自詡為讀書人，卻要將全體中國人塑造為不讀書（尤其是不讀西方的書）、不會思考的精神奴隸。

「三言」裡的很多警句，習近平都能背下來嗎？

習近平：「文革」時，我們家搬到中央黨校住。按當時的要求，中央黨校需要把書全集中在科學會堂裡，負責裝車的師傅都認識我，他們請我一起搬書。搬書的過程中，我就挑一部分留下來看。那段時間，我天天在那兒翻看「三言」（明代文學家馮夢龍編纂的《喻世明言》《警世通言》《醒世恒言》），其中很多警句我都能背下來。

余杰曰：習近平在此透露了一個「國家機密」，他應當以「洩露國家機密罪」被逮捕查辦：文革潮起，早已是「死老虎」的習仲勳家族亦不能倖免，家人被安置在中央黨校「保護性監禁」。而即便在中央黨校，各類藏書也要集中起來封存。搬書過程中有一小小漏洞：本是「黑五類」的少年習近平被「拉壯丁」去搬書，順便「挑」了（更準確地說是「偷」，因為那些書都是國家財產）一些書留下來自己看。

習近平挑選馮夢龍的「三言」來讀，一定不是因為其中隱藏有「革命星火」，也不是其「極摹世態人情之岐，備寫悲歡離合之致」；而是因為其中有不少關於明朝後期市井生活的描寫，尤其是有繪聲繪色的性愛、色情段落。處於性饑渴狀態的少年習近平，究竟是如何面紅耳赤地閱讀那些「動物兇猛」段落的？習近平不會公開披露此類細節。

若習近平熟讀「三言」，難道他一點都沒有發現，如今社會人心之潰敗，比起明末來有過之而無不及？魯迅說：「試將記五代，南宋，明末的事情，和現今的狀況一比較，就當驚心動魄於何其相似之甚。以明末例現在，則中國的情形還可以更腐敗，更破爛，更凶酷，更殘虐，現在還不算達到極點。」國民黨時代只是官僚階層的敗壞，社會尚有生機與活力，尚有是非善惡之基本判斷；共產黨時代，則全社會各個階層一起崩壞，此為中國民主轉型最大的阻力。

如果讀過夠多的文學書籍，習近平就不會「略輸文采」。有朋友經過習近平的老家陝西富平，發現原來頗為貧困的富平，麻雀變鳳凰，高樓廣廈鱗次節比、高速公路四通八達，真是「一人得道，雞犬升天」。當地的孩子們高唱一首名為《習主席寄語》的歌曲，歌詞是習近平親自寫給家鄉下一代的勉勵之語。

中共歷屆黨魁都習慣於以其名字命名某種「獨創性」思想，寫入黨章，傳之後世，奠定自身的歷史地位：毛澤東思想、鄧小平理論、江澤民的「三個代表」、胡錦濤的「科學發展觀」，習近平的「中國夢」。中共黨魁也喜歡用歌曲定義本人掌權的時代：毛澤東時代有《東方紅》頌歌，鄧小平時代有《春天的故事》頌歌，江澤民時代有《走進新時代》頌歌，胡錦濤世代有《盛世中華》頌歌。那麼，習近平時代的頌歌就是其親自作詞的《習主席寄語》嗎？

為《習主席寄語》譜曲的是據稱「有近四十年文藝創作經驗的老文藝工作者」姜延輝。姜延輝在接受官媒訪問時說，這首歌裡沒有哪句是歌頌習近平本人的，「習主席是寄語人們應怎樣勤勤懇懇、老老實實、積極上進的做人，中國人太久沒有這樣的一面鏡子了。」明明是醜陋不堪的個人崇拜，偏偏要猶抱琵琶半遮面，真是「沒有最無恥，只有更無恥」。

單有本國國民對其五體投地還不夠，官媒還把來訪的美國人當作道具使用：「一個美國社團包括牧師主教來到中國，看到人們在唱《習主席寄語》這首歌時，很感興趣，主動要了影片並說，《習主席寄語》不但是你們中國人的做人理念，也是整個人類的做人理念，我要帶回去好好研究翻譯成英文演唱。看來全人類的美好願望是共識的。」美國的牧師、主教會對一個拆毀十字架和教堂的無神論獨裁者頂禮膜拜嗎？明顯就是一則沒有具體的時間、地點、人物的假新聞。

一夜之間，《習主席寄語》這首歌曲就從富平傳遍全中國。文革時代的人們都要背誦毛語錄，今天的人們則對《習主席寄語》倒背如流。北京三十五中學在人民大會堂舉辦九十華誕文藝晚會，師生一起登臺演唱這首歌曲，官媒報導說：「師生的演唱打動了來自全世界曾在母校上學的各方面人才和領導，及全國五百位優秀校長和萬名觀眾，那經久不息熱烈掌聲場面很震撼，無論臺上臺下都感到是一種洗禮。」中國鐵路文工團的女高音歌手于珈，在深圳體育場大型公益文藝晚會的壓軸節目傾情演唱《習主席寄語》，官媒報導說：「這首歌曲轟動全場，受到熱烈歡迎和好評。」不僅要高唱，還要學習：全國上下，各團體、街道、社區、部隊都掀起學習學唱《習主席寄語》的熱潮，「這個國度響起了一片充滿正能量的、溫馨的歌聲。」

那麼，習近平的歌詞有多麼精彩？這究竟是一首什麼樣的歌，讓中國人如醉如癡、陷入迷狂？長長的歌詞原文如下：

人在年少時，一定要勵志，經得起風雨，才能長見識。
莫好高騖遠，穩健才紮實，做事講誠信，做人講良知。
你有能力時，決心做大事，沒有能力時，快樂做小事。
你有餘錢時，就做點善事，沒有餘錢時，做點家務事。
人活一輩子，要好好深思，當有成績時，要常照鏡子。
沒有成績時，學習不停止，私心膨脹時，欲望要節制。

你有權利時，就做點好事，沒有權利時，就做點實事。

稍微有一點文學素養的人，會真心實意地認為以上歌詞有文采、思想和內涵嗎？單就文從字順而言，古時私塾裡給孩童啟蒙的三字經、增廣賢文，也比這些歪瓜裂棗的句子水準高多了。

假博士，真文盲，只能寫出小學生作文來。而且，領袖剛愎自用，不允許身邊的「文膽」加工潤色。於是，熱氣騰騰的臘肉包子出籠了。優美的中文被糟蹋到這種程度，恐怕唯有包子帝才有這種「化神奇為腐朽」的絕世才能。

而全體民眾都要異口同聲地讚美此種文字垃圾，這不是《國王的新衣》的升級版嗎？雖然毛太祖壞透了，他畢竟真有幾分文采，若看到後輩黨魁如此「打油」，定會痛斥其「略輸文采」。

當然，若將《習主席寄語》當作時代症候群來分析，也並非一無是處。從「弟子規」到「習主席寄語」，背後一脈相承的是來自儒家的偽君子文化，是「好話說盡，壞事做絕」的分裂人格。

第二節
習近平讀過多少經典西方名著？

讀完《怎麼辦？》，「睡光板炕煉毅力」有用嗎？

習近平：我年輕時看過很多俄羅斯作家的作品。上次在索契，俄羅斯電視臺主持人採訪我，問我讀過哪些俄羅斯作品？看到我說俄羅斯作品如數家珍，他很驚訝。他說，我們俄羅斯好多人都沒看過這麼多。我們那一代人受俄羅斯經典的影響很深。看了普希金的愛情詩《葉甫蓋尼·奧涅金》，後來我還去過奧德薩，看那裡留下的一些詩人痕跡。我很喜歡萊蒙托夫的《當代英雄》，說英雄，誰是英雄啊？每一個時代都有每一個時代的英雄。杜斯妥也夫斯基是最有深度的俄國作家，托爾斯泰是最有廣度的俄國作家，兩相比較，我更喜歡托爾斯泰。我也很喜歡蕭洛霍夫，他的《靜靜的頓河》對大時代的變革和人性的反映，確實非常深刻。車爾尼雪夫斯基是一個民主主義革命者，他的作品給我們不少啟迪。他的《怎麼辦？》

我是在梁家河窯洞裡讀的，當時在心中引起了很大震動。書的主角拉赫美托夫，過著苦行僧式的生活，為了磨練意志，甚至睡在釘板床上，扎得渾身是血。那時候，我們覺得鍛鍊毅力就得這麼煉，乾脆也把褥子撤了，就睡在光板炕上。

余杰曰：這一段習近平談蘇俄文學的影響，對於在文革前後成長起來的那一、兩代人而言，蘇俄幾乎是全部的「外國」，蘇俄的部分文藝作品是當時唯一可以合法閱讀的書籍（在中蘇交惡之前）。

即便是蘇俄文學，從習近平的讀書心得來看，他提及的若干著作，要麼沒有讀過一頁，要麼連皮毛都未讀懂。比如，習近平讀萊蒙托夫的《當代英雄》，讀出來的居然是「每一個時代都有每一個時代的英雄」，顯然是望文生義、南轅北轍。

萊蒙托夫的《當代英雄》，雖以「英雄」命名，書中「並無一人是英雄」，乃是「反英雄」的經典。書中主角佩喬林是一位到高加索服役的貴族青年軍官，精力充沛，才智過人，但找不到生活目標，養成玩世不恭的處世態度，將精力消耗在半真半假的變愛遊戲和冒險行動中。與其說佩喬林是英雄，不如說他是「浪子」，萊蒙托夫以這個「非正面人物」作為小說主角，突破了古典主義文學模式。佩喬林這個人物，開啟了俄羅斯現代文學中找不到存在價值的「多餘人」的群像。

至於說車爾尼雪夫斯基的《怎麼辦？》影響知青一代的「苦修主義」，當然不全然是誇張。然而，毛死後，文革退潮，當年的「苦修主義」瞬間變臉為肉林酒池、紙醉金迷的制度性腐敗和享樂主義。知青一代占據權力中心，變本加厲地要回到青年時代失去的一切。這是心理學中饒有趣味的「補償機制」。習近平卻不願思考「由儉入奢」的這一轉換是如何完成的？

中國官媒炮製習近平神話時，其知青生活成為一大重點段落，其在梁家河村住過的窯洞已成為「革命聖地」，他睡過的那張炕每天有絡繹不絕的遊客前去參觀。中共十九大前夕，中共中央黨校出版《習近平的七年知青歲月》一書，為新一輪的造神運動加溫。中央黨校《學習時報》發表長文，描寫天津民眾以忘我的熱情學習該書的情景。天津市委書記李鴻忠說：「我反覆讀《習近平的七年知青歲月》這本書，最真切的感悟就是要教育引導黨員幹部群眾珍惜核心、忠誠核心、擁戴核心、維護核心。」這篇報導形容天津人熱情擁戴習近平。一個蠻橫粗野的國王站在舞臺中央，一群卑賤無恥的寵臣圍繞在四周，更遠方，是沒有面目、沒有靈魂的、被魔笛所驅使的行屍走肉般的群眾。

上山下鄉時走三十里路去借《浮士德》，讀懂了嗎？

習近平：德國的文藝作品比較大氣恢弘，像歌德、席勒的作品。我十四歲看《少年維特的煩惱》，後來看《浮士德》。當時，《浮士德》的漢譯本有三種。訪問德國的時候，我跟他們講，我演講中提到的一些東西不是誰給我預備的材料，確實都是我自己看過的。比如，歌德的《浮士德》這本書，我是在上山下鄉時，從三十里外的一個知青那兒借來的。他是北京五十七中的學生，老是在我面前吹牛，說他有《浮士德》。我就去找他，說借我看看吧，我肯定還你。當時，我看了也是愛不釋手。後來他等急了，一到趕集的時候，就通過別人傳話，要我把書給捎回去。過了一段時間，他還是不放心，又專門走了三十里路來取這本書。我說，你還真是到家門口來討書了，那我還給你吧。

余杰曰：在這裡，習近平再次澄清說他演講提到的一些東西都是他自己看過的。可謂此地無銀三百兩。不會有人相信習近平訪問列國時，報出的長長書單上的書籍他全都讀過。很多書所擁有的深度和廣度，不是他這個尚未完成初中教育的半文盲所能讀懂的，《浮士德》也不例外。如果沒有對德國乃至歐洲的文化、宗教傳統的整體把握，不可能明瞭《浮士德》

的主旨。

當年，一本《浮士德》要走三十里路才能借到，這是一個什麼樣的國家呢？這是一個反人類、反文明的國家。習近平掌權之後，試圖將中國拉回「道路以目」的時代：看看歷史學家高華在香港出版的《紅太陽是怎樣升起的》一書在中國的遭遇，就一清二楚了。

曾任廣西師範大學出版社「理想國」品牌行銷編輯的戴學林，二〇一七年二月十日因與他人合作在中國轉售香港、臺灣書籍，包括《紅太陽是怎樣升起的》等被列為「非法出版物」的書籍過千本，被以「非法經營罪」罪名判五年監禁。戴學林案發與廣西師範大學出版社集團前董事長何林夏因「受賄罪」被捕的案件幾乎同時。

《紅太陽是怎樣升起的》是破除個人崇拜的最佳解毒劑，也是讓習近平寢食難安的「異端之書」。今天的中國人讀到《紅太陽是怎樣升起的》，比當年習近平讀到《浮士德》更加艱難。當年的習近平徒步走三十里路就能借到《浮士德》，今天的中國人買賣傳閱《紅太陽是怎樣升起的》卻要付出坐牢的代價。戴學林是愛書的人，在網路上賣書不是為了獲取區區盈利，而是為了讓更多中國人讀過之後「因真相、得自由」。反之，標榜愛讀書的習近平，將戴學林關進監獄，表明他才是書的敵人，以及真相和真理的敵人。

兩次踏訪海明威的寫作之地，習近平看到了什麼？

習近平：美國的作品，我看得不多。像惠特曼的自由詩《草葉集》，再有就是馬克·吐溫的作品，《競選州長》裡的那個小片段給人印象深刻，還有《哈克貝利·費恩歷險記》（湯姆歷險記）。我喜歡的是傑克·倫敦，像他的《海狼》《荒野的呼喚》（野性的呼喚）《熱愛生命》。《熱愛生命》是列寧的枕邊書，列寧在生命彌留之際仍請人給他朗讀這本書。海明威的《老人與海》對狂風和暴雨、巨浪和小船、老人和鯊魚的描寫，給我留下了深刻印象。

余杰曰：習近平在此承認，美國的作品，他看得不多，他對美國文化是隔膜的，甚至仇視的。不要認為他早年訪問過美國，就認為他比前任胡錦濤更有「國際眼光」。習近平探訪美國作家海明威的足跡，偏偏是去古巴——古巴這個美國的敵國，是習近平心中的友邦。他擁抱古巴獨裁者卡斯楚的時候，就像太子拜見父皇誠惶誠恐。古人說得好，「臭味相投，狼狽為奸」，判斷一個人究竟是怎樣的人，看他交什麼樣的朋友就知道了。

習近平訪問英國時宣稱，他在農村插隊時就讀過莎士比亞。英國女王信以為真，特別送給他一本莎士比亞的詩集。學者艾曉明在博客上發表文章「怎樣告訴別人你讀過書」，揭穿習的謊言：「學者朱生豪翻譯《莎士比亞全集》，民國時代的版本在過去老大學的圖書館是有收藏的，新版本三十一種也在一九五四年面世。七〇年代如果要讀莎士比亞，可以來自後面這個版本。」習近平哪裡知道莎士比亞的書有這些不同版本？

那個時代在中國農村讀莎士比亞是要冒風險的，就像在白色恐怖的臺灣讀魯迅一樣。如果沒有追求精神自由的勇氣，不可能去讀西方文化經典。艾曉明指出：「那個年代能進入到與中國的政治廝殺絕然不同的精神世界，需要何等叛逆的膽識，又正可以成為一種契機，即對那個烏托邦世界的審視與決裂。如果研究七〇年代末民間自由主義思潮的興起，那通向民主牆的思考一定可以追溯到叛逆性的閱讀這條暗河。奇怪的是，在這些自由派著名知識分子的朋友圈裡，怎麼沒有當代一位最偉大的同齡人。」

雨果的作品，真的讓習近平感到震撼嗎？

習近平：我青年時代就對法國文化抱有濃厚興趣，法國的歷史、哲學、文學、藝術深深吸引著我。斯湯達爾的《紅與黑》很有影響，但對人世間的描寫，還是要算巴爾札克、莫泊桑的作品，像《人間喜劇》的影響就很大。最讓我震撼的是雨果的作品，《悲慘世界》（孤星淚）、《九三年》都是以大革命為背景的。我看《悲慘世界》，讀到米里哀主教感化尚萬強那一刻，確實感到震撼。再有，就是羅曼·羅蘭的《約翰·克利斯朵夫》。

余杰曰：文學，即便是偉大的文學，亦不一定能讓卑賤的心脫胎換骨、趨於崇高。不可高估「文學的力量」。讀過若干文學名著的人仍會是可惡的獨裁者，希特勒就是手不釋卷的讀書人。

習近平讚揚《悲慘世界》中「米里哀主教感化尚萬強那一刻，確實感到震撼」，但他是否認識到，那不是人的力量，那背後是來自上帝的愛與寬恕的力量？遺憾的是，「被震撼」過的習近平，偏偏選擇充當窮凶極惡的「敵基督者」角色——習近平命令浙江等省的心腹、走卒們，掀起了一場聲勢浩大的拆毀教堂和十字架的運動，數千家教堂及其十字架遭到官方的暴力破壞和焚燒，中國的基督教會遭遇到自義和團和文革之後的第三次大劫難。

習近平聲稱喜歡讀雨果，但雨果並不是一位鼓吹無產階級暴力革命或痞子革命的作家。如果習近平真的讀過《九三年》，就應當知道雨果藉書中主角郭文之口說過：「在絕對正確的革命之上，還有絕對正確的人道主義。」換言之，如果革命違背人道主義原則、泯滅人性，雨果就會反對之、唾棄之。雨果不可能認同史達林和毛澤東的種族屠殺、階級屠殺，雨果不可能支持蘇俄的古拉格和中國的勞改營。那麼，雨果這樣的作家如果生活在今日的中國，一定會像劉曉波那樣被習近平囚禁至死。習近平不要再「習公好龍」了。

一位河南科技大學的學生發出一則推文：校方搜查學生宿舍中是否藏有宗教書籍，結果把「巴黎聖母院」（臺灣譯名《鐘樓怪人》）、「基督山伯爵」（臺灣譯名《基度山恩仇記》）等文學名著也算進去。搜查人員將這些書統統沒收，並告知學生說，要送上去集中銷毀。學生辯解說，這是習近平主席也讀過的世界文學名著，對方卻置之不理。

書名中有基督山和聖母院的詞彙，就是危險的宗教類書籍，習近平要剿滅基督教的狼子野心明明可見，讓昔日的義和團和紅衛兵也相形見絀。

習近平讀的書，普通民眾是不配讀的。幾年前，習近平在巴黎出席中法建交五十週年紀念大會並發表談話，他提到數位法國文學巨匠：「我青年時代就對法國文化抱有濃厚興趣，法國的歷史、哲學、文學、藝術深深吸引著我。讀法國近現代史特別是法國大革命史的書籍，讓我豐富了對人類社會政治演進規律的思考。讀孟德斯鳩、伏爾泰、盧梭、狄德羅、聖西門、傅立葉、薩德等人的著作，讓我加深了對思想進步對人類社會進步作用的認識。讀蒙田、拉封丹、莫里哀、斯湯達爾、巴爾札克、雨果、大仲馬、喬治·桑、福樓拜、小仲馬、莫泊桑、羅曼·羅蘭等人的著作，讓我增加了對人類生活中悲歡離合的感觸。」——《巴黎聖母院》和《基督山伯爵》的作者赫然在其中。

習近平不可能讀過這些書，否則他不可能熱情萬丈地掀起轟轟烈烈的焚書運動。只有不讀書的人才如此仇恨書籍，將每一本書都當作潛在的顛覆性因素。

如今，出版界已陷入動輒得咎的境地。

二〇一九年初，中共中央宣傳部下發內部文件，明確提到將縮減書號總量、壓縮圖書品種。「出版人邢海鳥」在微博上稱：「二〇一八年是出版嚴控之年，出版總局減少十萬個書號，約占全年書號的三分之一。」所謂書號，就是書籍出生的「身分證」，中共通過書號制度嚴格控制出版行業。中國所有出版社都是國有，都需要國家授予一定數量的書號，才能按部就班地出書。少數私人出版商，想出書就必須向出版商購買書號，書籍內容仍要受出版社嚴格審查。

對於當局不斷緊縮的出版政策，出版界人士怨聲載道：「前幾年可能不費太大勁就能出的書，現在就很難出了。這裏面沒有標準成文的尺度，多是依靠出版社自身的判斷。只是大家都知道，有某種東西在那裏」。這樣久而久之，就會導致整個文化對某一塊知識的系統性遺忘吧。

不能自由地閱讀《巴黎聖母院》、《基督山伯爵》等書籍的地方，還能稱之為大學嗎？

作家史蒂芬·茨威格說過：「在一個毫無權利的時代，閱讀是有教養者唯一的特權。而一個喜歡自由而獨立閱讀的人，是最難被征服的，這才是閱讀的真正意義——精神自治。」習近平要征服十三億中國人的心靈，首先是禁止閱讀和愚民教育。如德國詩人海涅所說，焚書之後必然焚人，已開始焚書的中國，下一步必定是焚人。

雨果在中國的厄運接二連三，根據雨果作品改編的法語音樂劇《悲慘世界》因觸及中共意識形態紅線被叫停。中國已是「星星之火，可以燎原」的局勢，就連一兩百年前的西方文學、戲劇作品，都有可能成為導火線，引發民眾對習近平政權的滿腔憤怒。

二〇一八年九月，《悲慘世界》在上海文化廣場演出。該劇謝幕後，竟有大批現場觀眾高唱主題曲《Do you hear the people sing》。從網友上傳的影片可見，演出完畢，大批年輕觀客仍留在劇場內不願離開，不停用英語隨著臺上傳出的歌聲高唱「Do you hear the people sing?」字字鏗鏘，歌聲激昂澎湃，帶來很大的震撼。不少觀眾走出劇場還在大廳中合唱，聲音穿雲裂帛，響徹雲霄。很多網友在影片後面留言說，「如果大家覺得自己太過軟弱，無法改變現狀，那至少唱出來喊出來，這並不是沒有用的，至少代表了熱愛和態度，我是這麼覺得」「啊，太棒了，我也想去跟著唱！」

上海本是「上海幫」的大本營，近年來「上海幫」日漸式微，但上海的經濟仍一枝獨秀。上海的發展得益於中央集權的計劃經濟所給予的種種政策優惠，上海人長期以來過著「高等華人」的生活，甚少有異議人士。沒有想到，這一次《悲慘世界》成了一張試紙，測試出那麼多上海人怒火中燒，並不願意作「有牛排吃的奴隸」。

這首主題曲震撼人心，曾在二〇一四年香港「雨傘革命」中被改編成《問誰未發聲》，為雨傘運動的「代表歌曲」。即便中共接下來不准該劇在其他城市巡演，卻無法禁止這首歌曲以各種形式廣泛流傳。未來，這首歌曲會在中國大地上激起更大迴響。

中國人為什麼會對《悲慘世界》有如此深切的共鳴？今天的中國就是一個比雨果筆下的悲慘世界更加悲慘的國度。看看孩子們過的是怎樣的生活吧！安徽省蕪湖市童馨幼稚園給學生提供發臭的雞腿和發霉生蟲的大米，很多孩子吃了後身體不適而紛紛就醫。地方當局害怕此消息散布出去，在微信上刪去有關帖子，還派遣公安圍追堵帶孩子到附近縣市醫院去診治的家長，所謂「自己的病自己看」、「自己的醜自己捂住」，厲害了，蕪湖的長官們。

無獨有偶，九月初，江西省吉安市萬安縣部分學校「營養午餐出現食材變質」問題，孩子們食用午餐後出現腹痛。家長們要求進入其中一家幼稚園，卻被警衛拒絕。家長護子心切，堵住幼稚園大門。有兩位「翻牆有術」的家長，奮不顧身地翻牆進入幼稚園廚房，看到的情形觸目驚心：蟲子在發黑發綠的大米粒爬進爬出，有些食品的生產日期早已過期許久。

另一家名叫得得貝的幼稚園，食品情況同樣很糟糕：冰箱裡放著霉變的饅頭、廚房裡爬著蚯蟲和蟑螂等，但校長和老師吃的米卻很乾淨。

長期食用這些霉變長蟲的食物會對身體造成怎樣的損傷？營養學家指出，會產生毒性非常大的致癌物質——黃麴黴毒素。它進入人體後會破壞肝臟組織，這種破壞常常是不可逆轉的。

所謂「祖國的花朵」為什麼遭此厄運？家長僅僅因為憤怒到極點而在微信上發出幾個抗議的帖子，就遭到警察上門威脅，並以「擾亂社會秩序」的罪名被治罪。

在這個連「中端人口」都有可能悲慘到無以復加地步的國度，誰不想高聲唱一曲《Do you hear the people sing》？

第三節
習近平欣賞哪些中國當代文化？

馮其庸給了什麼理由，讓習近平在正定建「榮國府」？

習近平：馮老（馮其庸）是紅學家，我跟馮老結識於正定，當時我在正定當縣委書記。見《紅樓夢》劇組的時候，我說我們這兒完全有資格搞，因為曹雪芹是正定人。他們都笑了，說莫名其妙，曹雪芹怎麼是正定人？我說，曹雪芹的老家是正定的，這是馮老提供的。

余杰曰：習近平在河北正定當縣委書記時的政績工程「榮國府」，如今已破敗不堪。當年，習近平拉來御用學者馮其庸為其背書，說曹雪芹是正定人，真讓人啼笑皆非。習近平對《紅樓夢》不感興趣，對文化也不感興趣，他只是想達成「文化搭臺，經濟唱戲」的目標。這是八〇年代以來中國地方官員屢試不爽的一套把戲，豈止是爭奪曹雪芹的「原產地」從老子到諸葛亮的「原籍」，都有兩個甚至三個地方為此打得頭破血流。

王願堅講的故事對習近平有什麼幫助？

習近平：一九八二年，我到河北正定縣去工作前夕，一些熟人來為我送行，其中就有八一廠的作家、編劇王願堅。他對我很有幫助，為什麼呢？他給我講了很多長征的故事，講了很多老將軍的故事，第一批授銜的老將軍，他大部分都採訪過。王願堅說，有一次，我去採訪一位吃過草根樹皮、經歷過九死一生的老領導。正說著話，警衛員進來對老領導說，首長，參湯拿來了。老領導喝了一口，說涼了。小警衛員把參湯接過去，順手就潑在了外面。王願堅說，看到這一幕，心裡很不是滋味，突然想到我們現在條件好了，「補」的東西多了，按中醫的說法，人不能只補不瀉，現在是該「瀉一瀉」了。他的意思是說，不能忘了初心啊，不能忘了打天下時的艱苦歲月，現在條件好了，要警惕脫離群眾。王願堅跟我講到柳青。他說，柳青是一個陝西作家，一九五二年曾經任陝西長安縣縣委副書記，後來辭去了縣委副書記職務、保留常委職務，並定居在那兒的皇甫村，蹲點十四年，他的《創業史》很多素材就是從那兒得來的。

習近平欣賞哪些中國當代文化？

余杰曰：王願堅是中共的一名二流御用作家，他的文章《七根火柴》曾收錄在中學語文課本，他編劇的《閃閃的紅星》是「文革」中少數能夠放映的電影。

我對其人其文毫無興趣，倒是鳳凰電視主持人何亮亮談到的軼事吸引了我。何亮亮說，有兩位作家，一位是共產黨的紅色作家，另一位是反共作家，這兩位站立在紅白對立的陣營，卻是血脈相連的堂兄弟，哥哥姜貴原名王意堅，其長篇小說《旋風》《重陽》等，被胡適、夏志清、蔣夢麟等推崇，奉為經典。弟弟王願堅，就是習近平提及的「革命作家」。

兩位作家的祖籍都是山東諸城相州的王氏，是名門望族，王意堅排行第七，王願堅排行第十四，兩人走上不同道路，與共同的六伯父王翔千有密切關係。王翔千是山東共產黨創始人之一，他參加馬克思學說研究會時，要當時在濟南讀書的姜貴去參加。在姜貴看來，這是被迫聽命於長輩的不自由。當王翔千派姜貴到國民黨親戚開辦的中學去臥底時，姜貴趁勢加入國民黨。王翔千只好重點培養另一侄子王願堅。一九四四年，年僅十五歲的王願堅被以「貼郵票」的方式，「寄」到山東軍區駐地日照縣，參加了八路軍。從此，王願堅一直到去世都是職業軍人，以軍人身分寫作。

後來去臺灣的姜貴，始終保持獨立的思想與個性的追求。海峽這一邊的王願堅則以革命指導寫作，但在歷次政治運動中未能倖免，就連短篇小說《七根火柴》都被質疑說，為什麼沒有寫成「八」根火柴？習近平知道王願堅遭受的迫害，跟他老爸一樣是「自作孽」。

若「初心」是美善的，且能「不忘初心」，那麼習近平為什麼不將姐姐、姐夫巧取豪奪來的億萬財產充公、分給貧窮百姓呢？那麼習近平為什麼不將女兒送到延安鄉村當幾年知青，卻將女兒送到帝國主義的心臟——美國哈佛大學唸書呢？共產黨從剛成立時，其「初心」就是邪惡的，就是燒殺搶掠，無惡不作。共產黨不是到了一九四九年奪取政權之後才「逐漸變壞」的，共產黨的根子早就爛透。

更具諷刺意味的是，王願堅向習近平提起前輩作家柳青。柳青的《創業史》是毛時代無產階級文學的代表作，今天不會有人閱讀。習近平標榜柳青深入基層的作風，但刻意迴避的事實是柳青一生命運多舛，不由自主地捲入政治運動，屢次受到批判和打擊。柳青曾遭到紅衛兵拳打腳踢，紅衛兵逼迫其承認《創業史》是「毒草」。他晚年患上癌症，鬱鬱而終。

習近平若是讀過柳青的女兒劉可鳳所寫的《柳青傳》，就會知道如下細節：六〇年代初，柳青甘冒風險面見在陝西任職的胡耀邦，大膽質疑「社教」運動的「前十條」、「後十條」和「二十三條」。胡耀邦同柳青交心，說：「柳青同志啊，你最瞭解農村情況，我完全同意你的看法。」接著說：「我也在受審查、挨批判。」最後他氣憤地說：「權大壓死人啊！」

或許為了配合習近平「不忘初心」的宣示，官方宣傳機器一方面開足馬力打造對習的個人崇拜，另一方面又渲染其親民形象。

幾年前，微服私訪「慶豐包子鋪」為習近平贏得「習包子」之綽號，如今官媒更是不敢怠慢、再接再厲。十九大前夕，在北京舉辦的宣揚十八大功績的展覽中，展示了習近平外出吃飯、自掏腰包買單的收據。其中一張收據是習近平二〇一二年到河北阜平調研時晚飯的菜單，他到當地一間自助餐廳用餐，點了包括有紅燒土雞塊、阜平燴菜（豬肉、豆角、粉條、海帶、豆腐、土豆）、五花肉炒蒜苔、拍蒜茼蒿、冬瓜丸子湯，配以豬肉餡水餃、西葫（蘆）粉條餡水餃、米飯、花卷、雜糧粥，帳單一共是一百六十元人民幣。展覽亦展出習近平的其他收據，包括二〇一五年二月十三日習近平慰問他當過知青的陝西梁家河村的村民時，一筆三人的伙食費九十元及同日一筆十七人的伙食費五百一十元，兩筆費用都是以現金支付。現場展示的另一張收據，是二〇一四年三月十八日的，付款人是習近平，共付一百六十元。

中共公布習近平的吃飯付款的收據以顯示其平民作風，卻不公布其家族的億萬財產及其女兒留學美國的費用從何而來，可謂「抓小放大」。讀到這樣的文宣，會感動得熱淚盈眶的，唯有被洗腦的愚民。民主國家的政治人物毋須也不可能指揮獨立媒體塑造其「親民」形象，他們本就是平民出身，是民眾用投票選舉出來的。當他們完成任期之後，立即恢復平民身分，不可能一輩子享有特權。在民主國家，媒體的功用是監督政府及其首腦，並不承擔歌功頌德的任務。反之，專制國家的獨裁者，動用官方控制的媒體塑造其「與民同樂」之假象。民眾不是他們服務的對象，只是他們手中任意搓揉的麵團。他們毋須爭取民心，只在乎造就一個下跪的、山呼萬歲的愚民群體。

習近平毫無個人魅力可言，但個人崇拜的成功並不需要個人魅力。並不比毛新宇聰明太多的習近平，將個人崇拜搞得有聲有色，除了黨國的宣傳部門仍是全世界僅次於北韓的、強有力的洗腦機構之外，更重要的原因是中國民眾的素質並不比毛時代強多少。

被習近平「趕鴨子上架」當文化局長的賈大山是何許人也？

習近平：我在河北正定工作時，結識了作家賈大山。賈大山是一位熱愛人民的作家，他對人民的熱愛，使我很受感動。他來自於群眾，他不願意做官，是我生拉硬拽讓他去當縣文化局局長。

余杰曰：習近平將賈大山跟賈平凹並列為當代文學的「二賈」。然而，即便是專門研究中國當代文學的博士生，大都不知道有個名叫賈大山的作家、也不知道這位作家寫過哪些作品。

習近平的化妝師們在「草根習近平」的版本之外，又推出「儒生習近平」的版本。二〇一六年六月十三日，中央黨校機關報《學習時報》在頭版以「一介儒生的文化情結」為題選載《習近平時代》一書。開篇就是引用賈大山對習近平的評價，賈是習在河北正定工作時結識的至交，他評習為「儒生」：「世界上一些有識之士認為，包括儒家思想在內的中國優秀傳統文化中蘊藏著解決當代人類面臨的難題的重要啟示。」很多海外親習的媒體亦與之唱和。將馬列主義者形容為「儒生」，若是文革時代，賈大山就成了反革命。

習近平提拔賈大山當文化局長，跟馬英九提拔龍應臺當文化局長有一比，為兩岸呼應的「佳話」。

中國的文藝創作反映了真實生活嗎？

習近平：我和葉辛同志（中國作家協會副主席）都是上山下鄉的知識青年一輩。他是在貴州插隊，我是在陝北黃土高原。後來我就同老百姓打成一片了。我住的那個屋子有一排炕，因為就剩我一個知青了，睡的全是當地的農村孩子，蝨子、跳蚤也都不分人了，咬誰都可以。

余杰曰：跟習近平同輩的上海知青作家葉辛，早就因為剽竊他人作品在文壇聲名狼藉。共產黨偏偏就是要任用此類名聲不佳的人，因為這類走投無路的人，才會因為黨的「破格錄用」而忠心耿耿。

習近平對葉辛的欣賞，不單單因為他們有共同的知青生涯，更因為習近平的博士論文也是剽竊而來。官痞愛文痞，古今亦然。

習近平還重用中宣部副部長庹震，任命其充當十九大發言人。此人之所以受到許多中國人和外國媒體的格外關注，是因為這位中共宣傳部門的重要官員似乎是一個「半文盲」。在二〇一三年元旦期間，也就是在習近平剛剛上臺不久，他當時擔任中共廣東省委宣傳部長。那時，他違反報社規定，捉刀代筆修改《南方週末》的新年獻詞，把中國很多人耳熟能詳的大禹治水的故事延遲了二千年，還把常用漢語成語「眾志成城」錯寫成「眾志成誠」。

習喜歡任用半文盲為中共宣傳。得到習親自接見的網路寫手花千芳把「司馬昭之心路人皆知」當作褒義詞形容中共。習親自接見的另一位網路寫手周小平則創造了子虛烏有的「帶魚養殖業」。

習出版過多部「巨著」，歷史學家章立凡透過細讀其「巨著」之一的《之江新語》，做了數據統計，以分析作者的知識結構和執政思路。從引文角度看，引用馬克思三處、恩格斯一處、列寧一處、毛澤東十二處、鄧小平六處、劉少奇一處、江澤民一處、胡錦濤十三處。古人語錄，引得較多的是孔孟十二處、老子二處，還有一些近代學者，如王國維、費孝通。另外有一些英雄模範，比如雷鋒、孔繁森、鄭培民，可見習知識結構單一，視野狹窄。文章中出現的名詞頻率，從一定程度上反映了習近平的執政思路。章立凡分析：「《之江新語》中講黨性、黨紀、黨的領導、紀律比較多。黨性講了十三處，紀律講了二十三處，還有十處講黨的領導，五處講黨紀。」很明顯，習在擔任地方大員時期，偏向於強調黨性、黨紀，而對民主、自由不感興趣。

書中有七篇文章談法制，但「法制」並非「法治」，「憲法和憲政這兩個詞都沒有出現過」。此外，「提到修養這個詞有十三處，慎獨有六處，還有一篇文章叫〈追求「慎獨」的高境界〉，大體上可以看出他是一種黨文化加儒家文化的思路。他的法，比較接近於傳統的內儒外法，不是現代意義上的法，或者法治。他是馬克思加孔夫子，或者是毛澤東加鄧小平。」

習近平喚醒了無數平庸而邪惡的奴才。習近平「七不講」話音剛落，教育部在袁貴仁下令在大學展開清洗運動，將「西方價值觀」趕出課堂。習近平女兒和袁貴仁的兒子，都在西方留學，他們下一代學的全是西方價值觀。

《求是》雜誌接著刊登了由社科院國家文化安全與意識形態建設研究中心副主任兼秘書長朱繼東撰寫的文章〈抓好高校意識形態工作要敢於拔釘子〉。文中聲稱，「袁貴仁為何竟然遭到圍攻？其中原因很多，但最根本的一條就是，這些參與圍攻者近年來屢次圍攻在意識形態領域敢於亮劍者，並且沒有得到應有懲處，才使得其愈來愈肆無忌憚。」作者建議：「要真正抓好高校意識形態工作，一定要敢於拔釘子，對那些經常發表攻擊黨和社會主義的言論的教師要堅決清除，才能真正懲惡揚善，迎來高校意識形態工作的嶄新春天。」殺氣騰騰，溢於言表；舞刀弄槍，急不可耐。

袁貴仁是習近平的奴才和打手，朱繼東是袁貴仁的奴才和打手。這群奴才和打手的質地與成色實在太差。毛雖有粗鄙不堪的一面，也算熟讀詩書的奇才，又有文采風流的魅力，吸引不少知識分子為其服務。習志大才疏、粗魯無文，「我是流氓我怕誰」的習氣，讓「周帶魚」、「孔三媽」和「朱釘子」等小丑沐猴而冠。

有熱心網友搜索朱繼東的資料，發現朱繼東曾是薄熙來之「馬仔」，為薄擡過轎子。薄垮臺後，朱繼東痛改前非、改換門庭，鑽到習的圍裙下。人們還發現，自稱擁有博士學位的朱繼東，其博士論文是抄襲的——這一點，跟新習主子倒有異曲同工之妙，兩人可以交換抄襲心得。

為什麼習近平強調軍旅文藝工作者要有「軍味、戰味」？

習近平：我贊同閻肅同志（空政文工團一級編劇，已故）講的「風花雪月」（閻肅在文藝工作座談會的發言中說，軍隊文藝工作者也有「風花雪月」，但那風是「鐵馬秋風」、花是「戰地黃花」、雪是「樓船夜雪」、月是「邊關冷月」），這是強軍的「風花雪月」。

余杰曰：中共是一個好戰的政權，從其宣傳術語就能看出其「戰時心態」。無論習近平如何鼓吹軍旅文學的軍味、戰味，中國軍隊之腐敗無法遏制。解放軍從來不是國防軍，而是黨軍，如今又蛻化成「習家軍」。

習近平只能欣賞軍隊文工團的作品，對於其他音樂，包括搖滾音樂，都是他「看為眼中的樑木」。

習近平時代，名為「反骨」的中國地下搖滾樂團因為「不可抗拒因素」，樂團名稱臨時改為「正骨」。專制政權希望所有民眾都是愚民和順民。於是，在這個崛起的大國，人們不僅不能有「反骨」，連「腹誹」也不能——幾個普通市民在一家餐廳的包廂裡，手拉手模仿火車倒車的動作，一句話也沒有說，卻被警察拘捕。警察說他們是在諷刺偉大領袖習主席「開倒車」。

人生如戲，還是戲如人生？

習近平：李雪健同志講得充滿深情。他演的《焦裕祿》和《楊善洲》，兩個人物都刻劃得特別好，按行話講，就是入戲了。有句話叫「人生如戲，戲如人生」，這兩部戲不是那種戲說，體現出來的是真正的楊善洲、焦裕祿，他們就是這樣的人。雪健同志那句話說得好，「共產黨員的職業病——自找苦吃啊。」中國共產黨人就是以解放全人類為自己的崇高目標，沒有個人的私利。

余杰曰：習近平說他欣賞李雪健的名言「共產黨員的職業病——自找苦吃」，其實，李雪健和習近平都不相信這句話。習近平知道李雪健在說謊，李雪健知道習近平知道他在說謊，在座的作家和藝術家們都知道習近平和李雪健在唱雙簧，觀看電視直播的民眾都知道該會議是「一場遊戲一場夢」。在中國，不說謊的下場怎樣呢？不說謊的人被說謊的人寢皮食肉。

全國上下都在說謊、理直氣壯地說謊，大概除了北朝鮮就是「西朝鮮」了。習胖與金胖如出一轍，西朝鮮與北朝鮮交相輝映。

習近平還有一段同樣「雷」的講話。他在紀念長征勝利八十週年大會上如此定義共產黨：「什麼是共產黨？共產黨就是自己有一條被子，也要剪下半條給老百姓的人。」八千多萬中共黨員和十三億中國人都不相信這個定義。貪官貪汙的數額動輒上億，能買多少被子呢？

共產黨確實曾將被子當作禮物送給「黨外人士」。國共和談時，黃炎培、傅斯年、章伯鈞等六位國民參議會參政員受邀參觀延安。傅斯年諷刺地說：「章伯鈞是由第三黨去歸宗，最無恥的是黃炎培等，把毛澤東送他們的土織毛毯，珍如拱璧，視同皇帝欽賜飾終大典的陀羅經被一樣。」

此「陀羅經被」卻非丹書鐵券，黃、章等人及家人很快招致滅頂之災，「貪戀陀羅經二楚。

被，丟了卿卿性命」。章家的遭遇，讀一讀章伯鈞的女兒章詒和的《往事並不如煙》就一清

「投之以桃，報之以李」，一九四九年三月，黃炎培輾轉到達北平。當晚，毛澤東設宴款待黃等二十多人。第二天，毛又單獨設晚宴招待黃炎培和夫人。毛讓夫人江青和周恩來作陪，這等殊榮，黃炎培獨享。兩人暢談時局直到深夜，黃心潮澎湃、不能自已。第三天，北平市市長葉劍英在國民大戲院開歡迎會時，黃情不自禁地振臂高呼口號：「人民革命萬歲！中國共產黨萬歲！毛主席萬歲！」據說，民主人士中，黃是首先喊出「毛主席萬歲」的。

半年之後，中華人民共和國成立，黃炎培被任命為政務院副總理。黃感激涕零地說：「毛主席善於聽取與我不同的意見，善於和意見與自己不同的人合作。」

蜜月期沒有維持太久。黃對中共有了不同看法，反對「對農民實行糧食統購統銷」的經濟政策。毛立即翻臉，指責黃是「資本家代言人」。共產黨從政府機構排除非共產黨人士，黃再無實權，僅保留人大和政協的虛銜。

緊接著的反右運動，知識分子遭受重創。黃炎培未被劃為右派，但在毛的心中，他就是右派。毛故作寬容地說：「我有幾個右派朋友，其中之一就是黃炎培。」

黃炎培本人倖免於難，黃家一門卻出了七個右派，看似「子之過」，實則「父有因」。

黃家最著名的右派是水利專家黃萬里。一九五七年六月十九日，黃萬里在清華大學校刊上發表散文〈花叢小語〉，被毛親筆批示：「這是什麼話？」並在《人民日報》以「什麼話」為標題發表。〈什麼話〉被作為《人民日報》刊登供批判的右派文章。黃炎培為了自保，與兒子斷絕來往，寫詩表示要學作「新人」。

一九六九年，黃萬里年被下放江西鄱陽湖的集中營勞動，一九七四年，被揪回清華大學批鬥。一九八〇年，被清華大學黨委宣布「平反」。因反對修建黃河三門峽及長江三峽，在「改革開放」時代再度被噤聲。晚年被取消發表論文和授課的權利，鬱鬱而終。

黃家另一個兒子黃必信，一家全都死於非命。黃必信為大連工學院無線電系教師，被劃為右派，文革開始後一個月，上吊自殺。十四歲小女兒失蹤，妻子余啟運在關押時自殺。

幸虧黃炎培在一九六五年去世，否則他未必能熬過文革這一關。黃的妻子姚維鈞成了丈夫的替罪羊，遭受紅衛兵和造反派拳腳棍棒、人格侮辱。因不堪凌辱，姚維鈞服安眠藥自殺，時年五十九歲，為確保孩子們的安全，她在遺囑中寫道：「孟強、孟複、當當、丁丁、方方、岡岡：孩子們，我病得很苦！你們要跟著共產黨。」身為奴隸，死後也不得自由！

這就是「得到共產黨被子」的高級知識分子、社會賢達、「民主人士」的下場。今天，習近平又在「分被子」，誰敢要呢？

還是文革樣板戲好？

習近平：文藝創作要在多樣化、有品質上下功夫。我們有很多歷史題材可以拍，不要都是淒淒慘慘的，老是說甲午戰爭我們被打得一塌糊塗，馮子材鎮南關大捷、戚繼光抗倭，這些都可以拍一拍。要開拓思路，除了戚繼光、馮子材，還有其他人物和故事。《智取威虎山》拍得還有點意思，手法變換了，年輕人愛看，特別是把現實的青年人和當時的青年人對比，講「我奶奶的故事」，這種聯繫的方法是好的。像《奇襲白虎團》、《紅燈記》、《沙家浜》等，不要用「三突出」的方法拍，而是用貼近現實的、更加戲劇性的方法拍，把元素搞得活潑一點，都能拍得很精彩。

余杰曰：這段話中提及的《智取威虎山》、《奇襲白虎團》、《紅燈記》、《沙家浜》是習近平的「精神底色」，習最愛的是文革樣板戲。習近平「精神上的父親」是毛澤東，「精神上的母親」是江青，習仲勳和齊心都要退避三舍，江青若活到習時代，或許能登臺編導「第九個樣板戲」。

習近平還是老老實實地唱紅歌吧，不要再拿《戰爭與和平》、《復活》、《悲慘世界》、《九三年》、《浮士德》、《老人與海》這些西方文學巨著給自己往臉上貼金了。

標誌性建築應當有中國風格、中國氣派嗎？

習近平：我們對待建築的新風格、新樣式要包容，但絕不能搞那些奇奇怪怪的建築。我們應該注意吸收傳統建築的語言，讓每個城市都有自己獨特的建築個性，讓中國建築長一張「中國臉」。

余杰曰：讓建築長一張「中國臉」，比起當年北京市長陳希同命令北京的建築必須「戴帽子」，又更上一層樓。乾脆，習近平不要穿西裝，穿長袍馬褂吧。不，長袍馬褂是滿人入關之後帶進來的，不是純正的「漢服」。要找到「根正苗紅」的漢服，不妨翻一翻沈從文的《中國服飾史》。

習近平跟文學藝術並無「情緣」。他的文學素養究竟有多高，從他如何對待幽默就能看出來。

在北京景山公園，幾位外地遊客開了一個不大不小的玩笑：把吃剩的一個包子裝進食品袋，用一根細繩吊掛在一棵樹上。結果他們被警察拘留了。

有人評論說，這幾位遊客的想像力太豐富了。我看到這則圖文並茂的「世說新語」，既佩服這幾位遊客，也佩服拘留他們的警察——雙方都極具想像力，至少都知道那段明史，知道明末最後一任皇帝是怎麼死的。

習近平親自參與創作了舉世無雙的小品，他是行為藝術的總導演。關於中國的現狀，這個故事是最好的註解，可載入當代《世說新語》。習近平可榮獲高於諾貝爾文學獎的「習近平文學獎」。

一個不能容忍幽默和嘲諷的統治者，必定是暴君；一個沒有幽默和嘲諷的國家，無法產生一流的文學藝術。

第六章

偏向醬缸求智慧

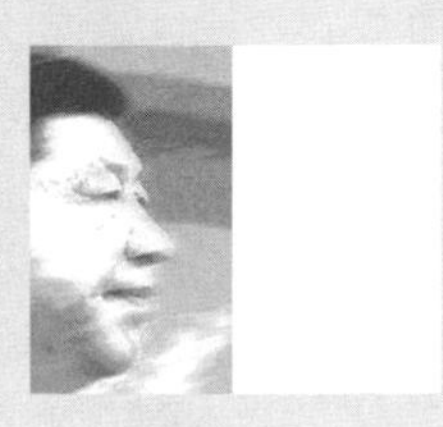

那些大規模的惡行製造者，並非兇惡的超人，而是一些平庸的人。

漢娜·鄂蘭

二〇一八年十一月十三日，中國國家通訊社《新華社》發布〈民族意識覺醒——義和團反帝愛國運動〉一文。文章指出，由民眾自發形成的義和團運動，展現了百年前中國民眾團結禦侮的決心。「這一運動粉碎了帝國主義列強瓜分中國的狂妄計劃，沉重打擊了清政府的反動統治，加速了它的滅亡。」《新華社》如此總結這場「反帝受國」運動：「雖然具有籠統排外色彩，但義和團在抗擊八國聯軍中所表現出來的互相聯絡、互相支援，敢於鬥爭，不怕犧牲的精神，仍然體現出中國人民在抗擊外國侵略中的決心和勇氣，在中國人民反侵略鬥爭史上寫下了可歌可泣的一頁。」

國家的通訊社發表此種邏輯混亂的社論，只能說明習近平本人是義和團的吹捧者和愛慕者。這段話完全不符合歷史事實。首先，義和團的口號明明是「扶清滅洋」，他們得到了以慈禧太后為首的滿清統治者的大力支持，義和團的帶頭大哥們受邀到紫禁城表演刀槍不入的功夫，獲得朝廷的賞賜和封號，他們怎麼可能「沉重地打擊了清政府的反動統治」？其次，義和團成員確實「不怕犧牲」，他們相信有神功附體。與之相似，共產黨從不珍惜人命，一邊號稱軍事科技多麼先進，一邊發表了一張數十名士兵在中越邊境牽手走過雷區、以人肉方式排雷的照片。另外，義和團成員並未「互相支援」，一看前線兵敗如山倒，附體神功不敵洋槍洋炮，便不敢跟洋人接仗，在潰敗途中不同派系之間互相殺戮，被自己人殺掉的遠比被八國聯軍殺掉的多。

毛時代，義和團得到官媒的最多頌揚。文革後，民智漸開，一些學者將義和團盲目排外、血腥殺戮、愚昧無知的一面呈現出來，國人漸漸對其有了正確認識。然而，習對毛亦步亦趨，既然毛肯定義和團，習也緊緊跟上。如今，《新華社》頌揚義和團，跟當年毛稱讚義和團的用心毫無二致，正如學者張鳴所論：「義和團基本上變成了聲討美帝國主義最適宜的話題，起的是動員群眾，激起針對美國的民族主義情緒的作用，現實的政治需要已經成了義和團研究的目的。事實上過了並不太久，文革中義和團接著又被賦予了針對走資本主義道路的當權派和封資修造反的新寓意，團民的打砸搶直接為紅衛兵的打砸搶做了註解，化為現實行動的歷史的依據。」對於共產黨而言，歷史永遠為現實服務：如果不利用義和團的「豐功偉績」，如何能掀起新的反美狂潮？若無法掀起反美浪潮，中國又怎樣熬過這場需要「勒緊褲腰帶」乃至吃草過日的中美貿易戰？

習近平是在紅衛兵肆虐下的年代長大的。他是紅衛兵的受害者，卻也是紅衛兵的羨慕者——而紅衛兵正是義和團的當代升級版。當中國與西方發生衝突時，習近平想不出其他解決方法，又唸起了義和團用過的符咒。習近平的精神世界裡只有一堆渣滓，他寧可讓中國變成屎國，也不讓中國走向自由。他拒絕讓中國學習西方、走向文明，而是帶領中國仇恨西方、擁抱野蠻。他搬出古代中國的種種文化糟粕，以之作為打造新帝國的稻草。

第一節
習近平從《商君書》中找到什麼治國之道？

《習近平用典》一書收錄習近平引用的明朝首輔張居正的名言「天下之事，不難於立法，而難於法之必行」，讀過《商君書》的人，都知道這句話源於商鞅的思想，是著名的「商鞅難題」。

習近平在二〇〇六年五月寫的文章，沒有點名地引用了商鞅的「國皆有法，而無使法必行之法」的名句，並解釋說，使法必行之法就是法治精神。

習近平在慶祝改革開放四十週年大會上引用商鞅「治世不一道，便國不法古」這句古語。《新華社》專門發文解讀，讚揚商鞅改革令國家富強起來。

二〇一七年，中國再度上演一九九六年排演的話劇《商鞅》。話劇將商鞅打造成「忠於國家，利於人民，打擊權貴，為奴隸尋求解放的民族英雄」。話劇中，商鞅臨被處死前還公開反抗天命，稱「商君雖死，然商君之法千年不敗；商君雖死，可一百一十七年之後，秦王朝一統天下！」

習近平崇拜商鞅，但以他的文化水準，未必讀得懂《商君書》，他最多能讀懂御用文人幫他翻譯的白話本。習近平說的「法」，不是法治之法，而是法家之法，不是美國法學家哈羅德·伯曼所說的「公正裁判」、「義務對等」、「契約應該履行」、「損害應予賠償」等具有「普遍性」的、「合乎人性和社會秩序的要求」的法律價值和原則，而是商鞅所說的「以法賞罰之，以術操控之，以勢威嚇之」的、專門對付老百姓的嚴刑峻法。

要了解習近平為何崇拜商鞅，為何喜歡引用《商君書》，就必須先來了解商鞅為何許人也、《商君書》是一本什麼樣的書。

帝制時代，《商君書》是天下第一禁書，一直是太傅教太子的教材，只有歷代君王和準君王才能讀到。因為一本薄薄的《商君書》不到三萬個漢字，居然把君主治國手段的厚黑權謀從原則目標到細枝末節，全都闡述得頭頭是道，既講道理又講辦法，真的做到了理論和實踐的有機結合。讀《論語》根本無法治天下，讀《商君書》則人人都可以當皇帝，難怪皇帝不准其他人讀。那麼，習近平能從《商君書》中找到什麼治國之道？

毛澤東晚年的最後一搏：評法批儒

習近平學毛澤東，毛澤東學商鞅，所以習近平直接學商鞅。

毛澤東晚年的最後一搏是發起「評法批儒」運動，高舉秦始皇和商鞅，也就高舉自己、捍衛文革。林彪事件發生之後，毛的權威受到沉重打擊——既然毛是神，為何連接班人都選不好？毛的身體日漸衰殘，不願死後被鞭屍，故而奮起一搏。林彪集團的「五七一工程紀要」痛斥毛是「借馬列主義之皮，執秦始皇之法的，中國歷史上最大的封建暴君」，這觸了毛的痛處。毛一定要為暴秦正名，也為自己的專制合法性正名。

一九七四年六月，《人民日報》刊登錢光培的〈讀「商君書」〉一文，介紹《商君書》如何批評儒家思想，並運用階級鬥爭理論加以分析，稱「商鞅變法一開始，就在代表新興地主階級的革新派和代表沒落奴隸主階級的頑固派之間，展開了針鋒相對的鬥爭。」

一九七五年八月，復旦大學中文系教授劉大傑給毛寫信，談到報刊上對韓愈全部否定，但細讀韓愈文章，發現韓愈頌揚管仲、商鞅，與儒家思想不合，傾向法家，應在文學史上給韓愈一定地位。一九七六年年二月，毛回信說：「我同意你對韓愈的意見，一分為二為宜。」這是毛去世前給外界的最後一封信。這場名為「評法批儒」的政治運動，直到七個月之後毛死才告終。

一般民眾無法理解「評法批儒」幕後的玄妙。學者趙越勝指出，「評法批儒」運動的實質，是毛試圖重振文革的旗鼓。將林彪與孔子捆綁在一起批判實在匪夷所思，「批林批孔」背後的玄機是警告周恩來不要借批林而批左，翻文革的案。「評法批儒」運動中，對儒法兩家的評判，反映出毛對中國傳統思想的取捨。在毛心目中，講仁愛寬恕的儒家，是反動的，講強君弱民，以權術酷法治人的法家，是先進的。天下苦秦久矣，毛決心延續天下的苦難。

當時，海外新儒家人物如唐君毅等人反對毛批儒。他們不明白，評法批儒不過是毛開展黨內鬥爭的手段；他們更不明白，毛的法家，是西方化的法家，是馬基維利主義通過列寧式政黨模式，摻上中國式的權謀，即毛所謂的馬克思加秦始皇。

毛澤東確實是「兩頭真」，其晚年與青年時代的價值觀高度一致。青年時代，毛的作文〈商鞅徙木立信論〉獲得滿分。毛在文章中說：「吾讀史至商鞅徙木立信一事，而歎吾國國民之愚也，而歎執政者之煞費苦心也，而歎數千年來民智之不開、國幾蹈於淪亡之慘也。」毛更讚美商鞅說：「商鞅之法，良法也。今試一披吾國四千餘年之記載，而求其利國福民偉大之政治家，商鞅不首屈一指乎？」

毛一生的所作所為，實踐了商鞅「辱民，貧民，弱民」的「三民主義」。毛不是馬列主義者，而是商鞅主義者。

所謂「辱民」，是讓百姓們屈辱的生活，沒有自尊和思考，沒有「體面的工作」和「生活的尊嚴」，整天生活在恐懼之中。毛讓人民互相檢舉揭發，這一個運動你檢舉我，下一個運動我檢舉你，夫妻之間、父母與子女之間彼此為敵，大家都不是人。人人都寫檢討書、悔過書、認罪書，「改造思想」、「轉變世界觀」，留下書面證據存檔，人人都有汙點被官家掌握。

所謂「貧民」，是讓百姓生活在赤貧之中，除了生存必須之外，沒有任何富餘的糧食和財產。商鞅取消商業，把土地沒收為公家財產，人民作為耕田者是為政府打工。毛澤東更將人民的衣食住行，統一由官家管起來，吃大食堂，統購統銷，發糧票布票，除了國家，沒有任何管道和辦法拿到生存必須品。而且，沒有商業，私有財產不受保障，不論怎麼苦幹，人民總也富不起來。

所謂「弱民」，是不能讓人民強大，特別是不能在思想和精神上自由與獨立。培根說得好，「知識就是力量」，如果人民有了知識，就有了力量，君王的末日就到了。唯有缺乏安全感的民眾，才會對君主產生強烈的依附感。毛時代，民眾一窮二白，自願為奴，不是毛澤東為人民服務，而是人民為毛澤東服務。「弱民」或「愚民」是共產黨統治的秘訣。

鮑鵬山：商鞅是闖入中華的人間魔鬼！

中國不是沒有明白人。潛心研究先秦諸子數十年的學者鮑鵬山，雖然擁有體制內的身分，可以在《央視》百家講壇節目講《水滸傳》，卻不能講《商君書》，因為他對商鞅的看法與習近平截然對立。他痛斥：「商鞅是闖入中華的人間魔鬼！」更坦言：「在中國歷史上，居然有這樣的一種政治主張，有這樣的一種政治能力，並且這種政治主張、政治能力在中國實際的政治生活中得到非常廣泛的、長時間的使用，這對中國來說是很悲劇性的事情。」

鮑鵬山分析，《商君書》為「商鞅變法」提供了理論支柱，也是秦統一六國的理論基石。《商君書》有五大要點：第一，以弱去強，以奸馭良。儒家讓君子充當道德模範，讓君子帶小人，社會往上走；商鞅的思想則相反，他要以奸治民，用現代說法就是「痞子為王」、「特務治國」。

第二，一教，就是國家只有一種教育。統治者不是不讓人民沒受教育，而是讓人民只能受一種教育，只能接受一種定論。教育由官府全面壟斷，不許民間有「私學」，教育是官家的洗腦工具，而不是開啟民智的窗口。

第三，剝奪個人資產，造成無恆產、無恆心的原子化的社會。這樣，所有人都必須靠國家吃飯，在國家之外，既找不到工作機會，也無法從事生產活動。勞動者本人淪為國家的資產和國家的奴隸。

第四，辱民、貧民、弱民，以利於君主統治。商鞅將國家的強弱與人民的強弱對立起來，國家必須強大，人民必須卑弱，若人民自強，國家就衰落。商鞅想方設法讓人民處於愚蠢、孱弱、窮困的境況中，君王就可以如臂使指地驅使和控制人民。

第五，殺力，即發動戰爭。戰爭對統治者有兩個好處。首先，率先發動戰爭，使戰爭在別國國土上打，既破壞別國的經濟，又殺死別國的有生力量。其次，戰爭讓本國豪強之民成為炮灰，剩下的全是聽話的民眾。毛澤東將國民黨投降軍隊送入韓戰的絞肉機消滅掉，就是受其啟發。

總而言之，《商君書》最關鍵的思路是：國家只要一種國民，即生產與戰爭的機器。老百姓平常是農民，為國家生產糧食，一旦有戰爭，就上戰場，全民皆兵。這就是商鞅所說的「耕戰之民」。國民只做一件事，就是「農戰」。

鮑鵬山感嘆說：

後代眾多無知者，盲目跟著卑鄙無恥者吹噓統一大業，說什麼春秋戰亂，人民受害；沒有見到學者出來統計，到底是統一殺人多，還是分封制殺人多？

鮑鵬山進一步質疑：「不少國人津津樂道秦國的統一偉績，它的強盛，它的許多世界第一，它的什麼車同軌，統一度量衡，什麼促進生產力，從不思考當朝人民是怎樣活過來的，他們有過一個什麼悲慘的血淚時代。」鮑鵬山批評和反駁的「某些人」，包括習近平及其御用文人，所以他的這些言論在中國被禁了。

秦暉：「編戶齊民」的法家之制

更深入揭示商鞅和法家黑暗與邪惡的，是歷史學者秦暉。秦暉在〈實現了大國崛起的秦朝如何對付老百姓〉一文中指出，古代中國，在秦朝統一六國時期，軍事力量是很強大的，建立了一個龐大的軍事強國，而且在人口數量和領土擴張方面表現也不俗。那老百姓的地位如何呢？

秦國的主流意識形態是法家思想，如商鞅、韓非，以他們代表的法家思想是秦朝立國的理論基礎。法家明確說過：秦國的強大，是以百姓的軟弱作為條件的。「商鞅變法」是秦國強大的關鍵，商鞅在《商君書》有篇文章題目是《弱民》，公然宣稱「民弱則國強，民強則國弱。有道之國，務在弱民。」商鞅對百姓的蔑視毫不掩飾，他說：「能治天下者必先治其民，能勝強敵者必先勝其民。」要想征服天下，必須先征服百姓，想要打敗強敵，首先要打敗人民。他又說：「民勝其政，國弱；政勝其民，兵強。」法家認為，為了治民，統治者絕對不能心慈手軟。

秦暉分析說，從商鞅到韓非這些強秦理論家，從來不去論證君王要怎麼做人民才會擁護之。他們認為，君王為什麼要讓人民擁護呢？君王是要讓人民害怕，讓人民不能反抗，讓人民絕對服從。這才是法家崇尚的最高境界。中國的歷代專制王朝都崇尚這種政治哲學，所以中國不可能出現英國的《大憲章》。

秦暉指出，中國傳統文化的主體結構與其說是「儒道互補」，不如說是尊儒表象下的「法、道互補」更確切。這是傳統吏治積弊的文化根源。其特徵是：以追求專制權力為中心，在強權之下唱高調、說假話。強權不及之處，則痞風大盛，道德失范，幾成叢林狀態。法道互補形成了中國歷史上的專制傳統。

秦暉用以古諷今的方式告誡癡迷《商君書》、隔絕於現代文明的習近平說：

強國，固然是每一個有民族自尊心的國民所追求的目標，但在現代化的進程中，還有一個核心價值觀，可以既不是強國，也不是大國，但一定要是現代化國家。用最簡單的語言表達就是，人民是國家真正的主人。「國家興亡，匹夫有責」，沒錯！但是，國家興亡，匹夫先要有權，有權才能有責。權責需要對應。

習近平聽不進去這樣的逆耳忠言，一路走到黑，走向商鞅或者秦始皇的命運。

王飛凌：法家專制的「天下帝國」秩序

政治學者王飛凌在《中華秩序》一書中，首次使用「中華秩序」這個概念，比極權主義、法西斯主義、韌性威權等更準確地描述出中國的本質——中華秩序就是秦漢秩序。

王飛凌分析，秦帝國是東亞第一個「天下帝國」或「世界帝國」，它的出現是原本作為列國之一的秦國實施法家變革後合乎邏輯的發展結果。先秦列國都實行過以爭霸為目標的變革，但唯有秦國將此種激進變革堅持到底——雖然商鞅本人及其思想傳人韓非、李斯等人都在權力鬥爭中「不得好死」，但他們的思想在現實政治中得以實踐。

一本《商君書》，讀者從各自所愛來各取所需。習近平企圖建立代替美國在二戰後建立的國際政治經濟秩序的「中華秩序」，《商君書》便成了他的一本「武林祕笈」。王飛凌則從《商君書》冷酷而粗率的文字中，發現了這個強有力的威權——極權政體所信奉的關鍵法則：

使用各種殘酷的武力、詭計（包括發展秘密線人），誘發出人們的貪婪和恐懼，以碾碎、征服、剝奪和操縱民眾，同時摧毀和銷蝕所有的社會政治組織（除了帝國等級制度本身）和道德倫理（除了對帝國的忠誠）；以故意剝奪、壓制、虐待甚至奴役人民的方式，發展、動員和集中所有資源，以無限擴大國家力量、尤其是國家的財政收入和軍事力量；利用各種資源聘請專家人才，包括積極招募和收編外國人，甚至對手；不惜以金錢收買腐蝕，使用詐術離間、甚至謀殺手段，無情摧毀所有的國家內外敵對勢力。

這個愚民、牧民的法家政治手冊駭人而有效，在現實政治鬥爭層面獲得巨大的成功。這些法則，正是毛和習的信仰，作為共產黨員，他們花在研究此類古書上的時間和精力多於馬列著作。

學者趙園在《非常年代1964-1978》一書中指出，文革興起，流行的是民眾之間互相揭發舉報與「自我批判」（「自汙」、「自誣」）。「請罪」的對象本應是神祇，文革中則是「黨和毛主席」。趙園評論說：「日常性的檢查、思想彙報之類不一定大砍大殺，只消一點一點地雕琢，令你就範，使你失卻了自主思考、表達的能力。這種細密的功夫，應當算作當代中國的發明，雖有傳統淵源，卻更是『創造』，或非其他社會主義國家所能及。」她所說的「傳統淵源」，就是《商君書》、《韓非子》之類的法家思想。

法家跟法治無關，法家是人治中最幽暗的統治術。從二〇〇二年張藝謀謳歌秦始皇的電影《天下》問世，到二〇〇八年胡錦濤在北京奧運會開幕式和閉幕式上享受「萬國來朝」的榮耀，再到二〇一九年習近平在中共建政七十週年閱兵大典上「數風流人物，還看今朝」的神情，一路走來，商鞅和秦始皇取代了馬克思和列寧成為中共帝國的神主牌。

第二節

習近平從歷史中汲取了什麼經驗？

習近平在山東考察時，專程來到甲午海戰故地劉公島，冒雨登臨蓬萊閣，彷彿要從甲午戰爭的歷史中汲取智慧。然而，他偏偏意識不到，正是他執政以來若干「打腫臉充胖子」的擴張和盲動之舉，讓甲午戰爭的悲慘命運再一次出現在中國的國門口。

中國官媒報導，習近平憑弔劉公島古戰場的行程時，又開始唱肉麻的頌歌——「習主席喜歡讀書，尤其喜歡讀歷史書」，報導舉例說：「每年新年前夕，習近平都會發表新年賀詞，人們在聆聽他令人振奮的賀詞同時，也能從電視畫面中看到他身後擺滿書的大書架。細心的人發現，在習近平的閱讀清單裡，有大量的歷史典籍：《史記選》、《漢書選》、《世界通史》、《現代歐洲史》，愛讀歷史的習近平，對於歷史典故常常信手拈來。

二〇一一年九月，在中央黨校秋季學期開學典禮上的演講中，他引用了許多歷史典故：孔子誨人不厭，勾踐臥薪嚐膽，蘇武飲雪吞氈，文王拘而演《周易》，屈原逐而賦《離騷》。」習近平似乎成了「成語大王」，可以在小學生的背誦成語比賽中奪冠。

中國永遠不缺吹鼓手。中國官媒用一種自問自答的筆調諂媚地寫道：「一個大黨大國的最高領導人，為什麼要把歷史擺在如此高的位置？從歷史之中，他汲取著怎樣的人生智慧和治國之道？對廣大領導幹部學史用史，他又提出了哪些明確要求？」御用文人引用習近平的話回答說：「我國古代史、近代史、現代史構成了中華民族的豐富歷史畫卷。領導幹部要多讀一點歷史，從歷史中汲取更多精神營養。」最後，文章揭示習近平的讀史心得是：「在中國的史籍書林之中，蘊涵著十分豐富的治國理政的歷史經驗。其中包含著許多涉及對國家、社會、民族及個人的成與敗、興與衰、安與危、正與邪、榮與辱、義與利、廉與貪等方面的經驗與教訓。」

歷史是前車之鑒，對於帝王來說更可「資治通鑑」，然而，習近平真的從歷史、尤其是中國近代史中汲取了不讓中國重蹈覆轍的智慧嗎？從官媒引用的習近平炫耀歷史知識和典故的講話中可發現，他對歷史真相不求甚解，對歷史悲劇一跳而過，不是謙卑地從歷史中學習經驗和教訓，而是扭曲歷史事實，讓歷史為己所用。

據《央視》報導，二〇一九年十二月，中國第一艘國產航空母艦山東艦在海南三亞某軍港交付海軍，習近平出席交接入列儀式。習將八一軍旗、命名證書分別授予山東艦艦長、政治委員。山東艦艦長、政治委員向習敬禮，從習手中接過八一軍旗、命名證書。隨後，習登上山東艦，檢閱儀隊。習還察看有關裝備，了解航母艦載機飛行員工作生活情況，並前往駕駛室，在航泊日誌上鄭重簽名。

這艘中國自己建造的航母，是模仿烏克蘭廢棄航母（即中國第一艘航母遼寧號）而來，技術上落後西方先進國家三十年。《多維新聞網》宣稱「隨著中國國產航母的服役，該國正式迎來雙航母時代，這不僅將大幅增強該國海上實力，而且還能夠維護本國在海外持續擴張的利益，譬如海上生命線將大受裨益」，但一向民族主義色彩強烈的《環球時報》則在社評中極力主張「中國海軍不如美國海軍」的論調，強調「中國發展航母這樣的裝備不是用來對付周邊的」、「更不是用來挑釁美國的」。「中國的『雙航母』即使在亞洲已處在高水準線上，但它離世界一流水準還差得很遠。中國無論在核力量、海空軍力量以及盟友和海外基地體系上都完全無法與美國相比，我們根本沒有可能對美發起傳統意義上的挑戰。」

中國有了兩艘航空母艦，第三艘和第四艘也在修建之中，但若對美或對日開戰，中國將敗得比甲午戰爭還要慘。

扼殺學術自由的習近平不要玷汙陳望道的名字

中國官媒吹捧說，愛讀歷史的習近平，對於歷史人物常常銘記於心。「在參觀《復興之路》展覽時，他講起陳望道專心翻譯《共產黨宣言》，竟將墨汁誤當紅糖吃掉而渾然不覺的故事，並引述他的名言：真理的味道非常甜。」

陳望道在專心翻譯的時候蘸墨汁吃點心的故事，究竟是不是真的，已難以考證。但習近平不知道或故意迴避的歷史事實是：一九二一年，中共建黨之際，陳望道因為不滿總書記陳獨秀的家長制作風，拒絕出席「一大」。一九二三年，中共「三大」之後，陳更是公開宣布退出共產黨，他認為當時的共產黨已然不符合馬克思主義的原則。

這段歷史，黨是不會忘記了。中共建政之後，陳望道一直戰戰兢兢，如履薄冰。一九五四年，共產黨在文化界和學術界掀起批判胡適思想的運動，曾經與胡適有往來的陳望道亦被波及。在高壓下，陳望道違心地對自己當年脫黨一事自我批評說：「這是小資產階級的自由主義的表現。」珍愛自由的陳望道確實是因為共產黨敵視自由而選擇退黨。

一九五七年，毛澤東表面上倡導「大鳴大放」，當知識界提出批評意見之後，他迅速展開反擊，「反右」運動將百萬知識分子和學生歸入賤民之行列。當時，擔任復旦大學校長的陳望道，哪裡知道高層政治鬥爭之內幕？他在「幫助黨整風」的會議上發言說，復旦大學將取消黨委負責制，加強校務委員會，以校務委員會作為最高領導機構。他認為，這樣容易發揮老師的作用，使黨與非黨幹部打成一片，把學校辦好，他也希望更多大學都這樣做。他的發言贏得了教授們的支持。

轉瞬之間，風向大變，向黨提意見的知識分子紛紛被打成萬惡不赦的「右派分子」，很多都是陳望道的老朋友和老同事。在周恩來關照下，陳望道成為漏網之魚，沒有被戴上「右派」帽子。

躲過了「反右」，卻躲不過「文革」。「文革」之初，陳望道在復旦大學遭到大字報猛烈攻擊，紅衛兵說他「執行修正主義教育路線」、「反動學術權威」等等。沒有哪個紅衛兵知道他是《共產黨宣言》最早的譯者。那個時候的陳望道，對於當初翻譯《共產黨宣言》、將禍水引入中國的莽撞之舉，是否曾經感到後悔？

習近平執政以來，中國所有的大學中，黨委的權柄一手遮天，學生告密成風，教授謹言慎行。二〇一九年十二月十七號，中國教育部網站發布了關於批准復旦大學、南京大學、陝西師範大學章程修正案的文件，在社群平臺上引發軒然大波。復旦大學章程序言第二段第一句，原來是「學校的辦學理念是其校歌所傳頌的學術獨立和思想自由，強調學術的價值在於探究真理，守護文明，正誼明道，不計其功」，修改後整個段落都不見了。序言第三段把「初志」改為「初心」，增加了「學校堅持中國共產黨的領導，全面貫徹黨的教育方針，堅持馬克思主義指導地位和社會主義辦學方向」等內容。原章程第四條中的「民主管理」被刪除，學校黨委的主要職責由六項增加到十一項，其中第五項是「領導學校思想政治工作和德育工作，堅持用習近平新時代中國特色社會主義思想武裝師生員工頭腦」。這是公然宣告大學是黨校，是洗腦機構。

當日，復旦學子在學校食堂聚集，高唱復旦校歌，以抗議原校章中的「學術獨立，思想自由」等條款被刪除。學子們高歌「復旦復旦旦復旦，巍巍學府文章煥，學術獨立思想自由，政羅教網無羈絆」的影片一時間傳遍各大社群網站，使原本沒幾個人知曉的復旦校歌獲得了廣泛的傳播。如果陳望道還在世，說不定會來到學生中間，跟學生們一起引吭高歌。

陳望道所期盼的大學取消黨委、尊重學術自由，在習近平時代如同水月鏡花、遙不可及。習近平卻恬不知恥地說他緬懷陳望道，這不是葉公好龍嗎？

習近平不知道「五四」運動那一年還沒有中國共產黨

二〇一九年四月，中共中央政治局就「五四」運動的歷史意義和時代價值舉行第十四次集體學習。

習近平主持學習時強調，「五四」運動是中國近現代史上具有里程碑意義的重大事件，「五四」精神是「五四」運動創造的寶貴精神財富，必須加強對「五四」運動和「五四」精神的研究，「要闡明中國共產黨和中國青年運動的關係，加強對廣大青年的政治引領，引導廣大青年自覺堅持黨的領導，聽黨話、跟黨走」。習又要求「必須找準當代中國青年運動在黨和國家工作大局中的著力點」，要堅持大歷史觀，「把五四運動放到中華民族五千多年文明史、中國人民近代以來一百七十多年鬥爭史、中國共產黨九十多年奮鬥史中，來認識和把握。」

習近平在政治局的講話，為四月三十日在紀念五四運動一百週年大會上的致詞定了調。在將近一個小時演講中，習通篇強調「愛國主義」和「黨的領導」，淡化「五四」倡導的民主和科學，「當代中國，愛國主義的本質就是堅持愛國和愛黨、愛社會主義高度統一。」

這篇冗長無趣的談話，唯一引起民眾和西方媒體注意的，就是習近平再次多個出現讀錯字的低級錯誤，為此電視臺的報導多次中斷並進行剪輯。習近平將「老人贍養」錯讀成「老人瞻仰」，分不清「贍」和「瞻」二字。他還把「迸發」讀成「併發」。

更具諷刺意味的是，習近平在人民大會堂慷慨激昂地說：「歷史深刻表明，愛國主義自古以來就流淌在中華民族血脈之中。一個人不愛國，甚至欺騙祖國、背叛祖國，那在自己的國家、在世界上都是很丟臉的。」若用這個標準衡量習近平家族的國籍，最丟臉的不正是習家嗎？八〇年代初，習仲勳在飽受折磨之後復出，對共產黨和中國的未來已失去信心。據一位與習家關係密切的人士透露，習仲勳召開家庭會議，除了安排習近平步入仕途之外，命令其他子女全部移民海外。習家第二代及第三代，除了習近平之外，幾乎所有人都持有外國護照或永久居民身分，習家難道不是中國第一賣國家族嗎？

習近平深知，誰能得到青年一代的心，誰就能得到天下，所以用愛國哄騙青年。共產黨從成立後，就跟其他政治和文化勢力爭奪「五四」運動闡釋權。中共建政後不久，將「五四」這一天定位青年節以及北京大學新的校慶日。一九八九年「六四」屠殺之後，中共著手建立一整套新的「五四」敘事，即民族主義和國家主義版本的「五四」敘事。在一九九八年北大百年校慶典禮上，江澤民明確指出，五四的精神，最根本的就是中華民族愛國主義精神。在馬列主義日薄西山之際，愛國主義取而代之。

到了習時代，「黨」大於國家和民族，國家和民族這些宏大敘事必須服從「黨的領導」，「五四」自然而然變成黨的傑作，不僅「沒有共產黨，就沒有新中國」，而且「沒有共產黨，就沒有五四運動」。文盲果然是文盲，習近平宛如穿越劇的主角，乾坤挪移、顛倒時空，堂而皇之將共產黨的成立提早到「五四」之前，將共產黨當作「五四」的領導者。在習眼中，「五四」精神是「堅持黨的領導，聽黨話，跟黨走」。由此，「五四」跟「六四」的歷史脈絡被斬斷。「六四」學生跟「五四」學生一樣，不僅追求民主和科學，也追求自由與公義。「五四」時代，北洋政府尚且不敢虐殺學生，「六四」時代，學生成了被共產黨如秋風掃落葉般消滅的「暴徒」。若「五四」先賢地下有知，看到共產黨對學生的血腥屠殺，聽到習近平這番強不知以為知的言論，恐怕死不瞑目。

習近平的演說一言九鼎、定於一尊，誰敢跟他辯論呢？那麼，歷史果然是胡適所說的「任人打扮的小姑娘」嗎？

這已不是習近平第一次出洋相，此前他曾宣稱自己經歷過抗日戰爭的苦難，而他明明是在中共建政之後出生的，抗戰時，他老爸的精子還沒有遇到他老媽的卵子。

與習近平對「五四」的「定論」截然相反的歷史真相是：清帝國晚期，「中華」被迫捲入到世界體系之中，但從未像日本明治維新那樣「一次性」地「脫亞入歐」或「西化」，而是如剝繭抽絲般一步步前行——從器物層面（船堅炮利）的洋務運動到政治層面（立憲）的戊戌變法及清末新政，再到文化層面（民主與科學）的「五四」運動，每一次的變革都經歷撕心裂肺的陣痛。

「五四」運動並不限於一九一九年五月四日這一天的學生運動，它是自一九一七年以來持續十年以上的文學和思想運動，始自以白話文代替文言文的「文學革命」，是陳獨秀和胡適等學人透過《新青年》和《新潮》等刊物，且在北京大學的講堂不斷地攻擊舊禮教、傳播西方新思想的思想運動。「五四」運動中非主流的、極端激化的那一分支，即陳獨秀帶領南遷的《新青年》群體，後來確實衍生出共產主義小組和共產黨。

「五四」運動是知識階層自發啟動的，並不受任何政黨控制。胡適在一九一九年發表的〈新思潮的意義〉一文中，提出「研究問題、輸入學理、整理國故、再造文明」四大綱領，很有代表性，大多數人都接受。胡適以「新思潮運動」界定「五四」，後人稱之為「新文化運動」或「新思想運動」，涵義大同小異。陳獨秀在一九一八年發表〈本誌罪案之答辯書〉，陳述《新青年》的兩大「罪狀」，一是擁護德先生（民主），一是賽先生（科學），始終都被奉為現代中國所必須追求的兩大普世價值，並作為「新文化運動」的宗旨，當時獲得中國知識分子共同的承認。

真理和真相不被權力所壟斷，不是誰的官職高，誰就「句句是真理」。對「五四」精神做出最精準概括的，不是習近平，而是歷史學家余英時。對歷史稍稍有研究的華人讀者，在歷史領域，當然相信余英時所說的事實，而不相信習近平所說的謊言。余英時指出，民主和科學是「五四」留給華人最重要的遺產，因為德、賽兩先生雖久已入籍，卻仍未在中國大地上普遍安家立業。

在本質上，中共既反對科學，也反對民主，雖然中共自己將來自西方的馬列主義當成絕對真理，卻又聲稱絕不接受西方的其他價值。以習近平的文化水準和教育背景，當然讀不懂余英時的書，所以才會「無知者無畏」，將「張飛打岳飛」的笑話當作顛撲不破的真理宣講，其結果只能是「猴子爬竿，爬得愈高，屁股暴露得愈清楚」。

習近平要用佛教來救中國嗎？

「中國唐代玄奘西行取經，歷盡磨難，體現的是中國人學習域外文化的堅韌精神。根據他的故事演繹的神話小說《西遊記》，我想大家都知道。中國人根據中華文化發展了佛教思想，形成了獨特的佛教理論，而且使佛教從中國傳播到了日本、韓國、東南亞等地。」

中國官媒特意賣了個關子，徐徐道出這段話的作者：「這段有關佛教中國化的教科書式的精確敘述，並非來自某位教授的講稿，而是源於中國國家主席習近平在巴黎聯合國教科文組織總部的講話。」這種諂媚的方式，已達到厚黑無形的境界。

中國官媒炫耀說，習近平訪問位於法國巴黎的聯合國教科文組織總部並發表演講，創造了多個第一：首先，中國國家元首第一次訪問聯合國教科文組織總部；其二，中國國家元首在世界舞臺上第一次以文明發展為主題發表公開演講；其三，中國國家領導人前所未有地全面論述了佛教中國化的歷程與意義。

聯合國教科文組織也稱之為「歷史性訪問」——實際上，這個組織與聯合國、世界衛生組織、國際刑警組織等一樣，在中共的銀彈攻勢下，早已淪為對中共予取予求的流氓國家俱樂部，美國先前已宣布退出，任由中國在其中瞎折騰。

中國官媒強調，習近平在演講中多次對於世界宗教的多樣性，以及三大世界性宗教與中國文化的互動予以高度肯定：「兩千多年來，佛教、伊斯蘭教、基督教等先後傳入中國，中國音樂、繪畫、文學等也不斷吸納外來文明的優長。」習近平還專門論述了法門寺的價值與意義：「一九八七年，在中國陝西的法門寺，地宮中出土了二十件美輪美奐的琉璃器，這是唐代傳入中國的東羅馬和伊斯蘭的琉璃器。我在欣賞這些域外文物時，一直在思考一個問題，就是對待不同文明，不能只滿足於欣賞它們產生的精美物件，更應該去領略其中包含的人文精神，不能只滿足於領略它們對以往人們生活的藝術表現，更應該讓其中蘊藏的精神鮮活起來。」

看到習近平對佛教的肯定，有支持佛教的御用學者提出「佛教救國論」：「近代以來，以儒釋道為代表的中國傳統文化受到嚴重衝擊。今天，儒家文化的制度性傳承仍然沒有建立，道教作為中國本土宗教，其現狀與人們的期待也有很大的差距。在儒釋道三教當中，佛教的發展相對較好，逐漸成為中國文化復興的最重要載體。而新世紀以來的中國佛教，也日益建立起這一文化自覺，主動投身於中華文明創造性轉化與創新性發展的歷史洪流之中。」

習近平會用佛教來拯救中國嗎？

其實，習近平的言談毫無新意。儘管他對佛教的了解大概並不超過《西遊記》，但他說話的口吻宛如皇帝兼祭司，他所謂的多元和寬容，必須在黨的一元化的控制之下。習近平讚揚了玄奘代表了中國人「學習域外文化的堅韌精神」，但與此同時，他的暴政所要消滅的不正是這種中國人學習域外文化和宗教的堅韌精神嗎？習近平是人文精神的敵人，因為人文精神必然是自由精神、創造精神，習近平卻號稱「定於一尊」。

雖然從習近平在表面上對待佛教比其他宗教更友善，但他並不會單獨賦予中國佛教徒以真正的宗教信仰自由。

首先，從習近平與佛教的淵源來看，他跟佛教僧侶確實有過私人交往。美國記者張彥在《中國的靈魂》一書中寫到，八〇年代初，習近平在任河北省正定縣的縣委書記時，與臨濟寺方丈有明法師有過一段交往。當地人認為，習近平是個作風務實的領導人，他不但希望將正定發展起來，而且看得出他是真正發自內心敬重佛教。習多次造訪臨濟寺，並協助其擺脫官僚體系的阻礙，讓來自日本的捐款完成寺廟重建——在當時，這需要排除反日的民族主義的干擾。有明法師的繼任者告訴張彥：「他（習近平）尊重佛教，比大多數人更了解佛教。」

但實際上，習近平對佛教的態度是功利主義的，是有選擇性地或「拉攏」或「打壓」。比如，中國可以召開規模宏大的「世界佛教大會」，可以讓臺灣新興佛教的代表人物星雲法師訪問中國，可以讓慈濟基金會合法進入中國，可以讓某些支持黨國體制的佛教代表人物參加人大和政協，但這些作法只是統戰政策的一部分。習近平並不認為佛教能成為「中國文化復興的最重要的載體」，他真正信奉的意識形態是馬克思主義包裝的法家式的帝國主義。

其次，習近平對藏傳佛教等具有「分裂主義」傾向的佛教分子則更殘酷地打壓，並積極實施佛教及其他宗教的「中國化」政策——儘管佛教進入中國已超過兩千年。

根據新的宗教「中國化」政策，中國政府逼迫西藏各主要寺院實施愛國主義教育，企圖培養一批熟稔官方意識形態的佛教教師和僧侶。習近平提出「四條標準」政策，要求僧尼「宗教上有造詣」、「政治上靠得住」、「品德上能服眾」和「關鍵時起作用」。要求僧侶確立「五個認同」，即牢固樹立正確的祖國觀、民族觀、歷史觀、文化觀、宗教觀。要求廣大宗教界代表人士要深刻明白惠從何來、惠在何處，堅定聽黨話、感黨恩、跟黨走的信心決心，自覺擁護中國共產黨的領導，擁護社會主義制度，始終與黨和政府同心同德、同心同向、同心同行。換言之，他們必須與達賴喇嘛劃清界限，與「分裂主義」去鬥爭。

繼二〇〇一年江澤民下令，清理整頓中國最大的藏傳佛教學院色達佛學院之後，習近平在二〇一六年再次下令摧毀這所佛學院。四川省的摧毀令引用了中央第六次西藏工作座談會和第二次全國宗教工作會議的決定。習近平在在宗教會議上強調，宗教要「擁護中國共產黨領導、擁護社會主義制度，堅持走中國特色社會主義道路」。國際人權組織評論說，此一事件證明了中國領導層的輪替和中國不斷增長的國際地位，對保障西藏宗教信仰自由沒有什麼作用。

不僅如此，習近平時代對宗教的迫害程度大大的加劇。二〇一二年，時任西藏自治區黨委書記的習近平的心腹陳全國啟動一項秘密計畫，任意拘捕所有曾赴印度參加達賴喇嘛傳法活動的藏人，關在不公開的拘留中心接受為期三到六個月的政治教育。二〇一三年，陳全國表示要「積極推動核心價值觀進機關、進企業、進鄉村、進社區、進學校、進軍營、進寺廟，使核心價值觀深深植根於全區各族人民的頭腦中。」陳全國在西藏的鐵血政策受到習近平的青睞，他被習近平提拔到新疆去鎮壓維吾爾人。於是，新疆出現了堪比納粹集中營的「再教育營」。

第三，在文化教育等公共領域，中共對包括佛教在內的各宗教嚴防死守，唯有中共自己才能充當「人類靈魂的工程師」。

二〇一八年，中共下令各地方政府加強管制露天大型宗教大神像。根據中國統戰部官網發出的命令，治理露天大型宗教大神像的目標，是針對官方所認可的五大宗教之中的佛教和道教。「會議要求，各地要將治理濫塑大型露天宗教造像工作作為當前治理佛教道教商業化問題重中之重來抓，納入議事日程，明確工作責任和時間進度，真抓實幹，確保如期完成。」許多佛教和道教的神佛神像都遭到暴力摧毀，其作法宛如阿富汗塔利班炸掉巴米揚大佛。

二〇二〇年一月，中國宣布「禁止所有公立中小學使用教科書和經典小說等外國教學材料」。中國教育部發布的指南指出，課程必須以「堅持馬克思主義的指導原則並反映中國風格」的教材為特色。通知中寫道：「所有中小學教材都必須反映黨和國家的意願，這樣學生才能承擔中華民族復興的重大責任。」同時，涵蓋具有強烈意識形態原則的材料，例如國家主權和宗教，被重新編寫並直接分發給學校。

二〇一九年十二月，中國甘肅鎮遠縣圖書館公開焚燒所謂的「有害書籍」，主要是宗教題材的書籍。當地新聞報導，該館近期對館藏資源中社會捐贈的非法出版物、宗教類出版物，特別是對含有傾向性的文章書籍、圖片書刊和影像資料等內容，進行全面清查下架和迅速銷毀。報導還搭配了一張現場圖片，兩位女子正在圖書館門外堆起火堆，燒掉一些書籍。此舉在國內引發很大爭議，就連官媒《新京報》亦發表評論文章，認為用這種焚燒的方式處理非法出版物，「恐怕超出了社會所能夠接受的範疇，它傳遞出的更多是粗暴的觀感，而不是對文明的維護」，同時質疑：「宗教類出版物，什麼時候成了必須全面清查下架和迅速銷毀的書籍？」

習近平必須對這些事件負全責。這樣一個迫害宗教、戕害文化的暴君，根本沒有資格在國際舞臺上奢談文化和文明。

第三節 習近平為何拜王陽明為師？

隨著習近平嫡系陳敏爾的地位水漲船高，陳敏爾曾任職的中國最貧困省分之一貴州也備受矚目。陳敏爾在貴州興建的從博物館、噴泉、模擬模型和演講廳組成的大型建築「孔學堂」，亦成為人潮如織的新旅遊熱點。

此處雖名為「孔學堂」，真正的主角不是孔子，而是開創「儒學中興」的關鍵人物王陽明。孔子反倒成了其「精神後裔」的陪襯。這似乎不太符合儒家尊卑有序的政治和道德倫理。不過，既然習近平懷有站在毛澤東肩上的雄心壯志，為什麼不能讓王陽明享有比孔子更高的榮耀呢？

在這個規模宏大的園區中，王陽明的博物館跟紀念孔子的大廳一樣大，裡面還有一個外形與王陽明神似並且能夠模仿其書法的機器人：操控者一啟動按鈕，機器人就會嫻熟地拿起毛筆，仔細在硯臺上蘸了蘸，優雅地寫出最有名的那句話：「知行合一」。這個機器人還能背誦王陽明的一千多句名言，讓觀眾驚訝不已。這一幕場景極具象徵意義：中國在小心翼翼地保存文化傳統的同時，也可以做到在科技上不弱於西方世界。共產黨不再以傳統文化破壞者的面目出現，搖身一變成為傳統文化的守護者和捍衛者。

王陽明的地位在官方宣傳體系中忽然上升，當然不是由陳敏爾這個地方官員說了算。陳敏爾這樣做乃是投主子習近平所好，雖然他本人和習近平都不具備研究和領悟王陽明的哲學思想的能力——習剛剛執政，就公開稱頌王陽明，那時在貴州擔任封疆大吏的陳敏爾突然發現一個巨大的機會：儘管王陽明不是貴州人，卻被皇帝貶斥到貴州，在貴州生活過相當長的一段時間，其哲學思想是在貴州期間成形的。「陽明」這個比其原名王守仁更為人所知的稱呼，來自於他在貴陽郊外隱居的「陽明洞」。於是，陳敏爾一聲令下，貴陽及其周邊建起了一個王陽明主題公園和一座展示其成就的博物館，當局還把當年那個小洞穴建成紀念王陽明的聖地。

鎮壓少數族裔和農民起義的王陽明何以鹹魚翻身？

針對王陽明突然成為「香餑餑」的現象，研究中國當代意識形態和宗教信仰的學者張彥指出，為了解決中國在精神領域的不足，習近平對孔子和佛教大加讚賞，還領導了曾被共產黨宣告為迷信的傳統宗教活動的復興。然而，「一個威權主義國家信奉王陽明，連同他所強調的遵循個人內心的道德判斷，是一件危險的事。」

某些儒家人士說，中國有三個人可以稱為聖人——孔子、王陽明、曾國藩，但中共對王陽明的評價，有過幾次重大的翻覆和轉折。青年毛澤東對王陽明佩服得五體投地，曾讀過王陽明的《王陽明全集》、《傳習錄》，並逐句逐字寫了批註。另據學者王元化的說法，早年毛澤東的很多思想同王陽明比較接近，「求是」的思想，原本典出王陽明。

但是，中共建政之後的主流意識形態總體上貶斥儒家，王陽明被當作「孔老二的孝子賢孫」打入冷宮，更有鎮壓少數民族和農民起義的惡名，再加上王陽明是蔣介石高舉的歷史人物，中國各地有關王陽明的紀念物都遭到拆除和砸毀。毛並沒有制止這些行為。比如，王陽明在江西崇義的文廟古建築群，占地闊約八十八公尺，長約一百二十二公尺，包括文廟和王文成公祠兩棟建築及王陽明塑像等，全部在一九六四年被中共當局平毀無遺。文革期間，王陽明成為孔子的「陪綁」人物，聲譽跌倒最低點，更沒有任何學者敢研究青年毛澤東仰慕王陽明的那段歷史。

文革之後，尤其是在市場經濟和旅遊業興起之後，風向變了，很多地方官員將王陽明當著搖錢樹般的「歷史文化遺產」，「文化搭臺，經濟唱戲」，王陽明得以重出江湖。在此過程中，民族矛盾與階級矛盾的糾葛，兩種意識形態的激盪，讓王陽明處於尷尬地位，如同中國官方對施琅「大將軍」翻雲覆雨的評價一樣，如何「讓歷史為現實服務」，當局煞費苦心，卻免不了自相矛盾。

其間，曾經出現過一起很大的紛爭，即「六公祠」事件。二〇〇六年，南寧市政府計畫在人民公園重建「六公祠」，以紀念狄青、余靖、孫沔、蘇緘、王陽明和莽依圖等功臣。「六公祠」最早叫「三公亭」，是宋朝時為紀念狄青、孫沔和余靖等人平定「叛賊」而修建的。明朝重修時，將蘇緘、王陽明入祠，改名為「五公祠」。清朝後期，又將莽依圖入祠，改為「六公祠」。

聽聞此舉，廣西壯學學會專門召開座談會，多數參加者皆認為，狄青、孫沔、余靖等人到廣西和南寧是為了鎮壓儂智高領導的農民起義，屠殺了數以萬計的起義軍，絕大部分是壯族貧苦農民。王陽明在廣西任職期間，曾組織鎮壓八寨農民起義和大藤峽起義，致使不計其數的瑤族農民家破人亡。如果在少數民族自治區首府重建紀念狄青等人的「六公祠」，會傷害到壯族、瑤族等少數民族的情感，因此建議相關部門要慎重考慮，以免造成不良的後果。於是，重修「六公祠」計劃暫緩。

習近平從王陽明那裡學到了鎮壓少數族裔的雷霆手段

十年之後，王陽明的境遇又是一番新的光景。習近平對王陽明的肯定「一言九鼎」，其他雜音統統消音。各地大肆修建紀念王陽明的建築，再沒有人敢說三道四。習近平對王陽明的推崇，顯示共產黨在統治方式和意識形態方面的一些新的動向，值得分析和研究。

首先，習近平發現馬列主義和毛澤東思想無法凝聚人心，轉而向中國兩千年專制傳統尋求資源。這種靜悄悄的變化，在天安門屠殺之後就開始了。九〇年代初，中國出現傳統文化和國學熱，不是民間自發的，而是官方主導的。習近平上任之後，傳統文化熱和國學熱以轟轟烈烈的方式展開。習在公開談話中引用儒家經典的次數超過引用馬列原典，也超過胡錦濤和江澤民。習頻頻訪問曲阜孔廟、北大國學院等象徵性地點，接見孔家後裔和研究儒家的學者，雖然沒有像古代皇帝舉行封禪、封聖儀式，卻也有異曲同工之妙。一方面以此顯示對傳統文化的「敬意」，另一方面利用傳統文化的資源來鞏固其統治合法性。

中國傳統文化豐富而多元，共產黨選擇哪些部分「為我所用」呢？王陽明雀屏中選，最重要因素的不是其哲學思想，而是他對朝廷忠心耿耿，即便「今上」是昏君正德皇帝，他也無怨無悔為之服務。王陽明一舉鎮壓寧王的反叛，正德皇帝嫌不過癮，想演出一臺「御駕親征」的大戲，最後在王陽明的勸阻之下，改為在北京午門外「獻俘」，以此滿足皇帝的虛榮心。這就是專制時代理想的君臣關係。習近平希望王陽明這樣的大臣成為中共高官之楷模。

其次，習近平對王陽明的推崇，很大程度上是因為王陽明鎮壓邊疆「蠻夷」民族的「功績」。王陽明在一系列針對江西、福建、廣東等地「少數民族」的軍事行動中，屠殺了數十萬畲族、瑤族、壯族（原稱「獞」），中國最大的少數民族，人口有一千五百多萬）。王陽明認為，不接受禮義教化，不存天理，就是禽獸，則「盡殺爾等而後可」。他從未將「蠻夷」當作人來看待（相比起來，馬英九將臺灣原住民當作人來看待，要「文明」多了。）這跟希特勒屠殺猶太人的理由是一樣的——希特勒認為猶太人「非我族類，其心必異」，猶太人是病菌，是害蟲，盡可消滅。只是明朝的王陽明缺乏現代的希特勒那種工業化的種族滅絕手段，其屠殺的規模遠不如希特勒。

習近平推舉王陽明，是要藉此鼓勵任職於新疆和西藏等「帝國邊緣地帶」的官員們向王陽明學習，不要有婦人之仁，不要害怕揮起屠刀。殺人不是恥辱，而是榮耀，殺人才能如火，殺人才能高升。習近平時代換上的西藏、新疆的統治者，愈發兇殘冷酷，他們強迫西藏、新疆人在家中懸掛習近平畫像，以此顯示他們征服了藏人和維吾爾族的人心，統治已固若金湯。

第三，習近平推崇王陽明，並非其首創。近代以來，中國及東亞的獨裁者和軍人都很推崇王陽明，如日本海軍將領東鄉平八郎、孫文、蔣介石、毛澤東以及新加坡強人李光耀，都是王陽明的「鐵桿粉絲」。

以蔣介石而論，讀王陽明、曾國藩著作之勤奮，超過讀孫文著作。日本學者深町英夫在《教養身體的政治》一書中形容「蔣介石是神經質、潔癖症的領袖」，蔣在一次談話中說：「你們如果要為國家來做一番事業，為民族來爭一口氣，能做中華民國的革命領袖，就要學我蔣介石的整齊、清潔、勤勞、刻苦。現在中國只有我一個蔣介石，我希望從各位做起，將來能造成幾千幾萬個蔣介石，能做革命領袖，為國家、民族效力。」這段話頗有王陽明「我為聖賢，人人皆可為聖賢」思想之神髓。蔣雖一生反共，如今的中共統治者卻不反蔣，蔣可以作為他們統戰臺灣的工具，蔣崇拜的王陽明也不再是王陽明的汙點。

習近平和蔣介石都是王陽明的學生

關於習近平「以毛為師」的一面，很多學者都有專文評述，殊不知，習近平還有另外一面，就是學習蔣介石——美國聖約翰大學歷史教授卡特和加州大學爾灣分校歷史學者華志堅指出，要想了解中國最強勢的領導人習近平，「蔣介石是一個重要的維度。」蔣介石和習近平都認為中國的現代化與儒家思想可以相輔相成。習近平認為，可以利用孔子為共產黨的統治背書，中國政府在全球興辦文化統戰的孔子學院。這在發起「批林批孔」的毛澤東看來，是離經叛道。蔣介石則會認為這是一個好主意，如果蔣還在世，一定會興致勃勃地幫習近平出謀劃策。

我在《走向帝制：習近平與他的中國夢》一書中指出，海峽兩岸共產黨、國民黨和民進黨這三大政黨的很多政治人物，政治立場迥異，文化立場卻很相似——他們都情不自禁地在儒家專制文化的「醬缸」（柏楊語）中打滾。

習近平執政以來，先後高調宣布「我也姓毛」、「我也姓馬（馬列主義）」，但響應者寥寥無幾。經過文革浩劫和「六四」屠殺，毛澤東思想和馬列主義早已臭名昭著，習近平無法讓其起死回生。於是，習重新回到「老祖宗」那裡尋找靈感和資源。他召見北大國學院的新儒家學者，親自到山東曲阜的孔廟朝聖（偏偏忘記了毛的紅衛兵曾在此砸碑掘墓、毀像焚書），更是在演說中背誦四書五經中的句子，儼然向世界宣告「我也姓孔」，或「我也姓蔣」。

蔣介石若發現他在彼岸有這樣一位「黨外弟子」，一定會心花怒放。儘管習近平沒有受過「新生活運動」和「中華文化復興運動」的薰陶，但在「尊孔復古」上卻與蔣介石殊途同歸。

蔣介石力圖以「君君臣臣父父子子」的儒家專制主義打造道德烏托邦，進而消滅臺灣的自由主義思潮、摧殘臺灣的黨外運動、麻醉國民尤其是青年人的心靈。在今天已實現民主自由的臺灣，此類作法已然「俱往矣」；而在依然獨裁專制的中國，習近平卻將它們「拿來」當作新式武器使用。

習近平將自己當作曠代聖賢、百姓楷模，先自我神聖化，再打造全黨和全國個人崇拜的熱潮。在中共十九大上確立一言堂和「歷史地位」之後，這種「聖賢」式自戀心態，隨著奴才們恬不知恥的吹捧日益升級。在十九大會議期間，有解放軍高級將領發言稱：「習主席頂天立地的歷史擔當托起偉大夢想，經天緯地的雄才大略引領前進方向，戰天鬥地的革命精神令人心馳神往，翻天覆地的開新圖強鑄就巨變滄桑，感天動地的領袖情懷彰顯大愛無疆。」與會者無人覺得肉麻，只恨自己不夠肉麻。這樣充滿「大詞」和形容詞的稱頌，已然跟文革時代毛澤東的造神運動相差不遠。

習近平推崇王陽明，跟蔣介石一樣，乃是企圖用「以德治國」取代「以法治國」。蔣介石常常斥責手下的文武百官沒有良心、喪失人格，卻從來不考慮建立一套民主制度；習近平也屢屢在談話中強調道德倫理——比如，在中共建政七十週年之際，中央文明委評選表彰新一屆全國道德模範，習近平親自出席表彰大會並說：「著力培養擔當民族復興大任的時代新人，讓社會主義道德的陽光溫暖人間，讓文明的雨露滋潤社會，為奮進新時代、共築中國夢提供強大精神力量和道德支撐」。而在一份最新的〈新時代公民道德建設實施綱要〉中，中國官方一再強調「中華傳統美德」，對一切「意識形態舶來品」均拒諸門外。那麼，若以王陽明取代從德國來的「大鬍子」馬克思，共產黨就能絕處逢生、鳳凰涅槃嗎？

第四節
習近平有可以依賴的智庫嗎？

「美國研究智庫聯盟」能拿出打敗美國的錦囊妙計嗎？

美中貿易戰愈演愈烈之際，中國宣布成立「美國研究智庫聯盟」，研究美國最新的政治、經濟和貿易情況。

據北京《每日經濟新聞》報導，該聯盟由二十餘家中國智庫共同發起成立，這些研究機構包括：中國國家發展和改革委員會宏觀經濟研究院、商務部國際貿易經濟合作研究院、財政部國際財經中心、北大國家發展研究院、北大國際關係學院、清華國家金融研究院等。該聯盟以加強研究、諮政建言為宗旨，圍繞美國政經形勢、美國內外經濟政策、中美關係等問題，開展基礎性、政策性和前瞻性研究。社科院國家全球戰略智庫首席專家傅瑩指出，聯盟最緊迫的任務是研究如何應對嚴峻的形勢，爭取在聯盟層面形成一致或者相近的判斷。

貿易戰剛剛開打，中國就因為對美國和川普一無所知，嚴重誤判局勢，以致一錯再錯。中國進退失據，是在三方面低估了美國：低估了川普維護美國利益的意志、低估了美國政界的團結、低估美國國民對川普的支持。中共一直以為川普是「商人總統」，給點甜頭和面子，就可令川普對中共放軟手腳。川普上任後，中共試圖與川普及其家人發展私人關係，比如快速批准川普家族企業在中國的商標註冊、為川普女兒伊凡卡的時裝公司進軍中國大開綠燈，卻大大低估了川普及其代表的美國保守主義選民維護「美國優先」的決心。

川普執政以來，在內政和外交上大刀闊斧地變革。據美國《POLITICO》報導，中共政府向華爾街和華盛頓內部人士打聽川普及其決策內幕，卻是一頭霧水。中共找的是多年來與之關係密切的美國公司領袖和前政府官員，如尼克森時代的國務卿季辛吉、黑石集團執行長蘇世民、摩根大通銀行總裁戴蒙、柯林頓時代的財政部長鮑爾森等人。這些人早已被川普排除出局，中國找他們幫忙對付川普，自然是問道於盲。

於是，習近平只好勉力打這場沒有準備好的仗。《新華社》發表評論文章，以「堅決反擊貿易霸凌主義」為題，表示中國堅決反對「保護主義、單邊主義的倒行逆施行為」。中共黨媒《人民日報》發文強調，「美國貿易霸凌主義貽害全球」，貿易戰動搖不了中國經濟發展根基，削弱不了中國人民實現「兩個一百年」奮鬥目標的信心和自信。然而，中國很快就撐不住了，悄悄撤下「二〇二五計劃」的宣傳，以及票房最高的電影《厲害了，我的國》。

表面上，習近平令行禁止，各部門卻各自為政——前線談判人員與後方文宣系統釋放的信號自相矛盾，財政部與央行互相指責。同樣屬於外交部，外交部發言人華春瑩用文革話語大罵美國「搬起石頭砸自己的腳」，中國駐美大使崔天凱卻在美國智庫舉辦的論壇上低三下四地說：「中國與美國在同一條船上。」同樣是《環球時報》，此前發表如義和團般的豪言壯語：「對貿易戰奉陪到底」，「即使中美貿易歸零，中國也不會後退」，宛如兇狠的「戰狼」。當習近平派遣劉鶴到華盛頓談判、自以為達成「共識」之後，《環球時報》總編輯胡錫進又說，「前段時間確實有些高調」，「做一些調整很有必要」，「必要的妥協，公眾可以理解」。如此前倨後恭的變臉，惹得清華教授孫立平斥責說：「漢奸！以戰止戰呢？認慫（洩氣了）就是漢奸呢？奉陪到底呢？抗美援朝精神呢？打到中美不做生意呢？你這嘴還是嘴嗎？」

智庫是美國的發明，極權中國能照搬嗎？

也許，中共高層看到貿易戰剛剛開打，中國就已潰不成軍的險惡形勢，便臨陣磨槍，建立專門研究美國的智庫聯盟，以便「知己知彼，百戰不殆」。然而，智庫本來就是美國的發明，中國偷竊美國各個領域的知識產權，能將智庫模式也拿來「為我所用」嗎？

思想是強有力的政治工具，專家則是思想的載體。當數以萬計的專家凝結在一起，這樣的群體就構成了「智庫」。美國學者詹姆斯·艾倫·史密斯曾擔任洛克菲勒中心總裁及喬治城大學尼爾森慈善基金會主席，其研究智庫的著作《思想的掮客》是該領域的權威著作。他指出，智庫最早來自於二戰期間流行的軍事術語，是指用於商討計畫和戰略的安全室。五〇年代第一次被用於描述合同型政策研究機構，諸如戰後由軍方建立的蘭德公司。到了六〇年代，「智庫」已進入流行語資料庫，所指代的是所有私立研究組織。

目前，美國有超過一千家私立非營利智庫，大約有一百家坐落於華盛頓及其周邊地區，他們的政策專家影響著政治和公共生活的方方面面。智庫是指政策規劃與顧問機構，或更準確地說是「在國家正式政治程序的邊緣運作的私立非營利機構」。智庫在角色定位上介於學院派社會科學、高等教育、政府及黨派政治之間。智庫的存在體現了美國憲法中的分權思想等基本政治現實。

與之對比，中國的「官辦智庫」違背了智庫的基本特質：智庫是私立的和獨立的。中國一黨專制、一人獨裁的現狀，使得原本存在於分權和民主制度環境下的智庫，到了中國之後就變成黨國的應聲蟲和馬屁精。香港《南華早報》在一篇深度報導指出，中國對川普貿易政策的錯誤評估，很可能是中國目前可以發聲的智庫組織「已經統統姓黨」的一個後遺症。報導引述一位中國學者的話說，北京對社會每一個層面都採取嚴格的意識形態控制，包括大學校園，又要求必須緊跟黨的路線，任何未經准許對政府政策的討論，都被視為「妄議中央」而遭到懲罰。

難怪當過上海市市長、工程院院長的徐匡迪不得不承認，中國目前的思想市場「很小、很受局限」，原因在於「中國的傳統文化是禮儀文化，尊重上級，尊重領導，特別是文革以後，也有一些害怕領導、不敢提出不同意見的情況存在」——當然，本人身為政府高級官員和黨員的徐匡迪，不敢說出「黨天下」的政治現實乃是智庫之「天敵」。當習近平異想天開搞「雄安特區」時，徐匡迪明知該項目必然失敗，也「趕鴨子上架」，充當其高級顧問。中共需要的不是智庫，而是化妝師。

天則研究所被封門，中共不需要真話

就在「美國研究智庫聯盟」成立之前一個星期，中國民間最具代表性的獨立智庫「天則經濟研究所」的官網和微博遭關閉，北京辦事處入口被物業公司強行封鎖。原本出入的大門被新的鐵門封鎖住，在室內的工作人員被關在裡面，直到報警之後才被放出。物業公司私下表示，他們不願採取此種極端手段，是政府命令他們這樣做的。事件發生後，有人不禁高呼，繼南方報系、《共識網》、《炎黃春秋》雜誌之後，中國又一塊、或許是最後一塊自由派陣地失守。

天則經濟研究所所長盛洪在接受媒體訪問時表示，天則經濟研究所做的事情對國家和政府是有好處的，天則所會堅持辦下去。在鄧、江時代，天則所是沒有障礙的，但到近些年，明顯感到環境在惡化。「這也對應著中國改革的大背景。天則所就是一個風向標。」盛洪反問道：「如果中國要繼續進行市場化的改革，走向法治，為什麼要『整』我們呢？」答案是：既然「改革已死」、獨裁加劇，當局不再傾聽任何「不同的聲音」，天則所就失去存在的價值了。

天則所一直以來保持著獨立性，對待中國問題不帶偏見和不受壓力地發現和研究，並提出改革方案，正如盛洪所說：「難道發表一些與政府的不同意見，政府就不高興了？近幾年中國政府在國內外所做的事情是非常糟糕的。中國經濟本來很雄厚，但經過折騰後，數字掉得非常快。包括貿易戰，難道不反思究竟哪裡做錯了嗎？中國人民為何要承受這樣的損失？」

盛洪太過天真了！如果中共政權真的代表人民的利益，就應當謙卑地向天則所等真正的民間智庫請益。中共不需要投入巨資打造疊床架屋的「美國研究智庫聯盟」，只需要出很少的價錢向天則所購買其研究成果，就不至於在貿易戰中顧此失彼、抱薪救火。

然而，中共當局屢屢使用非法手段干擾天則所的正常運作，甚至以流氓土匪的方式斷絕天則所的水電。這說明中共並不在乎「國家利益」——人民承受的損失，並不是中共承受的損失，中共高級官員聚斂的不義之財早就轉移到海外，他們才不管人民的死活。

反之，如果天則所這樣的智庫告訴被蒙在鼓裡的人民關於中國現狀的真相，這才是中共最擔心的問題。所以，中共一定將天則所除之而後快。

在習近平治下，不僅媒體姓黨、大學姓黨，智庫也姓黨。姓黨的智庫，就不是智庫了。中共的作法就跟諱疾忌醫的曹操一樣殺害了做出正確診斷的神醫華佗之後，自己只好頭痛而死了。

設立「習近平思想研究院」是北大之恥

二〇一八年一月，北京大學「習近平新時代中國特色社會主義思想」研究院召開成立大會暨學術研討會，中宣部、教育部、中央黨校等多位官員出席祝賀，數十位來自北大、清華、人大等知名高校的教授出席會議。

據北京大學官網公布，該研究院是當局批准的十家「習近平思想」研究院之一，為「掛鼎」在北大馬克思主義學院的實體機構。北大黨委書記郝平、校長林建華擔任組長，黨委常務副書記、馬克思主義學院院長于鴻君擔任研究院首任院長。

在偌大的中國，僅有十家「習思想研究院」遠遠不夠，接下來，必定會有更多大學爭先恐後、死纏爛打地向上級提出設立「申請」，彷彿沒有「習思想研究院」就不配稱為大學。

北大是中國近代第一所國立大學，最高學府的「習思想研究院」。非同尋常，開幕典禮極為盛大。數十位高級別與會人員先後發言，教育部部長助理鄭富芝強調，習近平思想是新時代中國共產黨人的思想旗幟，該研究院的成立是北京大學更好服務黨和國家的重要舉措。

北大官網上秀出與會人員濟濟一堂的大合影——鮮紅的背景牆，鮮紅的地毯，紅色在中國傳統文化中是喜慶的顏色，在共產黨文化中卻是殺人的鮮血。老中青三代官員、教授們，個個歡天喜地、笑逐顏開，彷彿交納了投名狀，習近平就要賞賜「翰林」的資格了，真個是「秦人不暇自哀，而後人哀之；後人哀之而不鑑之，亦使後人而復哀後人也。」這張照片算是「立此存照」，雖然在座諸人本就恬不知恥，但他們以此將自己釘在歷史恥辱柱上，遺臭萬年。

在這幫人面前，我羞於自稱北大人。這不是北大唯一的恥辱，只是在北大無數的恥辱之上再增添一道更高的恥辱記錄。中共建政之後，北大淪為黨的娼妓，隨叫隨到，屈意承歡，從反右到文革，從反自由化運動到反日的民族主義狂潮，北大哪一次潔身自好、置身事外？北大校長選拔美貌北大女生充當應召女郎，無償陪伴高官與富豪，儼然是皮條客。北大教授為腐敗辯護，說腐敗是社會進步的「潤滑劑」，這不是官府的「幫忙與幫閒」又是什麼？

大字不識一籮筐的習近平，有什麼「思想」值得研究呢？就連文革最高潮時，北大都不敢明目張膽地設置「毛澤東思想研究院」，唯有習近平在今天說到做到，真是「數風流人物，還看今朝」。有人將習近平比喻為明朝亡國之君崇禎，我卻覺得習近平哪裡能跟有下「罪己詔」的自知之明的崇禎相比。習的下場會比在歪脖子樹上吊死的崇禎更淒慘。可以跟習近平相提並論的，倒是被崇禎治死的太監頭子、九千歲魏忠賢。

大明臣民對魏忠賢的神化，跟中共子民對習近平的偶像崇拜如出一轍。大學士馮銓在為魏忠賢祝壽的詩中寫道：「偉略高伊呂，雄才壓管商。」中共天津市委書記李鴻忠奉承習近平講話「縱貫古今、指引方向、氣貫長虹」，充分展現「人格魅力，政治家境界，深厚的中華文化底蘊，戰略家的領袖風範」，馬屁功夫更上層樓。明朝國子監監生集體上書，要求將魏忠賢與孔子並祀。暴力驅趕「低端人口」的中共北京市委書記蔡奇在《人民日報》發文表忠心：「我們一定要把習總書記重要思想作為案頭卷、工具書、座右銘，帶著感情深入學習，深刻把握其精神實質、思想精髓和核心要義，進一步推動在京華大地落地生根，形成生動實踐！」豪言壯語讓明朝書生黯然失色。

大明朝在全國各地興建魏忠賢的生祠，古往今來，從來沒有人享受如此待遇，關廟、岳廟相形見絀。河南省城開封為了建生祠，強拆民房兩千多間，建成後前後九重，如同皇宮。而中共朝大興土木為習仲勳建陵墓，規模僅次於位居北京市中心的毛主席紀念堂，周圍多個村莊被夷為平地，就差沒有追謚習仲勳為「高祖皇帝」了。

醜態百出的「習近平崇拜」有模有樣地上演，以追求真理為願景的大學成為其個人崇拜的「演武場」，不單單表明習近平個人品質的惡劣與精神的貧乏，更顯示中國整個國民素質的犬儒、卑賤與愚蠢。中共朝比起大明朝沒有任何進步，反倒大大退步。

現身活動現場的兩個人物，釋放出耐人尋味的信號。一個是紅二代、中信集團前董事長孔丹。孔丹的父親孔原曾任中央調查部部長，母親許明是周恩來的秘書。文革期間，孔原被打成「黑幫」、「特務頭子」（孔原是殺人不眨眼的特務頭子），許明也遭迫害，於一九六六年服安眠藥自殺，孔丹則被迫到陝北「上山下鄉」——其遭遇與習近平頗為相似。

孔家倒臺前，孔丹是最殘暴的紅衛兵組織「西糾」的「總司令」，打砸搶，逼供信，無惡不作。二〇一三年，六十六歲的孔丹出版《孔丹口述——難得本色任天然》，書中對文革期間的暴行毫無懺悔之心，反倒津津樂道與習近平的淵源關係。習曾稱讚孔說：「你在中國改革開放的兩個視窗——中信、光大多年，工作卓有成效。」二〇〇九年，習視察父親習仲勳當年下放勞動的洛陽中信重機公司，作為中信董事長的孔前往接待。一見面，習就說：「孔丹的母親和我父親在國務院是同事。」孔趕忙應答：「哪裡是同事，習仲勳同志是副總理兼秘書長，我母親只是副秘書長，是下級。」孔在回憶陝北插隊時又提及，「習近平同志在上海市委書記任上，接見我們中信的常振明時，還說『你們那孔丹，當年在陝北窯洞裡還讀黑格爾』呢！」

這一次，本已退休的孔丹為何樂顛顛地出席北大「習思想研究院成立典禮」呢？孔丹並非北大畢業生，未在北大任職，跟教育無甚關係。孔丹的出席，是為了顯示「太子黨」集團與習「一條心」，雖然他早已將家人安排到美國生活，他本人仍留下來與習一起捍衛「紅色江山」。既然如此，像孔丹這樣的太子黨擁有的億萬家財，習近平不妨睜一隻眼，閉一隻眼，不要像掀起反腐風暴的沙烏地阿拉伯王儲那樣拿「自己人」開刀。

第二個引人注目的人物是北大經濟學者厲以寧。厲以寧已退休多年，北大的活動，一般不輕易出頭露面。這一次，厲以寧不顧年老體衰，在北京的嚴寒中強撐著出席活動並合影留念，與孔丹的初衷一樣，以思想上的效忠，換取免除經濟上的追討。

幾年前，中國媒體爆出厲以寧家族腐敗的消息。揭發者披露說：「這裡存在一個以厲氏家族為核心、以原寶安集團和金融證券部門人員為骨幹、以深圳市延寧發展有限公司和神華期貨經紀有限公司為據點的暴富集團。這批人在身為國家工作人員的短短幾年中，斂集的資產遠遠超出其正常收入。他們在完成資本原始積累後，就很快離職進入早就註冊好的私營企業，利用這些來歷不明的資產作為資本進行『新的創業』。」厲氏家族坐擁數十億財富，是中國最富有的「學者家族」。

厲以寧是李克強的導師，這個身分本來足以保障他和他的家族的安全。但厲氏看到李克強在習近平面前唯唯諾諾的樣子，不敢將身家性命和萬貫家產寄託到李一人身上——習連胡錦濤的大內總管令計劃都斷然拿下，厲氏這個只有三寸不爛之舌的經濟學家和總理之師算得了什麼？真正的保險單得到習近平那裡去買，這一次是最好的機會。所以，厲氏親自出面為

「習近平新時代中國特色社會主義思想」研究院背書。厲氏都出馬了，北大各個領域的著名學者，哪個不應聲雲集？

北大設立「習近平新時代中國特色社會主義思想」研究院是一八九八年建校以來最大的恥辱，北大不再是一間尊奉思想自由、兼容並包理念的大學，而淪為第二黨校。

第七章

中國病毒，道路以目

有些觀點認為，到二〇三〇年，中國將成為世界最大經濟體。但這只是一個神話。

喬治‧馬格努斯

少年毛澤東狂妄地宣稱：「春來我不先開口，哪個蟲兒敢作聲？」後來他果然成了讓全中國「道路以目」的獨裁者。習近平的「中國夢」，就是緊跟毛澤東，將中國變成鴉雀無聲、萬馬齊喑的國度。

歷史學者馬勇在一次座談會上說，每當統治者嚴酷地壓制輿論時，恰恰預示著大變局的到來。近代史上有一個最極端的例子：庚子之亂後，暮氣沉沉的大清王朝被迫啟動立憲改革，但在一九〇五年改革陷入停滯狀態。以慈禧太后為首的保守派提出「五不議」的原則，即「軍機處事不議」、「內務府事不議」、「八旗事不議」、「翰林院事不議」、「太監事不議」。

這五大領域都與統治階級的特權息息相關。比如，不能討論廢除太監制度，因為皇帝和太后不能沒有太監伺候，離了太監，慈禧太后一天都活不了。最重要的一條是不能觸碰軍機處，若廢除軍機處，就意味著皇帝或太后失去實權，真成了「垂拱而治」。於是，清廷強行提出「五不議」，以確保權力壟斷在皇族手中，給清末新政戴上「保險套」，如同中共在憲法中加入「四項基本原則」。

有了「五不議」，大清天下就能永不變色嗎？歷史給了這個王朝自我救贖的機會，它自己放棄了，只好走向垮臺。當武昌起義的槍聲響起時，攝政王宣布什麼都可以「議」，改革步伐也要快馬加鞭，可惜沒有人再願意聽他說話了。

滿清有「五不議」，中共則有「七不講」。習近平親自制定的「七不講」，涵蓋範圍更廣泛：不能講普世價值，只能講「中國特色」的東方專制主義；不能講新聞自由，只能講媒體是黨的「喉舌」；不能講公民權利，只能講老百姓無條件服從中央；不能講中共的歷史錯誤，只能講共產黨永遠光榮、偉大、正確；不能講權貴資產階級，只能講社會主義；不能講司法獨立，只能講司法是黨的「刀把子」；不能講公民社會，只能講「順民社會」。然後，「七不講」本身也不能講，說出中共有「七不講」的內部文件這一事實的獨立記者高瑜，因而失去自由、受盡折磨。

「七不講」是針對廣大「群眾」，「不得妄議中央」則是針對黨內大小官吏。二〇一五年十月，中共新頒布的中共「紀律處分條例」第四十六條規定，必須給予處罰的言行包括：公開發表違背「四項基本原則」，違背、歪曲黨的改革開放決策，或其他有嚴重政治問題的文章、演說、宣言、聲明等。妄議中央大政方針，破壞黨的集中統一。醜化黨和國家形象，或詆毀、誣蔑黨和國家領導人，或者歪曲黨史、軍史。「不得妄議中央」的要害就是不得妄議黨魁。那麼，黨員幹部還剩下多少言論自由？共產黨從來就沒有所謂的「黨內民主」。

短短數月，中國已有多位官員因「妄議中央」而落馬。《中國紀檢監察報》披露，東部某市公安局副局長吳某，在微信中評論一篇關於「一國兩制」的文章，成為第一個因「妄議中央」受罰的官員。接著，《新疆日報》前總編輯趙新尉被指「妄議中央和自治區黨委的重大工作方針、決策和決定」，被開除黨籍和公職。再接著，北京「首虎」、前市委副書記呂錫文因涉嫌嚴重違紀被雙開，罪名包括妄議中央大政方針、長期搞團團夥夥等。

「五不議」沒有挽救大清的命，「七不講」和「不得妄議中央」難道就能讓中共萬壽無疆嗎？

第一節 中共的特長就是製造恐懼、謠言和汙名

武漢肺炎，門外白骨成山，門內歌舞昇平。習近平不顧內部治理的潰敗，依然在國際舞臺上張牙舞爪，操縱世衛霸凌臺灣，運用染紅的國際媒體攻擊西方，派遣戰機恐嚇臺灣，並驅逐了一位說「中國是新東亞病夫」的《華爾街日報》記者。中國常駐聯合國日內瓦辦事處副代表李松告訴國際媒體，部分國家對中國採取旅行和貿易限制措施，「與世衛的建議嚴重不符」，並呼籲國際社會公正客觀地看待武漢新冠病毒疾病，不要加劇恐慌。連早已淪為中共大外宣工具的《BBC》中文網粉專，還將李松的話做成大幅海報來貼文，這幾句話看起來義正辭嚴、擲地有聲：「我們需要的是事實，不是恐懼。我們需要的是科學，不是謠言。我們需要的是團結，不是汙名。」——好像李松成了劉曉波的追隨者。

然而，普通讀者比《BBC》的編輯和記者聰明得多，不會輕易被李松的豪言壯語所「感動」，立即就有一位網友在下面回覆說：「我們真正需要的是沒有延遲的事實，不是隱

瞞的消息。我們真正需要的是沒有隱藏的科學，不是操弄的統計。我們真正需要的是不犧牲弱小的團結，不是卸責的藉口。」這是送給李松、也是給《BBC》一記響亮的耳光。

多年以來，中國的特長就是製造製造恐懼、謠言和汙名，昨日如是，今日亦如是。

中共如何製造恐懼？

武漢肺炎肆虐期間，中國各地張貼出各式各樣殺氣騰騰的標語，諸如：

「不帶口罩就出門，這個雜種不是人。」

「出門打斷腿，還嘴打掉牙。」

「聚餐就是找死、拜年就是害人。」

「串門就是互相殘殺、聚會就是自尋短見。」

「發燒不說的人，都是潛伏在人民群眾中的階級敵人。」

「今年上門，明年上墳。」

「湖北回來不報的人都是定時炸彈。」

中共的特長就是製造恐懼、謠言和汙名

「出來聚會的都是無恥之徒，一起打麻將的是亡命之徒。」

此類標語，比外國發布的對中國的旅行禁令及停航要恐怖千百倍，這不是製造恐懼，什麼才是製造恐懼？這些標語是官方允許、授權或主導下張貼出來的，沒有任何一個中國民眾有權自行在公共場所張貼標語——在中國，這是會被冠以「煽動顛覆國家政權罪」的犯罪行為。此前，有民眾只是在其私家車上貼一個寫著民主自由字樣的小貼紙就遭到逮捕。

中共製造的另一種恐懼，就是恐嚇說真話的人。有一位年輕網友因為說了幾句真話，就被微信封號，她翻牆出來到臉書上貼出這一段真實經歷。但對於這一介平民被封號和監控一事，有體制內長輩打電話去問候她：

「我看妳的微信微博都被封了，聯繫不上妳。妳看看，是不是，是不是？」

「是不是什麼？」

「妳被抓走了怎麼辦？為什麼不能保護好自己的安全？」

「看來您也知道共產黨壞，你也是恐懼的。」

「妳不要亂講，我哪裡說共產黨壞了。這不是黨的錯，政府這麼做是好的，積極方面要

肯定。」

「黨這麼好，我為什麼會被抓？我無罪。」

「我沒說妳有罪，我就是關心妳一下，我們人微言輕，小老百姓過好自己的日子就好，妳說的話很危險。」

「人微言輕，說幾句話，為什麼會危險？」

「妳要替家裡人想想！妳不能那麼自私！」

「我做錯什麼？能和我說一下嗎？」

「我沒說妳做錯什麼，我再和妳說一遍，現在特殊時期，如果妳出了什麼事怎麼辦？」

「您黨這麼好，我不需要恐懼。」

「好了，我不和妳爭論。總之保護好自己，別再犯錯。」

「謝謝關心，聽半天，我錯在哪裡？」

「我沒說妳做錯什麼，妳沒錯。」

「那麼誰錯了？」

「我說了政府沒有錯！現在他們也在努力、積極地應對措施。」

「努力封口、造假，把槍對向病人嗎？」

中共的特長就是製造恐懼、謠言和汙名

「妳這孩子非要這樣嗎！真是無藥可救了！姑姑的用心良苦，妳感受不到嗎？」

「其實您的關心我收到了，謝謝。我只是希望您能夠哪怕一點點承認民間的恐懼和政府的錯誤。」

「我說了政府沒有錯！我們的政府是世界上最好的！」

恐懼的始作俑者就是中共政權。中共防疫失敗，聽任民眾自生自滅，卻還有閒情逸致制定新的法律。黑龍江高院發出緊急通知，利用武漢新型冠狀病毒疫情，製造、傳播謠言，煽動分裂國家、破壞國家統一，或者煽動顛覆國家政權、推翻社會主義制度的，涉嫌違反《中華人民共和國刑法》的規定，觸犯「煽動分裂國家罪」、「煽動顛覆國家政權罪」，最高判刑十五年。緊接著，中國公安部在二月四日召開應對武漢新型冠狀病毒感染肺炎疫情工作第三次全國公安機關影片會，要求各地警方把維護政治安全放在首位（不是把搶救人命放在首位），嚴密防範、嚴厲打擊境內外敵對勢力的各種搗亂破壞活動。當局表示要「及時依法查處網路上造謠滋事行為」，北京及周邊地區公安機關要全面啟動京津冀警務一體化和環京「護城河」聯防聯控工作機制，強化安檢防疫等措施，築牢首都安全屏障。換言之，習近平的安全才是安全。

在這次疫情氾濫中，呈現出中國人原子化的生存狀態，以鄰為壑、自相殘殺，這是共產黨長期恐懼統治的結果。寫過以ＳＡＲＳ為主題的長篇小說《如焉》的武漢作家胡發雲說：「將近一個世紀裡，從土改到反右、文革以及之後的政治運動，已經把傳承下來的人性中善良、真誠、悲憫、正義等摧殘殆盡。油滑、自私、虛偽、強暴這些邪惡的東西卻在擴張。所以人性的建設非常重要，但因為被傷害太重，中斷太久，中國人經歷了太多磨難與毒化。」也正如在武漢封城期間失去父親的學者艾曉明所說：「我們要去反思，這種孤立他人、自相隔絕甚至煽動仇視的行為是基於何種社會心理？我們怎麼會這樣地殘忍、不人道、野蠻？似乎我們現在面對這個疫情，失去了理性分析和思考，而去調度所有原始、粗俗、反文化的、反人性的手段。我們是怎麼會到了這一步的？我覺得通過疫病，我們會看到一種普遍的社會心理，看到其中巨大的精神缺陷。」

中共如何製造謠言？

中共治國的秘訣，一是暴力（暴力產生恐懼），二是謊言（謊言控制人心）。

此次武漢肺炎蔓延期間，中共驅使如同殭屍般的五毛、小粉紅，製造了不計其數的、極

中共的特長就是製造恐懼、謠言和汙名

端邪惡的、令人髮指的謠言，以此轉移視線乃至渾水摸魚。

比如，在中國的社群平臺上，忽然一夜之間潮水般地冒出「武漢病毒是美國對中國的細菌戰」的謠言。中國網路警察枕戈待旦，有一名三十七歲的精壯網路警察「過勞死」成為烈士，他們通常一發現有對黨國「不敬」的言論立即加以刪除，偏偏對這種用心歹毒、子虛烏有的妖魔化美國的謠言「放行」——甚至有可能就是他們炮製、複製和傳播的。這種謠言蠱惑了不少長期受官方反美、仇美洗腦教育的愚民。網路上也出現一則有趣的對話：一個退休老頭憤怒地說：「武漢的病毒是美帝投放的。」他那沒文化的老伴卻嗤笑道：「怎麼不投到北京？」老頭無語。

造謠者除了無名的五毛、小粉紅，更包括中國外交部發言人。中國外交部發言人華春瑩公開指責美國說：「美國政府迄今未向中方提供任何實質性幫助，卻第一個從武漢撤出其使館部分人員，第一個宣布對中國公民入境採取全面限制措施，不斷製造和散播恐慌，帶了一個很壞的頭。」華春瑩說的是真話，還是在造謠呢？

據中國科學院的資料，截至二〇二〇年二月二日，共有一百八十八家外資企業為中國抗擊武漢肺炎疫情捐贈近十一億元人民幣，其中美國企業捐贈名列第一，高達三點八億人民幣。

二月四日，美國總統川普在國會發表國情咨文時說，美國正與中國政府協調，在對抗武漢新型冠狀病毒爆發方面緊密合作。美國國務卿蓬佩奧在推文中說：「感到自豪的是，我們迅速提供便利，幫助把拯救生命的人員保護設備和醫療與人道救援捐贈物資，送給在中國受到武漢冠狀病毒影響的人民。感謝美國組織對救援努力的慷慨捐贈。」

然而，中國大小媒體悉心配合官員們造謠，扭曲事實、顛倒黑白。據《美國自由亞洲電臺》報導，面對物資短缺的武漢肺炎定點醫院協和醫院，近日獲贈大批防疫物資。在《人民日報》的報導中，這批物資，包括二十萬個口罩，是華中科技大學與武漢大學校友會捐贈。實際上，這批物資來自美國「國際直接援助」非政府組織，只是在武大和華科兩所高校校友會協助下，順利完成過關和運輸手續，把物資從美國經廣州運抵武漢。連捐助物資來源都要公然造假，真是恩將仇報。

美國製藥公司吉利德研發了治療武漢肺炎的藥物瑞德西韋，並運送疫苗到中國。中國科學院武漢病毒研究所卻透過官網宣布，該所聯合中國軍事科學院軍事醫學研究院申請了瑞德西韋的「抗武漢新型冠狀病毒的用途」發明專利。這種惡意搶註商標行為是中美貿易戰的焦點之一，美方因智慧產權被侵害，每年損失數百億美金。這一次，即便中方做出如此惡劣的行徑，吉利德總裁回應該事件時仍心平氣和地說：「專利不是我們的首要責任，我們的首要責任是治病救人。我們不會陷入專利糾紛。我們會找到一種方法來幫助病人，當然保護我們的知識產權也很重要，但總是患者至上。」什麼是文明，什麼是野蠻，還不一清二楚嗎？

中共以謠言攻擊全力幫助中國的美國，數十年來一以貫之。中國對率先對中國關門並遣返中國籍患者的北韓和俄羅斯這兩個「盟友」一言不發。深知中國黑幕的中國紅十字基金會前醫療救助部部長任瑞紅認為，官媒對於美國政府和慈善組織的善舉隻字不提並非偶然，「中國的媒體有很明顯的傾向性，故意營造一種印象和氛圍——美國作為世界上最大的經濟體，對中國面臨的困難無動於衷。中國政府想讓中國老百姓把對政府的不滿，轉嫁到對美國上面。」有一種仇恨，是用善意無法化解的。

中共如何製造汙名？

中共政權指責外國對中國汙名化，卻諱言中國內部無所不在的汙名化。

武漢封城後，武漢人在全國都被汙名化。你是武漢人，甚至只要你到過武漢，你就成了人人喊打、人人喊殺的對象。很多城市的社區發布公告，對來自武漢的民眾實施停水、停電的隔離措施，甚至用木板、鐵板、鐵鏈封門，這是赤裸裸地置人於死地。有的城市發出蓋有官府紅印章的「紅頭文件」，懸賞民眾舉報來自武漢的人，還給出讓人眼紅的獎賞——五十個口罩。口罩在中國成了比錢還要「硬」的「硬通貨」和「不動產」，重賞之下，必有勇夫嗎？這不是文革中盛行一時的「挑動群眾鬥群眾」嗎？

中共的汙名化政策並非始於今日，也並非僅僅針對武漢肺炎患者及疫區居民。毛澤東時代，被汙名化的「地主、富農、反革命、壞分子、右派」等「黑五類」多達數千萬人，就連「今上」習近平也是「黑五類」的一分子。胡錦濤時代，《人民日報》海外版曾發表由中國現代國際關係所（國安部下屬的智庫）美國所長袁鵬撰寫一篇題為〈中國真正的挑戰來自哪裏〉的文章，文章提出「新黑五類」的概念，將維權律師、地下宗教、異見人士、網路領袖、弱勢族群等五類人列為「美國反華勢力顛覆中國的代表」，呼籲當局對這新的「黑五類」加以嚴防打擊，提醒當局「宜轉變傳統思維方式和戰略觀念，將國家安全防範重心，由局部外在軍事衝突風險，轉向全面的內部體制機制重塑」。這是中共再用階級劃分法對社會進行敵我劃分及汙名化。到了習近平時代，除了繼續打壓「新黑五類」外，又用「刺刀見紅」的暴力手段驅逐數十萬居住在北京貧民窟的「低端人口」——以習近平及其心腹、北京市市委書記蔡奇的標準，中國「低端人口」有數億之多，政權要消滅的不是貧困，而是處於貧困狀態的民眾。

中國的「內部汙名化」或「自我汙名化」，比納粹更厲害。臺灣中央研究院民族學研究所研究員劉紹華研究中國麻瘋病問題，耗費十多年，跑遍中國，從個人生命、麻瘋病防疫、國家政治這三層歷史面向，重建了一九四九年後中國官方展開麻瘋病防疫的動機、作法與結果。劉紹華指出：「麻瘋聚落及隔離政策本來是為了消除疾病負擔和歧視，然而實際執行上，卻離初衷愈來愈遠。」不僅麻瘋病人，而且麻瘋病醫生也形成另一類受到歧視的群體。劉紹華指出，就像是麻瘋病患為社會底層一樣，這些醫師集體淪為醫療界的底層。很多麻瘋病醫生坦言說，從事麻瘋防治最艱難的地方，不是身體上的疲憊，而是精神上的挫敗與多方投來的歧視。一位麻瘋病醫生曾自嘲說：「麻瘋病醫生都是一群被人家瞧不起的人，去照顧一群被人家瞧不起的人。」劉紹華發現，麻瘋病醫生的專業被汙名化，以及社會上的汙名同時發生，使得這些資深醫事人員成為心靈受傷的醫者。

汙名化是中共快刀斬亂麻解決問題的最佳手段。正如劉紹華所說，唯一可能留下的只是對地區「他者」的汙名，如河南與愛滋、涼山與毒品、武漢與肺炎，至於那裡的人為何身陷困境與如何擺脫困境，卻未受檢討。災區之外的人不關心這些，被汙名的「他者」可能只想著以否認與掩飾來擺脫汙名，而不是挑戰汙名的根本原因與治理的冷漠無能。劉紹華早就預見到武漢肺炎失控的景象：「恐懼蔓延、汙名標籤、過度防疫、醫師無助，這些反應與作法，歷久不衰。人心如常，手段未變。可想而知，疫情過後的代價也將不可免地慘烈。」

中共是製造恐懼、謠言和汙名的高手。很多中國人和海外觀察者認為，武漢肺炎的疫情過後，中共會衰弱或軟化，習近平會讓出部分權力，疫情有助於政治改革。我的看法相反，我認為中共必定會將自己塑造成領導全民戰勝病毒的英雄和救星，中共對中國社會的控制將更嚴密和更殘暴。

習近平本身就是最大的病毒

習近平視察武漢之後，武漢肺炎一夜之間銷聲匿跡。習近平儼然是可以指揮武漢肺炎病毒大軍的吹笛人，更宛如毛澤東詩歌中「瘟神」之再現人間。

一九五八年七月一日，毛澤東寫《送瘟神》詩兩首，自我交代背景說：「讀六月三十日《人民日報》，余江縣消滅了血絲蟲。浮想聯翩，夜不能寐。微風拂曉，旭日臨窗，遙望南天，欣然命筆。」在其筆下，舊中國的景象是「綠水青山枉自多，華佗無奈小蟲何！」、「千村薜荔人遺矢，萬戶蕭疏鬼唱歌。」而新中國的景象是「春風楊柳萬千條，六億神州盡舜堯。」「借問瘟君欲何往，紙船明燭照天燒。」

習近平沒有賦詩的激情和才華，但他在武漢留下的照片比詩歌還要浪漫和離奇。習近平視察的並不是因陋就簡的火神廟醫院，而是富麗堂皇的、四星級的武漢職工療養院。習近平講話時的照片，聽眾在太陽下的影子指向不同方向，一看就是電腦製作出來的。導演並不需要太高的藝術水準。習近平知道錦衣衛們在騙他，錦衣衛們也知道領袖知道他們在騙他，全世界更知道這個國家的獨裁者和奴才們在「唱雙簧」。這個國家太神奇了，就連公布的病患及死者的數據，也「最聽黨的話」，黨讓數字減少，數字就直線下降。

疫情尚未過去，中國宣傳機器迫不及待地掀起一個宣揚中國體制優勢和習近平卓越領導的高潮。無敵的中國模式、中國體制之有效世所罕見等說法充斥大小媒體；官媒盛讚習近平「獨一無二的卓越領導能力」，不僅是中國人民的「主心骨」，也是全球抗疫努力的「定心丸」。中國的微信上鋪天蓋地地誇耀說：今次「戰疫」的勝利是全中國人民在以習近平總書記為核心的黨領導之下所取得的偉大勝利！全世界人民都欠中國人民一個道歉！中國必成最大贏家！

一款「戰疫紀念酒」順勢推出，該酒產於酒都茅臺鎮，號稱「依據李蘭娟院士提出微生態療法『四抗兩平衡』原則，結合國家衛健委等發布的新型肺炎防疫指導意見，是一款符合醬香型白酒調節人體微生態防控新型肺炎等病毒的機理研究的產品」。下一次北韓金正恩來訪，習近平可用這款含義深遠且有高科技含量的國酒款待之，比上次的那種百萬天價的陳年茅臺更能展現國威。

這群吃人血饅頭的禽獸施施然地推出「戰疫紀念酒」，而人家推出「六四紀念酒」卻要被捕坐牢。二〇一六年五月，陳兵、符海陸、羅富譽、張雋勇等四人製作了一款八九六四紀念酒，瓶身上的酒標寫有「銘記八酒六四」等字樣，還有以肉身阻擋坦克的無名英雄的剪影。四人先後被判處三年及三年半徒刑。

宋代詩人黃庭堅說，酒不醉人書醉人，酒來了，書還會遠嗎？《大國戰「疫」》一書應運而生，該書是在「中央宣傳部、國務院新聞辦公室指導」下「緊急編輯製作」，從「兩百餘萬字主流媒體公開報導中精選相關素材、進行整編」，集中反映習近平「作為大國領袖的為民情懷、使命擔當、戰略遠見和卓越領導力」。該書已翻譯成七、八國世界主要語言同時出版。真個是「親戚或余悲，他人亦已歌」，該書剛上市，民間便罵聲一片，當局遂下令「暫緩」推廣。

偽香港媒體、大外宣吹鼓手《多維新聞網》為此發表社論，批評類似宣傳手段是「低級紅」。該社論認為，近年來隨著中共為克服「政令不出中南海」危機而對威權主義體制的空前強化，又在相當程度上客觀助長了官僚系統的「低級紅」。

該社論又說：「低級紅看似在披著政治正確外衣輸送忠誠，其實是抱著極端自私的投機心理，把領導人和國家的形象放到了火上去烤，在解構而不是強化領導人和國家的形象、權威。習近平所以能成為人民領袖，毛澤東以來中共最具權威的領導人，被認為是為中國開創了一個新時代，就是因為他上任以來的實幹精神獲得了黨內和人民認同，而不是由那些阿諛奉承之詞來支撐。」換言之，《多維網》認為自己才是名正言順的「高級紅」，對那些「低級紅」口誅筆伐，以此顯示自己是不僅忠心而且聰慧的奴才。王滬寧已「俱往矣」，習近平曾賞賜《多維網》老闆于品海一個「南書房行走」的頭銜嗎？

習近平本身就是病毒，中共的宣傳術（內宣和外宣）都是病毒傳播術。

是川普病毒，還是習近平病毒？

嫁禍美國的中國外交部發言人趙立堅剛剛銷聲匿跡，中國駐法國大使館在推特上又火上澆油，發推文批評「美國依靠謊言和種族主義，而不是靠科學與有效措施來遏制病毒」，還用「川普大流行病」註記。

《法廣》報導，中國使館的這篇推文，引述中國官媒環球電視網（CGTN）法文報導

「美國應對冠狀病毒疫情的三個問題」，該文質問美方，去年九月造成兩萬多人死亡的流感中，包含多少二〇一九冠狀病毒病病例？為什麼全美最大生化武器研究中心被突然關閉？為什麼有美國高級官員在股市下跌前就出售股票，還向美國民眾保證武漢肺炎病毒在美國是可以控制的？這則推文更用法文寫道：「這是白宮的醜陋策略，以轉移對『川普大流行病』的批評。」

儘管很多歐洲人不喜歡美國、尤其不喜歡川普，但並不意味著他們願意全盤接受中國的說法。歐洲議會議員本森立刻回應說：「中國駐法大使館進行了非常無恥的宣傳」，其用詞如此直截了當，毫無歐洲人的含蓄優雅，而中國只配得到這樣的評價。

川普在白宮記者會上如此回答為什麼稱「中國病毒」：「中國散布虛假信息，說病毒是美國軍人傳播的，與其爭來爭去，我不得不在名稱裏指明病毒出處，這並不是汙蔑中國人，而中共說病毒是美國軍人放的，恰恰是汙蔑！」川普繼而發推文強調，這個稱呼並非對亞裔美國人的歧視，「重要的是，我們必須完全保護我們在美國以及世界各地的亞裔美國人社區。他們是很棒的人，無論以任何形式傳播的病毒都不是他們的錯。他們正在與我們緊密合作以消除它。我們將共同努力！」

另一方面，美國不能對極權中國的種種惡行逆來順受。從某種意義上說，確實是中國對

中共的特長就是製造恐懼、謠言和汙名

美國和世界發動了一場生物戰和超限戰，加害者居然不允許受害者使用「中國病毒」這個名詞，難道包括美國在內的整個世界都是中國的殖民地嗎？

就在中國駐法使館發動汙衊攻擊的同一天，川普在推特上轉發了安德魯·麥卡錫三世的一段評論。安德魯·麥卡錫是《國家評論》雜誌的專欄作家，曾擔任紐約南區聯邦檢察官助理。他在推特上說，既然中國共產黨到今天還堅持說六四屠殺只死了一兩百人，如此明目張膽地說謊，為何世界還要相信他們提供的武漢新冠病毒的死亡數據？川普轉發這段評論，想必是認同這個說法。川普是個意志強悍的美國領導人，當他轉發這段評論的時候，他的國家安全顧問大概還沒有轉告他中國駐法使館的惡毒攻擊，當他得知此一消息之後，一定還會有更強烈的反制手段，讓躲在幕後的習近平瑟瑟發抖的反擊。

中國的疫情稍稍緩和，中共當局就全力開動宣傳機器（當然，它從來沒有偃旗息鼓過），精心打造由習近平為核心的共產黨領導下的疫情防控保衛戰的「凱旋敘事」，同時也將罪魁禍首引向國外。法國使館的「戰狼」正是這一宣傳戰略下的產物。然而，雖然有不少中國人乖乖接受其洗腦，也有更多中國人從深度麻醉狀態中覺醒過來。一位中國網友用簡潔的語言提供了另一種敘事：「世間本無『戰』，硬要拖延隱瞞成『戰』，再去打保衛戰。真可說庶民的死，如螻蟻。」另一位網友則以不點名的方式對掌控中國、禍害中國的「那個

人」（即習近平）提出嚴厲的譴責和控訴：「武漢人是受害者，湖北人是受害者，中國人是受害者，現在全世界人都是受害者，真正的加害者只有一個：就是我們一直飽受其害的那一個。因為太陽底下沒有新事，今天的災難早已寫在過去的歷史裡。」

臺灣詩人鴻鴻在臉書上寫道：「最歧視中國人的，是中共。在中共為武漢醫生平反、向武漢受難者道歉前，我會繼續使用武漢肺炎這個名稱，就像我們繼續稱六四為天安門屠殺一樣。」不過，武漢肺炎或許將很快迎來一個升級版的名稱：習近平病毒。

第二節 沒有言論自由的地方就是地獄

一聲「習包子」換來二十二個月刑期

一九六七年一月十三日，中共中央、國務院發出「關於在無產階文革中加強公安工作的若干規定」共六條，號稱「公安六條」。第一條稱：「凡在文化大革命中反對偉大領袖毛主席和他親密戰林副主席以及汙篾無產階級司令部的（即中央文革）」為「惡毒攻擊罪」，凡犯此罪的殺無赦。這一條後來被稱為「惡攻罪」，無數對「文革」和毛澤東、林彪、江青等提出批評意見的黨員和群眾被殺害，如張志新、遇羅克、王申酉、李九蓮等。

習近平時代，「惡毒攻擊偉大領袖罪」沉渣泛起。

網友王江峰在微信群、微信朋友圈、QQ群、QQ空間上，轉發或自發稱毛澤東為「毛賊」、稱習近平為「包子」的帖子。二〇一六年九月九日，王江峰被山東招遠警方刑事拘留，之後被正式批捕。二〇一七年三月二十三日，招遠市開庭審理王江峰「尋釁滋事」一案。

起訴書指控王江峰「辱罵、詆毀已逝國家領導人和現任國家領導人」，「故意貶損國家領導人聲譽，破壞社會秩序」，其行為觸犯《中華人民共和國刑法》第二百九十三條第一款第（二）項之規定，應當以尋釁滋事罪追究其刑事責任。質證階段，檢方公訴人出示的證據中有從王江峰的微信、QQ等截圖的影本，其中有「一人一票顛覆政府」、「閱兵時左手舉在額前上」、「寬衣解帶」等。

法庭一審判決「尋釁滋事」罪成，王江峰獲刑兩年。王江峰上訴，拖延大半年，於十一月一日）在招遠市看守所二審宣判，把刑期減為一年十個月。王江峰的妻子孫文娟接受海外媒體訪問時憤怒地表示：「弄了這麼一個大陣仗，兜了一個圈子，就少了兩個月，現在有一種被欺騙的感覺。他們現在弄得這個再審就是騙人的。我非常氣憤，無法用語言表達的這種氣憤。」

無獨有偶，廣東一位徐姓網友疑在微信發布「把習大大的老婆泡到來」字眼，被警方抓捕。據《自由亞洲電臺》報導，梅州市公安局網警支隊日前發布一份通報，表示豐順縣湯坑鎮的網友「A豐順祥記大閘蟹」發文宣稱要把中共總書記習近平的夫人彭麗媛「泡到來」，經接獲相關單位落查任務，並依規逮捕該名發布「涉政有害信息」者。

彭麗媛的玩笑不能隨便開，調戲國母（即便是在語言上），該當何罪？一名尤姓中國社群媒體網監員透露，針對中南海高層領導等政治人物的謠言、汙衊、言語攻擊，均為公安系統嚴守要務，並以「殺一儆百」方式告誡網友們別把政治人物「娛樂化」，因中共高層對此「特別感冒」，恐嚴重降低公信力與威信。

王江峰和網友「A豐順祥記大閘蟹」的言論，在任何一個民主、法治國家都不可能成為山東顛覆國家的罪證。

習近平以希特勒和毛澤東為師，不准民眾以「毛賊」稱呼毛澤東，更不准民眾以「包子」稱呼自己。但是，「毛賊」與「包子」已成為民間俚語，總有一天會被收錄到當代漢語詞典。

一句「習豬頭」被拘禁十天

二〇一八年八月二十一日，推特中文圈上有人貼出一份海南三亞市公安局天涯分局行政處罰決定書，一位網友在微信群組裡說了一句「習豬頭最近怎麼樣了，好幾年沒看新聞聯播了」，八月二十日被以「公然侮辱他人」傳喚調查，處以行政拘留十日，罰款五百元。

在習近平的強力督促之下，天朝的錦衣衛們對任何侮辱黨和國家領導人的言論更敏感。每個中國人都要為自己的言論，即便是在網路上開一句玩笑，而付出沉重代價——不要以為你們是美國人，人人可以上街罵川普，中國領導人只能跪拜，不許嘲諷。

此前，罵「習包子」者坐了一年多牢，這次，罵「習豬頭」者只是行政拘留十天，算是從輕處罰——大概海南要顯示自由貿易區的「先進性」。而且，看守所生活一定幸福快樂——囚徒每天都必須看新聞聯播。中國的心理學家說，不看新聞聯播的人容易得抑鬱症，這位好幾年沒看新聞聯播的網友，如果從此形成每天必看新聞聯播的生活習慣，或許一輩子都不會被抑鬱症附體。另外，五百元的罰款是如何認定的？是不是「習豬頭」的價值為五百元呢？中國是消費豬肉的大國，在西方無人問津的豬頭，在中國卻是個寶。

中共跟美國打貿易戰，發誓不再購買美國豬肉，轉而從俄羅斯進口豬肉，全然不顧俄羅斯早就有非洲豬瘟流行。

此前，中國以高於市價四成的價格購買俄羅斯的石油天然氣，幫助俄國度過被西方經濟制裁的難關；如今，中國又「損己利人」地進口俄國瘟豬，俄國自然喜出望外。暖風薰得皇帝醉，卻把瘟豬當救星，這樣的皇帝，不是「習豬頭」又是什麼呢？

瘟豬來自俄羅斯，正顯示習近平與普丁之間的「革命友誼」。有網友諷刺說，這是「政治豬肉」。一百年前，有來自蘇俄的一黨獨裁「政治瘟疫」傳入中國，所謂「十月革命一聲炮響，為中國帶來馬列主義真理」，帶來的不是馬列主義真理，而是持續至今的獨裁暴政，中國仍深受其害。

可怕的「非洲豬瘟」從俄羅斯傳入，一路由北方擴散至南方，並以幾乎無法遏阻趨勢，蔓延到東西南北各地，中國的每個省市都淪陷。中國養豬戶面臨毀滅性威脅，中國的豬肉價格上漲一倍有餘。喜愛吃豬肉的中國人不得不「望豬興歎」。這場從中國蔓延開來的破壞性極大的疾病，導致了全球約四分之一的豬死亡，改變了農業結構和全球消費者的飲食和錢包。

豬肉問題，事關國家穩定，要維持民眾「端起碗來吃肉」的生活標準，是政府開門的首要大事。中共機關報《人民日報》不再保持沉默，發表重要文章穩定人心，引用農業部權威專家的話說：「非洲豬瘟病毒不會感染人，豬肉可放心吃。」文章剛一發表，立即在網路上引來一片罵聲和質疑：習近平為何不在天安門廣場擺下浩浩盪盪的「豬肉宴」，率領文武百官吃感染非洲豬瘟的豬肉。如此，人民才會有樣學樣，奮不顧身，捨身吃豬，為國盡忠。

廢寢忘食的錦衣衛，又要趕緊去抓這個妄議中央的網友了。

習近平說，《炎黃春秋》辦得不好

雖然打著習仲勳親筆題字「《炎黃春秋》辦得不錯」的金字招牌，《炎黃春秋》這份由中共黨內開明派人士主持的刊物仍未逃過最後一劫。當其「掛靠單位」（中國沒有任何一家民營的媒體，即便是民間創辦的媒體，也必須找到一個體制內的部門「掛靠」）文化部下屬的中國藝術研究院強行接管之際，該雜誌的主辦者們斷然宣布停刊，結束了四分之一世紀的生命。

《炎黃春秋》雜誌社前社長、曾任新聞出版署署長的杜導正，接受《美聯社》採訪時說，這次受到的整肅不守法而蠻橫粗暴，讓他聯想到文革。兩年前被迫離職的前總編輯、發明「潛規則」概念的歷史學者吳思，在接受《紐約時報》訪問時說：「經過這麼一番打擊，可能很難堅持原來的初衷了。黨內改革派、開明派、溫和的民主派又失一城。」曾擔任趙紫陽的秘書、「六四」後唯一下獄的中央委員鮑彤評論說：「我個人認為那個掛靠單位已經直接侵犯了《炎黃春秋》的出版自由。」

此次中共對《炎黃春秋》採取釜底抽薪式的打擊，顯然得到習近平本人的首肯。將大小權力集中於一身的習近平，不會將文宣工作的決定權交給他並不信任的、表面上分管文宣工作的政治局常委劉雲山。劉雲山沒有膽量故意折騰出國際新聞來「高級黑」習近平——這是某些海外人士對中國高層內鬥的想像，他們對習近平仍懷有不切實際的幻想，「善意」地將習近平執政以來所有壞事都歸結到劉雲山等「江澤民餘孽」身上。

「《炎黃春秋》辦得不好」，這就是習近平的真實想法。習近平與習仲勳的想法截然相反，如果習仲勳還在世，並且出來挺《炎黃春秋》，也會因「自由化」被習送進秦城監獄。習近平以此顯示他敢於大義滅親。當年，鄭芝龍投降清廷之後，鄭成功將父親當作勢不兩立的敵人；今天，習近平為了捍衛其權力，一定跟良心未泯的老爸一刀兩斷。共產黨人不就一直宣揚黨性高於人性嗎？

我個人對《炎黃春秋》的評價並不高，在幾次整頓之後，這本雜誌早已傷痕累累、氣息奄奄。它所發表的文章從不越「雷池」一步。「雷池」是什麼呢？曾擔任副社長的楊繼繩透露，雜誌社被迫再三承諾，發表文章不碰政治敏感問題，如多黨制、軍隊國家化、中央級領導人及家屬的問題以及宗教、國防、少數民族、「六四」和法輪功。這些問題恰好正是中國面對的棘手挑戰，不面對這些問題並不意味著它們憑空消失。如果用這張單子「自我審查」，剩下可以討論的敏感問題屈指可數。

有一些思想更徹底的學者，早已對《炎黃春秋》畫地為牢的作法感到不耐。六四後曾流亡海外的出版界前輩于浩成認為，《炎黃春秋》是「救黨派」，而這個黨基本上無可救藥——《炎黃春秋》現在還談什麼改革，事實上就是延緩中共的專制統治。

然而，在江澤民和胡錦濤時代可以苟且偷生的《炎黃春秋》，在習近平時代再無存身之地。這表明中國言論自由的環境在進一步的惡化。習近平連「救黨派」秉持的「第二種忠誠」都不能容忍，他要像楚懷王那樣非得將忠心耿耿的屈原逼上死路不可。習近平的榜樣是希特勒和毛澤東，希特勒和毛澤東永遠正確和絕對正確，不容旁人說三道四，甚至不給諫臣作秀的機會。

「反右」前夕，儲安平批評共產黨是「黨天下」，他很快死於非命，並未看到文革的荒謬劇，否則他會將「黨天下」修正為「毛天下」——連黨國機器都被毛一手摧毀，毛才是「一言堂」堂主。如今，習的夢想是打造同防民之口甚於防川的「一言堂」，正如自由亞洲電臺評論員未普所說：

這種搞一言堂的行為，習要比其前任堅決的多。他的前任，紅色江山看門人江澤民和胡錦濤都知道，《炎黃春秋》的存在，實際上是作為中國言論開放的樣板來搪塞海外批評的，可是習近平連這張遮羞布都不要了。

如果說胡錦濤統治末期抓捕並重判劉曉波、打壓《零八憲章》，說明中共拒絕改良和改革，堅持將一黨獨裁的模式走到底；那麼，《炎黃春秋》在習近平時代不無悲壯地遁入歷史，則表明中共才是自己的「終結者」，即便退休的開明派也不能「妄議中央」，習近平無疑就是當代桀紂。

禁書與抓人「兩手硬」

漫畫家「變態辣椒」畫了習近平的漫畫，受警方傳喚，流亡海外，其政治漫畫集在日本成為暢銷書。海歸留學生權平穿上寫著諷刺習近平字樣的T恤，被秘密拘捕，控以顛覆國家政權。家庭教會牧師王怡在講道中斥責迫害教會的習近平要下地獄，被判九年重刑，且禍及家人。習近平之「神聖不可侵犯」，已然跟希特勒和毛澤東並肩。

二十歲的中國留學生羅岱青，二〇一八至二〇一九年在美國明尼蘇達大學的文理學院就讀，二〇一九年七月放假返回老家武漢後被捕，並在十一月被判刑六個月。媒體據二〇一九年十一月五日的一份法庭文件說，羅在明尼蘇達大學就讀期間，利用其推特帳號張貼了四十多個評論和不雅照片，「醜化國家領導人形象的言論及不雅拼裝圖片信息」，「產生了負面的社會影響」。所謂不雅照片，不過是幾張科幻動畫片《火星鼠騎士》中的大惡棍林伯格的照片（被認為酷似習近平），另外還有小熊維尼的照片。中國對留學生及海外華人群體的監視已達無孔不入地步——即便在中國已封鎖的國際社群平臺上發表圖片和言論，仍會被治罪。美國聯邦參議員薩瑟憤怒地批評說，中國政府的行為「無情」而且「偏執」，要求立即釋放羅岱青。聲明指出：

> 中共應該立即釋放羅岱青，明尼蘇達大學也應該給他全額獎學金。不要忘記是中共禁止了推特，所以唯一能夠看到這些推文的是那些負責監督在美國這裡享受自由的中國公民的打手們。這是無情而且偏執的專制統治的特點。

習近平置若罔聞。中國的禁書名單愈來愈長，中國因言獲罪的囚犯愈來愈多。比如，心理諮詢師武志紅出版的新書《巨嬰國》被強制下架，在各大購書網站顯示為「缺貨」。作者認為，中國是一個「巨嬰國」，不少人年齡上是成年人，心理上卻是嬰兒，生命中絕大部分時間在「找媽媽」。「巨嬰」在「全能自戀」的心理機制下，出現躁狂、控制狂、被迫害妄想、不安全感等心理問題，也有不少人希望擁有無上權力，要成為世界的中心，「萬事萬物都是為自己服務的」，就像嬰兒要獲取他人注意一樣。有網友嘲笑說，書中描述的「巨嬰」如同對習近平的心理診斷，難怪習近平容不得這本書在坊間流傳。

第三節
習近平入侵娛樂界

後毛澤東時代，如果說中國取得了些許進步，就是普通民眾在私人領域獲得一定的自由，可以唱歌，可以跳舞，可以旅遊，可以戀愛，不再被革命意識形態全面支配。儘管中國所有媒體都是國有企業，「媒體姓黨」的狀態從未改變，但在電視臺各種收視率很高的綜藝節目中，較少意識形態灌輸，基本實現「政治的歸政治，娛樂的歸娛樂」。

然而，隨著習近平的造神運動愈演愈烈，娛樂節目也將習近平樹為天神下凡。造神運動全面侵襲娛樂世界，釋放了一個不同尋常的信號。美國學者莫大偉說：「在中國媒體內，政治與娛樂是分開的，現在這種新的習近平崇拜從根本上改變了這種情況。」簡單地歸納為「文革回潮」或「文革重來」不足以解釋習式造神運動何以在社會個領域暢通無阻。

鄧小平時代（包括江、胡掌權時期），政治領域仍保持毛時代的極權主義，社會生活領域則適度釋放出一定空間，讓民眾可伸伸懶腰——但這並不意味著人們有了真正的自由，只是主人將鳥兒從一個太小的鳥籠放入稍大的鳥籠。有些在大鳥籠中感到舒服的鳥兒，以為就此獲得了整個天空。結果，等到主人改變主意，將鳥兒重新放入原來的小小鳥籠時，鳥兒才恍然大悟：「我並沒有一絲一毫自由。」這就是習近平上臺後，很多中國人怨恨心理的根源——主人（國家）從來沒有放棄將鳥兒（民眾）放入任一尺寸的鳥籠（社會空間）的權力。鳥兒在稍大一點的鳥籠中的「幸福感」，並無法理和保障，主人想拿走，隨時就能拿走。

這樣就很容易理解為什麼此前被菁英知識分子們視為庸俗不堪的娛樂（包括選秀）節目，在一夜之間蛻變為造神運動中的一部分。換一種比喻，豬圈中的豬從來沒有選擇食物的權利，主人給你吃什麼，你就吃什麼，你唯一的目標就是趕快長肉，為主人的餐桌做出貢獻。

這符合漢娜·鄂蘭對極權主義的分析：極權主義國家必定會入侵人們的私生活領域，人們對影視、體育明星的偶像崇拜，不能干擾到對政治領袖的崇拜（中共對范冰冰等影星下手，不僅僅是「割韭菜」那麼簡單，范冰冰上繳八億元人民幣漏稅罰款，在黨國眼中只是小菜一碟，不值得為之大動干戈，更重要的是，黨國致力於摧毀明星群體的聲譽，讓明星群體公開出醜，從而讓人們只能膜拜政治領袖。）如此，人們的私生活被隔離，每個普通人都產生「只有在一些很少的情況下，如老年人，才有出現的個體的極大孤獨感」。在迷茫和孤獨中，「運動」有如「燈塔」，為大眾指明一條方向；意識形態猶如真理，解釋世界上的一切。

習近平的造神運動主宰娛樂世界（包括命令網路巨頭騰訊限定人們玩網路電子遊戲的時間，致使騰訊股價大幅縮水），再次顯示中國是極權主義社會，而不是普通的獨裁制或威權制。漢娜·鄂蘭指出，極權主義利用意識形態製造持續的「運動」，從而維繫持續的恐懼並推動社會的生產力，最終實現一種穩定的、極權的社會統治模式。極權主義的可怕之處，是它會徹底顛覆、毀滅人們所曾熟悉的社會，包括世俗傳統、價值觀、道德體系和社會關係等。電影《芙蓉鎮》的結尾處，文革已結束，卻有一個瘋子在街上高喊「運動了！運動了」——這個情節堪稱先知式的預言。

「終身主席」的「平語近人」

《百家講壇》是中央電視臺一檔頗受歡迎的講座式教育節目，以往的節目包括講述各個朝代的歷史、解讀文學名著等。如今，該欄目特別推出名為「平語近人」的專題，將習近平的名字鑲嵌其間，請來馬克思主義學者和文化學者，從習近平講話中引用的古代詩句切入，闡述、宣傳習近平的個人經歷和思想。

節目開頭，北京大學馬克思主義學院教授郭建寧提到習近平多次引用的一首詩：清代鄭板橋的《濰縣署中畫竹呈年伯包大中丞括》。河南大學文學院教授王立群講解時說，鄭板橋這首詩表達了深切的愛民之情。主持人說：「總書記濃厚的為民情懷，你從他的話語，從他的眼神當中都能夠體會到。」

習近平在中國內外談話中，更喜歡引用中國古代典籍，整理其用典和解析的《習近平用典》一書在二〇一五年出版發行，第二輯又在二〇一八年五月上市——若習近平成為「終身主席」，第三輯、第四輯必定源源不斷地出版下去。出版社稱，該書銷量高居政治類圖書榜首。這些書自然成了「平語近人」節目組的必讀之書。

「平語近人」節目還請來習近平早年在梁家河插隊時認識的村民張衛龐「作見證」。張稱，「他跟過去比沒有變，再糙的飯他都能咽得下，再窮的老百姓他都看得起，現在還是這個樣。」

「平語近人」成為黨政機關和學校政治學習的重要材料。官媒採訪若干教育、文化機構的名人，這些人滔滔不絕地分享「學習心得」，跟文革時的場景一模一樣。發表諂媚言論的人物，每一個應當被「立此存照」：東北大學馬克思主義學院院長田鵬穎教授、西北大學中國思想文化研究所副所長謝揚舉教授、浙江省社會科學院文化研究所副研究員宋雪玲、河南豫劇院院長李樹建、河南小皇后豫劇團團長王紅麗、清華大學馬克思主義學院院長艾四林教授、中國作協影視委員會副主任范詠戈、中國兒童藝校劇院院長尹曉東、浙江師範大學教授李建華、中央民族大學教授蒙曼、天津大學馬克思主義學院院長顏曉峰教授、中國戲曲學院院長巴圖、國家京劇院副院長袁慧琴說、華北電力大學馬克思主義學院黨總支書記蔡利民教授、中國人民大學馬克思主義學院教授王易、中央黨校哲學教研部副主任董振華教授、西北師範大學傳媒學院院長徐兆壽教授等，這張名單沒有盡頭，古往今來，「奸佞錄」不會出現空白。

中國收視率最高的電視節目是什麼？

「百家講壇」改為習近平思想的宣傳節目之後，其他各大電視臺晚間黃金時段的娛樂節目亦不敢落後，唯「習」首是瞻。《湖南衛視》播出一檔名為「新時代學習大會」的節目，就是新時代娛樂的一大創舉。此前，這個以年輕人為目標受眾的節目，堪稱中國最受歡迎的娛樂頻道；如今，這檔節目悄悄變化，是要確保新生代和千禧一代加入學「習」行列。

節目一開始，主持人宣布：「讓我們來聽聽習主席的講話，理解習主席的思想。」然後，節目分成兩輪：問答和簡短演講，內容是中國共產黨的理論和習近平思想，其中包括回答習近平登上權力巔峰的個人經歷。

主持人提問道：「習主席十五歲的時候，從北京被送到陝西梁家河插隊。在那段時間，他對學習知識如饑似渴。有一次曾步行十五公里去借書。這本書名是什麼？」

有人立刻搶答：「《浮士德》。」

「恭喜！回答正確。」主持人說完，臺下響起觀眾掌聲。

主持人接著念出習近平在一九九〇年代擔任福州市委書記時寫的一首詩，提問：「這首詩是紀念誰的？」

「焦裕祿」，又有人立刻回答。「正確。」

「什麼樣的理論才算得上是偉大的理論？」清華大學馬克思主義學院院長艾四林提出這個問題，他是節目特邀的專家。

一位參賽者回答說：「偉大的理論一定是歷史的理論、科學的理論、人民的理論。在當代，科學的理論，偉大的理論就是習近平新時代中國特色社會主義思想。」他完美的回答贏得了讚揚。

一切看上去那麼完美無瑕，不在場的習近平是萬眾矚目的紅太陽。

該節目自稱是中國首檔推動習近平思想的電視理論節目，此節目也可以算是圍繞習近平思想合情合理派生出來的內容。這個節目的很多嘉賓都來自「習近平思想研究中心」——二〇一七年年底以來，這樣的研究中心在中國各地出現，專門針對青年學生進行政治教育。

每個環節看上去都水到渠成。《BBC》評論說：「這個節目發出的信號非常顯而易見：在中國的今天和當下，牢記黨的理論、理解習近平思想，是通向成功，特別是在公共或政府領域通向成功之路的潤滑劑。」無疑，這是喊口號、在電視上歌頌領導人等宣傳手法的延伸，不過用上了遊戲的形式，也清楚地顯示習近平個人崇拜是如何運作的。

這種宣傳模式究竟有多少實際效果呢？在民智漸開的今天，很少有人會像崇拜毛澤東那樣崇拜習近平——甚至不惜為之而死。儘管造神運動花樣翻新、層出不窮，人們多半冷眼旁觀乃至冷嘲熱諷。黨和政府公務員、教師、軍人和警察必須積極參與，但大都被動應付，極少有像文革時期的紅衛兵那樣，激情澎湃地將毛主席胸章別到血肉裡。

有人譏諷說：「這肯定會成為收視率最高的電視節目。」還有人調侃道：「所有答錯了的，都應該接受再教育，達到新時代的要求。」所謂「再教育」，就是新疆關押百萬維吾爾族人的「具有中國特色的集中營」。

禁韓劇之後彭麗媛看什麼？

據中國一個專門翻譯韓國電視節目的網站「鳳凰天使精品影視」官方微博稱，「大版權在線站今日起暫停更新一切韓流節目，原因你我都懂。」該微博表示，「國家面前無個人」。中國網友發現，在《優酷》、《愛奇藝》、《騰訊》等網站，已無法收看《Running Man》、《超人回來了》、《新婚日記》等在中國人氣度高的韓國電視節目。

習近平掌權之後，中韓關係一度相當熱絡。南韓總統朴槿惠不顧美日盟友勸阻，到北京出席習近平導演的閱兵大典。該典禮以紀念反法西斯戰爭勝利七十週年為名，卻行法西斯之實，遭到全球絕大多數民主國家的杯葛。愛面子的習近平「投之以桃、報之以李」，在數十名外國元首中，特別安排朴槿惠和俄羅斯總統普丁站在他的左右兩邊。

然而，中韓之間的親密關係並未維持下去。二〇一六年下半年，因南韓決定部署由美國提供的薩德反導系統，中國惱羞成怒，對其口誅筆伐，在內部傳達「限韓令」，命令宣傳部門封殺南韓影視作品。出讓土地給南韓政府部署薩德反導系統的樂天集團，成為中國的重點打擊對象，其在中國的大型商業項目被叫停，樂天隨即全面退出中國市場。

南韓部署的薩德反導系統是防禦性武器，針對北韓有可能對韓國的導彈攻擊，該系統並未危及中國的國家安全。中國的過度反應，顯示中國如清帝國，居高臨下地將南韓當作藩屬國。習近平只有一種信仰，即「順我者昌，逆我者亡」——從打壓在南韓發展的臺灣明星周子瑜，到直接取締南韓明星在中國的行銷活動，中國的市場寬廣如海洋，中國的心胸卻微小如芥菜種子。

中國官方對「限韓令」的說法自相矛盾、破綻百出。外交部發言人耿爽表示，「沒有聽說所謂的限韓令」。話音剛落，《人民日報》旗下《環球時報》即發表社論〈對韓流完全封殺，買車買手機繞開韓貨〉，鼓動民眾抵制「韓國製造」。《環球時報》是習近平的打手，常常有來自中南海的「內幕消息」，敢於說幾句習近平不便發表的「心裡話」，故而對外交部「過於謹慎」的說法不屑一顧。外交部遭到《環球時報》打臉，只能將牙齒和著血往肚子裡吞。

可是，被「限韓令」波及的人群，絕不僅僅是跟隨韓流狂歡的、無權無勢的少男少女，也包括習近平光彩四射的「賢外助」彭麗媛。昔日歌聲餘音繞樑的軍中歌手彭少將，今日雍容華貴的「第一夫人」，在陪同丈夫訪問韓國時曾公開宣稱自己和女兒都是韓劇迷。

當時，南韓青瓦臺政務首席秘書官趙允旋陪同彭麗媛參觀韓國古代宮殿昌德宮，彭麗媛走入仁政殿后表示，彷彿走進韓劇《大長今》。韓方向彭麗媛贈送印有昌德宮芙蓉池紋樣的紀念品和韓文「星星」和「花」字樣的開瓶器，趙允旋特別提到在中國人氣火爆的韓劇《來自星星的你》，並說可以讓習主席使用「星星」字樣的開瓶器，彭麗媛使用「花」字樣的開瓶器。彭麗媛回應說：「我和女兒一起看習主席年輕時的照片，覺得很像《來自星星的你》的主角都敏俊。」

肥頭大耳的習近平長得像削瘦英俊的都敏俊嗎？外人怎麼看都看不出兩人有什麼相似之處，這倒應了中國的一句老話「情人眼裡出西施」。不過，習近平像不像南韓明星並不是重點所在，重點是深宮大院裡的彭麗媛和女兒都是韓劇迷，一集不落地看完從《大長今》到《來自星星的你》等像裹腳布一樣長的韓劇。就在津津有味地看韓劇時，彭麗媛為何失去敏銳的愛國熱情，為何不毅然關掉電視，像毛夫人江青那樣，致力於打造八個樣板戲等「具有中國特色」的無產階級文藝？

如今，既然習近平下令「禁韓」，作為後宮之首的彭麗媛又豈能不以身作則，與心愛的韓劇訣別？她會不會向丈夫發出怨言？當一個自稱崛起的大國，動輒下令禁止輸入外國文化產品、不准國內旅客到某國旅行，恰恰說明這個國家缺乏基本的自信心。無論這個國家擁有多少高樓大廈、飛機航母，它仍然只是一個前現代的野蠻國家。

禁演小熊維尼的魔幻國度

《摯友維尼》是迪士尼真人版小熊維尼故事，走溫馨路線，由真人演出和動畫結合，由伊旺麥奎格主演。然而，這部毫無政治顛覆意圖的童話電影，卻在中國被禁演了。

美國媒體《好萊塢報導》指出，《摯友維尼》在中國沒拿到放映許可，有消息人士歸因於中共對維尼的形象和習近平產生聯想有意見。消息指，習近平外型向來被網友拿來同小熊維尼比較，不論形態抑或步姿都頗為相似，令小熊維尼在中國媒體上變得極其敏感。當局一度嚴禁任何小熊維尼字眼在社群平臺微信上出現，以免引起人們產生影射習近平之聯想。

六月，美國名嘴奧利佛主持的《上週今夜秀》節目大談習近平，其中就包括嘲諷中國網路審查員被迫加班加點、忙於刪除將習近平和維尼熊相比的訊息，背景畫面還出現小熊維尼與習近平對比的樣子。隨即，奧利佛在中國網路上「人間蒸發」，整個網站也在中國被封鎖。

此次對於《摯友維尼》被禁消息，中國網友怨聲載道，紛紛留言說：「上映了才真奇怪」、「原因眾所周知」、「只能到香港去看了」、「這個國家愈來愈魔幻，小熊你很大機率活到親眼被送上新共和國最高法庭那天。」

對此事件，有香港人製作了一段搞笑的「特別專訪」，記者訪問維尼說：「你好，維尼，你的電影在大陸上演未獲批准，你有何看法？」維尼說：「我也不清楚，我又不是在拍色情片，只是沒有穿褲子而已。」記者說：「聽聞跟褲子無關，是樣子問題，你跟某人長得很相似，」維尼說：「但我不是人，是熊。」記者又訪問跳跳虎：「你有什麼看法？」跳跳虎說：「我就無辜了，是那隻熊的問題，剪掉他的那部分就可以了。」記者說：「若是剪掉他的部分，電影就只剩下十分鐘了。」跳跳虎反問說：「那你看不看？」接著，畫面出現豬仔一路狂奔的場景，記者問：「豬仔，你去哪裡？」豬仔說：「大陸看不到，我去香港看電影，你們都習慣了吧？」記者又問驢子：「你要跟豬仔一起去香港看電影嗎？」驢子說：「不去，豬仔會幫我翻拍。」記者說：「這是犯法的啊。」驢子說：「是嗎，我們都這樣啊。」最後，維尼熊說：「你可以在我的臉上打馬賽克嗎？我怕這個訪問會被禁。」記者說：「這是香港啊。」

中共為了維護習近平的權威，到了無所不用其極的地步。可愛的小熊維尼無辜受害，真是「熊在家中坐，禍從天上來。」

最早有人將小熊維尼與習近平對照，是在習近平跟歐巴馬在加州莊園那次「不打領帶的會談」。有眼尖的人發現，兩人並肩散步時，習近平像熊，歐巴馬像虎。兩者在外形上雖頗有相似之處，但對溫情脈脈的小熊維尼來說，跟與習近平扯上關係真是「不圖老子與韓非同傳」，是莫大的羞辱。若習近平真有小熊維尼百分之一的可愛，中國就不至於被他搞得雞飛狗跳、道路以目了。

習近平查禁小熊維尼的相片與名字，與俄國總統普丁查禁英國諷刺喜劇電影《史達林死了沒？》如出一轍。做出禁演決定的是普丁。普丁曾讚揚史達林：「我們大可以去批評那些將帥和史達林，但是有誰敢確定地說，用別的方法也可以給我們帶來勝利？」克里姆林宮一直在玩弄俄羅斯人對超級大國地位的懷戀，強調蘇聯時代的輝煌——最重要的是第二次世界大戰的勝利，但對大迫害和大饑荒避而不談。

蘇聯解體後，俄羅斯沒有完成轉型正義。俄羅斯保存下來僅存一所古拉格勞改營兼博物館「彼爾姆三十六號」，後來被政府接手，將其改成慶祝第二次世界大戰勝利的博物館。小說家維克多·葉羅菲耶夫的父親是史達林的翻譯，葉羅菲耶夫說過：「等到史達林在最後一個俄羅斯人的靈魂裡死去，才能說這個國家擁有未來。」

習近平查禁小熊維尼，更與納粹德國的禁書和焚書運動遙相呼應。中國政府系統中主管文化和宣傳的部門不斷調整，如廣電總局、新聞出版署、文化部等，但凌駕於這些部門之上的黨的宣傳部始終不變。宣傳部是中共對全民進行洗腦教育的核心部門，其地位和人員不亞於軍隊和警察，因為中共的統治靠暴力和謊言共同維持。

中共宣傳部既是蘇聯宣傳部的孿生兄弟，也從納粹宣傳部汲取經驗和靈感。當年，戈培爾的宣傳部特別設置「帝國文學局」，該部門決定哪種文學作品可以出版，哪種文學作品不能出版。能問世的都是對納粹歌功頌德的文字和相片。希特勒當政期間一直流亡在海外的作家托馬斯·曼為這些作品寫了墓誌銘：「在我眼中，凡是能在一九三三至一九四五年間的德國印製問世的書籍都毫無價值，都不是人想碰的東西。血與羞愧的臭味附著在它們身上揮之不去。它們全都該拿去製成紙漿。」不過，我並不同意將它們製成紙漿的建議——它們也應當被陳列在一個類似於「納粹文化博物館」的地方，供後人了解這段醜惡與不堪的歷史。

美國作家艾瑞克·拉森在《野獸花園》一書中，描述了納粹時代的美國駐德國大使威廉·多德在「野獸花園」的所見所聞。多德夫人瑪莎前去拜訪德國名作家漢斯·法拉達，法拉達承認他必須迎合納粹的需求去寫作，連他的作品遭到戈培爾的新聞檢查官的肆意篡改，也不得不做出明哲保身的讓步：「在暴君的王座前被殺，毫無意義，不僅無益於任何人，也有害於我的小孩，那不是我的作風。」

法拉達表示，他無法用別種語言寫作，也無法生活在德國以外的地方，只能消極地當一位「內心的流亡者」。瑪莎則反問說：「或許，如何生活比在哪裡生活更重要？」對此，法拉達不置一詞。瑪莎記下此刻的發現：「我首度在作家臉上看到赤裸裸恐懼的印記。」

今天中國的文化人，哪一個臉上沒有「赤裸裸恐懼的印記」？一個連小熊維尼也被視為「顛覆先鋒」的國家，哪裡有半點「文化自信」可言？又怎麼可能成為「文化大國」呢？

以後，中國還將有更多詞語和照片被查禁，這張名單將愈來愈長。比如，很多民眾將明朝亡國之君崇禎皇帝與習近平相提並論，以後中國歷史書上或許不再出現「崇禎」這個名字；很多民眾因為習近平到慶豐包子鋪表演吃包子的親民秀，將其戲稱為「慶豐帝」或「習包子」，以後「慶豐包子」也要「被消失」，甚至「包子」也不准使用，改稱為「帶餡的饅頭」。

畫豬亦可傾國

一笑傾人城，再笑傾人國，說的不是美女的美貌，而是漫畫的力量。在中國，不僅不能隨意寫文章（劉曉波就是前車之鑒），也不能隨意唱歌（民謠歌手李志就是前車之鑒），連漫畫也無比危險。漫畫可以成為辱華、煽動國家政權的工具，畫漫畫的人一不小心就鋃鐺入獄、受盡折磨。這不是天方夜譚，而是活生生的現實生活：遼寧大連、安徽淮南及江蘇南京等六地警方相繼通報，共有九位「精日分子」（也就是「精神日本人」的簡寫）被捕，二十二歲的年輕漫畫家張冬寧是其中一人。

二〇一七年九月，張冬寧與在日華人盧某透過微博結識，開始創作「豬頭人身」系列侮辱中國人形象的漫畫作品，刻意歪曲中國歷史事實，曲解國內外重點新聞和事件，以諷刺、醜化中國人生活習慣等為主題，先後炮製「辱華」系列漫畫作品三百餘幅，由盧某陸續在網路平臺上進行發布，「嚴重傷害中華民族感情，踐踏我民族尊嚴，社會影響十分惡劣」，故而在其從日本返回中國時，在機場將其抓捕。

張冬寧被指控是「精日分子」，在中國社群媒體上被用來指稱「極端崇拜日本」、「仇恨中華民族」、「在精神上視自己為日本人」的中國人。如果用這個名詞扣帽子，習近平才是「精日分子」，誠惶誠恐地跑到日本大阪參加G20峰會，跟日本首相安倍晉三把酒言歡，不是「精日分子」，難道是抗日英雄？

張冬寧更是被冠以「辱華」的罪名，但是，其羞辱的對象「華」究竟是什麼東西？如果是梁啟超發明的「五族共和」的「中華民族」，真正「辱華」的是將百萬維吾爾人關進集中營、逼迫數百位藏族僧俗自焚抗議的中共政權。該被送上被告席審判的，是汙染中國的土地、水源和空氣的中共暴政，而不是手上只有一支畫筆的弱女子。

有法律界人士遍翻中國有關法律，沒有發現一條罪名是「精日」和「辱華」。難道公安機關為了抓人，可以隨心所欲地創造新罪名嗎？有網友質疑說：「張冬寧據說是『精日』罪拘押的，『精日』是個什麼罪，官方能出來解釋一下嗎？這幾年，開始是造新詞，現在是造罪名，看來這新華詞典又要重編了，這刑法也得留幾十個空檔添寫新罪名了，卯不定還會有『精美』、『精韓』，我還是蠻佩服這些辦案人員的，居然能隨口造出一個新罪名，這要不是小學畢業生起碼也是黨校碩士，高，實在是高。」網友「秀才江湖」的評論很有點黑色幽默：「我也是中國人民的一員，我不覺得她攻擊了我，攻擊了中國人民，我喜歡被她畫成可愛的豬頭！我感覺我就生活在一個大豬圈，沒有自由，沒有安全感。」

中共自以為是「華」的代表，偏偏很多人並不認為自己遭到羞辱，反倒認為漫畫家說出中國真相、喊出大眾心聲。網友「撒撒小謊」說：「冬寧小朋友，我吃的髒食品，喝的髒水，呼吸的髒空氣，還不能自由遷徙，更無法與官員交流，只能哼哼表達還活著。你把我畫成豬很準確，謝謝你畫出真相來。」有網友說：「大多數屁民就是豬圈內圈養的肥豬，被閹割了，還覺得很幸福。」有網友說：「只有劣等民族、劣等人種，才會普遍心理陰暗，愛對號入座。」有網友警告：「二次文革已經開始了。大部分中國人連豬都不如，來美國吧，隨便你怎麼畫，遠離豬圈。」有網友嘲諷說：「習近平引進非洲豬瘟，才應當被抓捕。」還有網友說：「沒有選舉權，不是豬是啥？向才女致敬，豬頭公開承認自己是豬了。自信哪裡去了？別人畫個豬，就覺得自己像豬了？」

張冬寧不幸生錯了時代，她的前輩畫家華君武也以畫豬聞名，在毛時代飽受批鬥之苦，但晚年可自由地畫幾百幅以豬頭人身的主角針砭時政的漫畫。文革期間，華君武餵過四年豬，挑了有十幾萬斤糞，從教訓豬霸和為豬搔癢中尋開心。文革之後，華君武借豬八戒諷刺社會上的不正之風、不文明現象。他說：「《西遊記》是我看得最早的一本書，和其他幾部經典作品《三國演義》《水滸傳》《紅樓夢》等相比，它最能被人看懂。因此，其中人物孫悟空、豬八戒，可稱無人不曉。孫悟空是正面人物，豬八戒雖去了西天，也千辛萬苦，但他也有我們人性的弱點，就是七情六慾多了，既有可愛處，也有討厭處。這很像今天社會上某些人，他們也犯過錯誤。但他們畢竟不是屬於敵我矛盾，不屬於「嚴打」（嚴厲打擊犯罪行為）對象。」

華君武或許無法想像，在他去世十多年之後，像他那樣畫豬的漫畫家成了政權「嚴打」的對象——下一步，《西遊記》也會成為禁書。中共或許像刪節《聖經》那樣刪節《西遊記》，讓豬八戒這個人物憑空消失。華君武昔日自信滿滿的宣告，若放在習近平時代，必定難逃法網——「我都是針砭時弊的，不畫那種休閒漫畫。」「我就是改不了狗拿耗子、見了就想咬幾口的習性。」「諷刺是永遠需要的，是天經地義的事，自從人類出現了劣跡醜行，諷刺就應運而生。」在習近平眼中，諷刺就是「妄議中央」，是要下詔獄的。

在香港，也有以畫豬聞名的漫畫家，即小豬娃「麥兜」的發明者麥家碧和謝立文夫婦。香港人很喜歡麥兜，麥兜的草根特質是人們喜歡牠的原因：牠生活在貧民區，愛吃貪睡，抖腿挖鼻屎。香港詩人廖偉棠說：「麥兜是不完美的，創作心理學上，不完美的角色更容易討人喜歡。還有讀者的認同感，不完美的角色才會跟自己更接近。」漫畫不就是以誇張的方式展示人性的弱點嗎？

有趣的是，傻乎乎的麥兜成了香港的文化符號和城市象徵——他被香港旅遊局選中，成為旅遊形象代言人。牠和李小龍、梅豔芳等人一起被塑成銅像，立在維多利亞港旁邊的星光大道上。牠出現在圖書館、電梯、廣場等公共場所的提示牌上，甚至出現在廉政公署的宣傳片裡——廉政公署也跑來跟麥兜拉關係，可見麥兜魅力之大。成熟且寬容的香港人，並不覺得選擇小豬娃代表自己有什麼不好，他們在電影院裡跟麥兜一起歡笑，一起流淚，那才是一種笑傲江湖的生活態度。

讓漫畫家入獄的國家，必定是下流人高升的國家。幾幅小豬的漫畫就能羞辱乃至顛覆的國家，本身就沒有存在乃至捍衛的必要。

第四節
中國菁英階層為何支持習近平？

《金融時報》中文網是一家被中共大外宣嚴重滲透的西方媒體。它發表了一篇題為〈中國的政界菁英如何看待世界？〉的評論，說的是記者參加由清華大學中國經濟思想與實踐研究院組織的一場對話，與會者包括幾位外國學者、記者以及中國高官、學者和商界人士。與會的中國政界、商界、學界人士的言論頗具代表性，生動地呈現出目前中國菁英群體的所思所想。歸納起來，大致有以下幾種論述：

第一，中國需要強大的中央統治。這一想法基於一個觀點：中國在許多重要方面都是一個分裂的社會，中國有五億人擁護鄧小平的改革，同時還有九億人認同毛澤東的世界觀。約有九千萬名共產黨黨員對國家團結不可或缺。腐敗和派系內鬥威脅到黨的合法性，習近平「拯救了黨、國家和軍隊」——這種觀點也證明了取消國家主席任期限制的「合理性」。當然，他們預測，「核心領導者」的新理念可能引向強有力的政府和經濟自由。

第二，西方模式已名譽掃地。中國人已建立起一個由「在黨控制之下，高學歷技術官僚菁英管理的國家體系」，這是中國古老的帝國制度的現代形式。西方式民主和自由市場資本主義對這一菁英階層可能產生過的吸引力如今已減弱。他們強調西方國家在投資本國實物資產或人力資產上的失敗，許多西方國家當選領導人素質不高，其經濟存在不穩定性。「蘇聯垮臺後創造的民主國家百分之九十現在都失敗了」，中國不能去冒這個險。

第三，中國正受到美國的攻擊，「美國已向中國射出四支箭，分別針對南中國海、臺灣、達賴喇嘛，現在又加上貿易。」中國將挺過這些攻擊。中國已是工業大國，製造業規模相當於美國、日本和德國製造業的總和。中國有數量龐大的高技能人員。中國經濟對貿易的依賴度低於過去。反之，美國企業高度參與並依賴於中國經濟，中國人比美國人更能吃苦，對美國強權的威脅具有高度抵抗力。不管發生什麼事，中國的崛起已不可阻擋。中國不能挑戰美國在全球的軍事優勢，但在西太平洋，這種格局已有所改變，中國正變得日益強大，中國將發展起一支「一流」軍隊。

這三個主要論點足以說明「中國菁英群體為何支持共產黨和習近平」，這也是港臺和海外華人世界以及西方親北京的左派人士常有的論調。

中國菁英階層以「充當普通法西斯」為榮

那麼，如何解析以上三個論點呢？

首先，中國並不需要強大的中央集權。以經濟而論，後毛澤東時代中國經濟的發展乃至騰飛，不是中央集權優越性的體現，恰恰相反是中央在「國民經濟面臨崩潰的邊緣」，不得不給地方鬆綁，讓地方有了實施「自救」的自主性——實踐證明，只要中央少「瞎指揮」、「少幹壞事」，地方就能「萬物生長」，廣東和浙江的經濟奇蹟就是如此。

中國菁英所期盼的「由強人習近平打造出強勢政府和自由經濟的結合體」，是將火包裹在冰中，毫無實現的可能性。自由經濟要求民主政府，自由經濟只需要遵循市場那雙「看不見的手」，不需要「核心領導人」的「精心計劃」和「指手畫腳」。毛澤東的大躍進和江澤民時代上馬的三峽工程，就是前車之鑒。

其次，西方模式並未「名譽掃地」，而「中國模式」（經濟學家陳志武認為，不存在「中國模式」）毫無普世性。在全球範圍內，除了中國是中央集權、一黨專制以外，所有大國都是聯邦制或邦聯制，全部或部分實現了多黨競爭、全民普選及三權分立。民主會遇到挑戰和挫折，當年的納粹德國、軍國主義的日本和共產黨的蘇聯，都認為可以擊敗西方民主國家，並取而代之。然而，獨裁暴政先後灰飛煙滅，民主制度一直運行至今，一路走來，雖跌跌撞撞、修修補補，卻青春煥發、不見衰老。反之，「中國模式」表面上咄咄逼人，卻並未「得道多助」。華盛頓智庫「新美國安全中心」主席方舟和資深研究員克利曼在《外交政策》刊物中指出：「一個更富有、與全球聯繫更緊密的中國沒有變得更民主，相反，北京的經濟實力如今允許它向其它國家傳播自己偏執狹隘的價值觀。」但問題的關鍵是，「中國模式」有在中國之外的任何國家成功實現的個案嗎？環顧全球，中國有一個真正的盟友嗎？

中國菁英分子認為，「中國人已建立起一個由在黨控制之下的高學歷技術官僚菁英管理的國家體系」。用加拿大左派學者貝淡寧的說法就是「賢人政治」；用臺灣大學政治系教授石之瑜的說法就是「中國比臺灣更民主」。然而，既然這個系統如此穩定有效，為什麼習近平要如驚弓之鳥般不斷發起政治清洗並強調「政治忠誠」呢？習近平的博士學歷有幾個人相信是真的呢？「高學歷」什麼也說明不了——八〇年代共產黨開明派領導人趙紫陽連大學學歷都沒有，卻能與經濟學大師傅利民暢談經濟學理論，趙紫陽與號稱博士的習近平，誰更有學識？今天中國的掌權者，從習近平以下，既缺乏治國的基本經驗和知識，更沒有任何道德威望和個人魅力，除了這一小群與之「一榮俱榮，一損俱損」的既得利益菁英對其畢恭畢敬之外，在民間，人們輕蔑地以「習包子」稱呼之，當局對「侮辱國家元首」的言論和民眾

「封不勝封、抓不勝抓」。

再次，中國菁英階層反美、反西方的民族主義情緒強烈而危險。每當中國與美國及西方國家發生人權、貿易等爭端，中國從不檢討自身存在什麼問題，立即反射般地想到「西方帝國主義亡我之心不死」，如義和團和紅衛兵那樣情不自禁地「亮劍」。這種心態，跟德國威瑪共和國末期、納粹上臺前後的社會背景極為相似。耐人尋味的是，很多反美和反西方的先鋒，都是在西方留學、訪問過的人物，他們將個人在西方的挫敗轉換成一種公共性的怨恨，將中國與西方意識形態的差異轉換為民族仇恨。

民族主義已取代共產主義成為主流意識形態。儘管習近平頻頻就紀念馬克思、紀念《共產黨宣言》發表講話，宣示絕不放棄此唯一真理、絕對真理、宇宙真理，黨媒也吹捧「習近平思想是當代馬克思主義的最高峰」，各大學拿到巨額經費、瘋狂擴展馬列學院，但這些東西早已成為榨乾汁水的甘蔗渣，聰明人不會信以為真，如罌粟般能蠱惑人心的還是狂熱的民族主義。極具諷刺意義的是，北大校慶日這天，有人在三角地貼出反對習近平的大字報，其論點是習對美外交不夠強硬，張貼者宣稱「中美不能和平相處，中美必定你死我活」，因為他知道此叫囂法在民間最容易贏得喝采。

中國菁英群體支持習近平和共產黨的理由，其實都很荒謬，輕輕一駁就倒。然而，已被染成粉紅色的《金融時報》中文網卻頗為正面地呈現中國菁英的論調，不做任何分析與批判，彷彿《金融時報》認同這些觀點。

不要被中國菁英的學歷、職稱、名片、官銜及財富嚇到，在學者王力雄眼中，他們不過是專制制度培養的「普通的法西斯」或「平庸的法西斯」：

他們只是專制機器上的細小零件，他們並非沒有自己的思想，但是正義、良知、真理不會成為他們的行事準則，他們心目中只有個人利益，把服從和執行專制的指令當作謀生的職業，對自己行為進行開脫的理由就是「要吃飯」，心安理得為專制權力充當工具，去從事政治迫害等行為。

這些支持習近平和共產黨、為習近平和共產黨鼓吹的「普通法西斯」，在中國走向民主自由的道路上，是最危險的障礙。

「習酒熱」背後的個人崇拜和皇帝崇拜

習近平想當皇帝，想成為毛澤東第二，是其家世、個性和時勢使然。另一方面，個人崇拜、皇帝崇拜在中國民間有深厚的心理基礎。兩者一拍即合。

習近平上臺後，此前默默無聞的「習酒」立即走紅，生動地顯示了「奴在心者」的民族性。

「習酒」是一個有六十五年歷史的醬香型白酒品牌，但長期以來，它只是知名度不高的三流白酒。習酒公司董事長張德芹在接受《鳳凰電視》採訪時承認：「在一九九八年，習酒跌入低谷之後，習酒的銷售收入曾經從高峰的兩個多億降到幾千萬，而且整個企業是資不抵債。」後來，習酒公司被茅臺集團收購，才避免倒閉、關門的命運。

「習酒」鹹魚翻身，不是沾了國酒茅臺的光，而是自從習近平掌權並大肆推動個人崇拜之後，「習酒」因為與習近平同姓，受到消費者青睞。習酒公司總經理鍾方達披露說，公司銷售量在二〇一七年達到三十五億，創歷史最高紀錄——此業績是在習近平掀起反腐運動、打擊黨政機關奢侈消費的背景下取得的，可稱之為「逆勢成長」。此一細節表明，習反腐敗，卻不反對個人崇拜。

習近平剛剛在十八上接班、擔任最高領導人，「習酒」就利用這個夢寐以求的「機會」，在全國市場促銷，購買大量廣告牌空間，投入三億多人民幣在《央視》黃金段播出廣告。「習酒」發音不但與「喜酒」是諧音，因為和習近平的姓相同，當時流傳「十八大後喝習酒」的說法。有品酒者說，「習酒」的味道與習近平的風格接近——這種說法，堪稱「諂媚入骨」。在「習酒」最熱時，一瓶一九八八年的窖藏酒價格上升三分之一，達到八百元高價。許多人都整箱購買儲備以待升值。

「習酒熱」背後，是讓人厭惡的個人崇拜、皇帝崇拜的民風民情。毛澤東死了四十多年，但毛時代的個人崇拜、皇帝崇拜風氣並未煙消雲散。個人崇拜、皇帝崇拜是中國專制文化的核心部分。帝制時代，中國人以皇帝為「天子」，所謂「奉天承運，皇帝詔曰」，以為明君能帶來盛世；辛亥革命之後，紫禁城裡的皇帝走下龍椅，中國人內心中的皇帝卻並未離開，孫文和蔣介石只熬成「半個皇帝」，毛澤東則是讓全民頂禮膜拜的「超級皇帝」。

毛死後，鄧小平篡位成功，走向「改革開放」。共產黨仍沿襲一黨獨裁的政治體制，鄧小平則主動為個人崇拜剎車。鄧在「黨和國家領導制度的改革」談話中說：「一九五八年批評反冒進、一九五九年反右傾以來，黨和國家的民主生活逐漸不正常，一言堂、個人決定重大問題、個人崇拜、個人凌駕於組織之上一類家長制現象，不斷滋長。」

深受文革之苦的鄧小平公開承認，史達林、毛澤東搞個人崇拜、破壞民主、破壞法制的事情，這在英法美這樣的民主國家不可能發生。然而，鄧並未擺脫晚年愈發昏聵的「獨裁者定律」，罷黜胡趙、「六四」屠城、獨斷專行、家族腐敗，可悲地成為自己早年批判的對象。

鄧之後，江澤民和胡錦濤非「打天下，坐天下」的紅二代，只是太子黨集團臨時請來管理家政的技術官僚。管家不可能將自己塑造成魅力型偶像，也不敢貿然提出「江思想」、「胡主義」。更何況江、胡二人在黨國體制內根基淺薄，只能勉強達成黨內各派系之權力平衡，算是「維持會會長」。

習近平則不同，他是根正苗紅的太子黨，他要跟毛並肩而立。「主席」的稱呼不能讓習滿足，直到受其檢閱的官兵大聲喊出「領袖好」的口號，他才心滿意足、心花怒放；「核心」的地位只是跟江澤民並列，而習的目標是成為「毛澤東第二」，所以才有「習思想」、「習主義」呼之欲出。習的個人崇拜與黨內集權同步展開、互相激盪，使毛時代之後「寡頭共治」模式被顛覆。

一位《央視》主持人曾表示，即便一條狗上《央視》，也能名滿天下。同樣道理，坐在紫禁城龍椅上的，即便是一個傻瓜、笨蛋，也能被官媒塑造成英明神武的偉大領袖。政治評論家曾伯炎在〈造神運動的危害〉一文中評論說：

在極權社會，當一個統治者坐上權力金字塔尖，嚐到權力的太多甜頭，便不息地集權、擴權貪權，權力與能力不相符，便求助於玩頂層設計的伎倆。政治化妝師的粉飾，不斷威化、美化乃至神化權力者。任何平庸之輩，都可吹成天降英才又出聖主了。所以，這制度必須從幼稚園到大學，從媒體到影視，都要加強洗腦的思想專制，降低民眾智商，加強愚民工程。

口徑統一的官媒和不具有主體性的愚民，是個人崇拜長盛不衰的社會基礎。中國民眾的精神結構仍是兩千年專制的深厚積澱——沒有頂天立地的明君賢相，人們就活不下去。一杯習酒，奴隸主與奴隸就能「相見歡」嗎？

英式炸魚比慶豐包子好吃？

習近平訪問英國期間，與英國首相卡麥隆喝啤酒、品嚐炸魚薯條的那家名為「犁」的英國鄉村酒吧，被中資企業中富集團買走。中富集團宣布，將這家鄉村酒吧改名為「首相酒吧」，還要到中國開分店，「讓中國消費者感受英國酒吧文化。」

中共對習近平的造神運動延伸到西方世界。有趣的是，中富集團是浙江一家主要從事建築業的民營企業，名列中國民營企業五百強。當次的收購行動不是由大型國企出面進行，而是由一家民營企業操盤。酒吧改名為「首相酒吧」，而非「主席酒吧」，低調而內斂。

習近平訪問英國時，提出享受皇室待遇，對英國女皇頤指氣使。後來，英國女皇對負責安保的警官發牢騷說，「接待那些野蠻人真是苦差事」。當過知青的共產黨的黨魁，一時間學不會英國貴族的繁文縟節，但扮演親民秀卻是其拿手好戲，當時，中英兩國領導人刻意安排一場「酒吧會晤」：習、卡兩人聯袂來到契克斯莊園附近的酒吧，在酒吧常客驚訝的注視下，共同品嚐了一小碟英國傳統美食炸魚和薯條，一人喝了一大杯IPA黑啤酒。

習近平成了「核心」，號稱「中興之主」，所到之處均成為人們恭恭敬敬瞻仰的「聖跡」，就連這家位於英國鄉村、名不見經傳的小酒吧，此後亦遊人如織——英國客人沒有增加，英國人不會崇拜他們選出來為民眾服務的、又可以隨時讓其下臺的首相，偏偏很多中國留學生及中國遊客慕名而來，習近平品嚐過的炸魚薯條和黑啤酒，成為中國顧客點餐的「標準組合」。這些中國人在習近平和卡麥隆當時落座、交談的地方合影，驕傲地在社群平臺上發表。

統治者是「神人」，統治者到過的地方有「仙氣」存留，來此即可許願求福，這是一種偶像崇拜文化，何其卑賤、何其猥瑣。二〇一八年春的「兩會」上，全國人大代表、青海省委書記王國生說：「在牧區的老百姓說，習總書記才是活菩薩，這話說得很生動。」王國生透露，春節前他到青海尖紮縣昂拉鄉河東村去調研扶貧工作，「當時最後跟鄉親們告別的時候，有一位藏族的鄉親就把我緊緊地摟在一起。當時，我非常感動，這件事也會使我終身難忘。」王國生說，他在回去的路上想出結論：「這個擁抱是給黨的，給習近平總書記的，這說明了黨在人民群眾中根紮得愈來愈深，也說明黨心民心相互交融。」中國官員沒有最無恥，只有更無恥。中國人在精神層面上沒有走出文革陰影，只是把對毛澤東的崇拜換成對習近平的崇拜。如果沒有一個讓他們頂禮膜拜的統治者，他們的日子難以為繼，好像紫禁城裡沒了坐在龍椅上的皇帝，天就會塌下來。

其實，英國食物單調粗陋，英式炸魚和啤酒不是山珍海味，未必比慶豐包子更好吃。我在北京時，吃過慶豐包子，感覺平平，哪能望「鼎泰豐小籠包」之項背？但既然是習主席品嚐過的包子，立即身價百倍——人們吃的不是食物，而是由吃「跟習近平建立起某種神秘聯繫」，營造出「我也是統治階級中的一員」的幸福感和滿足感。我相信這家英式酒吧在北京及中國各大城市開分店之後，一定食客如雲、紅極一時。

第八章

打鄧小平的燈，走毛澤東的路

習近平並沒有「自由派的基因」。習近平的智識和政治取向，趨向更早的年代，而非面向二十一世紀。

沈大偉

二〇一八年八月，中國美術館舉辦「慶祝改革開放四十週年全國美術作品展」，一幅名為《早春》的油畫引起關注。作品描繪改革開放初期，鄧小平、葉劍英、胡耀邦、習仲勳、楊尚昆、谷牧六位政要齊聚一室，研究廣東如何「先行一步」。其中最令人醒目的是油畫的主角是習仲勳，習站在巨幅地圖前手指深圳，其他政要包括當時掌握最高權力的鄧小平，全部坐沙發上仰望著習仲勳。

油畫令不少觀者愕然，因為畫面中的場景與歷史真相迥異。歷史真相是：一九七九年四月，復出後擔任廣東省委書記的習仲勳，在中共一次工作會議上提出在深圳與建經濟特區。時任黨主席的華國鋒主持此次會議，但《早春》畫中，華國鋒消失得無影無蹤。事實上，鄧小平、葉劍英並沒有出席這次會議，習仲勳是在另外的場合向鄧、葉報告設立深圳經濟特區事務的。

《早春》的作者是老畫家劉宇一，專長重大歷史題材，代表作包括為香港回歸而作的《良宵》及《開國盛典》等，收藏於中國人民大會堂、釣魚臺國賓館等地。劉被官方媒體譽為「共和國首席畫師」，多年來深受高層器重。但首席畫師不顧歷史事實，把習仲勳畫成儼如改革開放決策者，其獻媚討好之意躍然畫上。以劉宇一的身分，斷然不敢擅自篡改歷史，一定是得到最高層、也就是習近平本人的授意，才敢如此下筆。拔高習仲勳，就是確立習近平「龍子」的地位。

對此，北京時事評論員榮劍批評說：「改革創始人原來是習老爺子，是不是還要翻家譜，看看漢代開國者裏有沒有習家老祖宗！」網友「雨中漫步」也貼文諷刺說：「竟敢冒天下之大不韙，張冠李戴、篡改歷史、倒行逆施到如此惡劣地步！」

無獨有偶，《華爾街日報》稱，蛇口改革開放博物館在六月二日閉館升級，於八月四日重新開館。參觀者發現，原本放在入口處的鄧小平在一九八四年首次「南巡」的雕像被撤下，取而代之的是習近平的塑像以及整整一面牆的習近平「金句」。哈佛大學研究中國經濟改革的教授葛維茨指出，這一舉動意味著「造神運動正在進行中。」

許多中國網友對習毛「併肩作戰」的場景感到好笑，並指出生於一九五三年六月十五日的習近平，不可能成為一九四九年十月一日的中華人民共和國之「開國領袖」，抨擊這是「赤裸裸的歷史竄改」。

習近平在中國高校思想政治工作會議上指出：建設甚麼樣的教材體系，核心教材傳授甚麼內容、宣導甚麼價值，體現國家意志，是國家事權。隨後，中國教育部門發布新的教材管控新規則，該規則聲稱，要讓習近平思想透過課程教材全面進入校園，成為教材建設的「靈魂」，同時規定義務教育學校不得使用境外教材，公立的普通高中也包含在禁止範圍。

在習近平的造神運動中，毛澤東是其唯一效仿的榜樣，而作為「改革開放總設計師」的鄧小平的地位卻明顯下降。鄧小平的「前」外孫女婿、富可敵國的安邦集團董事長吳小暉被抓後，與吳小暉夫婦關係密切的、同是也是鄧家圈子中重要人物的中共開國元帥陳毅之子陳小魯，在海南猝死，死得不明不白。二〇一八年五月四日，鄧小平之子鄧樸方的生死之交、老北大人樊立勤在北京大學公開貼出大字報，用鄧小平理論批評習近平。當時，樊立勤特意手拿寫的《我和鄧樸方》一書做「護身符」，但大字報瞬間被警方清除，他本人被帶離現場。

這一系列耐人尋味的事件，足以表明習近平的核心思想是「崇毛貶鄧」。毛在中共黨史中已神格化，鄧缺乏卡里斯瑪式人物的領袖魅力，習不願成為鄧小平第二，卻渴望成為毛澤東第二。他口頭上說「毛的三十年」（前三十年）和「鄧的三十年」（後三十年）同等重要、不可割裂，但實際上更心儀於「毛的三十年」——習近平能成功複製毛澤東模式嗎？

第一節 習近平修習仲勳的墳墓，卻不傳承習仲勳的開明

習近平的父親習仲勳一生坎坷，先被毛澤東打倒，後被鄧小平放逐。若說為父報仇，習近平就應當就毛鄧一起推倒。然而，習近平上臺後，對毛視若神明，對鄧不以為然。

習仲勳做夢也沒有想到兒子成為「毛主席那樣的強人」

已被關閉的自由派傾向的《共識網》，在二〇一三年發表過一篇由與習仲勳有「忘年之交」的楊屏寫的文章〈習仲勳與近平的父子情〉。那時，習近平剛剛上位，正在與對立派系殊死搏鬥，宣傳部門來不及審查這篇文章。如今，習近平大權在握，習仲勳的墳墓被修葺得如同皇陵一般，此類文章再也不可能流傳了。

楊屏在文章中回憶說，一九七六年七月二十日，剛剛復出的習仲勳將兒子從北京召到河

習近平修習仲勳的墳墓，卻不傳承習仲勳的開明

南洛陽，那時正是酷暑難當。在此前一個月的一天晚上，習仲勳因為想念兒子，竟當著楊屏的面，哭了兩個小時都不止。楊屏說：「這是我有生以來第一次看見一個老人這樣哭，一個像我爺爺般年紀的老男人在哭。沒有聲音，只有淚水，嘴唇在顫抖。這場景，如今想起來，我都渾身戰慄！我當時被驚呆了。站在那裡一動不動地盯著老爺子，竟然不知道給他拿毛巾擦臉。後來，當看見他用手去擦桌子上的淚水的時候，我才想起來。」

文革開始時，少年習近平說了幾句反對文革的話，被打成「現行反革命分子」，列為「敵我矛盾」，在中央黨校的院子裡關押。據習近平回憶，他得罪了造反派，「有什麼不好的事都算在我身上，都認為我是頭兒，我被康生的老婆曹軼歐作為黑幫家屬揪出來。那時，我十五歲都不到，他們說，槍斃夠一百次了。」

中央黨校召開批判六個「走資派」的大會，最後一個人是習近平，前五個是大人，第一個是中共著名理論家、中央黨校校長楊獻珍。這六個人都戴著鐵制的高帽子，帽子重，壓得受不了，習近平只好用兩隻手托著。習近平的媽媽齊心坐在臺下，臺上喊「打倒習近平」時，齊心被迫舉手喊口號打倒兒子。批鬥完了，近在咫尺，母子也不能相見。

習仲勳在文革後復出，支持胡耀邦和趙紫陽的改革開放政策，直言反對鄧小平用非法手段罷免胡耀邦，被趕出決策層。天安門學運期間，習仲勳反對以鄧小平為首的「八大元老」

調動軍隊開槍殺人，被趕出北京，安置在深圳，晚年鬱鬱寡歡，患有嚴重抑鬱症。二〇〇二年，習仲勳去世後，其骨灰安放在八寶山骨灰堂第一室，連墓地都沒有。後來，其骨灰才被安葬在山西富平。

或許，習仲勳做夢也不會想到，他的兒子會如此「無縫接軌」地由被害者變臉為加害者。習仲勳在復出後最大的擔憂，就是黨內再出現毛澤東似的暴君。八〇年代初，習仲勳和彭真在會議的間歇閒談，習仲勳說：「要有一個制度，有一種力量，能抵制住文革這樣的壓力才好。」彭真說：「我們建立法制，就是要能抵制住各種違法的行為。文革是極嚴重的錯誤，今後絕不許重演。」習仲勳說：「問題是，如果今後又出現毛主席這樣的強人怎麼辦？他堅持要搞，怎麼辦？我看難哪，難哪！」果然，鄧小平很快就成了聽不進去任何不同意見的毛式強人。

飽經風霜的習仲勳深知共產黨的權力運作方式，共產黨不接受民主與法治，杜絕再度出現毛澤東式的人物「難哪」。他卻不知道，受盡折磨的兒子習近平，居然成了有樣學樣、以毛為師的共產黨黨魁。

習仲勳的墳墓宛如皇陵

二〇一八年二月六日，中國媒體發表一篇意味深長的報導〈央視春晚走進泰山封禪大典舞臺驚艷〉。三天之後，中國最大的入口網站《新浪網》提出實行封禪大典的建議：「泰山自古以來有『通往帝座』的美譽，每當華夏一統，或重大太平盛世，都會有帝王登臨祭天，據史料統計，自秦始皇到清代，先後有十三代帝王引次親登泰山封禪或祭祀。」

中央級媒體公然讚美皇帝的封禪傳統，立即引起媒體跟進和民間關注。封禪大典是歷代帝王到泰山祭天的儀式，號稱唯物主義和無神論的中共執政之後，拋棄了此類「封建迷信」。在習近平完成集權、開始第二個任期的敏感時刻，中共媒體公然宣揚帝王封禪，弦外之音，再笨的人也心領神會。

近年來，經常讚美中共的學者、新加坡國立大學東亞研究所所長鄭永年，多次表示中共對中國的統治實際上就是皇權統治。鄭永年在新加坡《聯合早報》發表文章說：

（中國共產黨的）黨權的確立，使得（中國）傳統數千年的基於個人和家庭之上的皇權轉型到現代黨權或者「組織化的皇權」。黨權是繼承和創新的結果，說其是繼承是因為在很大程度上是傳統皇權的轉型，說其是創新是因為皇權的承載體，不再是個人或者家庭，而是整個組織。

經常轉載鄭永年且肯定中共政體的中國官媒，沒有對鄭永年有關中共政權是皇權延續的說法提出反駁。

二〇一八年一月二日，一項省級官員的任命引人矚目：吉林省十二屆人大常委會任命景俊海為吉林省副省長，並決定其為吉林省代理省長。一月三十一日，景俊海「當選」吉林省省長。此前，景俊海曾任陝西省委常委、宣傳部長，因一手策劃並推動將習仲勳墓園擴建成陵園而獲得習近平的青睞。

景俊海不是唯物主義者，而是唯心主義者。他剛一上任吉林省長，就在吉林省政協會議上發言稱：「東北的冬天並非『猛獸』。真正做事的人都不覺得冷，無事可做的人才覺得冷，這與人的精神狀態有關係。」此發言刊登在《人民日報》上。

二〇一二年，習近平剛剛上臺，景俊海便著手擴建習仲勳墓，使之超過皇帝陵墓的規模。習仲勳陵墓不但規模較之前擴大數十倍，規格也大大升級，成為「陝西省愛國主義傳統教育基地」。明太祖朱元璋的孝陵，占地只有習陵的四分之一；孫文的中山陵，只有習陵的九分之一。

習仲勳生前的最高職位是國務院副總理、書記處書記，連政治局常委都沒當過，算不上正國級的「黨和國家領導人」。直到習近平上臺，習仲勳才因「父以子貴」，獲得種種殊榮。經過景俊海的操作，習仲勳擁有了國家元首級別的豪華陵墓。此舉必然得到習近平的授意，如此重要且敏感的舉措，那時地位並不高的景俊海未必有膽量繞過陝西省委書記和省長，私自下令實施。在古代，這種僭越之舉，可是要殺頭的大罪。

習近平對景俊海，卻是「你辦事，我放心」——如此忠實的走狗，立即提拔到中央。二〇一五年習仲勳陵墓竣工之際，景俊海在數十名省級宣傳部長中脫穎而出，升任中宣部副部長。當了一年多中宣部副部長，景俊海又被調到北京擔任主管文宣的副書記。如此，京畿重鎮的輿論被習近平牢牢控制，習近平要號令天下，當然要讓聽話的和忠心的人幫他看管京城。此舉可避免當年於文革前夕，北京在彭真及其文宣大將鄧拓的掌管下成為「針插不進，水潑不進」的「獨立王國」的覆轍。當初，毛澤東要掀起文革，北京文宣系統不予配合，他只好派江青到上海，調動張春橋、姚文元等筆桿子，從上海對北京發起「北伐」。

景俊海是習近平的家奴。習近平喜歡任用此等劣質官僚，因為他自己就是劣質官僚的總代表。在一九九五年的中共十五大上，習近平當選中央候補委員，得票數倒數第一（排在他前面的是鄧小平的兒子鄧樸方）。據說，習近平本註定落選，但是江澤民和曾慶紅法外施恩，增加一個名額，讓其勉強入圍。習近平得票之低，不單單因為他是一般人不喜歡的太子黨成員，更因為他在福建省委副書記任上庸庸碌碌、毫無作為。

傻瓜器重庸人，盲人要騎瞎馬，這就是習近平王朝的風格。

從「黨天下」回歸「家天下」

習近平向毛澤東時代回歸，重要標誌即為打破「後毛時代」的既有建制（即「雨露均沾」的「寡頭共治」），而「以一人治天下」。設立各種小組及委員會，架空包括國務院總理李克強在內的其他常委，進而大權獨攬。他更以毛澤東慣用的「民主生活會」的方式，對政治局常委和委員提出「自我批評」之要求，而他一人卻高高在上地旁觀。同時，他要求所有政治局常委和委員向其述職，他卻不需要向任何人述職。

二〇一七年一月二十二日，中共中央政治局決定，設立「中央軍民融合發展委員會」，習近平擔任主任。這是習近平擔任的第十三個中央級職位。就軍事領域而言，「中央軍民融合發展委員會主任」是其擔任的第五個軍職。與之相比，美國總統僅有三軍最高指揮官一項軍職，在習近平面前只能甘拜下風。

中國《新華社》報導稱，「中央軍民融合發展委員會是中央層面軍民融合發展重大問題的決策和議事協調機構，統一領導軍民融合深度發展，向中央政治局、中央政治局常務委員會負責。」外媒評論說，習近平兼任此職務，是中國軍隊現代化又一值得關注的舉動。

習近平再次自我加冕，背後有三重玄機：

首先，習近平不斷設置新的機構並給自己增添新職務，表明他心中缺乏自信，他並未牢牢抓住槍桿子。在毛和鄧掌權的時代，毛、鄧親自帶兵打天下，未參加授勳，享有高於元帥的超然地位。毛、鄧在軍方只有軍委主席這一個職務，但兩個人對軍隊擁有絕對控制權，毋須其他職務滿足其虛榮心。鄧小平生命中最後七年，甚至卸下軍委主席，以一名普通黨員身分，擁有黨政軍最高權力。一九九二年一番「南巡講話」，鄧惡狠狠地說：「誰不改革開放，就讓誰下臺！」讓名義上的最高領導人江澤民嚇得屁滾尿流。習近平沒有毛、鄧那樣跟軍隊源遠流長的關係，也不具備毛、鄧的威望，唯有像好鬥的公雞般，拚命地往自己身上插滿五顏六色的羽毛。

其次，在習近平的十三個職務中，五個是軍隊職務，說明習看到今日中國危機重重，一定要握住軍隊這架殺人機器。然而，比軍隊更重要的是人心和民情，民眾已經覺醒，武力不能維持長治久安。清末攝政王載灃做過跟習近平一模一樣的事情：載灃剛剛監國，便將掌握軍權的漢人撤職，全部換上皇族親貴。重臣張之洞提出異議：「此必激起民變。」載灃回答說：「我有軍隊。」一九〇九年，張之洞憂慮而死。三年後，武昌起義推翻了「武裝到牙齒」的大清王朝。習近平的見識連載灃也比不上，其面臨的危機重於晚清，他不可能單單靠軍隊就能保住江山。習近平到處曬書單，但他沒有聽說過西哲泰雷蘭的名言：「一個政府能借刺刀做許多事情，但不能坐在刺刀上。」

第三，習近平擔任「中央軍民融合發展委員會」主任之職，是因為他發現軍隊與民眾關係緊張。凡是中共強調和重視的地方，便是其缺失和薄弱的地方。一九八九年天安門屠殺之後，軍隊再也得不到民眾的敬重。習想仿效毛的作法，倡導「軍民魚水情」，在此背景之下，凡是損害軍隊聲譽、軍民關係的言論，都要用輿論和司法力量打擊。比如，歷史學者洪振快撰文質疑「狼牙山五壯士」，被告上法庭並敗訴。電視名嘴梁宏達認為，雷鋒、草原英雄小姐妹、王成等毛時代的英雄人物都是「騙局」，中國網軍立即駁斥說：「這得對英雄、對模範、對人民崇敬的一切賢良，有多大的偏見和仇視啊！」壓力之下，梁宏達被迫道歉。習近平保護軍隊的榮譽、提升軍隊的待遇，就是要讓軍隊成為對其忠心耿耿的「家丁」。

愈來愈多的觀察家看清楚習近平的真面目和習近平想要做的事情。《美國保守派》網站發表了中國公共政策分析員泰伯的一篇文章，開門見山地指出，二〇一二年以來，中國在各方面更像北韓而不像美國，「中國建立了一個高度複雜的新極權主義體系，習近平是毛之後最壞的極權主義者。」

第二節 鄧小平家族及鄧小平理論謝幕

是「安邦」還是「禍國」？

二〇一八年三月二十八日，上海市第一中級人民法院公開開庭審理安邦集團原董事長、總經理吳小暉犯集資詐騙罪、職務侵占罪乙案。公訴人指控吳小暉集資詐騙罪，至案發實際騙取六百五十二點四八億元。五月十日上午，上海市一中院一審宣判，對被告人吳小暉以集資詐騙罪判處有期徒刑十五年，剝奪政治權利四年，並處沒收財產人民幣九十五億元、以職務侵占罪判處有期徒刑十年並處沒收財產人民幣十億元。數罪併罰，決定執行有期徒刑十八年，剝奪政治權利四年，並處沒收財產人民幣一百零五億元，違法所得及其孳息予以追繳。此前，安邦集團已被保監會接管，吳小暉擁有的價值數千億的股權，成為水月鏡花。

昔日豪氣干雲地宣稱「安邦定國」的安邦集團，轉瞬之間成了禍國蛀蟲。安邦的倒閉並不表明習近平是反腐先鋒，只能說明太子黨家族之間的內鬥呈現你死我活的狀態。中共「一線」太子黨，特指鄧小平時代「八大元老」後人，以及此後歷屆中共政治局常委的後人。習近平將吳小暉抓進監獄，堪稱「二線」太子黨向「一線」太子黨發起絕地的反擊。

不過，吳小暉只是「前孫女婿」，畢竟隔了一層，並非具有血緣關係的太子黨，他成為這場鬥爭的犧牲品實在不足為怪。

二〇〇四年，經中共元帥陳毅的兒子陳小魯介紹，吳小暉與鄧小平孫女鄧卓芮認識。兩人閃電結婚。隨後不久，吳小暉成立安邦集團。當時，習近平在浙江任職，一度對安邦提供大量幫助，解放軍排名第一的「開國大將」粟裕的孫子粟志軍（陳小魯的外甥）充當聯絡人，且一直對外炫耀這個身分。

中共十六大之後，習近平成為儲君，以浙江省委書記身分兼任省長，在浙江一手遮天。陳小魯和吳小暉等人隨即在浙江寧波掛牌成立安邦集團。最早參與安邦籌建的人都知道，在二〇〇四年策劃成立安邦集團過程中，陳小魯帶領吳小暉等人數次到杭州「拜碼頭」，習近平至少接見過他們兩次，並親自指示時任浙江省委常委、寧波市委書記巴音朝魯和市長毛光烈「在政策上支持」。

安邦集團是一家神秘的、一夜之間麻雀變鳳凰的公司。《紐約時報》報導說，安邦是一家未上市、私人擁有的財產和意外保險公司。在北京長安街上，安邦總部大樓傲然屹立，能在這個黃金地段設立總部的，除了要有龐大的經濟實力，更需要強大的政治資源。安邦手握保險業全牌照，還持有國內銀行、金融租賃等數張金融牌照。在國外，安邦全資收購比利時保險公司、銀行各一家，儼然是跨國性綜合金融集團。僅僅十餘年間，安邦憑藉強大的政商關係，從一家單純的保險公司強勢擴張成萬億規模的金融巨鱷。

安邦在全球攻城掠地，引發各界關注。「安邦是誰？為何如此生猛？」安邦背後猛人雲集，除了董事長吳小暉是鄧家人之外，還有陳毅元帥的兒子陳小魯、朱鎔基的兒子朱雲來、溫家寶的兒子溫雲松、前商務部副部長及中國駐世貿組織代表龍永圖，他們擁有無法估量的人脈和權勢。難怪有人說，安邦是含著金湯匙出生，搭著火箭壯大的。別的公司拿不到的牌照，安邦如探囊取物，別的公司搶不到的項目，安邦手到擒來。

安邦成立之初，由上海汽車集團出資發起，按道理是一家國資企業，但隨著逐漸壯大，上海汽車集團的股份被稀釋，股權慢慢集中到一些不知名的私人股東手中。這種「國企出資種樹，權貴隨後摘果」的模式，已成為中國寡頭們挖掘第一桶金的主要手法。

在爭奪民生銀行控制權的混戰中，安邦與王岐山集團發生衝突，更與習近平整頓金融領域的計畫背道而馳。習已成為新一代「核心」，但「一線」太子黨並不將其放在眼中。當習與上海幫和團派龍爭虎鬥之際，對「一線」太子黨百般拉攏，當習掃除上海幫和團派之後，就要拿「一線」太子黨開刀了。吳小暉及其安邦集團成了祭旗對象——讓吳小暉當替罪羊，可震懾其背後的江綿恒、李小鵬、溫雲松等「一線」太子黨，又不至於跟該集團撕破臉。王岐山麾下的《財新網》披露，吳小暉與患有嚴重抑鬱症的鄧卓芮「夫妻關係已確認終止」，既然吳小暉已被鄧家從祖譜上除名，習對其動手就無後顧之憂。隨即，《新華社》發文點名批評安邦「有錢也不能任性」，顯然是震懾群雄。

中國歷史上，每當換了新皇帝，就會對貪官和財閥來一次大洗牌。獨裁制度不變，一個安邦倒下了，會有更多安邦站起來。英國《經濟學人》雜誌評論說：「習近平發起的反腐運動帶有毛澤東式忽視制度的特點，目前對官員已經做到殺雞儆猴，但在消除貪腐根源方面沒什麼作為。」習近平的這場反腐戰役，剛剛開幕就註定了慘敗。

鄧卓棣為何退出政界？

鄧小平的嫡孫鄧卓棣原本要像三十年前的習近平那樣步步高升，卻耐人尋味地打了退堂鼓。二〇一三年五月二日，鄧卓棣被任命為廣西壯族自治區百色市平果縣副縣長，分管發展改革、物價、政府法制、農業農村、扶貧和重大項目等方面工作。二〇一四年一月，又兼任平果縣新安鎮黨委書記。兩年後，再兼任平果縣委副書記。四個月後，鄧卓棣在平果縣的換屆中，不再擔任縣委副書記和其他職務。

一位副縣級官員的去留，在中國不可能成為新聞，這種「七品芝麻官」多如牛毛、不值一提。但是，二十七歲就當上副縣長，鄧卓棣可謂少年得志。更讓人側目的是，鄧卓棣當初被外界稱為「中國第一鄉長」，乃是因為他是鄧小平唯一的孫子。

八〇年代初，鄧小平的小兒子鄧質方與妻子劉小元赴美國留學，鄧質方獲紐約州羅徹斯特大學量子物理學博士學位，劉小元獲羅徹斯特大學生物物理學博士學位。一九八六年，他們的兒子鄧卓棣出生在美國，依照美國屬地主義國籍法，這個孩子自然而然擁有美國國籍——除非其主動去美國移民局辦理放棄美國國籍手續。

鄧質方、劉小元夫婦攜子回到中國後，鄧卓棣的國籍頗受非議，鄧小平曾經公開說過：「誰說我的孫子是美國公民，他回到中國就是中國公民。」鄧小平在中國可以指鹿為馬、顛倒黑白，這句話卻顯示他是無知者無畏的法盲——他不能更改美國法律，他的孫子為美國公民乃是一個鐵的事實。鄧小平之強詞奪理，反倒欲蓋彌彰。

後來，鄧卓棣像父母那樣赴美留學，獲得杜克大學法學碩士，畢業後在華爾街的律師事務所工作。

鄧卓棣在紐約住豪宅、開豪車，不像爺爺鄧小平當年在巴黎「勤工儉學」那樣食不果腹、衣不蔽體。他為何放棄資本主義的優渥生活，回到中國，到爺爺曾發動「百色起義」的窮鄉僻壤擔任七品芝麻官呢？據說，二〇一一年，鄧卓棣曾因性騷擾女留學生被美國警方拘留，被迫辭職。那時，美國還未興起「Me Too」運動，性騷擾事件常常大事化小、小事化了，鄧皇孫選擇離開美國了事。

性騷擾事件是鄧皇孫動了回國念頭的直接原因。以鄧皇孫之尊貴，若是在中國廣袤的國土之內，定有無數美女自動送上門來，他看中誰，誰就得投懷送抱，哪會像在美國，屈尊去寵幸一個普通女孩，還被告上法庭。可見，縱然紐約燈紅酒綠，卻並不像在中國那樣可為所欲為。

更重要的是，鄧家不願從此退出歷史舞臺。其他太子黨家族，風生水起、日進斗金，鄧家怎能置身事外？既然皇冠可以落到被鄧小平排斥的習仲動的兒子習近平頭上，且連毛澤東的孫子孫兒毛新宇都能當上解放軍最年輕的少將，鄧家皇孫為何不能被當作下一代接班人來精心培養？

二十多歲的鄧卓棣匆匆趕回中國「為人民服務」。上海《新民晚報》在一篇報導中諂媚地寫道：「根據當地幹部群眾介紹，鄧卓棣給人們留下的印象是知識淵博、能力突出，但為人低調、謙虛謹慎、勤奮好學，從不接受記者採訪。」上海是上海幫的老巢，江澤民是上海幫的龍頭老大，江澤民受鄧小平之恩惠，對鄧家存有報恩之心，上海的媒體率先吹捧鄧皇孫。

鄧家為鄧卓棣安排的仕途，沿襲「習近平模式」：先到地方上任縣官，再破格提拔。習近平在一次接受外媒訪問時，引述韓非子《顯學篇》中「宰相必起於州部，猛將必發於卒伍」的名言，炫耀自己「在農村工作過，擔任過大隊黨支部書記，在縣、市、省、中央都執行過任務」，而「幹部有豐富基層經歷，才能知道人民需要什麼」，於是，鄧家也啟動將鄧卓棣打造成「習近平二世」的「克隆（複製人）工程」。

誰知，習近平整肅上海幫和團派、國安系統和軍方之後，又在太子黨內部掀起血雨腥風。鄧家對習家不僅沒有恩惠，反倒有世仇，成為習的眼中釘、肉中刺。鄧家處境不妙，看到習近平整「自己人」時有一股老毛的狠勁，遂「識時務者為俊傑」，安排少年氣盛的鄧卓棣離開官場——從廣西回北京之後，鄧卓棣幾乎銷聲匿跡。二〇一七年之後，鄧卓棣僅有兩次公開露面，都與北京橋牌賽有關——他從爺爺那裡繼承了打橋牌的嗜好。但剛剛三十出頭的鄧卓棣，難道要以打橋牌為主業，終其一生嗎？

鄧樸方叫板習近平？

二〇一八年九月十六日，現年七十四歲的鄧樸方在中國殘聯第七次全國代表大會閉幕式上連任名譽主席，並在會上發表講話。

據中國盲人協會網站發布的演講全文，鄧樸方讚揚由其父等人開啟的改革開放是場偉大革命，稱黨帶領全國人民解放思想，實現了人的解放，承認鼓勵老百姓對幸福生活的渴望和追求，「我們要堅持長期處於社會主義初級階段這個基本判斷」，鄧樸方強調這個作為鄧小平理論的重要組成部份，並語帶雙關地說：「我們一定要有這種實事求是的態度，保持清醒的頭腦，知道自己的分量，既不妄自尊大，也不妄自菲薄，堅持立足國情，從社會主義初級階段的實際出發謀劃一切工作。」

鄧樸方在談話中共五次提到「小平同志」，相反只提過「習近平」兩次，亦沒提過習思想。耐人尋味的是，這篇演講內容沒出現在中國殘聯網站上，倒先在海外網站熱傳，才受到中國網友的注意。

鄧樸方的講話暗藏玄機，是不是在批評習近平「不知道自己的分量」、「妄自尊大」、「不立足國情」、「不從社會主義初級階段的實際出發」？在文革中被逼跳樓、身體殘障的鄧樸方，享有父親特別的寵愛，一度充當父親非正式的「耳目」，對父親具有舉足輕重的影響力，就連身為總書記的胡耀邦、趙紫陽都要刻意結交、奉承他，靠他在鄧小平面前說幾句好話——其地位有如毛澤東晚年重用為「通訊員」的侄兒毛遠新。那時，習仲勳在權力核心之外，習近平更是處於太子黨外圍名不見經傳的地方芝麻官。鄧樸方的地位遠比習近平高，也比習近平年長，自然不會將習近平放在眼中。即便如今習近平將自己打造成超過鄧小平、直追毛澤東的中共強勢領導人，知道習近平究竟有幾斤幾兩的鄧樸方，不會加入捧習大合唱。

鄧樸方在演講中，堅持鄧小平「韜光養晦」路線，看上去與習近平之好大喜功、一帶一路秀肌肉的作法格格不入。很多所謂的務實派或黨內開明派，對鄧樸方的演講高聲叫好，以為鄧樸方是扭轉習近平「左傾冒進主義」的黨內健康力量，而忘記一九八九年正是鄧樸方強烈建議和支持老爸調動軍隊屠殺「要求民主自由的學生和市民」的人。

說到底，鄧樸方與習近平的差異，只是手段或戰術上的不同，在目的和戰略上，兩人是一樣的。早在二〇〇一年，劉曉波在〈韜光養晦：一種下流的外交智慧〉一文中指出，中國對美外交的鷹派和鴿派，實質上是一派，二者都把美國當作頭號敵人，皆遵循著完全相同的思維方式，具有基本一樣的功利主義價值觀，「兩者的區別只在於：是現在就與美國全面攤牌？還是等實力強大到不戰則已、戰則必勝的時候再攤牌？」鄧小平遺產的繼承人江澤民遵循「韜光養晦」政策，劉曉波分析說：

「韜光養晦」作為一種人生智慧，所宣講的生存策略或成功之道，缺少最起碼的現代文明品質，根本無法作為國策或個人的生存策略的道義依託。這是典型的為達目的不擇手段的下流邏輯，是一種陰謀政治和小人心態所養成的蛀蟲習性，在公開的陽光下完全是以假面出場，而真實的野心和目的卻躲在陰暗潮濕的角落裡窺視動靜、等待時機。

習近平固然獨裁透頂，但寄希望於鄧樸方和鄧小平家族「撥亂反正」，同樣是與虎謀皮。

習近平一路沉默的南巡

二〇一八年十月二十二日，習近平展開異常低調的「南巡」，先抵達廣東珠海市，考察橫琴新區高新技術片區，以及粵澳合作中醫藥科技產業園和格力集團。次日上午，出席港珠澳大橋開通儀式。二十四日上午，在廣東自由貿易試驗區深圳前海蛇口片區考察調研。行程中，習近平既沒有像剛上臺時視察廣東那樣，向「改革開放總設計師」鄧小平雕像敬獻花籃，連在其宣布港珠澳大橋開通時也未發表演講，只說了一句話、短短十二個字——「我宣布，港珠澳大橋正式開通。」

習近平並不是一位惜墨如金、謹言慎行的領導人。在二〇一七年的中共十九大上，他報告的長度超過歷史上任何一屆黨魁——長達三個半小時。他當然不是故意折磨那些列席會議、年老體衰的元老。西方主流媒體使用一種輕蔑的和娛樂化的角度來報導此事，但曾任白宮高級顧問的班農批評說，必須嚴肅對待習近平的講話：

習在他發表的三點五小時的演講中道出了他們未來全球霸權統治的計劃，而西方對此根本沒有人關注。這對西方不僅僅是一個警告，可說是儒家重商主義的權威模式已經贏了，猶太、基督教的自由民主、自由市場、資本化的西方已經輸了。

那麼，習近平在其「南巡」途中，為什麼不繼續強化其十九大報告中的觀點呢？

讀官媒報導習近平的行蹤，如同讀中國史籍中關於皇帝言行的記載。中文是一種奇特的語言，偽飾虛驕、大言不慚。比如，在古代，中原王朝的皇帝若被異族擄到北方，官方史書一般使用「北狩」這個婉轉的詞語。「北狩」一詞，字面上的意思是北上狩獵，實則是皇帝被北方民族當作獵物一般擒獲，看似避諱，實為莫大的諷刺。此種自欺而不能欺人的修辭術，在此番中國與美國的貿易戰中，中共官媒不假思索地沿用。習近平一開始強硬地宣稱對美國「以牙還牙」，發現彈藥庫中沒有足以抗衡對方的武器，官媒又悄悄改口說：「中國已不屑於實施『以牙還牙』的直接報復，而是著力通過釋放自身潛力渡過難關。」

有「北狩」，自然也有「南巡」。

「巡」也是古代專門用於天子的動詞，一般人擅自使用，可是要掉腦袋的。中共向來標榜「反封建」，自己卻「最封建」，自上而下，一派帝王將相意識。

毛澤東是「無冕之帝」，其兩度「南巡」，改變中國政局：一次是文革前夕，鑒於北京已成為劉少奇、彭真派系「水潑不進，針插不進」的「獨立王國」，毛澤東南下策劃政變，發動紅衛兵造反，用「新問題」打倒「老革命」。另一次是一九七一年，毛與接班人林彪翻臉，南下召見各地黨政軍大員，對林彪陣營展開「扔石頭」、「摻沙子」、「挖牆腳」戰術，逼得林彪倉皇出逃，折戟沉沙、死無全屍。

毛之後掌權的鄧小平，也有濃得化不開的帝王意識。一九九二年，鄧看到中國經濟死氣沉沉，保守派陳雲捲土重來，要葬送其經濟改革成果，也學毛澤東來一次「南巡」，重啟經濟改革。

習近平在十月的「南巡」之前，九月先行「北狩」。在對東北地區的考察中，習近平關注的問題集中在與政權安全息息相關的糧食、裝備製造業、軍隊備戰方面。習講了很多話，官媒報導了很多，焦點在於強調「必須堅持走自力更生的道路」。

「自力更生」這個口號是毛澤東在一九三五年發表的〈論反對日本帝國主義的策略〉報告中最早提出的。一九五九年，毛澤東在讀蘇聯《政治經濟學教科書》的談話中，再次強調「自力更生」。毛兩次強調「自力更生」，第一次是在陝甘寧邊區被蔣介石國民政府封鎖的狀態下，第二次是在中蘇論戰時，中蘇關係即將破裂，中國即將同時面對美蘇兩大國封鎖的條件下，在這之後中國走向閉關鎖國的道路——被毛澤東思想浸潤骨髓的習近平，在中美關係全面對立的背景下重提「自力更生」，其寓意不言自明。

習近平到經濟潰敗、民不聊生的東北地區「北狩」尚且談笑風生、顧盼自雄，到中國最富庶的珠江三角洲地區「南巡」居然沉默是金、鴉雀無聲，兩相對照，耐人尋味。毫無疑問，既然前面已有鄧小平長篇累牘的「南巡」講話，習近平此次無論講什麼話，都會被拿來與之相比。

若習近平發表支持鄧小平「南巡」的講話，也就是支持鄧小平在經濟上不問「姓社姓資」的「貓論」（「不管白貓黑貓，抓到耗子就是好貓」），以及外交上「韜光養晦」的戰略，但習近平掌權以來的若干作法，已突破「鄧小平理論」——經濟上加速國進民退、重回計劃經濟，外交上打造「天朝帝國」、張牙舞爪。習近平不願舉起鄧小平的旗幟，這樣做無疑是打自己的耳光。

反之，如果習近平全盤掏出「心裡話」，即用毛澤東「前三十年」壓倒鄧小平「後三十年」，又害怕「亮劍」之後引發政治、經濟等「海嘯」，危及政權穩定。所以，「南巡」路上，習近平除了說一些不著邊際的空話、套話之外，什麼實質性的話也不說，以避免被外界「過度解讀」——過去幾年來，習近平造成「一言九鼎」的局面，卻落入「你的舌頭是敞開的墳墓」的窘境之中。

第三節 習近平為何公開羞辱江澤民和曾慶紅？

親習近平的《多維新聞網》取代親王岐山的「財新系」媒體，成為中南海自行向外界「放料」的重要管道。此前，中共內鬥一般通過香港媒體「放料」，如今，《多維新聞網》雖號稱香港媒體，但其總部設在北京，已然本土化。

肖建華是江澤民和曾慶紅的「白手套」

二〇一八年「兩會」期間，《多維網》開足馬力為習近平修憲製造輿論，並刻意羞辱江澤民和曾慶紅。失蹤多時的太子黨「白手套」、擁有萬億資產的肖建華，第一次出現在《多維網》的報導中。肖建華並未入獄，但沒有人身自由，可以遙控其旗下的公司，吐出其侵吞的巨額資產，向國有銀行還債。肖建華被中紀委控制，若非中南海許可，《多維網》如何能報導其近況？

對於肖建華倒楣的原因，《多維網》分析說，除了誘發經濟金融風險之外，肖建華和「明天系」還脫離「商人本位」，觸碰了「政治乳酪」。文章指出：

> 肖建華被外界公認為中共權貴的高級「白手套」之一。肖建華有句口頭禪：每個人都有價碼，北京每個太子黨都有價碼。

文章列出肖建華的兩宗具體罪行：協助中共某前常委之子，以三十多億元人民幣鯨吞資產達七百三十八億人民幣的山東第一大企業魯能集團。肖亦被指與另一位中共前常委女婿、中國央行前行長女婿存在著不正當的利益關係。「這一類不正當政商關係，給習近平上臺以來發動的中共反腐帶來了巨大挑戰。」文章中未直接點名的三位前高官，稍稍熟悉中國內情的人都能猜出名字：曾慶紅、賈慶林和戴相龍。其中，級別較低的前央行行長戴相龍的女婿車峰已被拘押。

習近平修憲、將國家主席變為終身制，在全國人大的表決中順利過關，僅有象徵性的兩張反對票和三張棄權票。此前，習已經以全票當選黨魁及國家主席。為了與此次投票結果對照，《多維網》發表兩篇回顧式報導。其中一篇題為〈曾慶紅當選中國國家副主席時有一百七十七張反對票〉，文章毫無顧忌地寫道：「曾慶紅當政期間名聲不佳，有貪腐的傳言。」

另一篇文章則直接拿江澤民開玩笑，在〈江澤民連任中國中央軍委主席時有九十八張反對票〉文章指出：「江澤民留任中國中央軍委主席時，曾得到高達九十八張反對票，一百二十二張棄權票，創下紀錄。」文中對江澤民褒中帶貶，還順帶貶斥鄧小平這個「後三十年」的「老祖宗」。由此可見，習近平對毛澤東之外的前幾任中共最高領導毫無敬意，連「改革開放的總設計師」鄧小平也不放在眼中。

元老們已經失去「話事權」

那麼，習近平為何要公開羞辱江澤民和曾慶紅呢？

首先，習近平警告這兩位最有權勢和影響力的退休領導人，不得「妄議中央」，甭想繼續干政。據傳，習近平修憲之舉，在徵求意見階段，有多位元老表示反對，反對者中很有可能就有江、曾兩人。習近平為之震怒，徵求意見的程序，本來只是照顧元老們的面子，走走過場。元老們應當乖乖舉雙手贊成，才能確保家族、子女手上的萬貫家財。若膽敢反對，恐怕不僅累及家人，就是本人也難以安度晚年。

中共現任元首與退休元老之間的微妙互動，有如香港黑幫電影中常常出現的經典情節。以為金盆洗手之後仍可呼風喚雨的前老大，對現任老大指手畫腳。一開始，現任老大對其表示尊重，至少敷衍一番，到了忍無可忍的時刻，現任老大不僅連面子都不給，乾脆命令手下將「老東西」像垃圾一樣處理掉。若是江、曾二人看過此類電影，應當審時度勢，遵循「潛龍勿用」的古訓，閉門不出、安度晚年。

其次，近年來，在習近平用粗糙手法打造其毛式個人崇拜之際，中國民間出現一種怪異的「長者文化」，《紐約時報》以專文介紹說：

> 在多年遭受嘲弄之後，江現在成為了某種時尚教主，成為了玩笑性質的亞文化「膜蛤文化」（江澤民長相像蛤蟆）的偶像。其背後的感情是複雜的。它半真半假，具有諷刺性，但它反映了人們對過去的懷念，對現狀的不滿。
>
> 前記者文森特·朱說：「我個人覺得江並沒有比習好很多。但他非常國際化，受過良好教

育，而習近平卻喜歡告訴人們他讀過什麼書。因此，『膜蛤』是一種對習大大、彭麻麻這種廉價宣傳方式的反駁。」

有人甚至引用江澤民的一段話，說明「反左」（習近平的一系列作為可以歸結為「左」）的重要性：「為什麼小平同志在講到警惕『右』時，特別指出主要是防止『左』呢？這一點很重要，我們一定要深刻領會。這是因為在黨的歷史上，『左』的錯誤泛濫的時間很長，影響很深。在建設和改革中要開闢新的道路、要改變妨礙生產力發展的原有模式和作法時，阻力常常是來自『左』的方面。由於『左』的東西往往帶著一些革命色彩，容易給人們以迷惑作用，這就更需要提醒我們的領導幹部，要特別注意防止『左』的干擾。」

然而，此舉無異於是在一堆老鼠屎中找一粒白米，自欺欺人。江澤民在民間的聲望不降反升，是因為很多民眾患上「斯德哥爾摩症候群」，對習近平時代的高壓感到窒息憋悶，轉而懷念起江澤民時代並不存在的「美好」與「寬鬆」。具有諷刺意義的是，「長者文化」和「膜蛤文化」讓習近平焦慮和不安。為了反擊這種趨勢，習近平默許、縱容一系列非主流、非正統的媒體，如《多維網》等，發布貶斥、醜化江澤民及上海幫的文章，以期樹立自身正統性和權威性。

第三，習近平打擊江系，也是向其他派系釋放一個明確的警示信號：就連最強的江系我都敢公開羞辱，你們算得了什麼呢？習近平將此前中共高層「寡頭共治」、「集體分贓」的「潛規則」，變成「老大掌勺」、「愛給你多少就給你多少」的「新常態」。你想多得，就得乖乖效忠，不乖乖效忠，就會被冷凍、被邊緣化，乃至被關進監獄，成為全黨全國口誅筆伐的「壞人」。看看團派「明日之星」、政治局委員孫政才的下場就一清二楚了，誰願意成為孫政才第二呢？

被習近平公開敲打的，不單單是江澤民和曾慶紅。胡錦濤、溫家寶、朱鎔基、李鵬乃至鄧小平家族，都屢屢遭到「敲山震虎」式的威脅，他們的子女或被降職，或傳出被中紀委等部門約談。這些派系培植的接班人都已成為「明日黃花」——《多維網》明目張膽地宣稱「胡春華沒戲了」，指出習派中年輕有為的丁薛祥、陳敏爾才是接班人。從此，分析中共的政治演變，派系鬥爭的老方法不再管用（所謂「上海幫」、「團派」已潰不成軍，此類名詞已成過眼煙雲），端看習近平一人或一派之所作所為可也。

因為習近平太壞，人們居然緬懷江朱胡溫

正當香港逆權運動愈演愈烈、香港社會陷入血與火的暴力衝突之時，中國的社群平臺上

瘋傳一段前總理朱鎔基在二〇〇二年訪問香港時的演說內容。

在亞洲金融風暴席捲香港之時，朱鎔基專程到香港穩定局勢。在禮賓府接受港府宴請時，朱鎔基在完全不看稿的情況下，讀出一段《獅子山下》的歌詞，稱與香港共勉，並說「我愛香港。」朱鎔基又說：「如果香港搞不好，不但你們（港府官員）有責任，我們（北京中央政府）也有責任」、「香港回歸祖國了，如果在我們手裡搞壞了，那我（中央政府）豈不成了民族罪人？」有香港網友留言寫道：「懂得講人話的領導，似乎已愈來愈少」、「感恩呀，文化人，看了熱淚滿眶，這才是人話，為家，為國，三司十一局要跪讀。」中國不少網友也懷念當年朱總理的風采，認為「說這話的人要是多任一屆，人民現在要好過很多。」

無獨有偶，習近平主持大閱兵典禮，以為自己是空前絕後的「千古一帝」。沒有想到，很多民眾關注的卻是觀禮臺上退居其次的前任國家主席胡錦濤及總理溫家寶。有網友發帖說：「七十年的主場，他倆意外成了主角！曾經的十年，這兩個平民出身的人，在重重壓力之下，倡導不折騰，給這個國家帶來喘息機會，使得經濟空前繁榮，許多人擁有了財富，留學旅遊成為時尚，中美關係良性發展，言論也較為寬鬆。他倆還廢除了收容制度，免除了農業稅，義務教育免費，農民有了微薄的養老金，有了大病醫保。」還有人說：「胡、溫一直強調要推進經濟體制和政治體制的深度改革，由於眾所周知的原因，他們的願望並未實現。但他們首次提出了和諧社會的願景，跳出了階級鬥爭的意識形態怪圈，他們為中國留下了寶貴的政治遺產。尤其是以下兩點值得欽佩：第一、不搞個人崇拜；第二、到站立馬下車。」

看到以上這些言論，真有不知今夕是何夕之感。大概朱鎔基、胡錦濤、溫家寶自己也沒有料到，在下臺之後，他們居然成了老百姓心目中的聖人、救星、嚴父慈母。僅僅是因為習近平開倒車、搞個人崇拜、剷除公民社會、一帶一路「大撒幣」、橫挑強敵等作法招致民怨沸騰，朱、胡、溫就水漲船高，甚至讓人懷念，這跟「膜蛤文化」如出一轍。

不僅普通百姓如此思考和演說，很多名噪一時的公共知識分子也都如此思考和言說。以「說話大膽」而備受讚譽的清華教授許章潤和北大教授張千帆等人，或肯定鄧小平時代的「改革開放」政策（「六四」開槍殺人可以輕輕略過）、或認定中國「八二憲法」之莊嚴宏大（而忘記了憲法序言中違背憲政原則的「四項基本原則」），他們卻能暴得大名，甚至被視為「中國的良心」。

這類言論和心態的背後，是一種可悲的、升級版的「斯德哥爾摩症候群」，是「奴在心者」和「人質性格」的自然流露，是「即將坐不穩」奴隸時代對「曾經坐穩了」奴隸的時代的憧憬與嚮往。這類言論的流行，彰顯出當代中國無論是知識菁英還是普羅大眾，在德性和智性上雙重的潰敗沉淪。

首先，「今上」的胡作非為，並不能反襯出前朝生活有多麼美好、多麼幸福。不能因為習近平比江、朱、胡、溫更壞，就得出江、朱、胡、溫是理想型統治者的結論。江、朱、胡、溫時代比習近平時代來，政策上確實稍有寬鬆，民間的空間相對大一些，但就本質上而言，中共之暴政七十年來一以貫之，從來沒有出現過真正的「春天」或「解凍」，江、朱、胡、溫絕對不是民主派。

以江、朱、胡、溫而論，他們都有過苛政猛於虎的作為，都曾經犯下迫害人權的罪行，都無法逃避歷史的審判。江澤民強力鎮壓中國民主黨依法組黨運動和法輪功修煉者的和平示威、朱鎔基的國企改革，使得數千萬國企工人「下崗」，埋下今日東北經濟潰敗的禍根、「河蟹大帝」胡錦濤以殺戮藏人贏得接班人的地位，在其任內打壓「零八憲章」運動，抓捕並重判劉曉波對藏人和維吾爾人的迫害也到了一個歷史新高、「中國影帝」溫家寶口說普世價值、暗地裡斂聚百億財富（我因為寫作批判溫家寶的著作而遭到秘密警察酷刑毆打致昏死），這幾名共產黨領導人，絕非善類，他們沒有資格得到民眾的支持與敬重。

其次，更重要的是，絕對不能忽視此一事實：中共統治者全都是未經過選舉而執政，全都是非法統治之「僭主」。我在中國的生活，從未投票選舉過各級領導人或民意代表。創新之父熊彼得說過，「民主不過是給人民一個機會，接受或者拒絕某個統治者。」而不是人民直接、親自去行使統治權。對政治家來說，民主也不是要他做俯首貼耳、亦步亦趨的「人民公僕」，而是「個人通過贏取人民手中的選票而競爭政治領導權」。中共的統治，無論誰在位，都是非民主和反民主的。

康德說：「遵循天上的星空及人類內心的道德律令，民眾有權拒絕向未經授權的政府納稅乃至顛覆其暴政。」以此而論，被中共法庭以「顛覆（或煽動顛覆）國家政權罪」判刑監禁的囚徒，都是追求自由和人權的勇士。愛自由的人必定反對每一個「僭主」，不能因為這個「僭主」比上個「僭主」更壞，就緬懷前一個「僭主」的「德政」。如果此種邏輯成立，習近平之後若出現一個比之更糟的統治者，那時人們一定又會將習描述成曠代聖君。

第二，出現這些吹捧江、朱、胡、溫的言論，是中國人特有的一種「打著紅旗反紅旗」的敘事形式及生存策略。人們不敢直接反對習近平，而用歌頌「太上皇」的方式來諷喻「今上」，這樣既隱晦地表達心聲，又不至於惹禍上身。中國獨裁暴政的歷史太長，中國人在獨裁暴政的壓迫下如蛆蟲般蜷縮生存的本領和智慧高度早熟，個個身經百戰、百煉成鋼。這種言說和處事方式，是人格上的萎縮，是道德上的敗壞，是智力上的懶惰。中國人不願承認的事實是，用這種精心安排的「打擦邊球」的方式，永遠爭取不到自由和解放。就好像一位中共秘密警察嘲諷某位百變金剛式的「異議分子」的說法：「他永遠都安全地處於射程之外。」

法國思想家波埃西寫過一本小冊子，名為《自願為奴》，彷彿就是一面留給吹捧江、朱、胡、溫的中國人的鏡子。波埃西質疑說，暴君並非三頭六臂、無所不能的超人，但暴君為何能奴役無數民眾？是人民放任暴君橫行，造成自己被暴政壓制的結果。因為從根本上來說：

是你們自己使他變成現在這樣強大，為了造成他的偉大，你們不惜犧牲生命。他唯一的優勢還是你們給了他的，那就是毀滅你們的特權。只要決心不再供他驅使，你們就自由了。只要不去支持他，他將會像從下面抽掉了基礎的龐然大物一樣，由於自身重力塌陷下來，就會被砸得粉碎。

波埃西十分推崇的雅典人、斯巴達人、猶太人為自由而戰的勇氣，比如在希波戰爭中斯巴達國王李奧尼達率領三百勇士血戰溫泉關最後全部壯烈犧牲，以及西元前七十三年猶太軍民起義反抗羅馬人的暴政、堅守馬塞達要塞數年之久乃至寧死不屈全部自殺的故事。這是古代希臘人、猶太人崇尚自由，視自由為人生最高價值的歷史見證。

而中國的歷史和現實中，少有這樣為了自由甘願獻出生命的故事，很多中國人談起為自由殉難的劉曉波，就自以為聰明地說「他是傻帽」。不願為自由付出代價的民族，當然只能永遠為奴。

第四節

我為什麼不反對習近平修憲？

中共修憲方案，毫無懸念地經過全國人大「表決」通過。中共官媒表示，這是超越西方選舉制度的「超級民主」，這種「穩定而高效」的制度可供全球各國學習借鑒。

香港資深中國事務評論員林和立將此舉形容為「政變」，他指出：「從政治道德和政治倫理的觀點來看，我們可以說是一個政變。怎麼政變呢？習近平實際上是騎劫（劫持）了整個黨中央，騎劫了全黨也包括了國務院、軍隊等等，因為整個黨只服從一個人的指示。」林和立表示，習近平的作法無疑侮辱十四億中國人的智商，也引發愈來愈多人的反對。

與習近平一樣當過知青的作家馬波（老鬼），在人大投票前夕發表與此前反對修憲的資深媒體人李大同有相似的五點反對意見：一、憲法是國家根本大法，神聖不可侵犯，「不能換個領導人就修一次憲」。二、修憲應該透明，讓全體公民參與，聽取各方意見，「不能幾個人決定」。三、一九八二年憲法是中國改革開放的產物，國家主席兩屆任期是政治體制改革的重大成果。取消任期限制，是「嚴重的倒退」。四、中共總書記習近平說要「把權力關進籠子裡」，任期制就是「限制權力的籠子」，取消任期制等於取消籠子。五、中共前領導人江澤民、胡錦濤都遵守了憲法，紅二代不應該特殊，更應該「模範執行」中共已故領導人鄧小平規定下來的、不搞終身制的決定。

我不同意林和立和馬波的看法。他們反對習近平的立場誠然可貴，但更重要的是看他們肯定的對象和樹立的正確標準是什麼。

我並不像某些朋友那樣義憤填膺地反對習近平修憲，甚至用起草公開信、聯名信的方式來表達強烈的反對意見。我不認為中國有憲法，不認為中國有憲政，也不認為中國是一個正常的「現代國家」。美國學者白魯恂說過，中國到現在仍是「一個試圖偽裝成國家的文明」。他說得太客氣了，中國哪裡是文明，中國根本就是「不文明」或「反文明」。

中國沒有真正的憲法，不是憲政國家

我不反對習近平修憲，首先是因為在中國討論「憲法」和「憲政」這些概念，本來就是「黑色幽默」，好像津津有味地跟太監描述性高潮的感受——太監不能感同身受。

為什麼說中國既沒有憲法也沒有憲政呢？在中國，一個司空見慣的事實是，從執政黨到平民百姓，誰都不尊重也不相信憲法。劉少奇企圖拿著憲法保護自己，照樣死無葬身之地；我拿著憲法質疑沒有搜查令上門抄我家的國保警察，他們輕蔑地將憲法扔到地上。

十多年前，經濟學家楊小凱寫過一篇名為〈怎樣才能使憲法得到尊重〉的文章。他指出，憲法之為憲法，憲政之為憲政，應當具備六個要素：第一，憲法要有權威才能得到尊重，憲法權威來自被治者的同意。所有成功的好憲法都規定了最嚴格的被治者的批准程序，一般需要通過公民投票，經三分之二以上公民通過，憲法才有合法地位和權威。不經充分自由辯論就可輕易修改的憲法是不可能有權威的。第二，在憲法的制訂和通過時，必須要有執政者的反對派參加。憲法不能只代表執政者的意見，還必須通過非執政者代表，特別是反對者以及少數派的同意，才能具有合法性以及能被施行的條件。在憲法制訂的過程中必須讓各方，特別是反對派，都願意參加，憲法才能具有真正的合法性。第三，憲法要有讓所有競爭執政權的各方，擁有公平競爭執政權的遊戲規則。憲法不應該保障某些政黨或集團擁有優於其它政治團體獲取政權的權力。第四，憲法必須明載限制政府權力的條款。第五，憲政對政府的權力應該實行分權制衡。政府最高權力機構中，具有平行、互相不隸屬的權力。第六，憲政必須防止政教合一。

以之衡量中國的現狀，中國名義上有白紙黑字寫成的、堂而皇之的「憲法」，但這部憲法是為唯一的執政黨、獨裁黨、專制黨服務的「國王的新衣」。它是妓女的「貞節牌坊」，它是盜賊的「丹書鐵券」，稱之為「憲法」，乃是對憲法的玷汙。

第二個原因是，我並不認為此前的憲法有多麼進步，也不承認習近平試圖修改的包括「八二憲法」在內的「鄧小平的遺產」多麼偉大和寶貴。中國媒體人李大同在一封反對習近平修憲的公開信中，對「八二憲法」及「鄧小平遺產」高度肯定：「一九八二年憲法對中國國家領導人任期不得連續超過兩屆的規定，是中國共產黨和全體中國人民，經過文革巨大苦難，痛定思痛後採取的一項具有劃時代意義的政治改革舉措，是防止個人獨裁、個人凌駕於黨和國家之上的最高也是最有效的法律制約，也是鄧小平最重要的政治遺產之一。」公開信又稱：「取消國家領導人的任期限制，將被全世界文明國家所恥笑，開歷史的倒車，將埋下中國再次陷於動亂的種子，貽害無窮。」

我無法同意李大同等體制內開明派將「八二憲法」視為「改革共識」的觀點。從本質上來看，「八二憲法」與「習近平憲法」相比，並無二致，其調整的只是共產黨內部的權力分配方式。共產黨多次修改憲法，但憲法的前提，即「共產黨的絕對統治」，在一九四九年之後從未改變或動搖過。

弔詭的是，在肯定「鄧小平遺產」這一點上，李大同等開明派、改革派知識分子，與鄭永年、胡鞍鋼等「溜鬚拍馬派」、「建制派」不謀而合——後者在胡錦濤時代提出「集體總統制」、「中國式的賢人政治」、「中國特色的接班人選拔方式和平穩的權力交接方式」等說法，認為這些正在成形的制度超越西方「勞民傷財的全民普選制」。

實際上，在「八二憲法」和「鄧小平遺產」當中，從來就沒有防止獨裁暴政的內容，否則，它為什麼不能阻止「六四」屠殺發生呢？它只是將帶有更多不可預測性的毛式個人獨裁，改成「寡頭集體共治」。胡錦濤擔任總書記時代，「九龍治水，各管一攤」；周永康執掌政法委和武警等強力機構，獨行其是，肆意妄為，製造無數人權災難；在習近平時代，習近平親自執掌政法委、中紀委等強力部門，親自實施「七零九」全國人權律師大抓捕。這兩種模式同樣邪惡，在它們之間做「壞」和「次壞」的比較毫無意義。既不能因為習近平整肅了作為政敵的周永康，就認為習近平將帶來「法治國」的願景，也不能因為習近平不斷集權、露出猙獰面目，就轉而懷念周永康「分權」的「美好時代」。「鄧小平的遺產」跟「毛澤東的遺產」相比，似乎面目全非，實則骨肉相連。習近平比李大同看得清楚：前三十年和後三十年都是共產黨統治，不可人為割裂並製造兩者之間的矛盾。是故，我沒有李大同捍衛「八二憲法」和「鄧小平遺產」的熱情。

第三個原因是，國家元首的任期制並不必然對應著政治制度的民主或專制。幸虧我是習近平執政以來寫過最多批判習近平的文字評論人，否則我這樣說就有可能立即被人們看作是為習近平辯護。

許多針對最高領導人任期有嚴格規定的政權，並不必然是民主政府。比如，俄羅斯憲法規定總統只能連任兩屆，普丁卻玩弄權謀術成功規避之——當完兩屆總統任期，他繼而扶持心腹梅德韋捷夫出任傀儡總統，自己當總理，在此期間，總統行禮如儀，實權掌握在總理手上，等到梅德韋捷夫任滿一屆，普丁又回鍋當總統，且連任兩屆，在此期間總統一屆任期由四年延長到六年。這樣，普丁掌握最高權力超過四分之一世紀之久。

反之，許多並未限制最高領導人任期的政權，不必然是獨裁政府。羅斯福連續四次當選總統（他在最後一屆任期內去世，該任期未完成）之後，美國才著手修訂憲法，確立總統只能連任兩個四年任期之限制。我們當然不能認為，在此之前，因為美國沒有限定最高領導人的任期，美國就是專制國家。

再舉一個例子，德意志第一帝國的重要締造者、「鐵血宰相」俾斯麥，掌權長達十九年之久。那時德國憲法對首相亦並無任期限制。雖然德意志第一帝國算不上充分民主的國家，但憑藉常識可判斷：有任期制限制的江澤民和胡錦濤時代，比起沒有任期制限制的俾斯麥時代來，要黑暗和專橫若干倍。一黨獨裁是病根，最高領導任期制只是枝葉。十年風雨摧喬木，一統江山剩黨魁。最高領導人的任期制，不是民主憲政體制的關鍵因素。即便習近平不修憲，不刪去原憲法中最高領導人的任期限制，他照樣可以在原有體制內部找到終身掌權或垂簾聽政的辦法。我們反對的對象，是大一統、中央集權的野蠻中國的存在，是共產黨「一黨獨裁、遍地是災」的現實，而不只是習近平修憲這件「趙家人的家務事」。

這個黨從來都是「殺人如草不聞聲」

在共產黨框架內的左右、善惡之分，基本上毫無意義。只要共產黨還在殺人，「八二憲法」對被殺者來說，區別不大。

毛的殺人，土改、三反五反、反右、大饑荒、文革，罄竹難書，不再重複。鄧的殺人，天安門屠殺，舉世震驚，也不必再重複。鄧還有一件被遺忘的殺人壯舉，即所謂的「嚴打」運動。

作為「後鄧時代」的江、胡統治時期，在殺人上亦非白紙一張。江澤民對中國民主黨組黨運動和法輪功的鎮壓，證明會用英文背誦美國《獨立宣言》的江澤民絕非善類。胡錦濤時代殘害人權鬥士李旺陽，在香港激起十萬人上街遊行；西藏「三一四」屠殺和新疆「七五」屠殺，衝突規模、慘烈程度、死亡人數都遠超過胡錦濤二十多年前在西藏的那次鎮壓——那次鎮壓恰恰是胡錦濤給鄧小平的「投名狀」。

習近平執政以來，殘害了曹順利、劉曉波、彭明、楊天水等數十位人權活動人士，並掀起薄熙來重慶「打黑」的升級版——全國範圍內的「掃黑」運動，宛如鄧小平時代「嚴打」重現，不知又有多少無辜者人頭落地。

殺人黨的「殺人行兇」從未停止過，不管它的最高元首有無任期。身在中國國內、不畏危險表達反對意見的一位山西大學學生指出：「習近平首先是不合法的，有無限期無所謂，共產黨推舉誰上來都不是合法的。這樣的歷史在無限上演，就像希特勒、史達林、毛時代。我覺得我這麼做是正確的事情，我就去做了，不能因為害怕做一件事情就不去做，做人就得講良心。」

共產黨內部的政變，從一九四九年至今，不知上演了多少次，如毛澤東發動文革，清除劉少奇為首的黨務官僚集團；毛澤東清除林彪集團；葉劍英、華國鋒等抓捕「四人幫」；鄧小平罷黜華國鋒、胡耀邦、趙紫陽三任黨魁；江澤民清除「楊家將」；習近平清除「周薄徐郭令」集團。比起修憲來，這些事件才是貨真價實的「政變」。修憲只是細微的政治操作，人們對修憲感到憤慨，只能說明人們對中共或習近平還抱有希望。如今，希望全盤破滅，也是件好事。無論修憲還是政變，都跟「吃瓜」群眾無關。

某些習近平的批評者，以「鄧小平的遺產」反習，若是出於自保的「敘事策略」，還情有可原；若是真心實意，就未能認清中共之邪惡本質，太過幼稚。對於中共之本質，習近平的認識比他們更準確。習近平在中央黨校「新進中央委員、候補委員學習貫徹黨的十八大精神研討班」上的演講中提出，「不能用改革開放後的歷史時期歷史否定改革開放前的歷史時期，也不能用改革開放前的歷史時期否定改革開放後的歷史時期」，即「兩個三十年」不是割裂、對立的，而是承續、統一的。習近平又說，「如果當時全盤否定了毛澤東同志，那我們黨還能站得住嗎？我們國家的社會主義制度還能站得住嗎？那就站不住了，站不住就會天下大亂。」

如果毛澤東地下有知，聽到習近平的言論，一定會倍感欣慰——再沒有比習近平更稱職的共產黨接班人了。

鄧小平就是毛澤東第二

鄧小平不是毛澤東的叛徒，而是比劉少奇、林彪、王洪文、華國鋒、江青更忠誠的共產主義接班人。少數極端毛派不喜歡鄧小平，認為鄧是「走資派」，殊不知，「走資」路線是毛在一九七二年會見美國總統尼克森時確定的，鄧只是「毛規鄧隨」。

相當一部分中國開明派知識分子肯定鄧的若干「走資」政策，尤其是鄧恢復高考讓他們命運為之改變，因而視鄧為救命恩人。我記得一個小小細節：一九九七年，鄧小平死時，我還在北大唸書，去一位教授家請教某學術問題，發現這位教授在客廳中高高懸掛鄧小平遺像，也對鄧小平下令「六四」屠殺隻字不提。這是知識分子自私自利的表現：只要得到一根肉骨頭，就感恩戴德、山呼萬歲。

毛與鄧是一體的。毛讓劉少奇死無葬身之地，卻留鄧小平一命，區別對待，別有深意。早在江西蘇區時代，鄧就是鐵桿毛派，鄧與毛的淵源比劉更深。毛將鄧作為一枚棋子留下來，以後隨時起用，可以平衡林彪集團、周恩來集團或文革派勢力。

林彪事件以後，鄧被毛搬出來「廢物利用」。一九七三年十二月十四日晚，毛召集部分中央政治局委員開會，談及各大軍區司令員對調問題，並隆重推出鄧：「現在，請了一個軍師，叫鄧小平。發個通知，當政治局委員、軍委委員。我想政治局添一個秘書長吧，你（指鄧小平）不要這個名義，那就當個參謀長吧。」第二天，毛又在政治局擴大會議上介紹鄧時說：「我們現在請了一位總參謀長。他呢，有些人怕他，但是辦事比較果斷。他一生大概是三七開。你們的老上司，我請回來了，政治局請回來了，不是我一個人請回來的。」毛又專門對鄧說：「你呢，人家有點怕你，我送你兩句話：柔中寓剛，綿裡藏針。外面和氣一點，內部是鋼鐵公司。」所謂「鋼鐵公司」，就是毛深知鄧跟他一樣心狠手辣、殘酷無情，唯有這樣的人才能傳承他的事業。

鄧不負毛之厚望，在毛死後的危機中拯救了奄奄一息的黨國。鄧掌權後，淡化對毛的個人崇拜。義大利名記者法拉奇提出尖銳問題：「天安門上的毛主席像，是否要永遠保留下去？」鄧回答說：「永遠要保留下去。過去毛主席像掛得太多，到處都掛，並不是一件嚴肅的事情，也並不能表明對毛主席的尊重。儘管毛主席過去有段時間也犯了錯誤，但他終究是中國共產黨、中華人民共和國的主要締造者。」法拉奇繼續問：「那麼毛主席紀念堂不久是否將要拆掉？」鄧小平將手一擺，說：「我不贊成把它改掉。已經有了的把它改變，就不見得妥當。現在世界上都在猜測我們要毀掉紀念堂。我們沒有這個想法。」

鄧的這兩段回答清楚表明：他是毛遺產的繼承者。他並非全面揭批、否定史達林的赫魯雪夫，更不是「背叛社會主義道路」的戈巴契夫。鄧以此回報毛昔日對他的網開一面，更以此確保共產黨永遠掌權。所以，習對鄧的心思深有領會：否定毛，整個共產黨就完了。

「列寧黨」與「梁山泊」的三次轉換

一九四九年至今，共產黨的本質從未改變過，改變的只是其具體的統治方式，即「列寧黨」（工人黨）與「梁山泊」（農民黨）之循環更替。

從一九四九年到一九六六年，中共高層傾向於學習「老大哥」的蘇聯模式，以列寧式政黨和技術專家團隊來治國。毛是山大王，不願接受黨的約束，也不理會技術專家高度理性的思維方式。當意識到自己大權旁落時，毛就以政治運動的方式重新奪回權力。文革十年，就是自詡為「潑猴」的毛澤東將權力從列寧黨和技術官僚手中奪過來，直接用「梁山泊」方式統治。為此，毛不惜「炮打司令部」、不惜「全國內戰」。這種情形在諸多並未受蘇聯全盤控制的社會主義國家內部都曾發生過，如北韓、越南、南斯拉夫等，即發生過本土派、草根派清除留蘇派的權力鬥爭。此為中共統治模式的第一次轉換：由「列寧黨」變為「梁山泊」。

一九七六年，毛去世，鄧復辟，中共的統治模式則從「梁山泊」回到「列寧黨」。此為中共統治模式的第二次轉換。

首先，元老派聯手發動政變，抓捕包括毛澤東的妻子江青在內的「四人幫」，拱出被毛澤東二度罷黜的鄧小平作為「共主」。鄧步步為營、精心布局，迅速架空並罷黜毛指定「你辦事、我放心」的接班人華國鋒，奪取最高權力。

緊接著，鄧開啟有限度的經濟改革。等看到蘇聯經濟已呈現敗象，故而不是回頭再學蘇聯，而是向西方拋出媚眼。鄧的很多作法並非首創。比如，引進西方技術和經濟模式。早在二十年前，毛的秘書、文革派理論家陳伯達就「猶抱琵琶半遮面」提出類似想法。在林彪家的太子爺「老虎」林立果主持起草的《五七一工程紀要》中，也提出若干經濟改革方案，力度之大並不亞於鄧小平的「改革開放」。而毛欽定的接班人華國鋒也一度大舉引進西方技術和生產線——後來被鄧批評為「洋躍進」。

另一方面，鄧再度將中共打造成「列寧黨」，毛時代被削弱的黨組織再度被強化，「四項基本原則」被寫入憲法。鄧的統治秘訣就是「列寧黨」加「權貴資本主義」。這種模式持續了三十年。

鄧小平是蘇聯培養出來的黨務工作者，蘇聯的經驗是他一生都不會忘記的財富；江澤民我為什麼不反對習近平修憲？

也有留學蘇聯的經歷，會說幾句俄語；胡錦濤雖然沒有留俄經歷，但他就讀清華大學時期，中國的教育模式完全抄襲蘇聯。所以，鄧、江、胡時代的中共，打上了強烈的「列寧黨」之烙印。

習近平上臺時，鄧小平模式的「改革紅利」已難以為繼。雄心勃勃的習近平遂展開「變法」。他的一系列「組合拳」讓外人看得眼花撩亂：反腐、軍改、修憲、小組治國、設立監察委、從國務院手中奪過經濟政策的決策權——習近平打破了「技術專家時代」的權力和利益分配方案。

以組織和人事的變化而言，習的作法是打破黨內既有派系（上海幫和團派都相繼被其瓦解），任用大批治理手段生澀、粗暴的「習家軍」在中央和地方擔任要職。這些「習家軍」大都是跟習近平風格相似的、從不按理出牌的「妄人」：如驅趕「低端人口」的北京市委書記蔡奇，如設置集中營、關押數百萬維吾爾人的新疆黨委書記陳全國（據西方媒體披露的習近平的內部演講，陳是奉旨而行），如喜好「人奶宴」的前網信辦主任魯煒（習近平在其第一個任期前半段相當仰賴魯煒，但他後來拿掉魯煒就像毛澤東拿掉文革小組的秀才王、關、戚，如同掐死失去利用價值的蝨子一樣，毫不手軟）。習近平的性情與作派宛如來自梁山泊，而「習家軍」都有「梁山好漢」之蠻性。

習近平時代的中共再度由「列寧黨」轉向「梁山泊」，此乃中共統治模式的第三次轉換。有西方學者稱之為「第三次革命」，這個說法太過誇張，因為這主要是權力鬥爭及統治手段的交替使用。

第五節
林中斌為何認為習近平是改革者？

有趣的是，除了在中國本土，習近平在臺灣也擁有很多追捧者。曾在陳水扁執政時期任國防部副部長、陸委會副主委的林中斌即為其中之一。

在臺灣，林中斌享有戰略家之美譽——他曾經準確預測了多次美國和臺灣總統大選的結果以及中共的權力交接，而被某些誤將國際戰略當作抽籤算命的中文媒體視為「先知」。在兩岸議題上，他也以權威人士自居。林中斌接受中國法西斯主義小報《環球時報》專訪，數度談及敏感的「武統」問題，「我對中國和平統一臺灣不是那麼悲觀，而是認為大有可能，只是說時間還沒到。」

中國武力攻打臺灣，對這位前臺灣民選政府的高級官員來說，反倒是求之不得的大喜事。他如此「長他人志氣、滅自己威風」，認為中共攻打臺灣只需要兩、三天時間就能成功——他的父親是孫立人將軍的部下，若是聽到此種言論，一定會從棺材中爬起來抽這個不孝之子一耳光。

林中斌還在多個場合大肆讚美「中國模式」的優越性，認為中國已趕超美國，中國的「盛世」將維持一百年乃至數百年。他更直接吹捧習近平為大權在握的改革者，使用一連串連中共官方媒體都覺得太過肉麻的形容詞來讚美習近平，彷彿習近平就是蔣經國第二。

習近平不是蔣經國

此前，林中斌在臉書貼文中引用友人的看法表示，「中國大陸沿海大城市發展已經進入一種人文素養與社會軟體層面的提升階段，並非純粹大型硬體建設階段，臺灣一些偏頗眼光還用二十年前的印象在想像大陸，在自身硬體建設大大落伍時還有一種安慰想法，認為自己軟體方面和人文方面還是領先。事實證明，上海等城市的新現象終究會擴散到全國，屆時臺灣的下一代只能自求多福。」可是，林中斌及其友人卻不願放棄在臺灣「又窮又落後」的生活，移居光鮮豔麗的上海、北京，因為他們內心清楚知道，那個毒奶粉、毒疫苗、非洲豬瘟、黑鼠病肆虐的地方、那個沒有法治和言論自由的地方、那個擁有四億個監視器、老大哥的眼睛永遠盯著所有人的地方，實在不是宜居之地。

談及習近平，林中斌彷彿是在深情描述他心目中全知全能、英明神武的上帝：「習近平右手改革，左手維穩。他推動史無前例的六十項改革，風險極高。他嚴控媒體，逮捕人權律師，讓反改革的左派無話可說。若改革是習的長矛，維持穩定則是保護他個人和改革進程的盾牌。當年胡耀邦衝刺改革，但有矛無盾，悲劇終場，也拖下習仲勳。習近平絕不容重演。」

這段話自相矛盾，簡直不值一駁：用迫害人權的方式推進改革，只有鬼才相信。習近平究竟有哪一項實質性的、推動民主和法治的改革呢？一項也沒有。當年胡耀邦下臺，不是因為「有矛無盾」，而是鄧小平等元老悍然破壞黨章，以開「生活會」的方式迫使其下臺。今天，習近平並沒有元老掣肘，習近平就是反改革的左派的核心。

林中斌又說：「習近平有七項超越前任中共領導人的條件，包括黨內地位、與軍方的關係、對臺灣了解、國際事務經驗、從好學獲得的鮮明言詞表達能力、和佛教的淵源，以及亮麗的第一夫人。由於胡和習緊密合作，所以胡的分身、子弟兵李克強，也衷心輔助習近平，出現過去所沒有的，總書記和總理同心協力的關係。」

如果林中斌代表著臺灣主管國防和國家安全的高級官員及研究中國問題的大學教授的學術和思想水準，我只能對之大搖其頭。北京任何一個沒有讀過大學的計程車司機，都不會愚蠢到這個地步。到北京聽一聽計程車司機們的閒聊，都比林中斌的這些廢話真材實料。

習近平的七個所謂「優勢條件」，個個都是空中樓閣。其一，習近平固然是毛、鄧之後權力最集中的中共黨魁，但權力集中並不意味著就會推動改革。毛的權力最為集中，他卻導演了慘絕人寰的文革。習集中權力，亦炮製了殘害維吾爾人、藏人、香港人和維權人士的人權災難。

其二，習近平年輕時候當過國防部長耿飈的秘書，跟軍方關係相對較為親近，但跟毛、鄧等「打天下」的元老、軍頭沒法比。習主導了軍隊的機構改革和技術更替，但因為中共一黨獨裁的體制不變，這支軍隊永遠只能是殘暴不仁的「黨衛軍」。

其三，習近平當過福建省長，認識不少臺灣商人及各界名流，但這並不意味著他就對臺灣有多麼深入的了解。他並未到過臺灣，以他的世界觀，不可能明白「臺灣獨立建國」這個多數臺灣人願意以生命來捍衛和追求的崇高價值。

其四，習近平的國際事務經驗並不強，無法企及認同西方議會民主制度的趙紫陽，也比不上文革後復出、訪美時候掀起一陣旋風的鄧小平。習近平主政之後的外交政策一塌糊塗，打打殺殺，四處亮劍，使得中國成為全球公敵。

其五，習近平的招牌動作是四處報書單，但這並不能證明其「好學」，他並沒有真正讀過幾本有價值的書籍。習近平的表達能力很差，沒有脫稿演說的基本功，言語乏味，還常常念白字，跟在記者會上不看稿而即席發言的趙紫陽，形成鮮明對比。

其六，習近平確實與佛教有一些淵源。很多中共黨魁雖然號稱無神論者，但都悄悄上香拜佛。這並不說明他們尊重憲法中規定的公民有宗教信仰自由，而是獨裁者和貪官汙吏都比普通人更加迷信、對未來缺乏安全感。另一方面，中共將宗教組織視為對自身統治的威脅，習近平執政之後很快展開對基督教、伊斯蘭教、藏傳佛教等各宗教的殘酷打壓。

其七，若是對中國政治格局稍有了解的人都知道，習近平並非胡錦濤的盟友，習近平將胡錦濤的「大內總管」令計劃逮捕入獄，明顯就是羞辱胡錦濤。胡的接班人是團派背景的李克強，李是最弱勢的總理，其主管經濟的權力被習近平剝奪，在政治局中是個可有可無的邊緣人物，談不上「衷心輔助習近平」。

林中斌對習近平「七大優勢」的描述全都錯了，錯得一場糊塗、錯得慘不忍睹。習近平不是蔣經國。蔣經國啟動臺灣民主化改革，是因為臺灣島內民間社會的迅速拓張、美國的壓力、江南案和刺蔣案的刺激等多種因素綜合作用的結果。今天的習近平則認為，一定不能改革，一旦改革，就會成為「亡黨亡國」的叛徒戈巴契夫。

美國向中國低頭了嗎？

論及中美關係，林中斌指出，早在二〇一二年二月，習以接班人的身分訪問美國，首度倡議「太平洋夠大，容得下中美兩國。」之後，雙方討論合作開發非洲，都說：「非洲夠大，容得下中美兩國。」非洲面積比兩個中國加一個美國還大。這又是習超級主動的例子，美國反而落於被動。習此說法目的在於減弱「中國威脅論」和「上升強權和在上強權」必有一戰的說法，以降低國際阻力。

林氏又認為，「中國崛起勢不可擋，將來一百年是中國的世紀。」中國對臺用武和不用武的差別僅僅是「如果用武的話，中國世代可持續一百年；不用武的話，不得了！將成兩百、三百年的盛世。」

真不知道他的一百年、兩百年、三百年的「中國盛世」的時間，是如何推導出來的？對學者的基本要求是有一分材料說一分話，學者不是算命先生。林氏天女散花般的言論，不宜在大學講壇上講，倒是適合像站在宮廟的廟公那樣，信口開河。

習近平的言行，從未減弱「中國威脅論」，他的「中美共治」的赤裸裸的說法，只能讓美國「睡獅猛醒」。美國從未與中國討論如何「合作開發非洲」，美國一直在聯合歐洲和日本等盟友對抗中國在非洲的新殖民主義。美國也從未對中國低頭，即便是軟弱無力的歐巴馬，也提出「亞洲再平衡戰略」，更遑論要讓美國再度強大的川普。

曾經與經濟學家莫里茨·舒拉里克共同創造「中美國」（Chimerica）一詞的歷史學家尼爾·弗格森在《紐約時報》撰文指出，川普對中國的敵意以引人注目的速度，從一種個人外交政策癖好變成了大多數人的看法。對抗中共成為美國兩黨的少數共識之一。美國的公眾輿論也發生了類似的轉變，皮尤研究中心的一項調查顯示，對中國持負面看法的美國人，比例從二〇一八年的百分之四十七躍升至二〇一九年的百分之六十，只有百分之二十六的美國人對中國有好感——很大程度上，這都是習近平自作自受。弗格森認為：

> 第二次冷戰已經開始。這場新冷戰會變得更冷。如果歷史可以作為參考的話，第二次冷戰是在川普總統的任期內開始的，它將持續比其任期長得多的一段時間。

新冷戰已打響，新對手就是中國，這絕非危言聳聽。二〇一九年十二月九日，美國國會就七千三百八十億美元國防預算達成協議，這是美國國會民主黨人和共和黨人就川普行政當局在許多方面的政策意見的尖銳對立下，就涉及美國政府預算份額龐大的國防授權法所達成的協議，它被認為是一種罕見的相互妥協和各有所得的產物。該法案包含一系列目的在於應對來自中國威脅的條款，其中有條款規定行政當局就中國的海外投資和中國與俄羅斯的軍事關係提出報告。法案規定禁止使用聯邦政府資金購買中國的鐵路車廂和公共汽車，並表示國會「毫不含糊地支持」香港居民捍衛自己的權利和香港自治權。法案還表示支持改善臺灣的防衛能力。中國已超越俄國成為美國的頭號敵人。

林中斌自以為有預言家的本事，卻未預料到中美貿易戰開打，以及中美經濟冰火兩重天的景象：美國經濟蓬勃發展，中國經濟奄奄一息。僅地方債務一個問題，就如同深不可測的無底洞。英國《金融時報》報導，中國的三千個縣裡面，發不出公務員薪資超過一半。過去，地方政府沒錢發薪資，就用土地借貸，或者直接發行債券。現在，這方法已行不通，連公安的工資也欠著，萬一出現抗爭的話，維穩就會出問題。這就是林中斌所謂的一百年、兩百年、三百年中國盛世的開端嗎？這樣的盛世，林氏自己怎麼不去享受呢？

中共兩、三天就能打下臺灣嗎？

林氏又以前任國防部副部長之尊，論及中共統一臺灣的「必然性」。他認為，中國從二十一世紀開始到目前，不斷增加軍事實力，而且，中共還擁有「經濟的力量、外交的力量、文化的力量，當然還有心理、法律、媒體等手段」，這些都是「不見血的工具」。當《環球時報》記者問及「有專家提出中國攻下臺灣的時間要以小時計，以您對臺軍的了解，臺灣能抵擋多久？」林中斌表示，中國已有能力讓臺灣指揮系統癱瘓，對臺灣而言抵擋非常困難，「臺灣自己承認，只是四十八小時或七十二小時的不同。至於內應，我看耕耘已久、布點已成。所以真動手的話，不見得要流血。」

在林中斌看來，登陸臺灣的解放軍官兵，個個都是百戰百勝的英雄好漢，臺灣只有舉手投降、自願為奴的唯一選擇。然而，雖然林中斌如此看低臺灣的軍力和臺灣民眾的抵抗精神，美國及西方的專家卻不作如是觀。華府智庫二〇四九計畫研究所研究員易思安在專書《中共攻臺大解密》中指出，臺灣擁有一支專業的軍隊，擁有由美國訓練的核心人才，因此中國侵臺行動「對中國軍隊來說是最艱難和最血腥的任務」。

按照易思安與英國國防智庫皇家聯合研究所研究員考沙爾的說法，中國入侵臺灣將會是陸海空聯合攻擊，首先是對臺灣重要基礎設施，例如港口和機場進行轟炸，以便削弱臺灣地面防衛力量，接著會派出戰機飛越臺灣海峽取得空中優勢，一旦解放軍認為臺灣海空部隊遭到壓制，就會展開兩棲登陸。這裡最大的問題是兩棲登陸。美國國防部向國會提交的報告顯示，中國擁有三十七艘兩棲運輸艦和二十二艘小型登陸艦，加上所有可徵用的民用船隻，足以占領較小的島嶼，但若要登陸臺灣遠遠不夠，而且沒有跡象顯示中國正在迅速擴大兩棲登陸能力。

易思安分析說，臺灣只有十四個適合登陸的海灘，但不只是解放軍知道這件事，臺灣軍隊也知道，數十年來不知做了多少防禦工事。另外，臺灣海軍艦艇還可發射反艦導彈，陸地上也有陸基導彈，更別提屆時海灘上的布雷與交叉火力。臺灣整個國防戰略與戰爭規畫，都是專門用來擊敗解放軍的入侵行動。事實上，除了兩棲登陸之外，空中入侵也是進入敵國的一種方法，但解放軍傘兵太少，根本不可能辦到。

除此之外，臺灣可不僅只有十五萬地面部隊，還有近兩百五十萬後備軍人。所以，考沙爾直指中國若想侵臺，必須動員數十萬軍隊、兩棲登陸艦、彈道導彈發射車、戰鬥機和轟炸機，而這種大規模的調動，無疑讓臺灣有了預警時間。

除了軍事層面的難題外，政治上的風險更大。即便中國突破所有難關，真的攻下臺灣，不但人員損失難以估計，中國從此還得背負「壞蛋」形象，成為亞洲乃至世界的「公敵」。新加坡國防和戰略研究所海事安全計劃研究所研究員林恩指出：「中國此後會成為此區域的壞蛋，使用武力的惡鄰。這將讓中國多年來積極經營的盟友和良善形象就此毀滅，且也讓中國成為美國的對立者。」美國當然不會坐視不管——臺灣若被中共占據，美國的國際威望將遭受毀滅性打擊，美國在亞洲的利益亦將全面崩塌，可以說美國在二戰之後的霸主地位將蕩然無存，任何一屆美國政府都無法承受這樣的結果。

美國智庫蘭德公司國際防務資深研究員何天睦亦認為，中國武力攻臺的「代價太高」。中國對臺動武將威脅周邊鄰國安全，引發軍備競賽甚至地區戰爭，後果是中國難以預料且無法控制的。一旦對臺動武，它很可能是中國共產黨「偉大復興中國夢的終結」，也會危及其統治正當性，北京領導層必須思考這個代價是否值得？其次，在美中戰略競爭的格局下，中國發動軍事攻擊只會有利於美國建立更強大的同盟，甚至有促成一個「反中聯盟」的建立，進一步增加引發「災難性戰爭」和全球戰爭的風險。何天睦以日本偷襲珍珠港事件為例指出，日本當年雖然有強大的軍隊，但突襲珍珠港的行動仍然造成難以預料的後果，這個前例在中國評估是否對臺動武時應該是其考量的因素之一。因此，他不認為中國會對臺灣發動武力攻擊。

美國國會亦曾以「中國軍力投送與美國利益」為題舉行聽證會，曾任美軍印太司令部前身太平洋司令部上將布萊爾在會中說，如果中國真的侵略臺灣，造成的破壞不僅無法預料，而且要將它復原也會十分困難。至於美國，「應該把重點放在如何防止中國對臺動武」。布萊爾說，他同意川普政府現在的作法，確保駐防東亞美軍的質量並增加其數量以抵消中國的軍力。如果中國對臺灣動武，「或許他們可能導致一個『東亞北約』的組成，所有其他國家實際上都加入美國，形成一個強大的軍事同盟以對抗未來可能的行動。」

是相信這些享譽國際的專家學者及美軍高級將領的看法？還是相信站在中共一邊恐嚇臺灣人的林中斌的「妖言惑眾」？稍有理智的人都不難做出判斷。

第九章

從全球治理到天下姓習

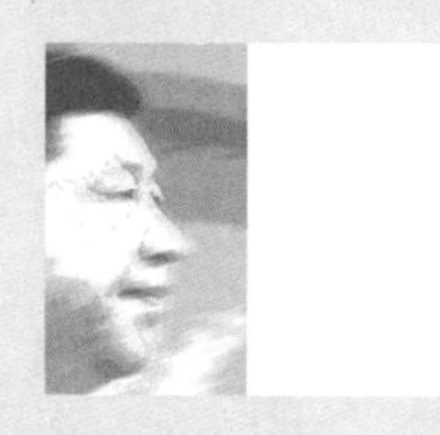

「中華型帝國主義的復權」，它最基本的「世界史的意義」，就是「聖王專政的全球化」，就是對過去兩百多年的人類民主歷程做出整體的、根本的否定。

曾昭明

二〇一七年五月，首屆「一帶一路」國際合作高峰論壇在北京舉行，一千六百多位外賓與會。習近平出席高峰論壇開幕式、歡迎晚宴、全程主持領導人圓桌峰會並發表題為「攜手推進一帶一路建設」的專題演講。中國外交部宣稱，「這是建國以來由中國首倡、中國主辦的層級最高、規模最大的多邊外交活動」。

習近平實現了超越其前輩的「中國夢」：無論是一九六六年毛澤東如神祇般在天安門城樓上催眠數百萬狂熱的紅衛兵、還是一九八四年鄧小平在國慶大閱兵時意氣風發地向自發打出「小平您好」標語的北大學生揮手——無論是一九九七年江澤民在滂沱大雨中自得其樂地享受香港「回歸」大典，還是二〇〇八年胡錦濤主持美輪美奐的北京奧運會開幕式，這一切都不足以跟習近平召開萬國來朝的大會相提並論，動輒以萬億計算的撥款，除了「大傻幣」，當今世界，誰有此種魄力？

海耶克說過：「那些無恥之徒和放蕩不羈之人，才會在一個趨向極權主義的社會裡，有獲得更多成功的希望。」無論多少個嗷嗷待哺的國家拜倒在習近平腳下，他所走的仍是一條幽暗的「通往奴役之路」。「一帶一路」除了滿足習近平的雄心和面子之外，企圖達致的目標有三個：

首先，太子黨集團希望透過這個空前龐大的海外經濟開發計劃，實現其不義之財的平安轉移。說白了就是「合法洗錢」。「先富起來」的特權階層積累了太多財富，他們對中國未來的前景並不看好，為了讓子孫後代享用這筆財富，需要尋找安全管道將財富轉移出去。如果「一帶一路」成功實施，包括習近平姐姐、姐夫擁有天文數字般的財富，都可神不知鬼不覺地流出中國。

其次，在經濟層面，中國產能過剩的問題已嚴重威脅經濟安全。由於地方ＧＤＰ主義的驅動，中國不可避免地進入產能過剩的經濟周期，鋼鐵、煤炭、水泥、平板玻璃、電解鋁、船舶、石化、風電、光伏等九大行業尤其嚴重。有分析稱，產能過剩已成為中國經濟的「核威脅」。中國希望以投資中亞來轉移過剩產能。但在投資者眼中，政局不穩、腐敗盛行的中亞國家都是零收益甚至負收益的「垃圾股」，難道中國出手就能點石成金嗎？

第三，在地緣政治層面，中國希望藉此打入中亞、近東乃至東歐，破解由於美國及其亞洲盟國的封鎖而暫時無法突破太平洋島鏈的窘境。如果「一帶一路」大獲全勝，中國有可能成為第二個橫跨歐亞的蒙古帝國。然而，由於歷史、宗教和文化等原因，中亞、近東和東歐諸國未必願意成為中國的藩屬國。中國勢力的擴張，勢必與該區域的「老大哥」俄羅斯發生衝突，使得中國「聯俄抗美」的謀算遭到「自我顛覆」。

毛時代之後，中國改革開放，加入世貿，成為經濟全球化的受益者，但一黨獨裁的政治制度並未出現鬆動，經濟的主體或決定性力量仍是以巨無霸般的「央企」為代表的計畫經濟。海耶克早在上世紀中葉就指出，追求計畫經濟，其後果必然是極權主義。「一切的經濟或社會問題將都要變成政治問題。」由於計畫經濟的組織是嚴格的金字塔，命令自上而下的傳達，權力是自下而上的放大，權力必將高度集中於一點——不論這一點是一個人還是幾個人。這極少數人就成為國家首腦與人民表率。

中共將泯滅自由、奴役人民的「中國模式」向世界推廣，其他國家會照單全收嗎？民主世界會坐以待斃嗎？在共產黨中國倡導的這條「通往奴役之路」之外，有沒有其他的選項呢？

第一節
從「亞洲命運共同體」到「人類命運共同體」

習近平在國際刑警組織大會講話的玄機

二〇一七年九月二十六日，為期四天的國際刑警組織第八十六屆全體大會在北京開幕。習近平主持開幕並發表主題演講。他的主題為「堅持合作創新法治共贏，攜手開展全球安全治理」。習近平強調，中國社會安定有序，人民安居樂業，中國是世界上最安全的國家之一。習近平承諾，中國將在未來五年對國際刑警組織實施「三大支持」，包括加大全球支持力度、加大支援建設力度、提升其全球影響力和領導力，中國也以此積極參與全球安全治理。目前，中國每年向該組織投下六千萬歐元援助，為該組織獲得的最大的一筆資金。

習近平的此番內容，透露了三個耐人尋味的信息：

首先，中共通過「全面加強社會治安防控體系建設」，牢固控制社會各個方面、各個角落，其滴水不漏的「維穩政策」將中國變成真實版的「一九八四」。如果歐威爾去到今天的中國訪問，一定會嘆息當年想像力何其不足——小說中虛構的情節，由「老大哥」統治的「大洋國」，其特務人數不會超過軍人，其安全支出不會超過軍費；而在中國，負責對內鎮壓的特務和警察比負責國防的軍人更多，維穩開支也超過軍費。由此，習近平才能炫耀「中國是世界上最安全的國家之一」。

為了證明習近平「此言不虛」，在《央視》的一檔節目中，製片人特意找來一位在蘇州居住名叫約翰的美國人接受訪問（有趣的是，受訪者的國籍必須是美國人，中國的月亮比美國的圓才最有說服力）。約翰在電視上說，在中國非常安全，「我已告訴父母，我不回去（美國）了」。（但他真的會放棄美國國籍、加入中國國籍嗎？）

然而，在中國這個「世界上最安全的國家」，一旦遇到奧運會、世博會、首腦峰會等大型活動，超市裡菜刀、水果刀統統下架，當局害怕出現「楊佳式」的、為報私仇而手刃警察的「俠客」。中共開黨代會，風聲鶴唳、如臨大敵，將若干少數民族當作潛在敵人，不准自由遷徙、入京住店；強迫異議人士出京，雖然只是書生議政，但中共生怕他們接受外媒訪問，說出「逆耳之言」，破壞「和諧社會」之「一團和氣」。

在高科技和「大數據」幫助下，中共政權實現了連納粹和蘇俄都不曾做到的對全民的全面監控。阿里巴巴、騰訊、華為等巨無霸式的超級公司，在更龐大的黨國面前如同螻蟻一般卑微，必須以服從並服務黨國來換取對中國市場的壟斷式占有。中國民眾的身分證、手機、微信和淘寶帳號，全部都在「老大哥」掌控之中。

《央視》在《輝煌中國》特輯中，以「共用小康」為題的第五集，不打自招承認中國有一個兩千萬個監視器的「中國天眼」大資料工程，美其名為「守護百姓的眼睛」，實際功能卻監視著人民日常生活的一舉一動。該節目披露，蘇州一個民警的手機裡，下載全城每一個住宅單位的資料模型，可以測到單位裡的水電流是否正常，顯示民眾的隱私權遭到政府肆意侵犯。無疑，比民眾的安全更加重要的，是統治者和特權階層的安全。

與其說「中國是世界上最安全的國家」，不如說習近平才是「世界上最安全的獨裁者」。

其次，習近平向國際刑警組織表態說，「給錢、給人、給各種資源。」好一副慷慨大方的施主派頭。「拿人手軟、吃人嘴短」，天下沒有白吃的午餐，得到好處是要付出代價的，中共開出的條件是：該組織要大步走向「中國化」。

國際刑警組織是除聯合國以外世界規模第二大的國際組織，有一百九十個成員。其主要工作是加強國際間合作調查恐怖活動、各類大型的跨國犯罪案件，並沒有執法權力。那麼，中國為什麼將這個組織作為蠶食鯨吞的重要目標呢？

中共警察若在境外執法，則侵犯他國主權，引發國際譴責。如香港銅鑼灣書店系列綁架案，不僅發生在香港，更發生在泰國等處，使中國國際形象一落千丈。那麼，如果讓國際刑警組織成為如臂使指的傀儡機構，中國豈不輕鬆獲得夢寐以求的「治外法權」？這是以最小投資獲得最大收益的最佳買賣。

二〇一六年十一月在印尼巴里島召開的國際刑警組織全體大會上，高票選舉中國公安部副部長孟宏偉為新一任主席。「高票當選」背後，中共天女散花般花錢「買票」，乃是眾所周知卻無人追究的事實。

孟宏偉執掌國際刑警組織的消息一出，立即引起眾多國際人權團體強烈譴責。「人權觀察」中國部主任理查森指出：「由中國公安部這個臭名昭著的侵害人權機構的副部長來當主席，國際刑警組織的聲譽陷於危機。」人權觀察公開聲明說：

國際刑警組織應該解釋，在孟宏偉的領導下，國際刑警組織如何避免濫用「紅色通知」系統；為何至今沒有解決這一系統凸顯的問題，以及該組織如何確保被遣返回中國的人不受虐待或酷刑。

德國「支持受迫害族群協會」發表聲明，警告國際刑警組織不要成為中國國家安全部的「隨從組織」。該協會亞洲事務部負責人德利烏斯評論說，無法理解國際刑警組織選舉中國公安部副部長為主席，「人們都知道，中國不是法治國家，在一黨制的國家制度中沒有獨立的司法。為此，孟宏偉也不會是以法律為第一考慮，他首先考慮的是中國共產黨的利益。」德利烏斯指出，中國政府會變本加厲地利用國際刑警組織擴大打擊及限制政府批評者，並且利用這個組織為中共黨內鬥爭服務、打擊政治對手。他舉例說，流亡在德國的維吾爾族維權人士多里坤是「世界維吾爾人代表大會」負責人，中國將其列入國際刑警組織「紅色通緝」名單，這使他在二〇〇九年到南韓時在機場被扣押，二〇一六年又被印度拒發旅遊簽證。

具有諷刺意義的是，孟宏偉的國際刑警組織主席任期剛剛過半，回國之後即「人間蒸發」。當孟宏偉的妻子高歌在法國報警，此失蹤事件演變為國際新聞之後，中國才宣布，孟宏偉正在「接受組織調查」。

在習近平眼中，即便是國際刑警組織主席，也只是小小的「家丁」，並不比那些被關進「再教育營」的維吾爾人享有更尊貴的身分和地位。國際法和國際輿論，他不屑一顧。

第三，習近平演講題目的後半句，不加掩飾地表明中國要進入「全球安全治理」領域。習近平不滿足於中共獨裁專制、掌控民眾的作法在國內暢通無阻，還要將其拓展到全球，不僅要傳授給與中國「同質」的非民主國家，還要滲透到西方社會。

中共對西方世界的威脅，遠大於伊斯蘭極端主義勢力——伊斯蘭極端主義在宗教、民族和經濟實力等方面無法全球化，但中國的「權貴資本主義」模式則具備超地域、超種族和超文化的「普世魅力」。

近年來，中國跟俄羅斯、習近平跟普丁之間「相看兩不厭」，稱兄道弟，互拋媚眼，交換統治心得。當年，中俄同樣是共產制度，卻因為爭當共產陣營領頭羊的地位而分道揚鑣。如今，中俄表面上是「社會制度不同」，但以區域霸權挑戰美國戰後建構的國際秩序的野心不謀而合，在對內控制方面更有彼此借鑒之處。

此外，中國將打造「奴隸社會」的「九陰真經」傳授給巴基斯坦、中亞若干帶有「斯坦」後綴的國家，以及更多亞非拉國家——習近平的「一帶一路」不僅僅是轉移中國過剩產能、擴大中國對外影響力的「經濟殖民主義」，更是將中國政治模式對外輸出。習近平還是「王儲」時，在墨西哥使館發表「不輸出革命」的說詞，確實是其心裡話——中國不再像毛時代那樣「輸出革命」，卻輸出「防堵顏色革命」的祕笈。

在習近平看來，「全球安全治理」是「全球治理」的重要環節。習不僅要成為中國說一不二的毛式政治強人，還要在國際上比毛更有威望和權勢——如同元帝國或清帝國的皇帝那樣的「天可汗」。從強迫劍橋大學學術期刊刪除「敏感內容」，到「不打算邀請達賴喇嘛演講的美國大學輸出留學生」，再到「中國運動員去瑞典參加比賽時，要求當地圖書館下架法輪功的書籍」，中國遵循的思想不自由、言論不自由、新聞出版不自由、學術不自由的原則，逆襲全球。

據聯合國報告，當前聯合國系統的中國籍雇員有四五〇人，至於聯合國十五個專門機構主要負責人，中國籍占三名，包括聯合國工業發展組織秘書長李勇、國際電信聯盟秘書長趙厚麟和國際民航組織秘書長柳芳。此外，劉振民任聯合國副秘書長、夏煌任秘書長非洲大湖區特使（副秘書長級）、徐浩良任聯合國助理秘書長。

臺灣國際法學會副秘書長林廷輝指出，過去二十多年來，中國積極布局國際組織，爭取擔任要職，不僅影響臺灣參與，也威脅國際秩序、改寫國際規範。目前至少有十六位中國籍人士在各類國際組織擔任高官。中國也願意花錢支持相關計畫、撒錢捐助，甚至收買國際組織。美國在軍事、政治性組織看得緊，對非政治性組織不想「照顧」那麼多，中國就趁隙而入。如果美國等西方民主國家繼續採取鴕鳥政策，全球將面臨一場比納粹德國崛起還要危險的浩劫。

中國能引領「亞洲命運共同體」嗎？

二〇一九年五月十五日，在中美貿易戰山雨欲來風滿樓之際，習近平強打精神在北京召集盛大的「亞洲文明對話大會」。這場習近平在五年前就倡議的「聚集亞洲和其他國家政要、有關國際組織負責人」的大會，卻沒有幾個「大人物」參加，亞洲重要國家如日本、韓國、印度、越南、印尼等國領導人全部缺席。前來參加大會的亞洲國家元首和政府首腦只有四位，分別來自柬埔寨、新加坡、斯里蘭卡和亞美尼亞——除了新加坡算是「半民主、半獨裁國家」之外，其他三國都是非民主國家。此外，希臘總統帕夫洛波洛斯也以「歐洲文明古國」的身分參加大會——多年陷入經濟衰退的希臘，剛剛從中國拿到一筆經濟援助，不好意思不去湊熱鬧。

這場大會變成習近平演獨角戲。習近平在開幕式發表一篇題為「深化文明交流互鑒，共建亞洲命運共同體」的專題演講。他首先說：「今日之中國，不僅是中國之中國，而且是亞洲之中國、世界之中國。未來之中國，必將以更加開放的姿態擁抱世界、以更有活力的文明成就貢獻世界。」這是將中國模式當作「普遍帝國」，背後是天下觀念。中國不是要擁抱世界、貢獻世界，而是要控制世界、毒化世界。換言之，中國就是整個世界，中國為世界制訂規則。

根據中國官方的說法，此次大會是習近平在二〇一四年亞信峰會時首次提出的。當時，習近平宣稱：「中方倡議通過召開亞洲文明對話大會等方式，推動不同文明、不同宗教交流互鑒、取長補短、共同進步。」同時，習近平還提出包含「人類命運共同體」思想的「亞洲新安全觀」。而「人類命運共同體」一說較早見於中共十八大報告，不見得是習近平首創的「習思想」，但習很快拿來為他所用。隨後的二〇一四年、二〇一五年，中國官方將「人類命運共同體」作為正式外交用語，在多個場合使用。二〇一七年十月，「構建人類命運共同體」寫入中國共產黨黨章。二〇一八年三月，「構建人類命運共同體」寫入憲法序言。《多維新聞網》評論說：「經過幾年的發展，人類命運共同體、亞洲命運共同體、中國—東盟命運共同體、中越具有戰略意義的命運共同體、中緬命運共同體等提法層出不窮。人類命運共同體的接受程度顯著提高。」

習近平在致詞中強調，「認為自己的人種和文明高人一等，執意改造甚至取代其他文明，在認識上是愚蠢的，在作法上是災難性的」，「各種文明本沒有衝突，只是要有欣賞所有文明之美的眼睛」。這是否定近代以來誕生在西方的民主法治的普世價值，以一種絕對的「相對主義」的立場看待不同的發展道路，也就是不承認文明與野蠻的差異，抹煞民主與獨裁的衝突。

就在北京舉行奢華的「不文明大會」前一天，在韓國首爾舉行了另一場大會「第十屆亞洲領導力會議（ALC）」。兩場大會召開時間不只是巧合。在首爾的這場樸實無華的會議上，多位美國重量級政治人物發表譴責中國的講話，引起亞洲各國領袖的同感。美國前駐聯合國大使海利表示：

中國為管理內部，引發外部危機，以導致民族主義的方式引發恐怖活動，使世界變成了更加危險的地方。中國是區域內國家嚴重的安全威脅。習近平政權的目標是通過技術效率化走向一黨獨裁的國家。我們應該放棄期待中國自由化的常識，他們是絕對不會開放社會的。

關於中美貿易談判破裂一事，海利評論說：「問題在於中方不想對竊取智慧財產權承擔責任，我們不能繼續容忍中國竊取智慧財產權的作弊行為。」

美國眾議院前議長保羅·萊恩在會上表示，「中國尚未滿足智慧財產權保護等標準」，「不僅是美國，亞洲、歐洲、南美領導人也表示『我們也被中國欺負了。』如果中國通過與其他國家展開敵對性競爭來實現崛起，繁榮會放緩，貿易發展速度也會變慢」。萊恩全力贊同川普懲罰中國：「川普總統是糾正中美不平衡的適當人選。政治上正在形成可能進行這種鬥爭的條件，我們在為川普總統加油。」

習近平如果聽到這些毫不客氣的言論，是惱羞成怒，還是膽戰心驚？習近平說的話是中國式的「糖衣炮彈」，把毒藥裹上蜂蜜，半是欺騙半是威脅，讓對方喝下去之後一命嗚呼；而美國人講的話是直來直去、不加潤飾的，看到小偷就大聲喊「抓賊啊」，看到強盜就直接拔槍相對。哪一種是文明，哪一種是不文明呢？

在被嚴密封鎖的牆內的中國，習近平被很多屁民們視為「曠代聖君」，不僅復興中華，而且號令天下，而在鳥語花香的牆外，在推特中文圈上，人們對習近平導演的這場「不文明大會」充滿冷嘲熱諷，有人說，「亞洲最不文明的國家召開文明對話大會，這就是一個冷笑話！」也有人說：「一個無賴要主持文明對話，是要推廣耍賴的最文明方法。」

習近平的「人類命運共同體」是畫餅充饑

習近平是第一個出席達沃斯世界經濟論壇（WEF）的中國國家主席，在演講中提出「人類命運共同體」的概念，在記者會上表示「決心為世界經濟指明方向，規劃路徑。」從毛時代輸出「革命」到習時代輸出「中國模式」，中國稱霸世界的野心從未改變。

近年來，中國每年投入數百億美元從事「大外宣」，對西方主流媒體、大學和社會進行滲透。原本批評中國的西方媒體，見利忘義，紛紛成了中國的吹鼓手。英國《每日電訊報》報導說：「中國領導人為全球化和自由貿易積極辯護，他的發言凸顯北京希望在美國轉為內向之際，中國發揮更大的國際作用。」《金融時報》稱讚說：「習近平在這個論壇上唱主角，這反映出這個世界的某種變化。美國總統川普希望美國擺脫全球性責任。中國可能會抓住這個機會，走上世界舞臺的中心。」世界經濟論壇創始人史瓦布稱，習近平出席年會，表明美國主導的單極世界正在轉向多極世界，在多極體系中，中國等新興大國將必須增強影響並發揮更大的作用。

然而，生活在西方的普通民眾願意接受習近平的「人類命運共同體」概念嗎？在《BBC》新聞的留言中，有人寫了一句畫龍點睛的話：「我可不想有劉曉波們、維權律師們和上訪者們一樣的命運。那是中國人的命運。習近平提出把中國人的命運應用到全人類，太可怕了。」

中國民眾是否幸福地接受「中國模式」？擁有法學博士學位的最高法院院長周強在全國高級法院院長會議上表示，要堅決抵制西方「憲政民主」、「三權分立」、「司法獨立」等錯誤思潮影響，旗幟鮮明，敢於亮劍，絕不能落入西方錯誤思想和司法獨立的「陷阱」——毛時代將西方當作「亡我之心不死的敵人」的心態躍然紙上。在胡錦濤時代，溫家寶裝模作樣地倡導普世價值；在習近平時代，普世價值成了被「和諧」的「敏感詞」。這樣一個將一黨獨裁之路走到底的國家，如何成為「人類命運共同體」的「領頭羊」？

敢於戳破習近平「皇帝的新裝」的是「無國界記者組織」。該組織在一份聲明中指出：「令人遺憾的是，達沃斯論壇以如此讚美的方式為一位獨裁者提供平臺，而中國的人權現在正遭受過去二十年中最嚴重的鎮壓。」該組織亞太部負責人本傑明批評說：

> 當中國拒絕就出版自由、資訊自由、言論自由進行任何對話，這些言論又怎能被看作是真誠的？當中國的審查部門禁止公開討論環境問題，當中國的教育系統、國家媒體和互聯網公司從中國的歷史中抹去天安門大屠殺等事件，讓大多數民眾一直生活在蒙昧狀態，中國又如何能被看作發展的典範？

經濟下行、遍地霧霾、民怨沸騰、腐敗入骨的中國，被視為對人類文明的嚴重威脅。習近平不再「韜光養晦」，赤裸裸地要實施「全球治理」，然而，「中國模式」如同一件千瘡百孔且長滿蝨子的破棉襖，誰願意將它披在身上呢？

第二節

愛戴習近平，就是愛戴墨索里尼和希特勒

義大利的明天，就是委內瑞拉的今天

二〇一九年三月二十三日，義大利與到訪的習近平簽署「一帶一路」備忘錄，成為西方七個工業化國家中首個「上路」成員。義大利政府表示，雙方的協定涉及總規模達二十五億歐元的經貿合作。近年來經濟增長緩慢的義大利企圖通過與中國的經貿合作擺脫經濟困境。然而，與虎謀皮者最終將成為虎口塊肉。

果然，《羅馬日報》指出，習近平與義大利總統馬達雷拉舉行會談時，中國駐羅馬使館新聞辦公室負責人楊翰對正在現場採訪的《羅馬日報》女記者龐皮利進行赤裸裸的恐嚇。楊翰兩次對龐皮利表示，「妳必須停止說中國的壞話」，「我很清楚妳是誰」。龐皮利從未見過對方，要求對方出示身分卻遭到拒絕。龐皮利從口袋裡拿出手機，楊翰再次走近她，要她

放下手機。

龐皮利是《羅馬日報》負責亞太事務的記者，最近九年來一直關注中國問題。她曾撰文分析中國政府如何限制媒體的活力，以及在這個「將宣傳與新聞混淆的國家」和中國記者所面臨的困境。這類文章是中國不願意看到的。

從中國外長王毅以下，中國外交官的粗鄙化，跟習近平本人的粗鄙本性是同步的。習近平有多麼粗魯專橫，中國的外交官就有多麼粗魯專橫。中國外交官不顧西方文化背景和基本禮儀，直接用在中國國內秘密警察對待異議人士的方式威脅西方記者，這不是第一次，也不會是最後一次。

中國外交官對義大利記者的威脅，在義大利和歐洲朝野引發強力反彈。《羅馬日報》評論說，義大利不是中國，羅馬也不是北京。「如果中國大使館的官員不瞭解，可以先向他們的新朋友（諷刺自稱習近平新朋友的義大利總理）瞭解情況。」

義大利前教育部長傑爾米尼指出，這是中國對義大利新聞自由的嚴重干預：「新聞自由是我們的民主基石，也是任何民主國家的基石。一個使館的高級官員對僅僅在盡自己職責的記者施加言辭暴力，並威脅要她放下手機，這是不能容忍的。」傑爾米尼特別提醒，「有些國家可能在經濟上已經發展，也存在商業的吸引力，可是對自由的尊重和對自由權利的保證卻遠遠未能實現。」

歐洲議會議員馬奧盧要求義大利政府對此事進行調查：「這是一起十分嚴重和前所未有的事件，證明中國不自由和專制統治的性質，而我們剛剛向中國敞開大門。」

無國界記者組織表示，中國駐外使館官員類似的言行愈來愈普及，幸虧義大利媒體對此做出必要回應，確實羅馬並不是北京，而且即使是在北京，中國媒體也不應該僅僅是政府的傳聲筒。在中國政府官員出訪期間向外國媒體施壓，是極其不正常的行為。民主國家必須對此發出回應，媒體與政界都不應該接受類似的壓力以及這種來自中國的「新模式」。

義大利總理馬達雷拉或許不知道，加入「一帶一路」，必然要付出失去新聞自由以及其他普世價值的巨大代價。

在經濟上，義大利也未必能得到東方披薩。義大利的明天，就是委內瑞拉的今天。一九九九年，查維茲上臺後，中國視之為意識形態上的親密盟友，中國向委內瑞拉提供了六百三十億美元的融資，占同時期中國向中南美各國融資總額的一半以上。這看似慷慨的貸款，要求委內瑞拉用石油償還。當時，國際原油價格每桶約一百美元。到了如今，國際原油價格已掉到每桶三十美元，委內瑞拉得向中國輸出簽約當時三倍的原油，陷入「怎麼還也還不完」的悲慘狀況。委內瑞拉經濟的崩潰，跟盲目向中國借錢有莫大關係。

不僅委內瑞拉，斯里蘭卡和巴基斯坦等國當初最積極參加「一帶一路」的亞洲欠發達國家，也陸續陷入債務危機及社會動盪危機。這些國家最「親中」的領導人，也忍不住公開抱怨「一帶一路」對其國家的負面影響，甚至單方面取消與中國簽署的一系列經濟合作協議。

即便如此，義大利政府仍拒絕美國和其他歐盟國家的勸說，興高采烈地與中國一起「發大財」——習近平訪問義大利時，羅馬變成五星紅旗的海洋，千辛萬苦逃離中國的移民，一夜之間擠滿習近平車隊經過的主要街道，義大利似乎變成中國的殖民地。習近平得到的愛戴，比起墨索里尼有過之而無不及，中國移民視之為實現民族復興的領袖，義大利人視之為點石成金的財神。

羅馬向北京下跪，這是頗具象徵意義的歷史時刻，如同毛澤東所說，「不是西風壓倒東風，就是東風壓倒西風」，「東風壓倒西風」的一刻到來了。在搭上中國順風車「發大財」的時刻，即便出現中國外交官要求義大利記者停止「對中國進行負面報導」的小小摩擦，也可忽略不計。一個人的言論自由，跟兩個文明古國偉大復興的願景相比，又算得了什麼呢？

在歐洲大國中，義大利極少關注中國人權狀況，卻沒有料到，中國不僅戕害本國國民的人權，還要將中國模式推廣到全球，包括義大利。中國將義大利當作一個新的行省，「一帶一路」所到之處，每一個獲利的國家都是中國的新殖民地，就像一條小狗將它撒過尿的地方當作其屬地。義大利的政客們沒有弄懂的常識是：與虎謀皮的結果必然是自願為奴。這個崇拜過墨索里尼和法西斯主義的國家，如今同樣崇拜習近平和共產極權主義，他們沒有從悲劇性的歷史過往中汲取教訓。

習近平知道德國人最警惕「新納粹」嗎？

習近平在德國科爾伯基金會（德國最重要的智庫之一）發表的演講中，特別提及中國被日本侵略的歷史，一句也不提及中共建政以來侵略別國的歷史，如對圖博、東突厥斯坦的武力征服，以及對韓國、印度、越南發動的戰爭。

御用文人在馬屁文章中說：「歷史，不僅給人以智慧的啟迪，同時也是治國理政的重要資源。正如習近平在德國科爾伯基金會發表演講時所指出的，歷史是最好的老師，它忠實記錄下每一個國家走過的足跡，也給每一個國家未來的發展提供啟示。」然而，有過納粹慘痛歷史的德國民眾，不會輕易相信習近平在演講中關於和平的宣示。極權主義國家從不滿足於對內專制，必然走向對外擴張。

正是習近平發表演講的科爾伯基金會，在一份報告中指出，德國有百分之六十二的受訪

愛戴習近平，就是愛戴墨索里尼和希特勒

調查者將中國看作對手，而不是夥伴。超過百分之七十的受訪者則認為日本、印度和印尼是夥伴。該基金會研究人員保爾森博士認為，原因在於，與印度、日本和印尼相比，中國有著不一樣的政治制度，是專制國家而非民主法治國家。在同一份調查中，百分之六十九的受訪查者認為，西方民主模式對亞洲會愈來愈具有吸引力。只有百分之十三的受訪者認為中國的獨裁國家資本主義模式會被更多國家複製。「看起來，德國菁英更優先考慮與民主國家、民主制度合作。這是因為人們覺得那些國家更透明，更能理解那裡的政治決策進程，因此對印尼、日本這樣的國家有更多的信任感。對中國就缺少這樣的信任。」習近平會看這份調查報告嗎？這份調查報告會讓他若有所思嗎？

中國官媒報導說，習近平多次強調：「我們不是歷史虛無主義者，也不是文化虛無主義者，不能數典忘祖、妄自菲薄。」習認為，歷史是最好的教科書，也是最好的清醒劑。官媒又說：「他對近代史感到最為痛心，對近代史的思考也十分深刻。」習曾到「五四」運動策源地北京大學，在師生座談會上回溯中國近代史，他痛心地說：「尤其是鴉片戰爭之後，中華民族更是陷入積貧積弱、任人宰割的悲慘狀況。這段歷史悲劇絕不能重演！」

從習近平的言談中可看出，中國近代史並非習的「清醒劑」，而是其「興奮劑」。習的伎倆跟希特勒如出一轍。希特勒利用一戰失敗之後德國民眾的怨恨心態，宣稱他可帶領德國

民眾一起締造空前強大的「第三帝國」，贏得人心、贏得大選，通過人民授權獲得政權，繼而顛覆威瑪共和國，掀起世界大戰，給德國和世界帶來浩劫。習利用近代以來中國「落後挨打」的往事，宣揚他可以實現中國人夢寐以求的「大國崛起」，建立一個讓秦皇漢武「稍遜風騷」的東方大帝國，既滿足自己的虛榮心，也因此得到國民衷心擁戴。

習近平拒絕承認的一個事實是：中國陷入積貧積弱、任人宰割的悲慘狀況，根本原因是社會制度滯後，是專制獨裁扼殺民眾的想像力和創造力的結果。中國問題的解決，並不需要飲鴆止渴地走向軍國主義，中國最需要的是民主、自由和法治。但習近平視民主、自由和法治為仇讎，為了維持中共一黨專政的政體，將近代史作為煽動民族主義和反西方思潮的素材，讓全民一起聞雞起舞、過狂歡節，沉醉於「厲害了，我的國」的高潮之中——即便是那些被驅趕出各大中心城市的「低端人口」，也夢想著「戰狼」從天而降來保護他們。

印度人說，中國的希特勒呼之欲出

當中共在北京召開「一帶一路」峰會之際，印度學者文卡塔拉曼在《歐亞評論》發表文章指出，中共想以經貿主宰世界，習近平的野心與納粹德國的元首希特勒非常相似。

文卡塔拉曼指出，中國在經濟和工業方面獲取巨大成果，同時也引起國際社會對中國最終目的之疑慮。中國的意圖和目標與希特勒的野心毫無二致。就手段而言，中共從希特勒的慘痛教訓中吸取經驗，並重新策劃戰略。中國利用經濟和貿易力量主宰世界的溫和戰略與透過軍事力量主宰世界的希特勒看上去似乎有很大的不同，中國自信地認為自己不會重蹈希特勒的失敗，中國導演的是「不流血的政變」。但兩者的目標是一致的，都是贏得全世界、建立亙古未有的大帝國。

文卡塔拉曼評論說，世人懷疑習近平為希特勒再世，他們為了達到目標皆不擇手段。如同希特勒對猶太人等少數族裔的種族歧視、種族滅絕，中共入侵西藏並殘酷地鎮壓藏人，導致達賴喇嘛同數萬藏人被迫離開西藏、流亡印度。中共也以武力鎮壓訴求宗教自由的維吾爾人，在「新疆自治區」設立集中營、關押上百萬維吾爾人。國際社會逐漸識破中共領導人的真面目，意識到西藏和新疆地區的殘酷現狀，中共持續被國際社會嚴厲譴責和追究責任。

文卡塔拉曼指出，中國意識到「一帶一路」面臨的阻力，例如並沒有得到預期的好處等。再加上與美國的貿易戰，以及被指責侵犯人權和被識破其擴張主義野心，中國走到了重新評估其未來計畫的困境。鑒於以上困境，中國無法透過威脅世界而走上正軌。

儘管「一帶一路」大大縮水，習近平在西方重要國家政要缺席的第二屆「一帶一路」峰會上，仍擺出睥睨天下的作派。當次峰會有五千人出席，相比上屆的一千六百人，急速膨脹。《多維新聞網》評論說：「這是一個龐大到驚人的計畫，龐大到讓很多人不敢輕易想像得到它的實現。而它一旦實現，世界的秩序將會與今天完全不同。」該評論指出，習在主題演講中隱晦地邀請美國參加此一偉大事業，「如果美國接受一帶一路倡議的安排，便可能接受一個中國主導的新秩序時代的到來，這是美國不願意看到的。當然，在中美博弈中，時間可能在中國這一邊。」

峰會期間，《人民日報》頭版標題都以習近平的名字開頭——習近平逐一接見各國元首和政府首腦。習近平占領頭版全部，「不留任何死角」。《人民日報》這種怪異版面安排原封不動被《經濟日報》、《光明日報》、《解放軍報》等中央級報紙的頭版複製。有網友諷刺說：「《人民日報》應當改名，改成《人民總日報》，因為其他報紙都跟《人民日報》一模一樣。」對於沒有人民只有習近平的《人民日報》來說，應當改為更名副其實的名字《習近平日報》。

就連文革高峰期的《人民日報》對「偉大領袖毛主席」的密集報導都未如此登峰造極。這種奇異現象不是第一次出現，在習登基之後若干重大活動中都是如此，其他六位政治局常委消失得無影無蹤，國務活動成了習的「獨角戲」，西方媒體評論說：「當今中國媒體對習近平的個人宣傳，超過當年中國媒體宣傳他們所崇拜的中共前獨裁者毛澤東。」

此前，習近平在中非峰會上許諾再向非洲提供六百億美元援助，有人貼出中國官媒上兩則相映成趣的新聞。外交部長王毅說：「不管世界經濟如何冷暖，中國支持非洲國家六百億美元的承諾不會減少。」教育部長陳寶生說：「不提倡某些省分開展免費十五年義務教育，中國是社會主義初級階段，財力有限，不要幹超越國情和階段的事情。」難怪中國民眾給習近平取了「大撒幣」的綽號。在這點上，習近平連希特勒都不如：希特勒對猶太人和別國民眾揮起屠刀，但還知道先安頓、照顧好日耳曼人，希特勒上臺後，德國工農的生活水準均有大幅提升，習近平卻不惜用殺雞取卵的方式苛待中國工薪階層，雞腳上也要榨出油來。

澳洲和美國已然發現，應對納粹中國需要新思維

共產黨中國是一個「升級版的納粹帝國」。我在十幾年前得出此結論，但當時沒有人認同。長期以來，人們對中國充滿善意的想像：中國的經濟發展能帶來中產階級民主意識的覺醒，中產階級民主意識的覺醒必定是民主化的催化劑。今天，一切都真相大白，中國是一種更野蠻的崛起，有了現代科技幫忙，其極權程度超過納粹德國。

澳洲自由黨國會議員、國會國家安全及情報委員會主席黑斯廷發表文章指出，中國的威脅是「史上最強、堪比納粹」，澳洲民主、經濟及安全正面對前所未有的考驗。澳洲不應低估中國，應參考歐洲面對納粹德軍侵略的經歷。

二戰前，西方民主國家對一戰中戰敗的德國懷有某種自虐般的愧疚感，長期執行綏靖政策。民主國家的政治領袖和普通民眾迷信條約，以為只要向希特勒讓步並簽約，就可享受永久和平。當納粹的鐵蹄席捲整個歐洲之際，他們才悔之晚矣。

今天，西方又在犯同樣的錯誤。黑斯廷指出，人們認為，經濟自由化將可自然地令中國發展成民主國家，正如一九四〇年法國深信「混凝土堡壘」能有效抵抗德國一樣。法國的悲劇正是澳洲的前車之鑒：「正如法國一樣，澳洲亦未有清楚看見我們這個強大鄰國的影響力正不斷膨脹。」

澳洲當然不願接受一個中國主導的世界，而會選擇站在美國這一邊。二〇二〇年一月二十一日，澳洲前總理艾伯特在美國傳統基金會發表演講時表示：

中國的政治制度與我們的非常不同。一個由中國主導的世界將與我們這一百年來所處的世界很不一樣。我認為，幾乎在每一個方面，這個世界將是一個更為糟糕的世界。

艾伯特說，中國人只要有可能，都想把自己的孩子送到西方去受教育，想把錢從中國弄出去，在西方國家買房置地，獲得西方國家的護照等這個事實，可以讓你對中國政府的本質有清楚的了解。他把習近平稱作是「新皇帝」。

無獨有偶，美國學者易思安發表了一篇題為〈創造戰略知識：美國需要新的中國專家〉的文章，痛陳美國和西方在應對中國席捲全球的「科技歐威爾式秩序」時的無知與無能。倘若美國及臺灣之類的盟邦試圖阻止中國共產黨野蠻擴張，華府必須培養一批具有一流的中文蒐集與分析能力的專家，進而創造得以普及整個社會的戰略知識。

易思安引用中國問題專家沃德的書《中國的勝利野望》指出：中共妄想獲得不受約束的權力，包括控制和摧毀人類思想的力量。中共畏懼且厭惡任何地方的任何人抗拒其宰制，跡象之一便是在西部沙漠（新疆）設置的集中營，西方對此一人道主義災難反應遲鈍。

更可怕的是，中國並不滿足於「關起門來當皇帝」，中國正在建構一個大規模監控體制，並以全球運作為目標。西方自由世界的民眾不妨到附近的電子產品門市去逛逛，看看其中有多少商品是由聯想、華為、中興通訊、海爾與騰訊等中共掌控的工業巨擘所製造的。當中國的威權控制裝置走入世界各地的家庭、辦公室、醫院、教堂及車輛時，會是什麼樣的光景？自由的獲得需要經過幾代人的奮鬥，而自由的喪失很可能如掌中流沙隨風而逝。

易思安認為，中國是美國迄今遭遇過最強大也最精明的戰略對手：「納粹德國、日本帝國和蘇聯都相形見絀，顯得平凡、粗陋與單純。它們沒有能力以這般規模滲透美國及其盟邦，也不可能獲准對我們的企業、大學和媒體施加影響力。反觀中國，不僅吸收了我們許多最有才幹的意見領袖、遊說我們的政府代表，甚至還竊取我們最敏感的機密。」如中國古語所說「生於憂患，死於安樂」，多年來，美國一直處於被動挨打、苟且偷安的狀態。相當一部分美國「中國通」因個人利益而積極維護美國與中共關係順暢，好讓其商業或學術利益蒸蒸日上，為此不惜自我審查。他們是無恥的「賣國賊」——比如發表那封主張「美國應當善待中國、保持與中國的接觸政策」公開信的一百位學者和退休外交官，絲毫不在意中共對自己人民的戕害以及對西方自由價值的侵蝕，只關心他們在中國的人脈和利益。易思安指出，老一代的「中國通」已不管用，他們甚至危害這場美國和西方與中國的殊死搏鬥，而「若美國無法搞懂北京當局真正的思考模式，並以此為基礎琢磨出共識，將難以達成我們的國家目標」。

黑斯廷、易思安、克萊夫·漢密爾頓（《無聲的入侵》作者）、白邦瑞等人是西方少數的覺醒者、勇敢者和智慧者，他們說出了「房間裡的大象」的事實，這是多年來人們視而不見的事實。如今，溫柔敦厚的「大象」已蛻變成兇殘猙獰的食人怪獸，自以為是的馴獸師成了其盤中餐，誰能將牠關進籠子裡呢？

對付中國怪獸需要一套新思維和新戰略。易思安所建議的「美國政府需要一套速成計畫，招募和訓練新一代的中國專家」僅僅是第一步，更重要的是，美國、澳洲和所有民主國家都應當重振公民教育、發起公共討論、建立抵抗中國滲透的普遍共識和法律堤壩，然後在此基礎上達成「以中國為敵國」的國際戰略。現在這樣做，乃是「亡羊補牢，未為晚也」，如果再遲，就是「養虎為患，自取滅亡」。

如今，中國的人口、疆域、經濟總量和獨裁程度，早已讓納粹德國和共產黨蘇聯望塵莫及。西方民主國家與中國的對立，就如同《魔戒》中光明與黑暗的鬥爭唯有徹底擊敗中國，才能實現「歷史的終結」。

第三節

誰是習近平的朋友？

習近平上臺以來，在外交上像恐龍一樣「暴衝」，「遠攻」加「近攻」，恨不得像慈禧太后那樣「向萬國宣戰」。中國想取代美國成為全球霸主，卻沒有美國秉持的普世價值和軟實力。中國在本國內部遵循的成王敗寇的叢林法則，也試圖在國際社會推行這套「順我者昌，逆我者亡」的「霸道」，習近平能如願以償嗎？

由此，習近平讓中國陷入比文革時代還要孤立的境地。毛時代的中國有幾個三心二意的「朋友」或「小兄弟」，如北韓、阿爾巴尼亞、古巴等「真正的社會主義國家」。當然，與這些國家的「友誼」必須靠中國人民勒緊褲腰帶、中國政府揮灑大筆「外援」才能實現。如今，環顧全球，沒有一個西方或東方大國是中國的盟友，就連「小弟」們也鳥獸散。習近平比毛澤東更為慷慨地到處「撒幣」，效果卻比毛時代差得多。比如，中國在非洲和中亞國家的投資，大部分被那些國家的獨裁者瓜分，民眾並未獲得好處，對中國這個「新殖民者」反倒懷有惡感。

外交領域的壞消息接踵而至，習近平踢到一個又一個的鐵板，即便他像電影《黃飛鴻》中擅長腿功的「鬼腳七」，也不可能毫髮無損。

普丁兩肋插刀，都插到習近平身上

中美貿易戰升級，中美之間不單單是經濟矛盾，而是全面對抗。中美關係迎來中美建交之後最重大的、結構性的劇變。這一劇變勢必影響到中國與其他國家之間的關係。世界各國領導人，如果錯誤理解這種變化，不能明智地選邊站，必然會為其領導的國家發展帶來嚴重的危機。比如，德國左派總理梅克爾感受到這種變化，卻呼籲歐洲國家團結起來，一起對抗中國、俄國和美國。這種敵我不分的立場，無助於德國問鼎歐洲「領頭羊」的雄心，也不可能讓歐盟在一夜之間取代北約。而俄羅斯總統普丁比梅克爾聰明得多，他開始轉變立場，倒向美國，積極改善俄美關係。中共長期將蘇俄當作「老大哥」，俄國卻從未將中國當作好朋友。

自以為聰明的習近平沿襲親俄政策，幻想聯俄抗美。在習的第一和第二屆任期之初，首選出訪國家都是俄羅斯。習近平曾當面諂媚普丁說：「我跟您很相似。」習近平從來沒有在誰的面前如此放低身段，如同張愛玲給胡蘭成的一張照片背面所寫的文字：「見了他，她變得很低很低，低到塵埃裡。但她心裡是歡喜的，從塵埃裡開出花來。」但普丁對習近平的玫瑰花反應冷淡。

二〇一八年，普丁訪問北京，習近平命令母校清華大學授予普丁一個名譽博士學位，中國官媒不敢公布是哪個學科的博士學位。不僅如此，習近平還親自頒發普丁空前絕後的「友誼勳章」，金光閃閃且碩大無比的勳章，盡顯中國式的慷慨大方。

然而，普丁並不領情，雖然俄羅斯的GDP已萎縮到僅相當於中國廣東省，但北極熊的威風並不比蘇聯全盛時期遜色。俄國從未承諾與中國併肩作戰，KGB出身、身強力壯、格鬥擒拿樣樣精通、還會開飛機的普丁，怎麼看得起外強中乾、不學無術的習近平？普丁會為習近平兩肋插刀嗎？二〇一九年十二月十九日，普丁在年度記者會上說：「至於聯盟，我們目前與中國沒有建立軍事聯盟，我們也不打算建立。」普丁毫不猶豫地「亮劍」，閃電般的三招，都插到習近平的胸膛上。

首先，普丁的新聞發言人佩斯科夫表示，中美貿易戰不可能不對全球經濟環境造成消極後果，但沒有必要誇大其對俄羅斯經濟帶來的負面影響。他強調，「這不是俄羅斯的戰爭。」俄羅斯願意同中美兩國發展關係。換言之，俄羅斯將在旁邊坐山觀虎鬥，並找機會火中取栗。俄羅斯《觀點報》援引俄羅斯科學院遠東研究所副所長奧斯特洛夫斯基的話表示，中美貿易戰對莫斯科有一定好處，俄羅斯可以往中國市場輸送一些美國無法供應的商品。石油天然氣能源方面，俄方會一如既往的供應，貿易戰不會影響到兩國的能源合作。俄羅斯國立研究大學東方學學院院長阿列克謝·馬斯洛夫在「俄中對話」論壇上表示，俄羅斯和中國可以透過原料出口讓貿易額達到兩千億美元——即便如此，這個數字僅僅是中美貿易額的四分之一。

其次，俄羅斯算計好中國的能源危機迫在眉睫，宣布對出口中國的石油漲價。正當美國封鎖伊朗石油出口，中國轉而依賴俄羅斯和沙烏地阿拉伯之際，俄羅斯財政部宣布，俄國石油出口關稅將從每噸調高五點八美元，達一百一十美元。分析認為，由於俄國提高石油關稅，無疑加重了中國的經濟負擔。二〇一三年三月，習近平剛剛上臺後不久，普丁誘使習簽署一份能源大單《關於擴大原油貿易合作的協議》，這份有效期限長達二十五年的石油供應協定，總量為三點六五億噸，總價為兩千七百億美元，折合每桶約一百零一美元。當國際油價下跌一半時，中國仍以協議規定的固定價格向俄羅斯購買石油，損失高達數百億美元；當國際油價升高時，俄方卻單方面提升關稅，中國無計可施，只能忍辱接受。習近平以強人自居，面對更強的普丁，立刻變成草包和懦夫。

第三，狡猾的普丁也對中國打起政治牌、宗教牌和人權牌。俄國人權狀況不佳，卻敢在人權議題上對中國施壓。據《西藏之聲》引述俄羅斯官方媒體《塔斯社》報導稱，普丁在一個公開場合表示：「俄羅斯並沒有禁止達賴喇嘛來訪問。」普丁表示，他會考慮達賴喇嘛訪俄的可能性。他強調，俄羅斯不會歧視信仰不同宗教的人，無論是基督徒、猶太教徒，或是穆斯林、佛教徒。在炫耀蘇聯比中國有更多宗教自由的同時，這句話顯然是在嘲諷習近平全面而殘酷的宗教迫害政策不得人心。普丁試圖以此與專橫暴虐的習近平拉開距離，他不願國際社會將他與習近平並列為獨裁者。

習近平報之以桃，並未讓普丁還之以李。習近平已然走到了失道寡助的十字路口。

為什麼沒有西方領導人祝賀習近平「高票當選」？

習近平與普丁先後「當選」國家元首，西方對這兩場形態各異、結果一致的選舉反應非常冷淡。這兩個獨裁者倒是第一時間互相祝賀。中國外交部表示，與習的第一個國家主席任期一樣，在其第二個任期內第一個出訪國仍是俄羅斯；俄羅斯則表示，普丁將在年內出訪中國。

習近平是一九九三年中國領導人「三位一體」（中共總書記、國家主席、中共軍委主席同為一人）制度實施以來，第一名高票當選的國家主席。在過去二十五年裡，兩任國家主席江澤民和胡錦濤在四次人大選舉的過程中，都有代表投下反對或棄權票，最多一次有三十六張反對票。習以「高票」當選（他當仁不讓地投給自己一票），並不表明他比江和胡更得民心或更有才能，只能說明他的統治方式更鐵腕、更嚴酷，其「有效管控」模式深入到「人民代表」投票的每一個環節。

習近平的「高票」，連中共老祖宗毛澤東也甘拜下風。一九四九年九月，人民政協會議選舉國家主席，時有五百七十六位代表投票，毛澤東得五百七十五票。眾人認為毛謙虛，少了一票，但毛其實投了自己的票。毛故作大度地說：「缺一票就缺一票，不管什麼人，都有選不選毛澤東的權利，要尊重事實。」但會後，毛展開追查，投反對票的民盟秘書長張東蓀被查出。一九五一年，張東蓀因莫須有的「美國特務案」被撤銷一切職務，之後被關押在「秦城」監獄乃至被折磨致死。

在這次投票前夕，張東蓀的故事在「人民代表」之間廣為流傳。前車之鑒，豈能不顧？習近平還安排了一個前所未有的儀式：三軍儀隊身穿筆挺的軍服，踏正步魚貫進場。如此威懾，大半都是家財萬貫的「人民代表」，還不乖乖投出安全的一票。

與習近平相比，普丁將每屆總統任期從四年延長到六年，並在總統和總理之間轉換角色，卻不敢修改憲法取消任期限制。而且，蘇聯有形式上的全國普選，儘管普丁營私舞弊，使大選公信力偏低，但至少不敢玩弄「高票當選」的把戲。俄國當局承認此次投票率只有六成，普丁得票率為百分之七十六點六三。這個數字豈是習近平能心滿意足的？

人們能相信習近平和普丁的得票率嗎？若單看數字，習近平比普丁更受民眾愛戴，事實果真如此嗎？恰恰相反，如果中國舉行蘇聯式大選，投票率必定更低，習近平得票率也會更低。

獨裁者不需要經歷艱苦的選戰，就能未卜先知地知道自己必然當選。習近平的得票比普丁的好看，表明中國比俄國更獨裁、更野蠻、更黑暗。

沒有任何西方大國領導人向習近平的全票當選發去賀電。習近平發現，一夜之間，自己的敵人遍布天下。外交上的頓挫，讓國內不滿的聲音開始擡頭。有自稱基層黨員的人士在海外網站發表了一篇敦促習近平辭職的公開信。信中提及習近平在外交方面的嚴重失誤：「外交上，你拋棄了鄧小平同志韜光養晦的一貫方針，盲目出手，不僅沒能創造良好的周邊國際環境，還讓朝鮮成功進行了原子彈和導彈的試驗，形成對中國國家安全的巨大威脅，也讓美國成功重返亞洲，與南朝鮮、日本、菲律賓及東南亞各國形成統一戰線，聯手遏制中國。」

這封信仍以救黨派的口吻、站在中共立場上說話，但對習近平的威望構成了沉重的打擊。

習近平在外交上的失敗，將導致中共內鬥加劇。中共政權是一臺血淋淋的絞肉機，習近平以迅雷不及掩耳之勢，將周永康、令計劃、徐才厚、郭伯雄等前朝高官顯貴扔進絞肉機，他卻不知道，同樣的命運也在等待著他——當其內外交困之際，政治局的同僚們一定會惡狠狠地撲上去，奪取受傷的猴王的寶座。

委內瑞拉總統馬杜洛是習近平的朋友嗎？

據《美聯社》報導，委內瑞拉總統馬杜洛訪問中國四天，獲得五十億美元貸款，及六個月償貸寬限期——此前，委內瑞拉已拖欠中國超過兩百億美元貸款且宣布不再歸還。在委內瑞拉經濟崩潰、鈔票論斤計算、百萬民眾投奔鄰國之際，中共的貸款是雪中送炭，可暫時解其燃眉之急。

習近平與馬杜洛把酒言歡的新聞圖片，在中國社群網路上被民眾嗤之以鼻，贏得一片罵聲。網管刪貼，夜以繼日，刪不勝刪。習近平將國庫當私產，隨意揮霍。有學者提出設立《對外援助法》的建議，以遏制「任性」外交，卻如石沉大海。

習近平應當向馬杜洛學習如何控制網路言論。馬杜洛比習近平心狠手辣，兩位嘲諷馬杜洛是驢子的消防員立即被捕，被控以「煽動加劇仇恨」的罪名面臨二十年的刑期。中國罵習近平是包子和豬頭的民眾，所獲之刑期短得多——中國政府比委內瑞拉政府更加仁慈。

中國民間對「中委友誼」一點都不感冒。見勢不妙，中共喉舌《人民日報》海外版刊文引領輿論風向，稱委內瑞拉是中國的「全面戰略夥伴」，「其國內面臨一些困難，中國不會去干涉內政，更不會對處於困境中的老朋友視而不見。」

對誰念茲在茲，對誰視而不見，中共自有其選擇機制。習近平對委內瑞拉「面臨的困難」念茲在茲，彷彿委內瑞拉人是他的子民，對其難處看在眼中、哀在心頭，天女散花般灑去人民幣。他不是委內瑞拉總統，卻勝似委內瑞拉總統。他偏偏對國內「屁民」的眼淚和吶喊視而不見，那些人是被他踩死都不會喊疼的螞蟻。

浙江金華市浦江縣網貸投資受害人王倩，因維權受到打壓，對社會失去信心，自殺身亡。王倩寫給父母的遺書提到，從小受教育愛黨愛國，但去上海信訪局維權過程中，親身經歷警察暴力維穩，導致「心態崩塌，三觀（人生觀、世界觀、價值觀）全毀，真的太累，看不到希望。」習近平對這種自絕於其「中國夢」願景的弱者視而不見。

二〇一九年秋季開學第一天，湖南耒陽官方強行削減公立學校數千位超額學生，分流給存在安全隱患、收費昂貴的私立學校。耒陽有媒體人撰文形容，當局割「公校」的喉，給「民校」輸血，是典型的官商勾結。數千位家長奮起抗議，包圍地方政府。官方派出武裝警察暴力鎮壓，家長和孩子一起遭到毒打。習近平對這些「刁民」同樣視而不見。

中國社群平臺上沒有言論自由，人們翻牆到推特上發怨言。有人說，「你不該叫它委內瑞拉，你應該叫它委內援外，因為你委屈國內、援助國外。」有人說：「中國納稅人的錢，非洲人能用，委內瑞拉也能用，就是屁民沒得用。」還有人說：「這國是地球之外的地獄以下的魔鬼在統治。」

魔鬼自有魔鬼的邏輯方式。習近平沿襲毛澤東時代的外援政策，既不公開透明，也不追求經濟回報。正如《人民日報》所說，委內瑞拉是中國的「全面戰略伙伴」，那裡不僅有石油，更是反美最前線。在美國家門口扶持一個堅決反美的政權，是習近平「大國崛起」外交戰略的一部分，那些鼠肚雞腸的短視民眾豈能明白偉大領袖之高瞻遠矚？

非洲諸國是習近平的好兄弟嗎？

中共在北京召開中非合作論壇，習近平在開幕演講中表示，「將為非洲國家提供一百五十億美元無償援助、無息貸款和優惠貸款；提供兩百億美元的信貸資金額度；支援設立一百億美元的中非開發性金融專項資金和五十億美元自非洲進口貿易融資專項基金；推動中國企業未來三年對非洲投資不少於一百億美元。」這幾項加起來多達六百億美元，此外，他還宣布「免除與中國有外交關係的非洲最不發達國家、重債窮國、內陸發展中國家、小島嶼發展中國家截至二〇一八年底到期未償還的政府間無息貸款。」

習近平把整個非洲的國家元首和政府首腦請到北京，包括從臺灣撬來的三個非洲邦交國領導人。那些黑人兄弟對習近平畢恭畢敬，眼睛緊緊盯著習手中的錢袋子。習在會上提出「五不原則」：「不干預非洲國家探索符合國情的發展道路，不干涉非洲內政，不把自己的意志強加於人，不在對非援助中附加任何政治條件，不在對非投資融資中謀取政治私利。」真是口吐蓮花，妙語連珠，讓有過殖民主義經驗的西方國家亦甘拜下風。習近平說，中國希望各國都能在處理非洲事務時做到這「五不」，儼然要為其他國家與非洲的交往設定某種標準，儼然就是非洲國家的宗主國。

許多中國民眾對習近平宣布大手筆斥資六百億美元援助非洲極為不滿，儘管中國網路媒體在報導此消息時關閉評論功能，人們仍想盡辦法發表不同意見，痛斥習近平——「坐擁四千三百萬貧困人口，卻以四處撒幣為榮」、「忍不住想罵」、「打腫臉充胖子」、「就算是牲口，也要先餵飽自己家的吧」、「寧贈友邦，不予家奴」、「四十年前非洲兄弟把我們擡進聯合國，現在報恩也不遲」。還有一副對聯淋漓盡致地諷刺說，「二逼二帶終稱帝，一帶一路盡寬衣」，橫批是「萬國來嘲」，更有網友追蹤在各大網站上發表支持言論人物，發現都是官方的「網路監督員」，也就是「拿人錢財，與人消災」的「五毛」。如今，中共已很難找到不拿錢也辦事的志願者和支持者了。

北京大學憲法學教授張千帆質疑說，既然涉及國家開支，也就是「動了納稅人的錢」，這類決定應當由全國人大（至少是常委會）討論通過。中國免除非洲對華債務，同樣也應由全國人大討論通過。習近平的自作主張，宣布免除非洲各國債務並繼續援助的作法「違憲」。張教授太過善良了，習近平想讓全國人大討論通過其「撒幣」壯舉，實在易如反掌，就如同此前他讓全國人大全票通過廢除憲法中國家主席任期限制一樣。習近平不願這樣做，表明皇帝不願受憲法之束縛，連敷衍和遮掩都懶得表演一番。習近平內心沒有把民意和法律當一回事。

《環球時報》永遠「跪舔」最及時。為扭轉輿論風向，刊登長篇社論，呼籲中國民眾應當具備「大國心態」：「中國人還要清楚，大國一定要盡大國的義務，否則我們就不能在今天的位置上久留，更指望不了繼續往前走。因為中國還有窮人，所以對外援助就是不道德的，這種思維是小農經濟的邏輯，根本指導不了中國今天的宏大實踐。」並在社論中提出「小農經濟」和「大國心態」這一組對立概念。

有趣的是，號稱以「工農聯盟」為統治基礎的共產黨，其機關報不把農民當人看，痛批「小農經濟」、「小農意識」彷彿一切都是農民的錯，彷彿農民這個身分跟落後、狹隘等負面觀念相連，難怪北京等大城市要驅趕「低端人口」。《環球時報》偏偏忘記了：一九四九年以來，農民從來都是「被折騰」的主體，毛時代的大饑荒餓死幾千萬農民，鄧時代的改革開放是針對農民的「圈地運動」，中共好意思給農民扣上「小農」的帽子？

打倒「小農意識」，樹起的就是「大國心態」。《環球時報》語重心長地教育國人，不能「小計算」，不能斤斤計較，即便勒緊褲腰帶，也要具備「大國心態」。然而，「大國心態」跟生活日漸艱難的普通民眾有何關係？「大國心態」是「吾皇威武」的墊腳石。

六百億美元的援助數字，不是憑空想出來的，而是要與美國展開競爭。川普政府剛剛提出六百億對外投資的議案提交國會審議，習近平立即拋出單單是非洲就投入六百億的大計劃，讓縮手縮腳的美國黯然失色。

六百億美元這個數字，還有哪些含義？有網友指出，六百億美元援助非洲，相當於每個中國人付出人民幣兩百九十四元。為達成「萬邦來朝，吾皇威武」的大好局面，每個草民付出不到三百元，難道不是一筆划算的好生意？大家不要捨不得三百元「小錢」，氣量和格局不能太小，小到無法領會「吾皇」的千年大計，要像毛澤東勸誡柳亞子那樣「牢騷太盛防腸斷，風物長宜放眼量」。

用歷史學家黃仁宇的說法，中華帝國不擅長「數字管理」，習近平亦如是，他長袖善舞、多錢善賈，對六百億美元並無具體概念。有好事者幫他算帳：若以這筆錢應付中美貿易戰，即便川普政府向所有中國出口到美國的五千多億美元產品加收百分之十關稅，這筆錢足以用來補貼多徵的官司，讓中國出口巋然不動，川普無可奈何。

按照中國各省區市公布的《國民經濟和社會發展統計公報》，六百億美元大於最窮的兩省區西藏和青海GDP總和，略低於海南省GDP；以財政收入而論，略超過西藏、青海、新疆、甘肅四個省區財政收入之和，超過黑吉遼東三省財政收入總和的百分之八十，接近湖南省全年財政收入。

若以中國國內民生問題而論，六百億美元筆錢並非「小錢」。如果把這筆錢用在中國教育、醫療、扶貧等急需的領域，若干多年來困擾中國民眾日常生活的諸多問題將迎刃而解。至少毒疫苗、毒奶粉等問題不會發生，至少數十萬不得溫飽的退役老兵不會群起維權，至少貧困人口和受災民眾可衣食無憂，「朱門酒肉臭，路有凍死骨」的慘劇不會出現——然而，此類「小事」是習近平不屑為之的。

翁山蘇姬為什麼與習近平翩翩起舞？

《新華社》說，二〇二〇年一月十七日至十八日習近平對緬甸進行「歷史性」的國事訪問，意義非同尋常。這是習近平二〇二〇年的首次出訪，也是十九年以來中國最高領導人的首次訪問緬甸，具有中國外交上的深意。

具有諷刺意味的是，訪問期間卻因為臉書的翻譯出錯而出現令人尷尬的事件。緬甸國務資政兼外長翁山蘇姬的官方臉書出現緬甸語自動英譯時的嚴重不雅錯誤，習近平被多次稱為「糞坑先生」，緬甸當地的《伊洛瓦底》新聞網頭條也出現「招待糞坑主席的晚宴」。臉書為此致歉。實際上，這是習近平訪問期間唯一的一句真話，「糞坑先生」的冠名，他名副其實。

習近平與翁山蘇姬舉行正式會談時表示，路遙知馬力，患難見真情。中國是值得緬方信任的好朋友。當前中緬都已進入國家發展的新階段，雙邊關係面臨新的發展契機，當次決定共同構建「中緬命運共同體」，開啟雙邊關係的新時代。

翁山蘇姬表示，「中國的支持不是出於私利，而是為了捍衛公平正義，對於像緬甸這樣的小國格外彌足珍貴」，「希望中國能夠更多同緬甸等發展中國家分享治國理政經驗。」緬甸方面也宣布與中國建立「命運共同體」——此前中國周邊國家中明確決定要和中國構建立「共同體」的只有寮國，那是緬甸打算與中國全面對接國家發展路線，是緬甸對中國的全面認可。

翁山蘇姬又暗批美國，稱「有的國家以人權、民族、宗教問題為藉口粗暴干涉別國內政，但緬甸絕不接受這種施壓和干涉」。她「希望中方繼續在國際場合為緬甸等中小國家主持公道」。

習近平笑逐顏開地表示，中緬不僅互信互幫互助，樹立了國家間交往典範，也為推動建立新型國際關係做出歷史性貢獻。中方一貫堅持尊重各國人民自主選擇適合國情的發展道路，堅持不干涉別國內政。中方將繼續在國際上為緬方仗義執言，支持緬方維護國家尊嚴和正當權益。

翁山蘇姬難道忘記了，不正是美國積極「干涉緬甸內政」，才讓她重獲自由、才讓緬甸軍政權開啟政治改革？尤其是美國前總統歐巴馬對翁山蘇姬的命運關懷備至，多次派遣特使到緬甸與之會面。彼時緬甸軍政府釋放被軟禁多年的翁山蘇姬、緬甸文職政府由選舉產生、翁山蘇姬最終掌權，無不得到美國鼎力支持。二〇一四年緬甸大選之前，歐巴馬訪問仰光，與翁山蘇姬行親吻禮的一幕，可見她和美國的親密程度。

「人一闊，臉就變」，「民主女神」掌權之後，不僅默許軍政權對羅興亞人的種族屠殺，而且迅速向北京拋出媚眼。此前，翁山蘇姬受寵若驚地到北京出席「一帶一路」國際高峰論壇，在大會上發言表示，中國是緬甸的一個榜樣，證明了「有決心、有了努力與勤奮」之後得到的是什麼——世界上沒有任何一個國家在勤奮這點上超越中國。

習近平願意聽到此種諂媚之語，兩人以相見歡的姿態出現在全球媒體面前。中國承諾給緬甸更多投資。中國在緬甸修築水力發電廠，對緬甸的生態環境造成毀滅性破壞，緬甸民眾早已怒火中燒，偏偏翁山蘇姬照單全收。

翁山蘇姬故意迴避的一個真相是：與中共極權政府相比，緬甸軍政權太過仁慈了，過去她只是被軟禁在湖畔別墅中，有專門的廚師和僕人照顧生活。緬甸軍政權的軍頭們那時還沒有以中國為榜樣，否則她的下場就會跟中國諾貝爾和平獎得主劉曉波一樣——在監獄中「被肝癌死」。生龍活虎的劉曉波，坐牢十年就患上肝癌死去，骨灰被沉入大海，無法查證是否為中共下毒害死，但至少有一點是可以確定的：若不是在獄中長期食用腐敗食物，劉曉波又怎麼可能患上肝癌呢？被中共關押的臺灣人李明哲，也被迫食用各種腐敗食物。中國人分享這種治理經驗，翁山蘇姬會用到因為批評她和她的政府而被關押的記者身上嗎？

還有跟翁山蘇姬同樣信奉佛教的數百萬藏人，正面臨文化滅絕、種族滅絕，難道翁山蘇姬一無所知嗎？翁山蘇姬曾與達賴喇嘛共同出席國際人權論壇，他們是否惺惺相惜呢？緬甸羅興亞人的人道災難爆發以來，不少國際媒體質疑翁山蘇姬為何一直不為此議題發聲，導致許多國際人權組織也為此取消了昔日授予她的榮譽和獎項。達賴喇嘛曾呼籲翁山蘇姬站出來說話，並批評緬甸極端主義佛教徒說：「現在的人道標準出了問題，這反映了對他人缺乏關愛之心，不理他人死活。」這句話說的不正是變臉的翁山蘇姬嗎？對此，翁山蘇姬置若罔聞。

如翁山蘇姬所說，中國人確實很勤奮，中國人追求財富的野心超過世界上任何民族。然而，中國人安於「自願為奴」的命運，如法國思想家波埃西所說，自由是多麼偉大與美妙的財富，但人們卻沒有勇氣去追求，「自由一旦失去，一切災難接踵而至；沒有自由，一切其他財富也會因奴役而變質。」中國人迫切需要的，不是做牛做馬的勤勞，而是追求自由的勇氣。

親北京的香港媒體《香港01》如此評論翁山蘇姬的轉向：「西方誤判的是，民主和選舉並非一切問題的解藥，就像翁山蘇姬對美國副總統彭斯所說『我比你更了解我的國家』一樣。昔日『民主女神』對美國的批評，給了西方莫大的諷刺。」此一評論言不及義，翁山蘇姬跟習近平翩翩起舞，不是西方的失敗，而是翁山蘇姬自願帶領緬甸成為「中國藩屬國」。翁山蘇姬投靠習近平，是為了抗拒西方對緬甸人權問題的批評，以及從中國得到更多投資。但是，自古以來，跟中國走得太近乃至成為中國的「命運共同體」的國家，從來都沒有好下場。成為中國附屬國的緬甸，人民的境遇會比遭到中國「劣質殖民」的西藏人、維吾爾人、蒙古人、香港人更好嗎？

川普推特揮拳，習近平弱不禁推、滿地找牙

二〇一九年五月，川普接連發出兩則推文，宣布將對價值兩千億美元的中國商品提高關稅，從百分之十升至百分之二十五。不是川普突然變臉，而是中共不守承諾。美國貿易代表萊特海澤對記者說，是中國放棄了已做出的承諾，這個消息激怒了川普。

在歷史上，中共向來善於玩弄「拖刀計」，國共內戰和韓戰，中國靠「打打停停」磨掉美國的耐心，進而獲取最大利益。

可惜，這一次川普不吃這一套。川普不僅成功地實現「推特治國」，更將「推特外交」

和「推特談判」玩到爐火純青。次日，中國官媒上沒有一個字報導川普的推文，習近平仍占據主要版面——習近平的「三農」工作論述和紀念「五四」百年的言論隆重出版；習近平忙著繪製「一帶一路」新藍圖；習近平抽空給普丁打電話，慰問俄羅斯客機緊急迫降造成的人員傷亡。似乎中國領導人早已具備了「寵辱不驚，看庭前花開花落；去留無意，望天上雲捲雲舒」之修為，不把川普的叫陣放在眼中。

習近平用卡夫卡的名言「挺住意味著一切」自我激勵，但中國股市一點不爭氣。五月六日，上證指數收盤下跌百分之五點五八，深圳成指收盤下跌百分之七點五六，創業板收盤下跌百分之七點九四，整個交易日滬深兩市超過一千個股票跌停，香港恆生指數也急挫百分之二點九，一片鬼哭狼嚎、淒淒慘慘戚戚。川普提高的關稅，數額不過數百億美元，但兩則推文在一天內讓中國股市市值蒸發三點八二萬億元，相當於四點五次汶川地震的損失，或北京加西安全年的GDP。

向來鼻孔朝天、伶牙俐齒的中國外交部發言人耿爽，在記者會上沒有對川普說一個「不」字。他平心靜氣地表示，中方團隊正在準備赴美磋商，「當務之急，我們還是希望美方和中方共同努力，相向而行，爭取在相互尊重的基礎上，達成一個互利雙贏的協議。」外交部發言人此前的狠話全都被網友收集起來，拼湊成「年度笑話精選」：小打小贏，大打大贏、美國在搬起石頭砸自己的腳，奉陪到底、不主動打，但是不怕打。

川普一發推，中國現原形。這個「厲害了」的國家，實際上比弱不禁風的林黛玉妹妹還不如，簡直就是「弱不禁推」。推特在中國被禁，川普推文的影響尚且如此之大；若川普使用微信，中國還有活路嗎？有中國網友感嘆說：「一個世界數一數二的大國股市，就太平洋對岸的一句話，竟集體趴下了，還能說什麼？」還有網友留下打油詩安慰「領袖」說：「十億韭菜十億兵，身外之物似浮雲。跌停腰斬尋常事，嚇尿美帝慰朕心。」

《華爾街日報》報導，中美貿易戰的硝煙中，習近平與包括高盛集團、普洛斯地產物流、凱悅酒店、大眾汽車及施耐德電機等二十多位歐美跨國集團行政總裁會晤，向與會人士表示：「西方有個說法，如果別人打你左臉，你要把右臉也伸過去。在我們的文化，我們會以牙還牙。」

真是無知者無畏。「以眼還眼，以牙還牙」不是中國的文化，而是來自《聖經》舊約中的「同態復仇」觀念，另外以「不要與惡人作對，有人打你的右臉，把左臉也轉給他」，則是來自《聖經》新約的愛與寬恕觀念。正因為前者無法建構人類命運共同體，耶穌基督才教導人們按照後一原則生活和相處——不能理解這句真理的中共惡警，在打壓家庭教會的信仰自由時，一邊兇惡地打基督徒耳光，一邊用這句話來為其暴行「正名」。

中國文化中少有的跟普世價值接軌的部分是「己所不欲，勿施於人。」中國加入世貿組織之後，從來只是享有權益，卻不履行義務，將中國製造賣到全球，卻對別國產品進入中國設置重重障礙，究竟誰才是「貿易恐怖主義」呢？即便是「以牙還牙」，也要先掂量一下有幾顆牙齒。習近平真以為自己是滿嘴獠牙的青面怪獸，殊不知中國早已是牙齒鬆動、外強中乾的大紅龍。中國妄圖對川普的加增關稅命令採取等值反擊措施：川普提出兩千億美元的中國產品清單，中方卻無法等值反擊——二〇一八年，美國對華出口總額只有一千兩百億美元。

習近平以為龐大的外匯儲備讓他糧草充足。但經濟學家指出，若貿易戰擴大，中國三點一萬億美元的外匯儲備，需要拿出一點二萬億償還外債，拿出四千七百億供外企撤離，手裡只剩下一點四五萬億。麻煩在於，中國一直以來的印鈔機制，是以外匯儲備為基礎印人民幣。外匯儲備減少，必須相應回收基礎貨幣。一點六七萬億美元的開戰代價，意味著必須回收十點七七萬億人民幣的基礎貨幣。

根據中國央行資產負債表，中國的基礎貨幣為三十點四五萬億。換言之，基礎貨幣要萎縮足足三分之一，這必然帶來無法想像的通縮和經濟蕭條。若拒絕回收人民幣，強行維持人民幣的供應量，本身就是無錨印鈔，貨幣信用不知如何維持？打這場硬仗，習近平的牙齒夠用嗎？更何況，貿易戰不僅限於比誰的牙齒更多、更硬，它是全面戰，全身所有器官都要投入。與貿易戰同時開打的，還有人權之戰、價值觀之戰。

習近平被打得滿地找牙的日子不遠了。

第四節
習近平夢斷武漢肺炎

臺灣媒體《上報》的「大家論壇」專欄刊登一篇署名魏尚進的文章〈武漢肺炎視角：中國GDP第一季恐下滑百分之一，全年僅減百分之零點一〉。文章的基本觀點是：「我最樂觀的估計是該病毒只會產生有限的負面經濟影響。它對二〇二〇年中國GDP成長率的影響可能很小，可能僅減少百分之零點一。對世界GDP成長的影響則更小了。」作者的身分很顯赫：亞洲開發銀行前首席經濟學家、美國哥倫比亞大學金融與經濟學教授。在崇拜學歷和資歷的華人文化圈，擁有這種身分的作者，只要一開口，即便是胡說八道，也會被奉為至理名言，乃至字字是真理、句句是真理。

然而，我卻從中讀出中共大外宣的味道，讀出歐威爾所說的「陰溝中的氣味」。從楊振寧開始，此種遊走於中美之間、「兩邊通吃」的高等華人屢見不鮮，甚至白人也趨炎附勢地加入進來——哈佛大學頂級學者、化學系主任查爾斯·利伯被聯邦調查局逮捕，震驚學術界。利伯被控暗中協助中國竊取美國的技術，並對美國政府和哈佛大學隱瞞參與中國「千人計畫」，領取中國數百萬美元津貼。與之相比，包括經濟學在內的社會科學領域的學者，沒有掌握科技機密，在中國眼中沒有那麼高的利用價值，卻可搖動筆桿子幫中共洗地。俗話說，「屁股決定腦袋」，魏尚進這位在美國名校任教的學者，若是在西方學術刊物發表文章，必須遵循學術規範，有數據、有論證，但在公共媒體上幫中共說話時，他們卻可以脫離常識和常理，指鹿為馬、顛倒黑白。儘管魏氏的文章看上去不值一駁，我仍要撰文分析，以免其誤導讀者、貽害無窮。

與魏氏的「樂觀」評估相反，對於此次疫情影響中國經濟的更具權威性的預測是：瑞銀中國首席經濟學家汪濤預計，二〇二〇年中國第一季度國內生產總值同比增長將下降至百分之三點八，全年增速下跌至百分之五點四。接受《華爾街日報》調查的十位西方頂級經濟學家，將中國第一季度經濟增長預期下調一個多百分點，至百分之四點九的中值。有「末日博士」之稱的紐約大學經濟學教授魯里埃爾·魯比尼接受《福斯財經網》訪問時指出，武漢肺炎疫情將使中國的經濟成長無法超過百分之四，從百分之六降至百分之四，代表中國經濟成長削減三分之一。倫敦市場分析公司首席亞洲地區經濟學家比米什在接受《CNBC》採訪時說，中國去年的經濟增長就已相當弱了，實際年經濟增長率只有百分之三點八。根據其模型，在疫情衝擊下，預計二〇二〇年中國的經濟增長會低於百分之二。比米什說，疫情對第一季度的經濟增長帶來的衝擊會「令人震驚」。這些評估跟魏尚進大不相同。若這些評估成為事實，那麼習近平的中國夢真就被這場突如其來的疫情擊得粉碎。

魏尚進的「樂觀」結論（比共產黨本身還要樂觀），雖然有三個論據支持，但都站不住腳。

網購可以拯救中國消費嗎？

首先，魏的文中承認，其預測是基於二〇〇三年SARS危機的經歷——中國GDP成長在該年第二季大幅下跌，但隨後被之後兩季的較高成長所彌補。魏氏由此認為，與當年SARS爆發相比，中國已進入網路商務時代，消費者愈來愈多習慣在網路上購物，因疫情導致的線下銷售下跌可被線上購物的成長所抵消。短期的負面影響很可能只是集中在餐飲、飯店和航空業之間。

這種比較方式是典型時空錯亂的「張飛打岳飛」、「關公戰秦瓊」。跟十七年前相比，如今中國的經濟結構和經濟總量已有翻天覆地的變化，再用十七年前的數據和情境來預測今天的狀況，無異於刻舟求劍、緣木求魚。

中國人的網路消費總量固然名列世界第一，但此次疫情所造成的經濟損失，網路消費所能彌補的部分十分有限。目前若干國家已對中國斷航、斷郵（雙向），而且由於中國各地封城、封省，國內的快遞能力僅有中國春節前的四成左右。除了少數消費，如訂餐、衛生用品、孩子學習用品等的銷量大大增加外，其他大部分消費包括網路消費都急速下降。而且，像電影、餐飲、旅遊、交通等產業，是不能通過網路消費完成的，網路消費也不可能取而代之。

中國的社群平臺上流傳著一篇無名作者撰寫題為〈武漢肺炎對經濟影響有多大？〉的文章，提出了完全不同的比較視角。有時候，無名作者比偽菁英更能一針見血、對症下藥。作者認為：「第一，武漢疫情嚴重程度會超過SARS。第二，武漢疫情爆發在春運之前，並且是在春運結束之前就進入全面防控。這意味著春節過後，各地人群無法按期返回工廠及企業上班。第三，當前中國第三產業已超過第二產業、變成主導產業。武漢疫情對第三產業的毀滅性打擊，會直觀表現在GDP上。可以預期，二〇二〇年第一季度的GDP增速，將出現驟降——彷彿是一個狙擊手，精準瞄準中國的心臟，將傷害最大化。中國的經濟在二〇一九年已進入下行週期，保守估計二〇二〇年第一季度增速會從百分之六降低到百分之三。」

這位作者繼而指出，此次疫情對電影市場、旅遊市場、消費市場都將造成沉重打擊。以電影市場而論，二〇一九年春節期間，中國電影票房為五十九億元，占全年票房百分之九。此前，一些機構預計二〇二〇年春節票房可達七十億元，占全年票房百分之十。隨著賀歲電影撤檔，這七十億票房肯定打水漂了。並且，只要疫情一天不結束，電影市場就沒法恢復。預計二〇二〇年電影市場的整體損失，將超過一百億元。

以旅遊市場而論，二〇一九年春節假期，全國旅遊接待總人數四點一五億人次，同比增長百分之七點六，實現旅遊收入五千一百三十九億元，同比增長百分之八點二。若二〇二〇年同比增長，這差不多是五千五百五十億元的市場規模。現在，這也化為烏有。全國旅遊行業從業者將直接損失全年三分之一的收入。

以消費零售市場而論，在嚴格管控制下，所有人只能待在家裡，不能出門。消費慾望限制到最低。即便以ＳＡＲＳ的標準僅下降百分之五計算，二〇二〇年一季度，社會零售總額的經濟損失差不多為五千億元。

也就是說，僅電影、旅遊和零售市場，疫情造成的直接經濟損失就超過一萬億元。

二〇一九年第一季度中國的ＧＤＰ總額為二十一點三四萬億，二〇二〇年第一季度，如果按照百分之六的預期增長率，ＧＤＰ的總額應增長為二十二點六二萬億，增長幅度為一點二八萬億。因為武漢疫情，二〇二〇年中國第一季度的GDP直接損失一萬億的話，相比二〇一九年第一季度，就會出現零增長。這會直接導致中國的經濟發動機驟然間失速。發動機驟然間失速，可能引發心臟休克。因此，武漢疫情有可能成為壓垮駱駝的最後一根稻草，引發嚴重的經濟危機，甚至拖累世界經濟。

美國智庫外交關係協會會長哈斯在《華盛頓郵報》撰文說，除了人員死亡造成的悲劇以外，病毒帶來的最即時的影響大部分是在經濟方面。擔任過美國國務院政策規劃主任的哈斯在文章中寫道：「當代中國的政治合法性很大程度上取決於經濟表現。中國民眾願意接受對他們施加的人身和政治自由的限制，以換取一個能夠改善生活水準的制度。在武漢病毒爆發之前，中國經濟增長已經放緩，這意味著一個不怎麼理想的狀況正在迅速惡化。」換言之，經濟問題將引爆政治問題，習近平的「中國夢」將像泡沫一樣破滅。

中國政府處理疫情比當年更高效嗎？

其次，魏尚進認為，所有報導都指出武漢冠狀病毒的致死性不如SARS（儘管初期傳播速度可能更快）。同樣重要的是，「中國政府從控制消息散播，轉向控制病毒傳播的速度，要比SARS時期更加迅速。」他認為，透過積極採取措施，將實際和潛在患者與其他人群隔離，當局得以更快控制住病毒傳染。這反過來增加本年度其他時間經濟活動抵消本季經濟產出損失的可能性。

這個看法與疫情在全中國急劇擴散的事實截然相反。贊同魏尚進觀點的大概只有世衛組織總幹事、千夫所指的譚德塞。實際上，中共並未從當年的SARS事件中汲取任何一點經驗教訓，當局的反應並不比當年更迅速，迅速的部分是打壓疫情預報和言論自由，而不是展開防疫工作。他們確實採取了果斷行動，不是針對病毒，而是針對那些試圖引起人們注意這個公共衛生威脅的檢舉人。勉強算是「吹哨人」的李文亮醫生去世後，中共當局並未在言論自由方面有絲毫鬆動。數十位發布真相的公民乃至醫生，陸續被警察抓捕。習近平在湖北和武漢任命新的地方官員全是「維穩專業戶」的習家鷹犬，而非有處理公共衛生問題經驗的專家。

與胡錦濤政權相比，習近平政權更加專橫、獨斷和笨拙。加州克萊蒙特·麥肯納學院政治學教授裴敏欣指出：「這次的反應實際上與上次的差不多。地方官員在爆發初期的關鍵階段淡化了疫情。媒體被壓制。公眾被蒙在鼓裡。結果，寶貴的時間被浪費了。」當然，地方官員之所以淡化疫情，乃是對中央察言觀色之後採取的對策——用一百多年前隱瞞直隸鼠疫的直隸總督李鴻章的話來說，皇帝已經夠忙的了，為什麼要讓皇帝煩心呢？

中共的效率是有選擇性的。評論人張潔平在〈極權中國，防疫為何失靈？病毒肆虐背後，中共的謊言與失能〉一文中，以武漢肺炎疫區流傳的一個笑話開頭：「如果時光倒流一個月，你帶著病毒肆虐的真相，能夠回去拉響警報、拯救世界嗎？答案是不能，你只會成為第九個被懲處的造謠者。」這就是中國比小說還要荒誕的現實。

中共最擔心的不是病毒，而是蔣彥永、李文亮那樣說真話的公民，而扼殺真話的結果卻要由全國人民乃至全世界的人來承擔。張潔平指出，武漢封城之前五十四天，預警機制層層失靈，病毒最終失控爆發。而瘟疫封城之後至今，疫區之內，醫療資源迅速透支，各方補給卻無法送達，一刀切的政策之下，內部管理極為混亂，行政效率低下，各級官僚還忙著推諉責任。「中國模式」一向被認為有優勢的地方，如舉國體制、集權效率、國家實力等好像都在失靈。一次公共衛生事件，就將外表光鮮的中國打回原形。

中央反應遲緩，是因為中樞已經「腦死」，除了拚死捍衛權力之外，在其他事情上都如此無能。《紐約時報》專欄作家紀思道批評說，疫情蔓延，讓世界為中國的獨裁統治付出代價。疫情在早期被掩蓋的一個原因是，習近平領導下的中國系統性地摧毀了新聞、社群媒體、非政府組織、法律業者以及其他可能問責的人和機構。這些機構在中國本來就不是很強大，但在習上臺之前，政府偶爾會表現出對它們的容忍。習卻採取趕盡殺絕的手段，將一切定於一尊。

這就導致了習近平治下日益威權的中國，在應對武漢病毒爆發上「笨手笨腳」。紀思道指出，習近平一錯再錯的根本原因是：獨裁者常常做出糟糕的決定，因為他們得不到準確的信息，你壓制獨立的聲音時，你只會從周圍的人那裡得到奉承和好消息。

而哈斯使用的形容詞是「癱瘓」。他說：「這種癱瘓是習近平鞏固權力的結果，它導致省級官員在沒有中央領導首肯的情況下無法或不願行使權力。習近平的標誌性反腐敗運動，可以說是更多的政治清洗，在許多情況下用黨的忠誠分子代替了有能力的技術專家。」

疫情有助於中國對美國履行增加進口的承諾嗎？

魏尚進的第三個論據是，不管中國貿易談判代表在一月十五日與美國簽署「第一階段」貿易協定時，是否意識到武漢病毒的嚴重性，「這簽約時機也確實是非常幸運。」他認為：「透過大幅增加從美國（以及其他國家）的口罩和醫療用品的進口，中國可以在應對健康危機的同時，履行其根據協定增加進口的承諾。」

魏氏所說的「幸運」，其實是習近平人為造成的災難的「前奏曲」。習近平為了集中精力跟美國達成貿易協定，在國際上營造他個人權力穩固、中國經濟面相看好的氣勢，有意打壓疫情氾濫的信號，由此錯過控制疫情的最佳時機。這場公共數十年來最大的公共衛生危機，與其說是天災，不如說是人禍。

魏氏認為，中國可以通過增加口罩和醫療用品的進口來履行中美貿易協定，此一論據缺乏經濟學家的「數字常識」。武漢疫情爆發，中國各地缺乏醫療資源，確實需要加大自美國及其他國家進口藥品和醫療器材。中國國務院總理李克強罕見地向歐盟發出呼籲，希望幫助協調中國購買大量的醫療用品。中國國務院於二月一日發布新聞稿，宣布對美國進口的醫療物資一律不加徵關稅，且已徵關稅也將全數退還。國務院關稅稅則委員會知會海關總署，指出將按照「防控武漢病毒感染的肺炎疫情進口物資免稅政策」，只要美國進口的物資是屬於支持疫情防範，就不實施為反制美國所加徵的關稅，且已加徵的關稅也會退回。看來，中國的醫療物資已經到了彈盡糧絕、山窮水盡的地步，否則不會做出此種自欺欺人的舉動。

那麼，美國出口的藥品及醫療用品究竟有多少呢？作為經濟學家的魏教授為何不查一下具體的數字呢？二〇一九年，中國從美國進口的藥品和醫療器材總額不足八十五億美元（根據美國統計局的官方數據），即便二〇二〇年中國增加一倍的進口量，也不過一百七十億美元，在第一階段貿易協定規定的中國需要購買的兩千億美元美國產品和服務中，這還不到十分之一，就如同用芝麻去填補井蓋那麼大的窟窿，填得滿嗎？一個經濟學教授居然鬧此種低級笑話，讓人感嘆還是《聖經》說得好——你的利益在哪裡，你的心就在哪裡。只要能幫共產黨說話，任何事實、數據和學術規範都可以置之不理了。

與魏教授的看法相反，隨著中國各地工廠和商店關閉以及政府官員專注於遏制病毒傳播，經濟學家普遍認為，北京將難以滿足此前跟川普總統承諾的種種條件，尤其是大量購買美國產品。《紐約時報》報導，彼得森國際經濟研究所的高級研究員瑪莉·洛夫利說：「這可能會有麻煩，特別是對於製造商而言。」她舉出一個例子：航班停飛和旅遊業務減少，將對中國的航空公司造成壓力，「這可能會減少他們今年新購美國飛機的數量。所以，最後的結果可能是即使面臨致命的災難，中國無法履行承諾，仍可能會在美國引起一些反對，使兩國回到在簽署貿易協定之前的艱難關係。」

魏尚進的三個論據全都落空了，他的結論自然是空中樓閣。正如哈斯所說，這次的疫情最終會出現什麼情況目前還不確定，但可以確定的是，這個病毒可能從根本上改變中國（我沒有如此樂觀）——即使沒有的話，它也應該改變世界對中國的看法，包括外界對中國的思考方式（這是必然的，熊貓崇拜由此終結了）。

回到二〇一二年十一月二十九日，接班不足半個月，習帶領一眾政治局常委參觀國家博物館「復興之路」展覽，該展覽講的是中國在十九世紀和二十世紀被外國百般欺凌，但現在已走上復興之路。在呈現中國屈辱歷史的展品前，習宣布，他的夢想是完成復興中國這項神聖任務。這是他首次提出「中國夢」，並將其定義為「實現偉大復興就是中華民族近代以來最偉大夢想」，即到了中國共產黨成立一百年時，全面建成小康社會，到新中國成立一百年時建成富強民主文明和諧的社會主義現代化國家。次年，習在十二屆全國人大一次會議閉幕式上，向人大代表發表就任演說，在將近二十五分鐘的談話中，九次提及「中國夢」，有關「中國夢」的論述一度被掌聲打斷。

有西方觀察家指出，習近平對未來的規劃，是基於一種理想主義觀點：兩百年的頹喪現在走到盡頭，他的使命是帶領一個受到嚴格控制的中國重返世界舞臺的中心。在對外關係上，北京已積極採取行動，強化中國對遠離其海岸的國際水域和島嶼的一些歷史上未有定論的主張，它把島礁變成島嶼，並難以置信地聲稱島礁周圍的經濟區是中國的水域——其說法與任何對國際法的獨立解釋都相悖，甚至狂妄地聲稱國際海事法院的裁定是「一張廢紙」。

英國學者、前外交官凱利·布朗在著作《中國CEO：習近平的崛起》中指出：「習近平像毛澤東一樣，試圖用情感來吸引中國人，並訴諸於他們理想主義的一面。他用這種方式來白天做夢，因為這背後是冷酷的政治現實：如果你激發中國人的理想主義，就得到他們的靈魂，對他們的控制就達到靠物質刺激永遠達不到的程度。」大概習近平自己也沒有想到，他的「中國夢」的泡沫會被武漢肺炎戳破。

西方如何反擊「習近平病毒」？

慶豐皇帝在還是皇儲的時候，有一次出訪墨西哥，發表了一番豪言壯語：「中國一不輸出革命，二不輸出飢餓和貧困，三不去折騰你們，還有什麼好說的？」在其治下，中國沒有上述兩種東西，卻輸出了「習近平病毒」。「習近平病毒」是兩種東西（習近平和病毒，習近平比病毒還毒），也是一種東西（既然「武漢肺炎」被中國認為是歧視性名稱，那麼「習近平病毒」就是恰如其分的科學定義）。

如同喪屍一般的習近平，擦去嘴角的血跡，轉身露出慈父般的笑臉。二〇二〇年三月十二日，《新華社》刊登〈習近平同聯合國秘書長古特雷斯通電話〉通稿，習近平特別提到三組關鍵字：一是行動和合力、二是分享和援助、三是支持和協調。彷彿他是聯合國的太上皇，指揮聯合國秘書長抗疫。此前，習近平還曾致電韓國、伊朗、義大利等疫情嚴重的國家的領導人，向這些國家疫情爆發發出「慰問」。

中國外交部發言人趙立堅翻牆到推特上貼文稱，是美國軍方將冠狀病毒帶到湖北省武漢。對此，美國國務院東亞事務助理國務卿史迪威召見中國駐美大使崔天凱提出抗議，嚴厲譴責中國政府就疫情「進行公然的全球性的誤導宣傳」。川普總統在新聞發布會上冷笑說：「他們知道病毒是從哪裡發源的，我也知道病毒是從哪裡發源的。」

武漢肺炎的襲擊對美國造成的影響，已然大於「九一一」恐怖襲擊。美國全國已進入緊急狀態。前谷哥執行長、「終結大流行組織」主席拉里·布利連特指出：「新冠病毒全球規模的破壞力是一百多年來人類所未見的，它是傳染性和傳播力的不尋常組合，它的移動速度造成的破壞力影響到每家公司、每個非營利組織、政府的每個部門、我們生活的每個方面。每個美國人都會以某種方式受到影響。」在全球化的今天，避中國，比當年避秦還要難，地球上已沒有「不知有漢，無論魏晉」的桃花源了。

中國是世界的災星而不是救星。三月十五日，諾貝爾文學獎得主、秘魯作家巴爾加斯·尤薩在西班牙媒體發表文章〈重返中世紀？〉對中國在此次疫情防控中的舉動提出嚴厲批評，直指「病毒來自中國」。他寫道：「似乎沒有人警告過，如果中國是一個自由和民主的國家，而不是極權的國家，這一切就都不會發生。」他更批評西方左派對中國模式的迷信和縱容：「那些相信中國自由市場與政治獨裁並存的模式會是第三世界國家榜樣的傻瓜，終於明白了嗎？不可能：武漢病毒種種事態叫不醒裝睡的人。」

美國和西方如何反擊習近平病毒？美國和西方的患者、死難者家屬以及所有受武漢肺炎影響的人，應當發起維權、索賠行動，不能讓中國危害了世界之後，還得意洋洋地要求世界學習其所謂的「成功經驗」。三月十三日，四位美國人及一家公司聯名向佛羅里達州南區地區法院邁阿密分院提起一項針對中國政府及其相關部門的集體訴訟。被告具體包括：中華人民共和國、國家健康衛生委員會、國家緊急管理部、民政部、湖北省人民政府和武漢市人民政府。

起訴書中稱，因中國政府及其他四位被告為了維護經濟利益和超級大國的地位，瞞報病情，導致了疫情在全球的蔓延，並對五位原告造成了損害。考慮到在案件管轄權方面的巨大爭議，中國很可能不會應訴。但是代理該訴訟的律師事務所表示，他們有經濟手段可以確保被告遵守庭審程序，這些手段包括瞄定各種銀行帳戶和中美之間簽署的相關條約。該律所表示，自從提交起訴書以來，已經收到了幾十人的電話要求把他們也追加為共同原告。更多的個人和機構應當加入維權、索賠的行列，這一法律行動應當發展成全球數十億人的集體行動。

另一方面，美國和西方國家的政府，應當在必要時候出手懲罰輸出習近平病毒的邪惡中國。比如，美國政府可以選擇適當的時機宣布凍結中國在美國的各項資產，包括徹底清查中國權貴家族在美國的房產、股票、銀行存款等資產，並按照聯邦法律要求瑞士銀行等金融機構提供合作。當法院做出判決之後，將這些資產作為美國公民和美國政府在此輪武漢肺炎疫情中遭受損失的賠償。

繼續裝睡，死路一條。去中國化，自由世界才能置之死地而後生。

中國研究系列 9

習近平：喪屍治國

作　　者：余杰
發 行 人：鄭惠文
主　　編：李瑞娟
版型設計：張凌綺
封面設計：楊啓巽
排　　版：旭豐數位排版有限公司

出版發行：主流出版有限公司 Lordway Publishing Co. Ltd.
出 版 部：臺北市南京東路五段 389 巷 5 弄 5 號 1 樓
電　　話：(02) 2766-5440
傳　　眞：(02) 2761-3113
電子信箱：lord.way@msa.hinet.net
劃撥帳號：50027271
網　　址：www.lordway.com.tw

經　　銷：
紅螞蟻圖書有限公司
台北市內湖區舊宗路二段 121 巷 19 號
電話：(02) 2795-3656　傳眞：(02) 2795-4100

2020 年 6 月　初版 1 刷
2024 年 2 月　初版 2 刷
書號：L2002
ISBN：978-986-98609-1-8（平裝）
Printed in Taiwan

國家圖書館出版品預行編目資料

習近平 : 喪屍治國 / 余杰作 . -- 初版 . -- 臺北市 :
主流 , 2020.06
面 ;　公分 . -- (中國研究系列 ; 9)
ISBN 978-986-98609-1-8 (平裝)

1. 習近平　2. 領導者　3. 政治思想
4. 中國大陸研究

574.1　　109006047